LARRY D. PATE

MISIONOLOGÍA:

NUESTRO COMETIDO
TRANSCULTURAL

La misión de Editorial Vida es ser la compañía líder en comunicación cristiana que satisfaga las necesidades de las personas, con recursos cuyo contenido glorifique a Jesucristo y promueva principios bíblicos.

MISIONOLOGÍA
Edición en español publicada por
Editorial Vida – 1987
Miami, Florida

Traducción: *A. Morosi y Wilfredo Calderón*
Diseño cubierta: *Gustavo Camacho*

ISBN: 978-0-8297-0470-9

CATEGORÍA: Teología cristiana / General

IMPRESO EN ESTADOS UNIDOS DE AMÉRICA
PRINTED IN THE UNITED STATES OF AMERICA

14 15 16 ❖ 30 29 28 27 26 25 24 23 22 21

PROLOGO

El libro que tiene en la mano es único. Es el texto introductorio más completo en el campo de misionología. La obra abarca todos los aspectos de misionología, incorporando los conceptos más corrientes de una manera clara y sistemática.

Este libro aparece en un momento sumamente propicio. Hace diez años, semejante libro podría haberse ignorado por la comunidad evangélica. Pero ahora no. La comunidad evangélica a través de la América Latina está experimentando una transformación radical. Está cambiando de una actitud de recibir a una actitud de enviar.

Como ha mostrado dramáticamente la gran reunión misionera de COMIBAM en 1987, el interés en misiones transculturales está en ascendencia dramática en todas partes del continente. Cada república latinoamericana ya está enviando misioneros nacionales fuera de sus fronteras.

Misionología toma su debido lugar como el libro de texto principal de su disciplina. Mi oración es que ninguna persona en el ministerio evangélico — sea pastor, misionero, evangelista, anciano o maestro de escuela dominical — desconozca su valioso contenido. Es un libro instructivo e inspirador. Contiene teoría muy sólida pero siempre explica su aplicación práctica.

He conocido al autor, Larry Pate, por casi diez años. Es un siervo de Dios extraordinario. Ha servido como misionero en Bangladesh por varios años y ha viajado por muchas partes del mundo. Es reconocido como la máxima autoridad en el campo de misiones del tercer mundo, y la calidad del presente libro testifica que es una apreciación correcta.

En la medida que millares de evangélicos de todas partes de la América Latina lean esta obra y pongan en práctica sus sugerencias, el reino de Dios se extenderá poderosamente y Dios será glorificado.

Pedro Wagner
Seminario Teológico Fuller
Pasadena, California

Indice

Índice

Capítulo 1

LA MISION DE DIOS EN LAS ESCRITURAS

Puntos clave de este capítulo

1. El ministerio intercultural tiene su origen en la naturaleza de Dios.
2. Dios escogió a Israel para que participara en su misión de redimir a todo el género humano.
3. El ministerio intercultural constituye el centro de la naturaleza y razón de la existencia de la iglesia.
4. La clave para la participación del hombre con Dios en su misión es obedecerlo de todo corazón. Esta es también la clave para alcanzar las promesas y bendiciones de Dios.
5. Dios no mira a ninguna cultura ni pueblo como superiores a otros, ni tampoco quiere que su Iglesia los mire así.

El carácter y la naturaleza de Dios son la base para estudiar la importancia del ministerio intercultural. Sólo llegaremos a entender a cabalidad el reino de Dios y los propósitos divinos mediante una completa comprensión de su soberano control del universo y de la historia del género humano.

A. El amor de Dios es el principio fundamental de la historia de la redención.

La única característica de la naturaleza de Dios de la cual depende totalmente el género humano es su amor. Para Dios toda su creación es importante, pero El ha escogido de un modo especial al hombre para que reciba su inmerecido favor y gracia. Desde el principio, Dios tuvo que encarar un dilema en lo que respecta al hombre.

En toda la creación, Dios delega autoridad. Esto es cierto en lo que respecta al reino de Dios en el cielo así como en la tierra. Dios organizó a los ángeles como una jerarquía, dándoles distintos grados de responsabilidad y autoridad. Dios le dio a un querubín específico una espléndida hermosura y una gran sabiduría y poder (Ezequiel 28:12-17). Le dio un trono y le confirió autoridad para gobernar como primer ministro de Dios. Lucifer tenía un gran poder, una perfecta hermosura y esplendor, todo lo cual le había sido dado por Dios. Pero también tenía libre albedrío. En un determinado momento de la historia, este ángel quedó tan deslumbrado por su propia hermosura y grandeza que traspasó su posición y trató de ser "semejante al Altísimo" (Isaías 14:14). Encabezó una rebelión en el cielo, en la cual un tercio de los ángeles se le unió, tratando de establecer un reino espurio (Apocalipsis 12:4, 7-9).

Por esa rebelión, Lucifer, ahora llamado Satanás (adversario), mereció el juicio de Dios y la expulsión del cielo. Aun cuando se encuentra bajo la condenación de la derrota final, Satanás todavía actúa en franca rebeldía contra Dios y sus propósitos. Habiendo sido en su origen un ángel de luz, ahora gobierna un reino de tinieblas. Su reino está en continua rebelión contra Dios.

Cierto tiempo después que Satanás fue expulsado del cielo, Dios hizo otra creación, a la cual también le dio libre albedrío: el hombre. Esta libertad de escoger refleja la imagen de Dios. Le otorga al hombre el poder de agradar a Dios, principalmente correspondiendo a su amor. Para tener comunión con Dios y amarlo, se requiere contar con su libertad moral de escoger.

El vínculo del amor es mucho más poderoso que la fuerza del poder. Dios estableció su relación de compañerismo y comunión con Adán y Eva sobre el amor, no sobre la fuerza. Incluso los hizo partícipes en su señorío sobre la tierra. A fin de continuar en esa relación con Dios, sólo tenían que pasar la prueba de una total obediencia a la voluntad de Dios. Pero fallaron. Ese desastre identificó a la humanidad con Lucifer, que también había fallado en su prueba.

Al crear seres morales, Dios se arriesgó a que lo desobedecieran. En primer lugar, Lucifer se rebeló, inició un reino contrario y sedujo la lealtad de un enorme número de ángeles. En segundo lugar, el hombre desobedeció y cayó en un estado de pecado y continua decadencia moral.

En ese momento de la historia el interrogante crucial era: ¿Qué haría Dios al respecto? ¿Destruiría a Satanás, a sus seguidores, al hombre y a la tierra, todo con un golpe de su justicia? Pero la causa de las acciones de Dios radica en la naturaleza de su carácter.

1. *La historia de la redención la escribió el amor de Dios.* Habría sido justificable que Dios destruyese a todos o parte de los rebeldes

en su creación. Pero El había previsto la posibilidad del pecado y había ideado un medio para rescatar al hombre. Ese plan había de cumplir dos propósitos: reivindicar la usurpada porción del reino de Dios, y redimir al género humano del poder y de la penalidad del pecado. Pero en su condición de caído y de pecaminoso, el hombre estaba imposibilitado para recibir el poder restaurador de Dios. La solución soberana a ese problema fue la encarnación de Cristo como hombre. En su gran amor por el hombre, Dios ya había determinado realizar el sacrificio supremo aun antes de la caída del hombre. El pagaría personalmente la pena por el pecado del hombre por medio de su Hijo Jesucristo (Efesios 1:4; 1 Pedro 1:20).

Este acto de la gracia de Dios, único en la historia, ilustra la profundidad y el poder vencedor del amor de Dios (Romanos 8:37). Aun cuando Dios se reserva el derecho soberano de hacer un juicio final, ha optado por no ejercer aún ese derecho, a fin de que la humanidad creyente pueda ser redimida. Nunca en la historia de la humanidad se ha visto una revelación más grande del carácter amoroso de Dios que cuando El envió a Jesucristo para redimir a los hombres.

Cuando Dios anunció su sentencia sobre Satanás por la parte que él tuvo en la caída del hombre, le dijo: "Y pondré enemistad entre ti y la mujer, y entre tu simiente y la simiente suya; ésta te herirá en la cabeza, y tú le herirás en el calcañar" (Génesis 3:14, 15). A menudo se hace referencia a este pasaje como el *protoevangelio*. Esta es la primera referencia a Cristo en la Biblia. Resulta importante que la primera vez que se menciona a Cristo es con relación a la derrota de Satanás. Esta es la esencia del evangelio: las buenas nuevas de la victoria sobre el fracaso.

El hombre no estaba destinado a recibir una liberación instantánea de su culpa. Fracasó por su desobediencia, pero Dios se propuso cimentar el fundamento de la redención, enseñándole la importancia de la obediencia a su voluntad. La historia del trato de Dios con el pueblo de Israel es una continua demanda de obediencia. Dios llamó a Israel a obedecer su ley, pero la historia de Israel es una repetición de fracasos en obedecer la Ley de Dios. La continua desobediencia de Israel hizo que fracasara en la misión que Dios le había encargado, y trajo el juicio de Dios sobre la nación entera.

El sentido más directo en que este pasaje del Génesis se cumplió fue en la crucifixión de Jesucristo. Satanás fue la fuerza impulsora detrás del sumo sufrimiento de Cristo antes de su muerte. Pero la herida "en el calcañar" producida por Satanás fue menor, y sólo temporal, comparada con la herida "en la cabeza" inferida por Cristo. La condena final de Satanás y su reino fue sellada en la muerte y resurrección de Cristo.

No fue sólo Jesucristo quien desempeñó un papel en la derrota de Satanás. Dios busca siempre levantar, redimir y capacitar al hombre para que sea vencedor sobre el reino de Satanás. El quiere que Satanás sea derrotado a diario, así como lo será en su juicio final.

Ese Dios amoroso interviene constantemente en los asuntos humanos para levantar al hombre por encima de su naturaleza caída y capacitarlo para contrarrestar la acción de Satanás. Nunca ha permanecido impasible en lo que concierne al hombre. Nunca se ha mostrado propenso a dejar simplemente que el hombre siga su propio camino. Permanece siempre con la mirada vigilante, listo para buscar y salvar a toda oveja perdida, para corregir y animar a todos los que lo siguen a El.

2. *Dios tiene una misión.* Con su misión activa Dios procura que los hombres vengan al arrepentimiento por medio de la obra realizada por Cristo (Lucas 19:10; 2 Pedro 3:9). A lo largo de la historia Dios ha contado conque aquellos que lo servían participaran en su misión. Noé construyó el arca, la cual llegó a ser el instrumento de salvación de Dios en el diluvio. Israel había de ser el testigo de Dios ante las naciones. Hoy la Iglesia de Jesucristo es el instrumento divino de Dios llamado a participar en su misión.

El amor de Dios no está confinado a ninguna raza, nación, ni grupo cultural. El ama a todos los pueblos. Ama a los pigmeos africanos tanto como a los hombres de negocio asiáticos. El desea redimir a los refugiados camboyanos tanto como desea que los soldados argentinos encuentren a Cristo. El amor de Dios traspasa todas las fronteras culturales, raciales y lingüísticas. El quiere que todos tengan una oportunidad para seguir a Cristo.

B. La misión redentora del pueblo escogido de Dios

Son muchos los que se han preguntado por qué Dios escogió al pueblo de Israel para que fuera su pueblo especial a lo largo de la historia. ¿Los amaba más Dios? ¿Quería El bendecirlos y olvidarse de las demás naciones del mundo? Ellos fueron un pueblo obstinado, lento para guardar las leyes de Dios. ¿Por qué se comprometió tanto con un solo pueblo, con una sola nación?

El Señor favoreció al pueblo judío en parte por la fe de Abraham, su primer patriarca. Pero lo más importante es que El escogió a los israelitas para que fueran participantes especiales en su plan para redimir a todo el género humano.

1. *La promesa intercultural en el pacto abrahámico.* Dios había prometido bendecir a Abram haciendo de él una nación grande: "Bendeciré a los que te bendijeren, y a los que te maldijeren

maldeciré; y serán benditas en ti todas las familias de la tierra" (Génesis 12:3).

Con las promesas que le hizo a Abram, Dios comenzó un nuevo capítulo en la historia de la humanidad. El plan de Dios para redimir al género humano, así a individuos como a naciones, no había cambiado. Lo que hizo fue comenzar un nuevo método. El se identificaría de un modo especial con el pueblo de una nación específica. Promovería su crecimiento, determinaría su sistema social y político, y los protegería y libraría de sus enemigos. Llegaría a ser conocido como el Dios de Israel. Todo esto era parte de la promesa que Dios le había hecho a Abram, ahora conocido como Abraham. Israel llegó a ser una gran nación no porque Abraham fuera su padre, sino porque el único Dios verdadero escogió ser identificado personalmente con el pueblo judío. Fue basado en la identificación personal que Dios tenía con Israel que Moisés tuvo éxito al suplicar a Dios que no destruyese a la nación entera cuando Israel pecó al pie del monte Sinaí (Exodo 32:11-14). Dios se había identificado con Israel a fin de revelarse al mundo.

La promesa hecha a Abraham: "En ti serán benditas todas las naciones" es una referencia directa a la venida de Cristo, el Mesías. Jesucristo, hijo de David, hijo de Abraham, es el único por medio de quien *todas* las naciones de la tierra pueden ser bendecidas. De modo que, aun al escoger a la nación de Israel, Dios estaba determinado a alcanzar, levantar, elevar y redimir a todos los pueblos de la tierra.

En tanto que Jesucristo fue el cumplimiento final directo de la promesa divina, Dios quiso usar su relación especial con Israel para revelar su naturaleza al mundo. Gracias al trato de Dios con Israel, el género humano pudo vislumbrar la gloria del amor de Dios, así como de su poder, su paciencia, su juicio y su justicia. Aquella fue una oportunidad para que los hombres pudieran recibir normas y principios para vivir correctamente. Las leyes que Dios le dio a Israel han llegado a ser en la actualidad la base de las leyes de muchas naciones de la tierra. Durante siglos sus principios han guiado a los hombres hacia una justa relación con Dios y con los hombres.

En Gálatas 3:8, Pablo escribió: "La Escritura, previendo que Dios había de justificar por la fe a los gentiles, dio de antemano la buena nueva a Abraham, diciendo: En ti serán benditas todas las naciones." Dios le dio a Abraham tres promesas personales específicas:

1. "Haré de ti una nación grande"
2. "Te bendeciré"
3. "Engrandeceré tu nombre" (Génesis 12:2).

Entonces Dios hizo una pausa, para dar una cláusula final: "Y [de modo que] serás bendición". A nadie le permite Dios que simplemente gaste en sí mismo las bendiciones o promesas divinas. Una gran bendición exige una gran responsabilidad. Dios bendijo a Abraham a fin de bendecir a otros.

A continuación Dios le dio dos promesas de poder a Abraham:
1. "Bendeciré a los que te bendijeren"
2. "A los que te maldijeren maldeciré" Génesis 12:3.

Dios le prometió a Abraham poder para cumplir su misión para El. Los que colaboraran con Abraham, estarían colaborando con los propósitos de Dios y, por tanto, recibirían la bendición de Dios. Al contrario, los que se opusieran a Abraham, se estarían oponiendo a los propósitos de Dios y por ello sufrirían su juicio. Dios le prometió a Abraham darle su poder protector conforme él cumpliese la misión que Dios le había encargado.

Una vez más Dios concluyó con otra cláusula final: "Y [por lo cual] serán benditas en ti todas las familias de la tierra." Esta es una reafirmación de la misma promesa que Dios había hecho en la primera cláusula final del versículo dos. En ese versículo, Dios prometió hacer que Abraham fuera bendición. En el versículo tres Dios predijo el alcance de esa bendición. El llegaría a ser bendición a "todas las familias de la tierra". ¡Qué promesa!

Fíjese en los verbos de estos dos versículos. En el versículo dos, Dios promete hacer tres cosas. Luego dice que a su vez Israel servirá de bendición. Este patrón de "Yo haré — tú serás" en la comunicación de Dios con Abraham ha sido desde entonces una forma en que Dios ha venido comunicándose con el hombre. Es al revés de como el hombre procura dirigirse a Dios. El hombre le dice a Dios: "Si tú haces esto. . . yo haré, o seré, esto otro." Por lo general, el hombre trata de forzar a Dios a que haga su voluntad (la del hombre). Pero esto, en realidad, es rebelión en contra de la idea de Dios. El dice: "Te bendeciré a fin de que seas bendición para los demás."

Dios obra en la historia humana, declarando y demostrando sus propósitos y su voluntad. Luego demanda del hombre que conforme su voluntad con la de El. Dios bendijo a Abraham de modo que él, a su vez, pudiera ser bendición a otros. Jehová liberó a Israel de la esclavitud, para que ellos, a su vez, pudieran ser bendición para las naciones que los rodeaban. El Señor ha bendecido a la Iglesia con el poder y la presencia del Espíritu Santo a fin de que ella pueda ser bendición para "todas las naciones de la tierra". El factor clave es la voluntad del hombre. Es la respuesta del hombre al "Yo haré" de Dios.

Dios revela en forma progresiva tanto sus promesas como sus propósitos. En Génesis 12:1-3 El reveló el alcance general de sus promesas hechas a Abraham.

Jacob, nieto de Abraham, era un hombre engañador. Obtuvo la herencia de su hermano mediante ardid (Génesis 25:29-34; 27:1-46). Destruyó a los habitantes de Siquem mediante engaño (Génesis 34). ¡No obstante, él seguía siendo hijo del pacto abrahámico!

Al fortalecerse Jacob espiritualmente, Dios le dio una mayor revelación de sus promesas y de sus propósitos. Cuando Jacob buscó a Dios en Betel por segunda vez, quedó confirmado el llamamiento de Jacob con el cambio de su nombre. Asimismo Dios volvió a confirmar con Jacob el pacto abrahámico (Génesis 35:9-15). Como la vez anterior, el Señor le prometió a Israel que le daría la tierra de Canaán a él y a sus descendientes (v. 12). Pero Dios también proclamaba su propósito de hacer del linaje de Abraham, Isaac y Jacob el linaje a través del cual El bendeciría a "todas las familias de la tierra" (Génesis 12:3).

Al establecer su pacto con Abraham y sus descendientes, Dios le dio al mundo un informe acerca de su naturaleza. El se daba a conocer como un Dios amante y misericordioso, así como justo y recto. Al intervenir en los asuntos de la humanidad a través del linaje de Abraham, Dios mostraba renuencia a mirar con los brazos cruzados la continua degeneración de la raza humana. No permitiría que el hombre se destruyera a sí mismo sin esperanza ni conocimiento de su Creador. Dios llamó a Abraham y a la nación de Israel con el fin de salvar a todo el género humano, no solamente a una nación.

2. *El llamamiento de Israel a la misión de Dios.* El monte Sinaí fue un hito en la historia de la relación de Dios con su pueblo escogido. Fue al pie del Sinaí donde Israel acampó al tercer mes después de escapar de Egipto. Fue junto al Sinaí donde Israel se rebeló contra Dios y adoró al becerro de oro. Fue en el Sinaí donde Dios le dio la ley a Moisés y asimismo llamó a Israel para que fuera instrumento de su misión de alcance mundial (Exodo 19:1, 2).

Exigió de Israel una relación especial con El, la cual vino a ser llamada el "Pacto mosaico".

> Y Moisés subió a Dios; y Jehová lo llamó desde el monte, diciendo: Así dirás a la casa de Jacob, y anunciarás a los hijos de Israel: Vosotros visteis lo que hice a los egipcios, y cómo os tomé sobre alas de águilas, y os he traído a mí. Ahora, pues, si diereis oído a mi voz, y guardareis mi pacto, vosotros seréis mi especial tesoro sobre todos los pueblos; porque mía es toda la tierra. Y vosotros me seréis un reino de sacerdotes, y gente santa.
>
> Exodo 19:3-6

Dios le dio a Israel tres promesas específicas. Ellos llegarían a ser su *especial tesoro*, llegarían a ser un *reino de sacerdotes*, y *gente* (una nación) *santa*.

a. *Especial tesoro*. La palabra hebrea traducida "tesoro" tiene el sentido de "artículos especiales que uno protege y guarda, como las joyas". Dios indicaba el alto valor que le daba a su pueblo. El hecho de guardar su pacto haría que los israelitas fueran como joyas preciosas de Dios para que él, que las poseía, las exhibiese a todos (Malaquías 3:17 y Daniel 12:3).

b. *Un reino de sacerdotes*. Si Israel guardaba el pacto de Dios, llegaría a ser también un reino de sacerdotes para Dios. A fin de entender el cuadro que Dios pintaba, debemos preguntarnos: ¿Para qué servían los sacerdotes en el Antiguo Testamento? Su función principal era actuar como mediadores entre Dios y los hombres. Pero ¿cómo es que Dios estaba declarando aquí que tenía por objeto hacer de Israel una nación entera de sacerdotes? Si todos los ciudadanos de Israel habían de desempeñar la función de sacerdotes, ¿por quiénes mediarían entonces? ¿Ante quiénes serían representantes de Dios?

Encontramos la respuesta en la promesa que Dios le hizo a Abraham: "En tu simiente serán benditas todas las naciones de la tierra" (Génesis 22:18 y 18:18). ¡Dios se proponía que Israel llegara a ser una nación de sacerdotes para las otras naciones!

c. *Una nación santa*. La palabra "santo" quiere decir "separado, especialmente justo". No significa separado en el sentido de "segregado" o "intocable". Tiene el sentido de haber sido apartado para un propósito específico. Ese nuevo pacto de Dios era un llamamiento a Israel para que fuera apartado, escogido de un modo especial, para los propósitos de Dios.

Israel había de ser santo en dos sentidos: 1) debía dedicarse a adorar al único Dios verdadero en una singular devoción a El. Israel debía imitar la justicia de Dios mediante una limpia observancia de sus leyes y decretos. 2) Israel llegaría a ser también el agente de Dios en su trato con las naciones pecadoras. Al establecer una correcta relación vertical con Dios, Israel sería un brillante ejemplo para las demás naciones. Las formas impías de adoración pagana — como la prostitución al servicio de los templos y el sacrificio de niños — contrastarían agudamente con un Israel iluminado con la gloria, la justicia y la presencia de Jehová Dios. El se proponía que Israel se distinguiera entre las naciones como una joya preciosa. ¡Dios quería que la hermosura de la santidad de Israel atrajera al resto de las naciones hacia El! El hecho de guardar las leyes y el pacto de Dios haría que la sociedad israelita pareciera una utopía, en contraste con el pecado, la codicia y la degradación de otras sociedades.

¡Así era cómo Israel debía llegar a ser una nación de sacerdotes! Dios quería que su pueblo llegara a ser un ejemplo viviente del poder y la gracia de Dios para las naciones, las cuales serían llamadas a la justicia de Dios por la mediación del sacerdocio de Israel.

La ley de Dios tenía provisiones para el desempeño de la función a que El había llamado a Israel. Los extranjeros que había entre ellos debían ser tratados con benevolencia y amor (Levítico 19:33, 34). Los judíos debían demostrar hospitalidad hacia los extranjeros, recordando que ellos también habían sido extranjeros en tierra extraña, de donde fueron redimidos por Dios (Deuteronomio 10:19; Exodo 22:21; 23:9).

Había solamente dos requisitos para que un extranjero pudiera incorporarse a la sociedad israelita: los varones tenían que ser circuncidados y tenían que guardar la ley y ponerla por obra. Más tarde, los dirigentes judíos añadieron a estos requisitos los ritos del bautismo y del sacrificio de animales.[1] Pero el entrar en la congregación de Israel — o hacerse "prosélito", como se lo vino a llamar más tarde — le confería al nuevo miembro una plena participación en el pacto de Dios. Si un judío poseía un esclavo y este se convertía al judaísmo, quedaba en libertad. A los judíos no se les permitía tener esclavos judíos. Los extranjeros que se hacían judíos recibían muchos otros beneficios también. Había muchas cosas en la ley de los israelitas que resultaban atractivas para los pueblos de otras naciones.

Dios llamó a Israel para que mostrase el poder, la gloria, el amor y la compasión de Dios a las naciones. Igual que Abraham, toda la nación fue llamada a tener una relación especial y santa con Dios. La presencia de Dios en Israel debía hacer santo a Israel como un reflejo de la propia santidad de Dios. La sociedad justa resultante, junto con el poder de Dios que obraba en favor de Israel, actuarían como un poderoso imán para atraer a las naciones a Dios. La ley del nuevo pacto de Dios estimulaba la conversión de los hijos de otras naciones.

Israel tenía un llamamiento sacerdotal para ministrar a las naciones. Cuando los habitantes de otras naciones prestaban oídos, eran recibidos en la congregación del pueblo de Dios. Si rechazaban los mandatos de Dios, El hacía uso de Israel para destruirlos, como hizo con los cananeos (Deuteronomio capítulos 6-8). Israel había de ser el principal instrumento de Dios para alcanzar a todos los pueblos de la tierra.

3. *La clave del éxito de Israel.* Todas las promesas que Dios le hizo

a Israel dependían de una importante respuesta de su pueblo. El les prometió hacerlos su especial tesoro, un reino de sacerdotes y una nación santa si ellos lo obedecían en todo y guardaban su pacto. La obediencia ha sido siempre el factor clave para alcanzar las promesas de Dios.

Fue la constante obediencia de Abraham a los mandatos de Dios lo que abrió las puertas de la ininterrumpida bendición y revelación de Dios. Cuando Dios probó a Abraham ordenándole que ofreciera a Isaac en holocausto, su obediencia le agradó en gran manera. Dios preservó a Isaac, y la fiel obediencia de Abraham movió al Señor a volver a confirmar su pacto:

> Por mí mismo he jurado, dice Jehová, que por cuanto
> . . . no me has rehusado tu hijo, tu único hijo; de cierto te
> bendeciré, y multiplicaré tu descendencia como las estre-
> llas del cielo y como la arena que está a la orilla del mar; y
> tu descendencia poseerá las puertas de sus enemigos. En
> tu simiente serán benditas todas las naciones de la tierra,
> por *cuanto obedeciste a mi voz.*
> Génesis 22:16-18 (cursivas del autor).

La fe es la conformidad con la voluntad de Dios. La obediencia es la voluntaria respuesta de la fe. Es la prueba de la fe (Santiago 2:20). Es la prueba de conformar el hombre su voluntad con la voluntad de Dios. La obediencia es la fe en acción. Así como es imposible agradar a Dios sin fe, es imposible agradar a Dios sin obediencia (Hebreos 11:6; Deuteronomio 6:24, 25). Es por esto que el cumplimiento de las promesas de Dios depende siempre de la respuesta obediente y llena de fe del hombre.

Cuando Dios le hizo sus promesas del pacto a Israel en el Sinaí, Moisés comunicó las palabras de la ley al pueblo, como Dios se lo había mandado. La respuesta del pueblo fue: "Todo lo que Jehová ha dicho, haremos . . . y obedeceremos" (Exodo 19:8; 24:7). Pero a los cuarenta y siete días Israel fue sorprendido en una orgía de embriaguez ¡delante del becerro de oro que estaba adorando! Este caso fue característico de la respuesta que Israel daría a los mandamientos y promesas de Dios en todo el Antiguo Testamento. El pueblo escogido de Dios se descalificaba continuamente de recibir las bendiciones de Dios prometidas por su desobediencia.

¿Y cuál fue el resultado de su desobediencia? Israel tuvo que pasarse cuarenta años andando por el desierto, en lugar de entrar directamente a la tierra prometida. Después de la conquista de Canaán — llevada a cabo por Josué — y de la muerte de este, Israel pasó unos 250 años bajo los jueces, más de 400 años bajo el reinado de los reyes israelitas, y 70 años en la cautividad babilónica. Con el transcurso de los siglos, Israel se corrompió más y más con la idolatría y las prácticas paganas de las naciones que lo rodeaban. En lugar de ser los testigos justos, los hijos de Israel fueron rebeldes desobedientes, atrapados por los vicios de las naciones que ellos debían traer a Dios. Israel nunca aprendió a obedecer a Dios.

El salmista captó vislumbres del deseo de Dios cuando escribió: "Para que sea conocido en la tierra tu camino, en todas las naciones tu salvación. Te alaben los pueblos, oh Dios; todos los pueblos te alaben. Alégrense y gócense las naciones. . ." (Salmo 67:2-4). El profeta Isaías vislumbró el potencial de Israel en los pasajes del "Siervo de Jehová", capítulos 42 y 49 de su libro. Israel podía haber sido "luz de las naciones", si tan sólo hubiese aprendido a obedecer.

Israel fue llamado a recibir las bendiciones de Dios, a demostrar el poder de Dios y a cumplir la misión de Dios para con las naciones de la tierra. Por su desobediencia, Israel fracasó en su misión. Frustró los propósitos de Dios, pero no los cambió. Jehová aún quiere que los gentiles sean traídos a la luz. La salvación por medio de Jesucristo es el cumplimiento divino de la promesa hecha a Abraham, de bendecir a "todas las naciones de la tierra". Israel fracasó en su ministerio intercultural. Pero el manto del ministerio intercultural ha sido transferido de los hijos de Israel a los hijos del Nuevo Testamento: ¡la Iglesia de Dios! Ahora es la Iglesia la que está llamada a participar con Dios en el evangelismo intercultural. Usted y yo llevamos la responsabilidad de este llamamiento. ¡Y no debemos fracasar!

4. *La Iglesia en el ministerio intercultural.* La Iglesia nunca ha tenido oportunidades más grandes para ministrar el evangelio que las que existen hoy. La Iglesia es más grande hoy de lo que jamás ha sido. ¡Aproximadamente unas 6.500 nuevas congregaciones de creyentes cristianos están brotando por todo el mundo cada mes! Decenas de miles de nuevos creyentes se están añadiendo a la Iglesia cada día. El pueblo de Dios es suficientemente grande en número como para que tenga realmente un impacto mundial por la causa de Cristo en esta generación.

Pero al mismo tiempo, el número de personas que en todo el mundo no conocen a Jesucristo como su Salvador es también mucho más grande ahora. Nunca ha habido una época en que hubiera mayor necesidad de dar a conocer a Cristo a las naciones. Todo verdadero creyente, no importa qué edad tenga, debe saber cuán importante es la iglesia para los propósitos que Dios tiene para con los hombres. Cada uno debe llegar a ser un participante activo en el ministerio intercultural de la iglesia.¡La demanda de estos tiempos requiere nada menos que esto! ¡La Palabra de Dios lo reclama!

5. *Revelación del misterio*. La desobediencia del pueblo de Israel a todo lo largo de la historia veterotestamentaria les impidió poder llevar a cabo su misión intercultural a las naciones. Con el tiempo, incluso deformó el concepto que tenían de sí mismos. La desobediencia es una forma de egoísmo, y los judíos concentraron más y más su atención en sí mismos al buscar a los falsos dioses de las naciones que estaban a su alrededor. Pasaron siglos enteros procurando alcanzar las promesas de Dios, pero prestaron poca atención a la responsabilidad que habían recibido de Dios en el sentido de que alcanzaran a las naciones.

Ni las naciones ni los individuos pueden amontonar continuamente sobre sí mismos las bendiciones y la misericordia de Dios y olvidar las responsabilidades concomitantes de esas bendiciones. Hacerlo así pervertirá su manera de pensar. Con el tiempo los judíos empezaron a mirarse a sí mismos como personas muy especiales para Dios por derecho propio. Olvidaron que Dios los había redimido sacándolos de Egipto, y los había llamado a ser una nación para sus propósitos divinos. Se olvidaron de cumplir el llamamiento de Dios para el servicio. A la postre, llegaron a creer que Dios los amaba ¡simplemente porque eran judíos! En su opinión, el ser judíos era la condición más inmediata a la santidad en la tierra. Si alguno quería agradar a Dios, tenía que hacerlo por medio de la ley judaica, conforme a las formas de adoración judaicas, y en la lengua hebrea. No reconocían el egoísmo, la codicia y las formas impías de su propia cultura. Creían que ellos eran el único pueblo que agradaba a Dios y, por consiguiente, que su forma de vida era la única correcta.

Ese concepto tan torcido los llevó a tener un gran prejuicio contra los pueblos no judíos. Tenían una gran predisposición racial y cultural. Pervirtieron la ley que Dios le dio a Moisés. A los judíos no se les permitía tocar a personas no judías. No se les permitía siquiera estar en la misma pieza en que los gentiles estuvieran comiendo. Los judíos llegaron a creerse superiores en todo sentido a los gentiles.

Resultaba casi imposible que los judíos imaginaran que Dios podía recibir a los gentiles sin convertirlos primero al judaísmo. Este fuerte prejuicio cultural no desapareció cuando nació la Iglesia según el relato del libro de los Hechos. Aun después que se establecieron iglesias por todo el Asia Menor, Pablo creyó necesario explicar a los creyentes judíos de la iglesia de Efeso el "misterio de Cristo" (Efesios 3:4).

Habéis oído de la administración de la gracia de Dios
que me fue dada para con vosotros; que por la revelación

me fue declarado el misterio, como antes lo he escrito brevemente, leyendo lo cual podéis entender cuál sea mi conocimiento en el misterio de Cristo, misterio que en otras generaciones no se dio a conocer a los hijos de los hombres, como ahora es revelado a sus santos apóstoles y profetas por el Espíritu: *que los gentiles son coherederos y miembros del mismo cuerpo, y copartícipes de la promesa en Cristo Jesús por medio del evangelio.*

Efesios 3:2-6 (cursivas del autor)

Este pasaje tuvo que haber producido un considerable impacto a los creyentes judíos que todavía persistían en la vieja actitud de la superioridad judaica. Pablo aborda directamente ese sentir de los judíos declarando que tanto los judíos como los gentiles participan por igual en la recepción de la gracia de Dios por medio de Jesucristo.

Y lo que es más importante, Pablo vincula directamente el Pacto Abrahámico, que es el fundamento de la nacionalidad judía, con los gentiles. Los gentiles eran también "coherederos (con Israel) . . . de la promesa. . ." Esta es una referencia directa a las promesas del pacto dadas a Abraham. Pablo declaró que el centro de la actuación de Dios había sido reubicado. Había sido traspasado de Israel a un nuevo pueblo creado en Cristo Jesús, tanto de los judíos como de los gentiles.

El apóstol describe aquí un importante momento crítico de la historia de Israel. Judíos y gentiles se unirían alrededor de la obra de Cristo realizada en la cruz para ser la Iglesia, el nuevo pueblo de Dios. Y sería la Iglesia la que heredaría la promesa de Dios hecha a Abraham en cuanto a que sería bendición a "todas las naciones de la tierra".

Pablo aclaró grandemente la misión de la recién constituida Iglesia, al continuar diciendo:

Para que la multiforme sabiduría de Dios sea ahora dada a conocer *por medio de la iglesia* a los principados y potestades en los lugares celestiales, conforme al propósito eterno que hizo en Cristo Jesús nuestro Señor.

Efesios 3:10, 11 (cursivas del autor)

Los "principados y potestades en los lugares celestiales" se refieren a las mismas fuerzas espirituales mencionadas en Efesios 6:12. El cuadro que Pablo está pintando para sus lectores es figurativo. El se refiere a los gobernadores terrenales y a las fuerzas espirituales malignas que los sostienen, al mantener el reino de tinieblas de Satanás en la tierra. La Iglesia ha sido comisionada para derribar las fortalezas del reino terrenal de Satanás, proclamando a todo gobernador y a todos los que viven bajo su dominio "la multiforme sabiduría de Dios", el evangelio puro y sencillo, las buenas nuevas de que todos los pueblos pueden unirse en la Iglesia de Cristo. La Iglesia ha reemplazado a Israel como instrumento de Dios para traer a las naciones a sí mismo.

6. *Misión centrípeta-centrífuga*. Existe una diferencia muy importante entre los métodos que Dios le dio a Israel y los que le dio a la Iglesia para que cumpliesen su respectiva misión. Israel, como se ve en el Pacto Mosaico, había de servir como un imán espiritual para atraer los de otras naciones a Dios. Los hijos de Israel habían de

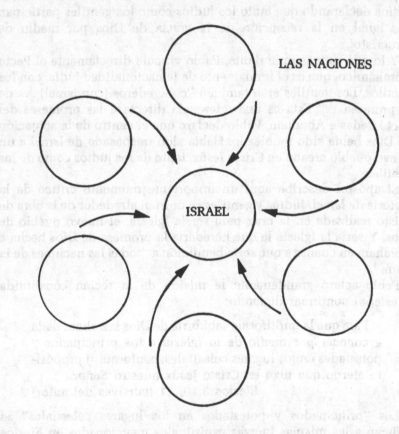

Figura 1.a: Misión Centrípeta

servir como sacerdotes santos a Dios, revelándolo [a El] a las naciones y sirviendo como mediadores para traer a otros pueblos a Dios. La naturaleza de su misión era centrípeta. Ver figura 1.a. Debían atraer a los habitantes de otras naciones a su propia nación y a la obediencia a las leyes de Dios. Su eficiencia en hacer esto estaba directamente relacionada con su propia obediencia como pueblo de Dios.

La Iglesia también tiene un llamamiento al ministerio sacerdotal (2 Corintios 5:16-19; 1 Pedro 2:9, 10). Pero la naturaleza de su

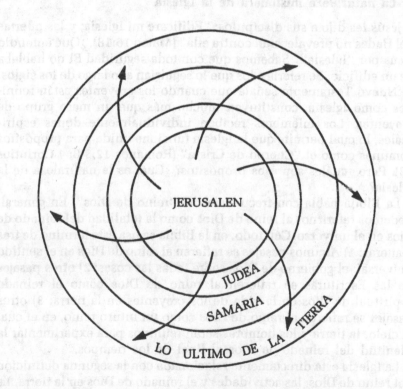

Figura 1.b: Misión centrífuga

ministerio es *centrífuga* (figura **1.b**). A diferencia de Israel, a la Iglesia no se le requiere que esté quieta y atraiga a otros pueblos a su propia cultura y nacionalidad. Se le requiere que *salga* y *vaya* a los pueblos de la tierra y gane a los hombres para la causa de Cristo allí donde están. Después de ganar a los hombres para Cristo, ellos deben formar extensiones de la Iglesia en medio de su propio pueblo. Luego ellos mismos han de llevar a cabo misiones centrífugas, "que vayan" (Mateo 28:19; Hechos 1:8). Antes que Jesucristo ascendiera al cielo, les dijo a sus discípulos que le serían testigos en Jerusalén, en Judea, en Samaria y en los lugares más distantes de la tierra. Esta es una perfecta descripción de la naturaleza centrífuga de la misión de la Iglesia. La Iglesia no debe esperar nunca que los inconversos vengan a ella. Debe salir de continuo a los inconversos en círculos de influencia cada vez más amplios.

C. La naturaleza misionera de la Iglesia

Jesús les dijo a sus discípulos: "Edificaré mi iglesia; y las puertas del Hades no prevalecerán contra ella" (Mateo 16:18). ¿Qué entendió Jesús por "Iglesia"? Sabemos que con toda seguridad El no hablaba de un edificio. Se refería a los que lo seguirían a lo largo de los siglos. El Nuevo Testamento señala que cuando los creyentes están reunidos como Iglesia, constituyen mucho más que un mero grupo de creyentes. Los miembros reciben individualmente dones espirituales, lo cual permite que la Iglesia funcione unida para propósitos comunes como el "Cuerpo de Cristo" (Romanos 12:3-8; 1 Corintios 12). Pero ¿cuáles son esos propósitos? ¿Cuál es la naturaleza de la Iglesia?

La Biblia habla con frecuencia del "reino de Dios". En general, podemos referirnos al reino de Dios como la totalidad del reinado de Dios en el universo. Con todo, en la Biblia se usa este término de tres maneras: 1) Algunos pasajes se refieren al reino de Dios en el sentido universal: el gobierno de Dios sobre todas las cosas; 2) otros pasajes de las Escrituras se refieren al reino de Dios como el reinado espiritual de Dios en la vida de los creyentes en la tierra; 3) otros pasajes se refieren al reino de Dios como un futuro reino, en el cual el cielo, la tierra y los hombres serán reunidos para experimentar la plenitud del reinado de Dios al final de los tiempos.

La Iglesia está directamente relacionada con la segunda definición del reino de Dios: las actividades y el reinado de Dios en la tierra. La Iglesia no es el reino de Dios, sino que representa este reino sobre la tierra. Ella ha de llevar a cabo la invasión que el reino de Dios está haciendo al reino de Satanás. La Iglesia es la punta de lanza que penetra las tinieblas espirituales de este mundo. Aun cuando la

Iglesia no es perfecta, ni lo será nunca hasta que Cristo retorne para regir la tierra, es el equivalente más aproximado del reino de Dios en la tierra.

Por eso, al enseñar, Jesús abundó tanto sobre el tema del reino de Dios. La Iglesia ha de reflejar el reino.

Jesús habló acerca de la naturaleza de la Iglesia por medio de parábolas sobre el "reino". El tema de la expansión y crecimiento es común en estas parábolas. Jesús comparó el reino, y por tanto la Iglesia, con:

— una red, que se echa en el mar con el fin de recoger muchos peces. Mateo 13:47.

— un grano de mostaza que, cuando se siembra, crece y se hace tan grande que sostiene a las aves del cielo. Mateo 13:31, 32.

— la levadura, la cual se echa en una gran cantidad de harina, pero leuda toda la masa cuando se la mezcla en ella. Mateo 13:33.

— la semilla que se esparce para poder recoger una abundante cosecha. Mateo 13:4-8.

Hay varios principios que Jesús enseñó mediante estas parábolas, pero el tema particular incluido en cada una de ellas es la expansión. El crecimiento es una característica fundamental de la naturaleza de la Iglesia. El Señor quiere un pueblo que esté interesado en enviar obreros-segadores a un mundo en que la cosecha de almas es abundante (Mateo 9:37, 38). El quiere una Iglesia que esté interesada no sólo en el trigo recogido en el granero, sino también en el trigo que está en los campos blancos para la siega. El quiere una Iglesia que esté constantemente extendiéndose hacia afuera para alcanzar a la gente, y creciendo en número y en calidad de dedicación. El Señor quiere una Iglesia que sea centrífuga en su misión para Dios; una Iglesia que crezca en virtud de lo que es. La Iglesia es el instrumento de las actividades de Dios en la tierra. La Iglesia que Jesucristo tuvo en mente cuando dijo: "Edificaré mi iglesia" es un instrumento de la gracia de Dios, siempre en expansión, y que crece por su propia naturaleza.

1. *Administradores de las Buenas Nuevas.* La Iglesia heredó el exclusivo derecho de Israel de ser el pueblo de Dios. La Iglesia se ha unido a Israel como heredera de las promesas de Dios (Efesios 3:6). Dios derribó "la pared intermedia de separación" que había entre judíos y gentiles, y de los dos formó un cuerpo nuevo: la Iglesia, el Cuerpo de Cristo (Efesios 2:14-16). Esta Iglesia ha heredado las bendiciones de Dios prometidas por El. Pero también se le han

confiado las responsabilidades inherentes a esas bendiciones.

Pablo reconoció esto cuando escribió: "Téngannos los hombres por servidores de Cristo, y administradores de los misterios de Dios. Ahora bien, se requiere de los administradores, que cada uno sea hallado fiel" (1 Corintios 4:1, 2).

El término "administradores" es una palabra neotestamentaria importante. El administrador (mayordomo) era un comisionado, uno a quien se confiaban valiosos recursos. Se esperaba que él tomara esos recursos, los usara según los propósitos de su señor y volviera con el fruto de su esfuerzo y los recursos originales, para traer renombre a su patrón. El principio clave en que se funda una buena administración es el servicio fiel y productivo del cual el patrón pueda disponer como quiera.

No es de extrañar que el Señor Jesús usara el ejemplo de la administración, o mayordomía, para describir la responsabilidad que Dios le ha dado a la Iglesia. Como lo señaló Pablo, a la Iglesia se le ha dado el conocimiento del precioso evangelio: el perdón de pecados para todo aquel que acepta a Jesucristo como su Señor. Dios ha investido esta verdad en la Iglesia y ha dispuesto que la Iglesia sea la única institución terrenal encargada de darla a conocer al mundo. A la Iglesia se le ha dado la más grande y más importante mayordomía que el mundo haya conocido jamás. Se le ha encomendado lo que más necesita el hombre: la salvación.

Ninguna iglesia local puede darse el lujo de gastar las bendiciones de Dios simplemente en sí misma como hizo Israel. Ninguna iglesia nacional, ni grupo de iglesias del mismo conjunto étnico, pueden ser plenamente la Iglesia que Cristo vino a edificar, a menos que se extiendan en un esfuerzo evangelístico para hacer discípulos más allá de sus propios límites. Debemos ayudar a todo creyente de toda iglesia a que aprenda a hacer su parte en colaborar con Dios para hacer discípulos entre todos los pueblos de la tierra.

2. *El plan de acción del Espíritu Santo en el libro de los Hechos.* A lo largo de su ministerio terrenal Jesús pasó la mayor parte de su tiempo enseñando a sus discípulos. No solamente les enseñó lo que concierne al reino de Dios, sino que les enseñó cómo ministrar a las multitudes que seguían a Jesús dondequiera que pudiesen. Los estuvo preparando para un ministerio futuro, para después que El ascendiese al cielo.

El ministerio de más de tres años que Jesús pasó con sus discípulos fue el aprendizaje de ellos. El los enviaba sin dinero a las aldeas y ciudades de Judea, diciéndoles que aceptaran la hospitalidad que les ofreciesen. Debían proclamar el reino de Dios, sanar a los enfermos, limpiar a los que tenían lepra, y echar fuera demonios (Mateo 10).

Al final de su ministerio, Jesús les dijo a sus discípulos:

> Ya no os llamaré siervos, porque el siervo no sabe lo que
> hace su señor; pero os he llamado amigos, porque todas
> las cosas que oí de mi Padre, os las he dado a conocer.
>
> Juan 15:15

Jesús dijo estas palabras sólo unas horas antes de ser crucificado. El aprendizaje de los discípulos había terminado. Fue también durante este mismo tiempo de las instrucciones de última hora que Jesús les prometió a sus discípulos:

> Aún tengo muchas cosas que deciros, pero ahora no las
> podéis sobrellevar. Pero cuando venga el Espíritu de
> verdad, él os guiará a toda la verdad; porque no hablará
> por su propia cuenta, sino que hablará todo lo que oyere, y
> os hará saber las cosas que habrán de venir. El me
> glorificará; porque tomará de lo mío, y os lo hará saber.
>
> Juan 16:12-14

Jesús les hablaba a sus discípulos acerca del ministerio del Espíritu Santo para con ellos después que El se hubiese ido. Les prometía la continuación de su propio ministerio para ellos, pero en una medida mucho mayor. Así, les dijo: "Os conviene que yo me vaya; porque si no me fuere, el Consolador no vendría a vosotros; mas si me fuere, os lo enviaré" (Juan 16:7). Era mejor para ellos que el Espíritu Santo llegase a ser su maestro. El no estaría confinado en un cuerpo material como Jesús estaba entonces. El no sólo estaría "con" ellos, como Jesús estaba; ¡también estaría "en" ellos! Sería un Consolador siempre presente, y un Guía constante. Les daría poder para continuar el ministerio de Jesús en la tierra.

Una de las últimas instrucciones que Jesús les dio a sus discípulos antes de subir al cielo fue: "Id por todo el mundo y predicad el evangelio" (Marcos 16:15). ¡Y ellos estaban dispuestos a ir! Pero cuando El estaba a punto de dejarlos definitivamente, les dijo que esperasen hasta que recibiesen el poder necesario:

> Recibiréis poder, cuando haya venido sobre vosotros el
> Espíritu Santo, y me seréis testigos en Jerusalén, en toda
> Judea, en Samaria, y hasta lo último de la tierra.
>
> Hechos 1:8

Estas fueron las últimas palabras que Jesús dijo en la tierra. Con ellas designó a sus discípulos a la misión centrífuga. Ellos debían ministrar el evangelio en territorios siempre más extensos y a pueblos cada vez más diferentes. No debían detenerse ante ninguna frontera cultural ni geográfica. ¡Debían continuar ampliando su ministerio hasta que alcanzasen "lo último de la tierra"!

Lo que ocurrió diez días después es bien conocido. Había llegado el día de la Fiesta de Pentecostés. Estaban todos unánimes juntos. El Espíritu Santo descendió y llenó toda la casa, y llenó a los discípulos. Todos fueron llenos del Espíritu Santo y comenzaron a hablar en otras lenguas, según el Espíritu les daba que hablasen. Muchos creyentes no comprenden el verdadero significado del día de Pentecostés del capítulo dos de Hechos. Creen que lo más importante de ese día fue que los creyentes hablaron en lenguas según el Espíritu Santo les daba que hablasen. Pero es importante también comprender: 1) *¿Quiénes escuchaban?* ¿Qué clase de personas fueron testigos de esa manifestación divina? 2) *¿Qué fue lo que oyeron?* ¿Cuál fue el significado de ese acontecimiento para los oyentes?

¿Quiénes escuchaban a los discípulos el día de Pentecostés? Principalmente un grupo de personas conocidas como judíos helenistas. Eran judíos que durante dos o tres siglos habían sido dispersados a causa de las persecuciones por todos los países y territorios de las civilizaciones romana y griega de aquella era. Se habían dispersado y establecido en todas las principales ciudades griegas y romanas, así como en gran parte de las ciudades menores. Había aproximadamente unos 2,5 millones de judíos en Palestina en la época de Cristo. Pero había alrededor de 3,6 millones de judíos helenistas que vivían fuera de Judea y de Palestina. Esos judíos helenistas habían sido esparcidos mayormente durante el reinado de los griegos (en los siglos tercero y segundo a.C.). Habían absorbido en gran parte la cultura griega y era por eso que los judíos de Palestina los conocían como helenistas.

Los helenistas eran personas trilingües. Seguían siendo judíos y se congregaban en sus propias sinagogas para adorar dondequiera que se establecían. Aprendían el hebreo en las clases de la sinagoga. La mayoría de ellos aprendía el griego Koiné, la lengua comercial de aquella época. Pero también aprendían los idiomas o dialectos locales de los pueblos de las regiones donde se habían establecido. De modo que los helenistas hablaban cuando menos tres idiomas. Muchos de ellos se habían radicado en esos lejanos rincones del mundo romano o griego. ¡Algunos incluso llegaron a emigrar tan lejos como la India y la China! Absorbieron las culturas y costumbres de muchas tierras. Los idiomas de los pueblos en medio de los cuales vivían llegaban a ser su verdadera lengua materna, ya que aprendían esas lenguas desde pequeños.

Pero los judíos helenistas nunca se olvidaron de Israel, que seguía siendo la Tierra Prometida. Si tenían éxito en su trabajo o en su negocio y deseaban tener un lugar para retirarse, era natural volver a Jerusalén. Esta seguía siendo para ellos la Ciudad de David, la Sion de Dios.

El nuevo templo construido por Herodes había quedado terminado recientemente. Setenta años había llevado la edificación del complejo del templo, ¡y era estupendo en su gloria y belleza! Había una creciente animación y expectativa en cuanto a la venida del esperado Mesías predicha por los profetas. La identificación nacionalista con Jerusalén y con el judaísmo surgía en el corazón de los hebreos en todo el mundo. Si los helenistas tenían de alguna manera los recursos necesarios para ello, querían regresar a vivir en esa costosa ciudad de Jerusalén.

Y a Jerusalén venían ¡por millares! De hecho, según el Talmud (Historia judaica), *había 480 sinagogas helenistas* en Jerusalén en la época del día de Pentecostés descrito en Hechos 2. Se llamaban sinagogas helenistas porque los que regresaban a Jerusalén querían retener su propia identidad cultural. Adoraban en sus propias sinagogas en lengua hebrea al igual que cualquier otro judío. Pero cuando confraternizaban junto a la entrada de la sinagoga o unos en la casa de otros, hablaban en su lengua materna; las lenguas y dialectos de las regiones en que habían vivido en los lejanos rincones del Imperio Romano.

La ley judaica requería que todos los judíos hicieran una peregrinación a Jerusalén en cada una de las tres fiestas especiales del calendario judaico aunque, claro, los que vivían tan lejos no podían ir tres veces en un año. Había que hacer un esfuerzo para viajar aunque fuera una vez en la vida. La segunda de ellas era la fiesta de Pentecostés. Era una buena época del año para viajar por la calma del mar Mediterráneo. De modo que muchos judíos helenistas convergían en la ciudad de Jerusalén, procedentes de todas partes del mundo romano. Sin duda alguna venían para celebrar la fiesta de Pentecostés. Pero muchos de ellos venían también para ver a la abuela, o al abuelo, que estaban en Jerusalén. Dondequiera brotaban sitios de mercado provisionales, aun a la orilla de los caminos que llevaban a la ciudad, ahora atestados de peregrinos. A las nueve de la mañana, cuando el Espíritu Santo llenó a los discípulos, había gente en las calles por todas partes.

De repente el estruendo de fuertes ráfagas de viento despertó la curiosidad de los que estaban en las proximidades del aposento alto. Entonces oyeron algo que los asombró. ¡No lejos de ellos algunos alababan a Dios en voz alta en las lenguas maternas de muchos de los que escuchaban! Judíos partos y elamitas, helenistas procedentes de

Frigia, Panfilia y Egipto, helenistas procedentes de por lo menos quince regiones del Imperio Romano, oyeron las alabanzas de Dios en sus propias lenguas maternas ¡tan lejos de sus hogares!

Los creyentes galileos, sin títulos universitarios, hablaban milagrosamente en por lo menos quince idiomas (enumerados en Hechos 2:8-10) las maravillas de Dios. Toda esa gente congregada en las calles, al oír cada uno su lengua materna estando tan lejos de su hogar, se miraban atónitos unos a otros, maravillados y asombrados.

a. *El verdadero significado del día de Pentecostés.* En ese momento Dios le estaba mostrando al mundo algo muy especial: El ya no se revelaría más por medio de los judíos. ¡Ahora lo haría por medio de la Iglesia de Jesucristo! Y esta Iglesia estaría tan llena de poder conferido por el Espíritu Santo que sería capaz de atravesar toda frontera racial, cultural o lingüística en la tierra para penetrar la idiosincracia de cada pueblo con el evangelio de Jesucristo. Sería una Iglesia determinada a penetrar la vida misma de cada sociedad, presentando el evangelio en la lengua materna, el lenguaje íntimo de cada pueblo. Dios declaraba que el plan de acción del Espíritu Santo en la Iglesia de Jesucristo sería establecer iglesias en medio de cada grupo de personas en la tierra.

b. *Superación del prejuicio judaico.* Como se analizó anteriormente, los judíos tenían un gran prejuicio racial, religioso y cultural contra los gentiles. Los judíos religiosos procuraban evadir todo tipo de asociación con los gentiles. Los romanos dominaban a los judíos políticamente, pero eso les exaltaba el sentido de superioridad espiritual que tenían sobre todos los gentiles, la cual sentían en un grado tan intenso. ¡Y fue sobre este pueblo prejuiciado que Dios derramó su Espíritu Santo! Era una cosa esperar que ellos evangelizaran a su propia nación, pero otra muy diferente era enviarlos a que evangelizaran a los gentiles. ¡El Espíritu Santo tenía realmente una gigantesca tarea por delante si la iglesia judaica había de llevar a cabo eficazmente el propósito divino!

El día de Pentecostés Pedro se puso en pie y predicó el evangelio. ¡Tres mil personas fueron salvas! Probablemente muchas de ellas eran judíos helenistas que se hallaban en Jerusalén por la fiesta especial. Luego el número de creyentes creció rápidamente: 5.000, 10.000, 15.000; antes de pasar mucho tiempo, había ya aproximadamente unos 25.000 creyentes en la ciudad.

Al principio, según la opinión de algunos eruditos,[2] la mayor parte de los creyentes eran judíos helenistas. Pero pronto el número de creyentes de Judea alcanzó y sobrepasó el de creyentes helenistas. Eso llevó a una división en la Iglesia primitiva (Hechos 6). Los creyentes helenistas (de habla griega) empezaron a sentir cierto resentimiento debido a que se los trataba como a menos importantes en la iglesia creciente. Esta discriminación resultaba de prejuicios dentro y fuera de la iglesia de parte de los judíos criados en la región que se consideraban castizos a la vez que miraban a los helenistas como mestizos culturales y, por lo tanto, inferiores.

El problema aparente era el hecho de asegurar que las viudas helenistas fueran bien atendidas en la distribución diaria (Hechos 6:1). Pero rápidamente los apóstoles se percataron de que en realidad el problema radicaba en la falta de dirección en el segmento helenista de la iglesia. Los creyentes de habla griega no creían tener tal acceso a los líderes. No había ninguno de los suyos entre los apóstoles. Sabiamente los apóstoles les dijeron a los helenistas: "Buscad . . . de entre vosotros a siete varones de buen testimonio, llenos del Espíritu Santo y de sabiduría, a quienes encarguemos de este trabajo" (Hechos 6:3).

Algunos dan por sentado que aquellos hombres fueron nombrados simplemente como diáconos y que sólo se esperaba de ellos que administrasen la obra benéfica de la iglesia. En realidad esos hombres eran apóstoles entre los creyentes helenistas de la Iglesia primitiva. Un rápido examen de los nombres de los que fueron elegidos revela que todos ellos tenían nombres helenistas (griegos). Tenían ministerios apostólicos por derecho propio. ¡Después de todo, Felipe no comenzó un avivamiento en Samaria sirviendo a las mesas! (Hechos 8:4-8). Esteban no fue apedreado por atender a las viudas (Hechos 6:8-15). El ministerio de estos hombres era paralelo al de los apóstoles. Eran apóstoles entre el segmento helenista de la nueva iglesia.

Una vez que los helenistas llegaron a tener sus propios líderes, creció su celo y su influencia. Muchos de los judíos helenistas de Jerusalén, y aun sus sacerdotes, creyeron y comenzaron a seguir a Cristo (Hechos 6:7). Esto entrañaba una amenaza a la existencia misma de las 480 sinagogas helenistas de la ciudad. Una de esas sinagogas se exasperó de tal modo que sus miembros presentaron el falso testimonio que llevó al apedreamiento y a la muerte de Esteban (Hechos 6:8-15).

Después de la muerte de Esteban, la persecución de la Iglesia aumentó espectacularmente (Hechos 8:1). Fue de modo especial intensa contra los creyentes helenistas. Muchos de ellos huyeron de Jerusalén a otras partes de Judea. Pero la mayoría de los helenistas comenzaron a trasladarse al norte, hacia la costa fenicia, o al sur, hacia Egipto y de allí al norte (Hechos 21:3, 4), Sidón (Hechos 27:3) y en muchos otros lugares a donde fueron. Los helenistas se radicaron en los numerosos sitios a los cuales fueron. Resultó providencial que fundaran iglesias entre los otros judíos helenistas como ellos mismos en la mayor parte de los lugares a donde se habían trasladado. Hechos 11:19, 20 registra un acontecimiento significativo. "Ahora bien, los que habían sido esparcidos a causa de la persecución que hubo con motivo de Esteban..." Esto se refiere a los creyentes helenistas de la iglesia de Jerusalén. "Pasaron hasta Fenicia, Chipre y Antioquía, no hablando a nadie la palabra, sino sólo a los judíos." Iniciaron iglesias entre otros helenistas como ellos. "Pero había entre ellos unos varones de Chipre y de Cirene, los cuales, cuando entraron en Antioquía, *hablaron también a los griegos*, anunciando el evangelio del Señor Jesús" (itálicas del autor).

Las últimas palabras de Jesús en esta tierra fueron una orden para el ministerio intercultural: "...hasta lo último de la tierra" (Hechos 1:8). La primera demostración del poder del Espíritu Santo al comenzar la Iglesia en Hechos 2 fue una dramática declaración del propósito de Dios de alcanzar a todos los pueblos en un ministerio intercultural. Con todo, ¡le llevó diecisiete años a la Iglesia, después del día de Pentecostés, para empezar a hablarles a los griegos también! ¡Pasaron diecisiete años antes de que la Iglesia siquiera empezara a llevar a cabo el plan de acción del Espíritu Santo!

¿Y cuáles fueron los resultados? "Y la mano del Señor estaba con ellos, y gran número creyó y se convirtió al Señor" (Hechos 11:21). Dios comenzó a moverse poderosamente entre los griegos no judíos en Antioquía. Los apóstoles enviaron a Bernabé (Hijo de Consolación) desde Jerusalén para que investigase ese movimiento de los gentiles hacia Cristo. Era muy temprano para que la iglesia de Jerusalén creyera que los gentiles podían servir a Dios sin guardar la ley judaica (Hechos 15).

Siendo un hombre lleno del Espíritu, Bernabé reconoció de inmediato la mano de Dios en la recién formada iglesia griega. Dio su aprobación al ministerio que se realizaba entre los griegos (Hechos 11:22-24). Aquello estimuló aún más el avivamiento de los griegos.

Entonces Bernabé pensó en Saulo, que había declarado que Dios lo había llamado a ser "apóstol a los gentiles" (Romanos 11:13). Pablo llevaba unos diez años en la ciudad de Tarso cuando Bernabé fue allá para llevárselo a Antioquía.

Bernabé y Saulo ministraron en Antioquía un año entero. Durante ese tiempo se comprobó allí el ministerio de Saulo a los gentiles. Para cuando la narración del libro de los Hechos progresa llegando al capítulo trece, Bernabé y Saulo han llegado a llamarse "Pablo y Bernabé". Constituían el primer equipo de evangelismo intercultural que sería enviado a evangelizar a los gentiles en la Iglesia primitiva. Llegaron a ser modelos, el primero de muchos equipos de evangelismo intercultural que establecería iglesias en ciudades y poblaciones del Imperio Romano (Hechos 13:1-3). Fueron tan eficientes que hasta sus enemigos exclamaron que "trastornan el mundo entero" (Hechos 17:6).

¡Este es el plan de acción del Espíritu Santo: "trastornar el mundo entero" con el evangelio de Jesucristo en cada generación! El quiere que todas las iglesias y todos los grupos de iglesias en todos los países estén comprometidos en forma continua y vital en realizar evangelismo intercultural y establecimiento de iglesias. Con demasiada frecuencia las agrupaciones nacionales de iglesias son muy parecidas a la iglesia judaica primitiva. Tienen demasiados prejuicios en favor de su propio pueblo y en contra de otros pueblos como para oír la voz del Espíritu Santo cuando les dice que "vayan". Si sabemos escuchar, oiremos la voz del Espíritu Santo cuando nos dice que llevemos a cabo su principal plan de acción encomendado a la Iglesia: el ministerio intercultural a "todos los pueblos de la tierra".

Cada iglesia debe buscar la voluntad de Dios para descubrir cómo debe enviar evangelistas interculturales. Las agrupaciones de iglesias deben trabajar conjuntamente para tener la seguridad de que tales evangelistas estén bien preparados en el ministerio intercultural. Asimismo deben asegurarse de que reciban fielmente su sostenimiento en su importante ministerio. El ministerio intercultural es un ministerio central y fundamental en el plan de acción del Espíritu Santo para la Iglesia. El grado en que nuestras iglesias actúen en el centro del movimiento del Espíritu Santo en la tierra será el grado en que ellas mismas estén vigorosamente ocupadas en el evangelismo intercultural. ¡El ministerio intercultural es el plan de acción del Espíritu Santo!

Bosquejo del capítulo

La revelación del plan divino a favor del hombre

  I. La base de la redención es el amor de Dios.
     A. El amor de Dios determinó la historia de la redención.
     B. Jehová tiene un plan divino.
 II. El plan de redención del pueblo escogido
     A. El pacto con Abraham tiene una promesa intercultural.
     B. Dios encarga a Israel a participar en su plan divino.
     C. La razón del éxito del pueblo escogido
     D. La Iglesia participa en el ministerio intercultural.
     E. El "misterio de Cristo" revelado
     F. La misión centrípeta-centrífuga

III. El carácter evangelizador de la Iglesia
   A. Mayordomos del evangelio
   B. La misión del Espíritu Santo en el libro de los Hechos

Un encuentro con las verdades

1.1 ¿Cuál es la única característica de la naturaleza de Dios de la cual depende el hombre totalmente?

1.2 ¿Por qué?

2.1 De acuerdo con este capítulo, ¿qué características tienen en común los hombres y los ángeles?

2.2 ¿Por qué Dios los creó de esta manera?

3.1 ¿Cuáles fueron los dos problemas que Dios tuvo después que Adán pecó?

3.2 ¿De qué manera los resolvió Dios?

4.1 ¿Qué es el "protoevangelio"?

4.2 ¿Por qué es importante?

4.3 ¿Qué nos enseña respecto de Dios?

5.1 ¿Cuáles son las tres "promesas personales" específicas que Dios le hizo a Abraham?

5.2 ¿Cuáles son las dos "promesas de poder" que Dios le hizo a Abraham?

6. Cuando Dios hizo un pacto con Abraham, le prometió que sus descendientes tendrían un ministerio intercultural. Cite el texto de Génesis 12:1-3 en que Dios hizo esta promesa.

7.1 ¿Qué significa el nombre Abraham?

7.2 ¿Qué significa Israel?

7.3 ¿De qué manera estaba la misión de cada uno de ellos relacionada con su nombre?

8. ¿Por qué escogió Dios al pueblo de Israel?

9.1 ¿Cuáles fueron las tres promesas que Dios le hizo a Israel en el pacto mosaico?

9.2 ¿Qué tenían que ver esas promesas con el llamamiento de Israel a la misión de Dios?

10.1 ¿Cuál era la clave para que Israel recibiese las bendiciones prometidas por Dios?

10.2 ¿Cómo Israel se descalificó a sí mismo de su ministerio intercultural?

11. ¿Cuál fue el "misterio" revelado a Pablo según Efesios capítulos dos y tres?

12.1 ¿Quiénes heredaron el llamamiento de Israel al ministerio intercultural después de la resurrección de Cristo?

12.2 ¿Cuál es la clave para cumplir ese mandamiento?

13.1 ¿Cuál es hoy la representación más aproximada del reino de Dios en la tierra?

13.2   ¿Cuál es su naturaleza fundamental de acuerdo con las parábolas de Jesús sobre el reino de Dios?

14.   ¿Qué dijo Jesús después de su resurrección, y qué hizo el Espíritu Santo para demostrar la importancia del ministerio intercultural para la Iglesia?

15.1   ¿Dónde empezó realmente la iglesia neotestamentaria su ministerio intercultural?

15.2   ¿Cuánto tiempo después del día de Pentecostés ocurrió eso?

15.3   ¿Por qué demoró tanto?

De la teoría a la práctica

A.1   Analice las características del amor y de la misericordia, la justicia y la rectitud de Dios.

A.2   ¿Cómo se relacionan ellas con la manera en que Dios trata con el hombre?

A.3   ¿Por qué permite Dios que el mal siga imperando hoy en el mundo?

B.1   Demuestre la característica de "Yo haré — tú serás" de las promesas que Dios le hizo a Abraham, registradas en Génesis 12:1-3 y en otros pasajes de la Biblia.

B.2   ¿Qué importancia tiene para usted aprender a obedecer a Dios?

B.3   ¿Qué relación hay entre obedecer y aprender a oír la voz de Dios en su vida diaria?

C.1   Nombre cinco iglesias locales que usted conozca, que estén sosteniendo activamente el evangelismo intercultural.

C.2   ¿Qué clase de ayuda proporcionan?

C.3   ¿Qué hace su propia iglesia al respecto?

C.4   ¿Qué debía hacer?

D.1   Si un amigo suyo de la iglesia le dijera que Dios no está interesado en el evangelismo intercultural, ¿cómo le contestaría?

D.2   ¿Qué pasajes bíblicos usaría usted para apoyar su respuesta?

E.1   ¿Qué prejuicios culturales podría usted señalar como existentes entre su pueblo, semejantes a los que había entre los judíos en la época de Jesús?

E.2   ¿Cómo ha afectado esto a la visión del ministerio intercultural de las iglesias de su pueblo?

E.3   ¿Qué pasos se podrían dar para hacer que sus iglesias participen más eficientemente en el ministerio intercultural?

---

[1] Esto consta por escrito en el Talmud judío, Maimonides, Isure Biah 13 y 14

[2] Joachin Jeremías *Jerusalem in the Time of Jesus*, traducido por F. Cave, Fortress Press, Philadelphia, 1969, páginas 79-84.

Capítulo 2

PUEBLOS NO ALCANZADOS: LA TAREA INCONCLUSA

Puntos clave de este capítulo

1. Dios es el creador de la diversidad humana, y su plan de redención permite que los distintos grupos étnicos lo sirvan y, sin embargo, conserven su propia identidad cultural.
2. La unidad de la Iglesia se basa en la unidad espiritual, no en la similitud física ni en la uniformidad cultural.
3. El evangelismo que pase por alto las diferencias culturales y sociales que existen entre los distintos grupos étnicos no alcanzará a todos los pueblos, y apartará a muchos del evangelio.
4. El factor clave al definir los grupos étnicos es descubrir a cuál grupo la gente cree que pertenece.
5. A la mayoría de las personas se les ha enseñado que no vean el mundo como Dios lo ve. Dios se interesa más en las fronteras que existen entre los grupos étnicos que en las fronteras que hay entre los países.
6. Cuanto mayor sea la distancia cultural, tanto mayor será la dificultad para evangelizar a otros grupos étnicos.
7. Una buena estrategia de evangelismo intercultural considera las necesidades de cada grupo étnico por separado y busca la forma de evangelizarlos con estrategias planeadas para ganar un pueblo a la vez.
8. Cuando la gente cree y acepta a Cristo, le gusta hacerlo sin que tenga que cruzar barreras raciales, lingüísticas ni de clase social.
9. Hay una gran necesidad de preparar evangelistas interculturales y enviarlos de todo pueblo alcanzado a todo pueblo no alcanzado, en todo el mundo.

Todos saben que existen distintas clases de personas. Pero si usted les pregunta a sus amigos qué es lo que hace diferentes a las personas, recibirá muchas y distintas respuestas. Algunos le describirán diferentes características de personalidad. Otros le señalarán las condiciones sociales o económicas como las principales diferencias que hay entre distintas clases de personas. Otros más señalarán las diferencias de raza o de idioma. Y todos ellos tendrán razón. Las personas se diferencian unas de otras por una multitud de razones. Ahora bien, si hemos de ser ministros interculturales eficientes, debemos aprender las diferencias que hay entre las personas y cómo éstas afectan nuestro ministerio.

Dios es el creador de la diversidad humana. Muchos de los conflictos que se producen entre los distintos países y entre los habitantes de un mismo país son resultado de las diferencias raciales, lingüísticas y culturales que existen entre los pueblos. A veces los políticos tratan de eliminar esas diferencias en bien de la unidad nacional. A veces los dirigentes religiosos procuran disimular esas diferencias en nombre de la unidad cristiana. Pero debemos recordar que Dios es el origen de la diversidad humana.

Después del diluvio, Dios mandó en forma específica a Noé y a sus hijos, diciéndoles. "Fructificad y multiplicaos, y *llenad la tierra*" (Génesis 9:1, cursivas del autor). Los descendientes de Noé desobedecieron el mandamiento de Dios. Encontraron una llanura en Babilonia y decidieron edificar allí una gran ciudad, diciendo: "Hagámonos un nombre, por si fuéremos esparcidos sobre la faz de toda la tierra" (Génesis 11:4). Dios les había dicho que poblaran toda la tierra, pero ellos querían quedarse en un solo lugar y "hacerse un nombre". En aquel tiempo todos ellos hablaban una misma lengua. Tenían unas mismas normas de conducta y estaban más unidos en su propósito que cualesquiera de los pueblos de antes del diluvio.

Con el fin de volverlos hacia su divino propósito, Dios realizó un milagro. Confundió su lengua, de modo que no pudiesen entenderse unos a otros. Dios creó, en forma instantánea, muchos grupos étnicos que se encontraron separados por una barrera idiomática, la cual fue el motivo de que se esparcieran sobre la faz de la tierra. Con el tiempo esos grupos desarrollaron sus propias normas de conducta y su propio sistema de valores. No se acercaron ni se unieron unos a otros, sino que se apartaron más y más. Sus lenguas se subdividieron y se tornaron aun más diferentes. En la actualidad hay más de siete mil idiomas hablados en el mundo.

Dios habría podido hacer muchas cosas para forzar a los descendientes de Noé a esparcirse por toda la tierra. Pero El prefirió confundir su lengua. El sabía que, andando el tiempo, eso sería causa de mucha incomprensión y muchos conflictos entre los seres humanos. También sabía Dios que las barreras culturales habrían de ser un gran obstáculo para la difusión del evangelio.

¡Pero Dios no comete errores! El sabe que las diferencias culturales impiden que el hombre pueda unificar a toda la raza humana en una rebelión pecaminosa contra Dios. Asimismo, hacen imposible que líderes políticos corrompidos puedan llegar a controlar fácilmente a toda la raza humana. Y, como lo estudiaremos más adelante, esas mismas diferencias culturales permiten que el evangelio se extienda con gran rapidez entre los grupos étnicos homogéneos.

A. ¿Qué es un grupo étnico?

Los seres humanos existen en agrupaciones culturales. Siempre han existido así desde que ocurrió la confusión de la Torre de Babel. Desde los tiempos bíblicos hasta hoy, suma frecuencia se ha considerado a los seres humanos en términos del grupo étnico al que pertenecen: su tribu o casta. En la historia moderna el surgimiento del nacionalismo y la creciente urbanización han oscurecido las diferencias que existen entre los distintos grupos étnicos. Con todo, esas diferencias permanecen. Pueden constituir una gran barrera para la difusión del evangelio, o representar una gran oportunidad para la extensión del evangelio.

Véase la figura 2.a en que se presenta una lista parcial de grupos étnicos mencionados en el Antiguo Testamento y en el Nuevo.

Antiguo Testamento		Nuevo Testamento	
Edomitas	Moabitas	Partos	Habitantes de
Cananeos	Filisteos	Elamitas	Mesopotamia
Amorreos	Heveos	Habitantes de	Habitantes de
Anaceos	Refaítas	Judea	Capadocia
Heteos	Ferezeos	Residentes del	Asiáticos
Jebuseos	Amalecitas	Ponto	Frigios
Arameos	Keretitas	Panfilianos	Egipcios
Peleteos	Amonitas	Libios	Romanos
Haroditas	Paltitas	Cretenses	Arabes
Husatitas	Ahohitas	Fariseos	Saduceos
Netofatitas	Piratonitas	Galileos	Epicúreos
Arbatitas	Barhumitas	Listrenses	Gálatas
Itritas	Israelitas	Etíopes	Lidianos
	Libertos	Esclavos	
	Sacerdotes	Levitas	
	Gadarenos		

Figura 2.a: Grupos étnicos que aparecen en la Biblia

Obsérvese que no hay ningún factor común que pueda ser usado para identificar los grupos étnicos que aparecen en la figura **2.a.** Algunos de ellos se identifican por tener un antepasado común, como los amalecitas y los amonitas. Otros se identifican por la ubicación geográfica en que viven, como los panfilianos y los gálatas. Los fariseos y los saduceos eran grupos étnicos debido a sus creencias religiosas. Los libertos eran judíos que habían sido usados como esclavos durante las conquistas de los romanos. Una vez que acabaron las guerras romanas, fueron puestos en libertad.

Obsérvese asimismo que algunos de esos grupos representaban a grandes cantidades de personas, como los egipcios y los esclavos (en la época neotestamentaria aproximadamente el 50% de la población eran esclavos). Otros grupos representaban reducidos números de personas, como los levitas. No se puede usar ningún factor común para identificar los grupos étnicos, sino que son muchos los factores: raza, lengua, creencias religiosas, sistemas de valores, condición étnica, clase social, y muchos más.

De modo que los grupos étnicos tienen que ser definidos en términos más generales: *Un grupo étnico es un grupo sociológico de personas significativamente grande, que están conscientes de que comparten un nexo común unos con otros.* Esta definición sigue la pauta del Comité de Evangelización Mundial de Lausana, que es un comité internacional compuesto por líderes cristianos de todo el mundo. Esta es una definición muy útil para el evangelismo intercultural.

Esta definición pone de relieve las cosas que los pueblos comparten en común: condición étnica, idioma, religión, ocupación, clase, casta, residencia, situación social o legal, o cualquier combinación de ellas. El factor clave es cómo los individuos que forman el grupo se ven a sí mismos. Comparten un nexo común, no porque los observadores externos puedan identificarlos como parte de cierto grupo étnico, racial o religioso o de clase. Comparten ese nexo debido a que *ellos se miran a sí mismos* como miembros de ese grupo. Los miembros de un grupo étnico comparten una serie común de problemas, de necesidades y de oportunidades. Piensan en sí mismos como "nosotros", y en los demás de fuera de su grupo como "ellos".

En tanto que es verdad que los hombres pertenecen a muchos grupos que ellos escogen para asociarse por razones específicas, nosotros definimos a los *grupos étnicos* como grupos hacia los cuales sus miembros sienten su más firme adhesión. Por ejemplo, un hombre puede pertenecer a un club de fútbol debido a su interés en los deportes y a la asociación local de padres y maestros, porque está interesado en la educación de sus hijos; pero con todo, pertenece al *grupo étnico* de indígenas quechua, hispanohablantes y de vida urbana. Dicho individuo siente su adhesión primaria a ese grupo, y un nexo común con los demás miembros de su grupo.

Otros ejemplos de grupos étnicos serían: los agricultores arrendatarios de habla bengalí, musulmanes, de Bangladesh y la India Oriental (que comparten condición étnica, idioma, ocupación y situación económica comunes); los hombres de negocio y profesionales hispanohablantes de la clase media alta, de las zonas urbanas de México (que comparten condición económica, idioma, residencia y nacionalidad comunes).

Para nuestros propósitos, un grupo étnico debe ser *significativamente bastante grande* para poder evangelizarlo como grupo. No debe ser ni demasiado pequeño ni demasiado grande. Una familia en particular, integrada por los familiares más cercanos, no encaja en nuestra definición de un grupo étnico. Los miembros de una familia comparten muchos nexos comunes que son muy importantes para ellos, pero son un grupo de individuos demasiado pequeño como para que requiera una estrategia de evangelismo por separado. Por otro lado, el intentar evangelizar todo el norte del Perú con una sola estrategia sería escoger un número de personas demasiado grande para una sola estrategia. Habría demasiados grupos idiomáticos y demasiadas diferencias entre los pueblos como para que una sola estrategia pudiera ser eficaz. En este capítulo se mostrará la importancia de aprender a evangelizar a la gente dentro de su propio grupo étnico.

B. La Gran Comisión: un enfoque etnocéntrico

En el capítulo uno descubrimos que el evangelismo intercultural es parte fundamental de la naturaleza de la Iglesia. Esta verdad queda claramente demostrada en las palabras de Jesús que leemos en Mateo 28:19, 20, con frecuencia mencionadas como la Gran Comisión. Nuestra habilidad para comprender el mandato de Jesús depende de cómo vemos el mundo.

Hemos sido enseñados a ver el mundo en forma muy parecida a como aparece en la figura 2.b. Se nos enseñó a ver el mundo como una serie de países, estados o territorios. Como lo define la Organización de las Naciones Unidas, hay unas 223 "naciones-estados" — países — con fronteras políticas creadas por el hombre, que dividen las masas geográficas de la tierra. Se nos ha enseñado a ver el mundo de acuerdo con esas fronteras. Pero esa no es la forma en que Dios quiere que veamos el mundo.

Los discípulos de Jesús lo comprendieron. Por eso Mateo citó las palabras dichas por Jesús: "*Poreuthentes oun mathetéusate panta ta ethne.*" "*Poreuthentes*" quiere decir "debéis ir" o "id" (imperativo). "*Oun*" es una palabra de enlace, "por tanto" o "pues". "*Mathetéusate*" significa "haced aprendices, seguidores, discípulos" (imperativo también). "*Panta ta*" quiere decir "a todos". De modo que este pasaje quiere decir "Id, haced discípulos a todos los *ethne.*" El término "ethne" merece una atención especial.

Ethne se ha traducido como "naciones" en muchos idiomas occidentales desde el siglo dieciséis y diecisiete. Pero esta palabra deriva de *ethnos*, un término griego que significa "pueblo", "gente". Por tanto, tenemos una traducción más exacta del sentido de las palabras de Jesús así: "Id, por tanto, haced discípulos a todos los pueblos". En la época en que se hizo la traducción castellana original de la Biblia, la palabra "nación" tenía también el significado de "gente" o "pueblo". En aquella época el mundo estaba dividido más bien por fronteras étnicas y tribales que por límites políticos. Con el rápido surgimiento del nacionalismo en los últimos cien años, el mundo ha pasado a ser considerado en términos políticos como lo representa la figura **2.b.**

Dios se interesa mucho más por los hombres que por las fronteras políticas. La figura **2.c** es una mejor ilustración de cómo Dios ve el mundo. Se muestra aquí el continente africano, segmentado no por las cincuenta fronteras nacionales que forman el Africa, sino por las principales divisiones tribales del pueblo del Africa. Ellas podrían subdividirse aun en grupos étnicos específicos. Estos miles de grupos étnicos están separados unos de otros por su cultura individual: por sus distintos idiomas, clases, normas de conducta, sistema de valores, costumbres de vestir; por los alimentos que comen, las ropas que visten, con quiénes se casarán y se asociarán, y con quiénes no. Con frecuencia estos grupos de individuos están más separados unos de otros, que los pueblos de distintos países.

Por eso Mateo, al usar la palabra *ethnos* — "gente" o "pueblo" — en vez de "país", nos recuerda que el Señor nos mandó "hacer discípulos a todos los pueblos". Si hemos de ser evangelistas interculturales fieles y eficientes, ¡tenemos que ir a todos los pueblos, no simplemente a todos los países! Se deben establecer iglesias en medio de la sociedad de cada pueblo o grupo étnico, de modo que cada familia y cada individuo puedan tener una adecuada oportunidad para recibir el evangelio de Cristo.

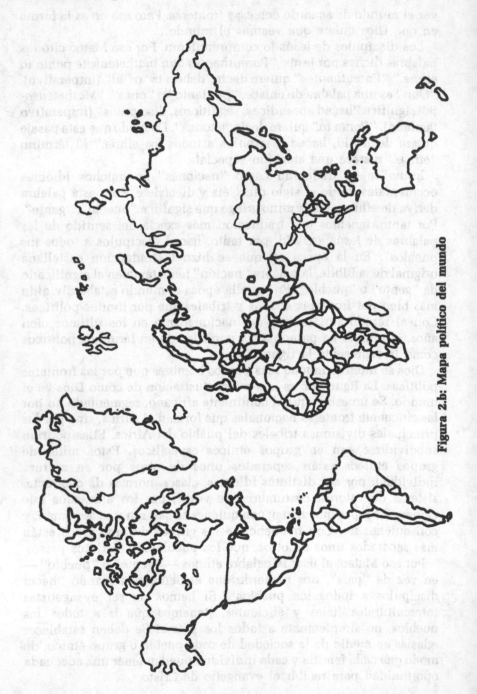

Figura 2.b: Mapa político del mundo

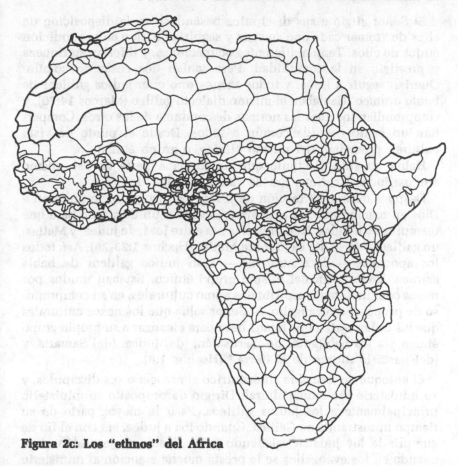

Figura 2c: Los "ethnos" del Africa

C. El plan de Jesús para alcanzar a todos los pueblos

Jesús se crió en una remota parte del norte de Palestina y ministró durante sólo tres años y medio. Con todo, su propósito era llevar el evangelio del reino a todo el mundo. Tuvo que preparar líderes que continuaran su ministerio después que El ascendiera al cielo. El no escogió la clase de líderes que usted y yo habríamos escogido. Probablemente habríamos elegido a algunos de ellos de los alrededores de Jerusalén; tal vez a un fariseo o a dos, a un escriba, a un par de miembros del Sanedrín. Probablemente habríamos escogido representantes tanto del norte como del sur de Judea; tal vez uno o dos de Galilea y uno de la región de Jericó. Pero esa no fue la forma en que Jesús escogió a sus discípulos.

El Señor eligió a sus discípulos basándose en la disposición de ellos de "tomar cada uno su cruz y seguirlo" a El, y en la condición étnica de ellos. Tenían diferentes ocupaciones, y diferían su riqueza y prestigio en la comunidad. Pero tenían dos cosas en común: Querían seguir a Jesús, y todos menos uno eran judíos galileos de habla aramea. Hablaban el mismo dialecto galileo (Marcos 14:70), y comprendían los unos las normas de conducta de los otros. Compartían un estilo de vida común a todos. Desde el punto de vista cultural, procedían del mismo ethnos, o grupo étnico.

Había un solo discípulo que no formaba parte de ese mismo ethnos: Judas Iscariote. Era de Cariot, ciudad de Judea.

Después de la resurrección de Jesús, los discípulos le pidieron a Dios en oración que los ayudara a escoger a un discípulo para que reemplazara a Judas. La alternativa era entre José, de Judea, y Matías, un galileo. Y la suerte cayó sobre Matías (Hechos 1:23-26). Así, todos los apóstoles —doce otra vez— eran judíos galileos de habla aramea. Todos eran del mismo grupo étnico. Estaban unidos por nexos comunes, tanto espirituales como culturales, en su compromiso de propagar el evangelio. El Señor sabía que los nexos culturales que los unían serían una buena base para alcanzar a su propio grupo étnico y a los habitantes de "Jerusalén, [de] Judea, [de] Samaria, y [de] hasta lo último de la tierra" (Hechos 1:8).

El enfoque de Jesús fue etnocéntrico al escoger a sus discípulos, y su ministerio fue monocultural. Dirigió de propósito su ministerio principalmente a los judíos galileos. Pasó la mayor parte de su tiempo ministrando en Galilea. Cuando iba a Judea, era con el fin de cumplir la ley judaica asistiendo a las fiestas en Jerusalén. Aun cuando en los evangelios se le presta mucha atención al ministerio que Jesús realizó en Judea, el total del tiempo que pasó allí fue corto si lo comparamos con el tiempo que pasó en la región de alrededor del mar de Galilea.

Cuando Jesús envió a sus discípulos para que aprendieran a ministrar, les dio instrucciones en el sentido de que no fueran a los gentiles ni a los samaritanos, sino sólo "a las ovejas perdidas de la casa de Israel" (Mateo 10:5, 6). En otra ocasión, cuando Jesús trató de hallar algún descanso en la región costera de Tiro y de Sidón, se le acercó una mujer no judía de ese lugar, procurando obtener la liberación de su hija que estaba poseída por un demonio (Mateo 15:21-28). No haciendo caso a la súplica de ella, Jesús dijo: "No soy enviado sino a las ovejas perdidas de la casa de Israel" (v. 24). Aun después que ella se postró delante de El suplicando, Jesús le dijo: "No está bien tomar el pan de los hijos, y echarlo a los perrillos" (v. 26). Entonces la mujer respondió humildemente, y Jesús le contestó: "Oh mujer, grande es tu fe; hágase contigo como quieres" (v. 28). Y la muchacha fue sanada en aquella misma hora.

Este es un asombroso relato que ha turbado a muchos estudiosos de la Biblia. ¿Acostumbraba Jesús desatender a los necesitados? ¿Estaba prejuiciado contra los gentiles como los demás judíos de su época? Algunos han dicho que Jesús simplemente necesitaba un descanso, y que el sanar a la hija de esa mujer sólo haría que viniesen mayores necesidades en su camino. Otros han dicho que Jesús estaba simplemente probando la fe de la mujer sirofenicia. Probablemente ambas explicaciones sean correctas. Pero la razón principal de que Jesús estuvo renuente a ministrar a la necesidad de la mujer fue la que El dio. El había sido enviado a ministrar a "las ovejas perdidas de la casa de Israel". Aun cuando Jesús había de morir por los pecados de todo el mundo, el Padre la había dado mandamiento de que pasara su tiempo ministrando entre los judíos.

La única vez que Jesús fue específicamente a ministrarles a los gentiles fue durante aquellos días que pasó en Samaria (Juan 4:1-43). Incluso el ministerio que realizó allí fue una lección objetiva contra el fuerte prejuicio que los judíos tenían contra los samaritanos. En otras ocasiones, cuando Jesús tuvo oportunidad de ministrar a los gentiles, procuró evitar hacerlo. Cuando ciertos gentiles temerosos de Dios buscaron una oportunidad para encontrarse con Jesús, El no hizo caso a su solicitud (Juan 12:20). Después que Jesús sanó al endemoniado gadareno en la región de Decápolis, el hombre quiso seguir a Jesús como hacían los demás (Marcos 5:1-20). Si Jesús hubiese querido tener un fiel discípulo gentil, ésa era la oportunidad perfecta. Pero El no le permitió al hombre que lo siguiera. Le dijo que fuera a contarle a su familia "cuán grandes cosas" el Señor había hecho con él. De modo que podemos inferir, por las palabras y las acciones de Jesús, que su ministerio estaba dirigido principalmente a los judíos. Aun cuando sus obras de compasión y de sanidad incluyeron a muchos gentiles, su ministerio de predicación y de enseñanza estaba dirigido a "las ovejas perdidas de la casa de Israel" (Mateo 15:24).

¡Pero Jesús sí quería alcanzar a todo el mundo! El sabía que su tiempo de ministerio en esta tierra era limitado. Pero se daba cuenta de que podría realizar eso mucho más eficazmente organizando un sólido y coherente grupo de seguidores entre un grupo étnico. Jesús no era antropólogo, sociólogo ni misionólogo, pero entendía los principios de estas esferas mucho mejor que nosotros. Organizó un sólido, dedicado y coherente grupo de discípulos, tomándolos de un solo grupo étnico. Les enseñó cómo ministrar en medio de su propio *ethnos* o pueblo. Entonces les mandó a "hacer discípulos a todos los *ethnos*". Les dijo que extendieran su ministerio "hasta lo último de la tierra" (Mateo 28:19 y Hechos 1:8). En el libro de los Hechos, Lucas registra las etapas del desarrollo del éxito del ministerio en Jerusalén (Hechos 1:1 — 6:7); después, por toda Palestina y Samaria (6:8 — 9:31); luego, su extensión a Antioquía y a otros centros helenistas (9:32 — 12:24); después, al Asia Menor (12:25 — 16:5), a Europa (16:6 — 19:20), y finalmente a Roma (19:21 — 28:31).

Los discípulos tuvieron éxito en su evangelismo intercultural debido a su cohesión y dedicación, a su habilidad de comunicar y de viajar libremente en el Imperio Romano, y al poder del evangelio demostrado en la vida de ellos. Pero también tuvieron éxito porque siguieron la pauta que Jesús mismo había establecido. Fundaron la iglesia en medio de su propio pueblo, pero no descuidaron la necesidad de que otros grupos étnicos también oyesen el evangelio. Enviaron equipos de evangelistas a través de fronteras culturales, raciales y lingüísticas, estableciendo iglesias en medio de otros grupos étnicos. Y enseñaron a esas iglesias a que ayudaran a enviar equipos misioneros a otros pueblos. No conocemos ni siquiera los nombres de la mayor parte de esos evangelistas interculturales. Pero sí sabemos que eran muy eficientes. "Todos los que habitaban en Asia, judíos y griegos, oyeron la palabra del Señor Jesús" (Hechos 19:10). Hasta sus enemigos proclamaron que ellos ". . .trastornan el mundo entero" con el evangelio (Hechos 17:6).

D. Tipología del evangelismo

Nuestro mundo de ahora es mucho más complejo que el mundo de los creyentes de la Iglesia primitiva. En la actualidad hay más países, más idiomas, más grupos étnicos que cuando aquella Iglesia primitiva era tan eficiente en el evangelismo intercultural. Entonces no se necesitaban pasaportes ni visas, y el griego era un idioma común que entendían muchos pueblos. Hoy día hay distancias mucho mayores entre los pueblos, tanto geográfica como culturalmente. Si hemos de ser evangelistas interculturales eficientes, debemos aprender todo cuanto podamos acerca de las diferencias y de cómo superar las barreras que ellas representan para una eficaz comunicación del evangelio.

Es de suma importancia comprender el concepto de la distancia cultural, o sea, cuánto difiere una cultura de otra. Sabemos que es mucho más difícil para un creyente hispanohablante de la ciudad evangelizar aldeas de habla quechua en las montañas, que evangelizar a otros habitantes hispanohablantes de la ciudad como él mismo. Pero sería mucho más difícil todavía para ese evangelista alcanzar en forma eficaz a los campesinos del Japón. *Cuanto más grande sea la distancia cultural, tanto mayor será la dificultad de evangelizar a otros pueblos.* Tenemos una forma de clasificar el evangelismo de acuerdo con la distancia cultural.

El *evangelismo E-0* es un evangelismo sin ninguna barrera cultural, sin ninguna distancia cultural en absoluto entre el evangelista y los que reciben su mensaje. Esto es cuando un verdadero creyente renacido gana a cristianos nominales, que son cristianos sólo de nombre. No existen barreras idiomáticas, ni religiosas ni culturales de ninguna clase. El evangelismo E-0 es ganar a otros miembros de la iglesia que aún no han aceptado a Cristo como su Salvador y Señor.

El *evangelismo E-1* es ganar a otros miembros de la propia cultura del evangelista, que están en el mundo. Es evangelizar a personas que no son miembros de ninguna iglesia, de la misma sociedad en que uno vive. Es como cuando un creyente pentecostal gana a alguien de su propia sociedad, que es católico romano. La cultura es idéntica, pero la religión es diferente.

El *evangelismo E-2* es ganar a personas para Cristo, las cuales pertenecen a otra cultura que, sin embargo, es similar. Su cultura no es exactamente igual a la del evangelista, aunque pueda ser bastante aproximada, hasta el punto que la gente incluso habla el mismo idioma como su lengua materna. Un ejemplo en la Biblia son los samaritanos. Como los judíos, hablaban el arameo, pero existían hondos prejuicios históricos y culturales entre esos dos grupos étnicos (Juan 4:9). No querían asociarse unos con otros. De modo que, cuando Felipe comenzó un avivamiento entre los samaritanos, realizó un evangelismo E-2. Otro ejemplo de evangelismo E-2 en la Biblia es cuando los judíos helenistas comenzaron a establecer iglesias entre los griegos (Hechos 19:20). Ya analizamos este hecho en el Capítulo 1. Cruzaron una barrera de gran prejuicio religioso y racial para ganar a los griegos, e hicieron eso en un idioma distinto a su propia lengua materna. El evangelismo E-2 es un evangelismo intercultural. Cuando la barrera idiomática o la cultural, o ambas, son suficientemente grandes como para requerir una iglesia separada en medio del pueblo evangelizado, es un evangelismo intercultural. La mayor parte de los ejemplos específicos de evangelismo intercultural registrados en la Biblia son evangelismo E-2.

El *evangelismo E-3* es ganar a personas de otra cultura muy distante. Esa distancia no tiene que ser necesariamente geográfica. Es cultural. En este caso no existe semejanza cultural entre el evangelista y el pueblo que él está tratando de evangelizar. El lenguaje de ellos es muy distinto del que habla él, y necesita tomar tiempo para aprenderlo. Cuando un salvadoreño va para ganar indonesios *batak* para Cristo, eso es evangelismo E-3. Cuando un creyente guatemalteco va al Africa Central para evangelizar a los tribeños *turkana*, está realizando evangelismo E-3. ¡Y lo mismo está haciendo un brasileño que establece una iglesia en medio de inmigrantes japoneses recién establecidos en el Brasil! El factor clave es la distancia cultural, no la distancia geográfica.

Algunos consideran innecesario el evangelismo E-3, pero en realidad es muy importante. Algunos piensan que el evangelizar cierta región del mundo es la responsabilidad de los creyentes de esa parte del mundo. Los que piensan así aducen la razón de que, debido a que esos creyentes se hallan culturalmente más cerca de esos pueblos, y es posible que incluso entiendan su lenguaje, son los que deben evangelizar su propia región del mundo. En tanto que estos argumentos tienen cierto grado de validez, hay tres importantes razones para que todos sintamos una responsabilidad personal respecto a otras partes del mundo:

1) Jesús nos mandó llevar el evangelio "hasta lo último de la tierra" (Hechos 1:8). En vista de que éstas fueron las últimas instrucciones que El nos dio estando todavía en la tierra, deben ser sumamente importantes.

2) El evangelismo E-2 puede ser menos eficaz que el evangelismo E-3 entre algunos grupos étnicos. Los creyentes locales pueden enfrentar grandes prejuicios culturales y raciales al tratar de alcanzar a otros pueblos de su propia región. Por ejemplo, los creyentes que son vecinos inmediatos de unos musulmanes en el Cercano Oriente son probablemente los menos indicados a ser evangelistas eficientes entre los musulmanes de allí, a causa de la animosidad y lucha que por siglos enteros ha existido allí contra los cristianos. Un latinoamericano podría evangelizar con más eficiencia a un budista de la India que un hindú de la misma ciudad del budista, debido a la aversión religiosa que existe entre los dos grupos.

3) En algunas regiones del mundo hay muy pocos creyentes cristianos comparados con el número de grupos étnicos no alcanzados. Así, pues, es muy justo que los creyentes de otras partes del mundo compartan la responsabilidad de divulgar el evangelio en esas regiones. El Cercano Oriente y el Africa del Norte son ejemplos de tales regiones.

Tanto el evangelismo E-2 como el E-3 son evangelismos interculturales. Su importancia se hace más evidente cuando nos damos cuenta de que aproximadamente el 80% del mundo no cristiano vive a una distancia cultural de E-2 o E-3 de cada creyente cristiano que existe. Esto lo analizaremos aún más adelante en este capítulo. El hecho importante que hay que comprender es que la necesidad particular más grande de ahora es preparar y enviar miles y miles de evangelistas interculturales que establezcan la iglesia de Jesucristo en medio de las culturas de tipo E-2 y E-3.

D. Un pueblo a la vez

Para alcanzar ese 80% del mundo no cristiano, es necesario que la Iglesia se empeñe en el evangelismo intercultural; pero la tarea parece tan enorme que uno puede estar tentado a preguntar: "¿Cómo se puede realizar esto?" La respuesta ·suena ilusoriamente simple: ¡Un pueblo a la vez! Pero esto significa que el buen evangelismo intercultural es muy complejo. Esto reconoce que cada grupo étnico es único. Admite que tratar de evangelizar a todos los grupos étnicos con la misma estrategia, los mismos métodos y las mismas formas, es como tratar de cazar mariposas desde un barco de pesca. Alcanzar a un pueblo a la vez ayuda al evangelista intercultural a evitar algunos errores muy comunes en la obra de alcanzar a los pueblos de otras culturas.

1. *El enfoque de una estrategia fija y universal.* Con este enfoque se da por sentado que la misma estrategia que se usa con buenos resultados en un lugar se podrá usar acertadamente dondequiera. Por ejemplo, un grupo norteamericano emprendió un programa de "distribución de Biblias". En varias de las ciudades o zonas de Paquistán, cada hogar que figuraba en el directorio telefónico había de recibir un ejemplar del Nuevo Testamento en lengua urdú. Para cuando los paquetes llegaron, algunas de las direcciones habían cambiado. También hubo quienes rehusaron aceptar un regalo que no habían solicitado. El resultado de todo eso fue un gran amontonamiento de Nuevos Testamentos en las oficinas de correos, que finalmente fueron subastados como "papel de desperdicio". Debido a que en los países musulmanes se respetan mucho todos los escritos religiosos, incluso la Biblia, la gente se horrorizaba al ver cómo se usaban las páginas de la Biblia para envolver la mercancía que se vendía en los mercados. Aun cuando, sin duda, hubo quienes apreciaron el regalo, el impacto que este hecho causó en la sociedad fue negativo. A los musulmanes les era difícil entender cómo los cristianos podían permitir la profanación masiva de su Libro Santo.

Puesto que hay algunas estrategias que son muy eficaces en un grupo étnico, esto hace que algunas veces los creyentes consideren esas estrategias como sagradas. Esto es peligroso porque hace responsable al inconverso de entender el mensaje, en vez de a hacer responsables a quienes lo proclaman. Por ejemplo, en Latinoamérica se acepta normalmente que las grandes campañas evangelísticas de mucho público son instrumentos de evangelismo eficaz. Se considera a las reuniones de tales campañas como el método fundamental de casi toda estrategia evangelística, puesto que han sido tan eficaces en traer a muchos miles de personas a Cristo. Como resultado de este éxito, el método de campañas ha venido a ser casi sagrado. Los líderes han llegado a creer que si la gente no se salva en las reuniones masivas después de oír el mensaje, es culpa de los oyentes mismos.

Pero puede surgir un problema: las campañas evangelísticas sólo son eficaces entre las grandes porciones de la población hispanohablante de Latinoamérica. Pero entre los grupos étnicos tribales otros métodos resultan mucho más eficaces. Puesto que las campañas evangelísticas han sido aceptadas ampliamente como necesarias en cualquier estrategia evangelística, muchos líderes eclesiásticos ni siquiera consideran otros métodos como posible parte de su estrategia. Este enfoque de estrategia fija y universal no sólo nos impide desarrollar estrategias más eficaces para alcanzar a los grupos tribales, sino que tampoco nos deja ver la necesidad de desarrollar estrategias que sean eficaces para alcanzar aquellas porciones de la sociedad latinoamericana que no responden a las campañas evangelísticas.

En tanto que no existe ninguna estrategia universal para alcanzar a todos los pueblos, tenemos la *convicción de que puede haber un enfoque modelo para idear estrategias específicas respecto de cada pueblo no alcanzado*. Las estrategias podrán ser muy distintas, pero el método de hallar tales estrategias puede ser el mismo. Ese método será el tema de la última sección de este libro.

2. *El enfoque de formas universales*. El alcanzar a un pueblo a la vez nos ayuda también a evitar muchos errores comunes en la comunicación. Cada grupo étnico desarrolla un código de símbolos por medio de los cuales comunica lo que quiere dar a entender. Hace esto con las palabras y con los gestos. Esos símbolos verbales y no verbales son las *formas* por medio de las cuales se comunica lo que se quiere decir en esa cultura. Un guiño del ojo, un encogerse de hombros, la forma en que se dice una palabra, son todos indicadores de significados. Son las formas que constituyen el código de comunicación de un pueblo. Pero los antropólogos saben que no son solamente los símbolos los que llegan a ser formas de comunicación aceptadas para un grupo étnico, sino que con el uso de esos símbolos se desarrollan métodos aceptados por ese grupo. Por ejemplo, la poesía y el canto son métodos generalmente aceptados para comunicar lo que quiere dar a entender un pueblo. Esos métodos llegan a ser formas por sí mismos.

En el evangelismo intercultural hay dos niveles en que el enfoque de formas universales puede causar problemas. El primer nivel es, en general, comprensible. Cuando entramos en contacto con otra cultura, aprendemos bien pronto (a veces cometiendo errores) que hay ciertos gestos que estamos acostumbrados a hacer pero que debemos evitar, porque significan algo completamente distinto en esa otra cultura. Pronto aprendemos que nuestras propias formas de comunicación no pueden ser reglamentadas. Tenemos que adaptarnos a las formas que usa esa cultura si queremos que se nos entienda correctamente. Se puede decir esto tanto del lenguaje hablado como de los símbolos no hablados. Aun cuando en la otra cultura se hable el mismo idioma, el evangelista debe ser muy cuidadoso. Los que hablan castellano saben que una misma palabra puede tener distintos significados, algunos buenos, otros malos, según en qué parte de Latinoamérica se esté. En este nivel resulta fácil ver que las formas de comunicación de un pueblo no serán eficaces al tratar de comunicarse con otro pueblo.

Existe un nivel más profundo en que el enfoque de formas universales constituye un gran impedimento para el evangelismo intercultural eficaz. Esto ocurre en el nivel de los *métodos de comunicación uniformes.* Los distintos pueblos no sólo aprenden a aceptar diferentes métodos para trasmitir sus símbolos de comunicación, sino que también aprenden a valorar algunos métodos más que otros. Esos métodos llegan a ser formas o medios de comunicación aceptados en sí mismos o por sí mismos. El canto, la danza folklórica, la poesía, el canto llano y otras manifestaciones del arte son ejemplos de esto. Diferentes culturas pueden valuar diversas formas más altamente. Por ejemplo, numerosas culturas musulmanas le dan un alto valor a la poesía, pero consideran el canto como algo mundano. Pero el pueblo motilón de Colombia le concede un alto valor al canto y usa este método como la forma de comunicación aceptada cuando tienen que comunicar un mensaje de gran importancia.

El peligro que el evangelista intercultural puede encontrar está en confundir las formas con los significados que ellas comunican. Si bien esto se analizará más adelante en el capítulo cuatro, debemos comprender que las formas no igualan a los significados.

Al comunicar el mensaje del evangelio, resulta fácil confundir las formas con los significados. Por ejemplo, no hay nada más íntimo al corazón de un pueblo que las formas que usa para adorar a Dios. Un pueblo puede poner énfasis en la adoración colectiva en grupo, en la cual la gente vocea alabanzas a Dios, todos al mismo tiempo y en voz alta. No pueden entenderse unos a otros, pero son muy emotivos al expresar sus sentimientos más íntimos a Dios. En otra cultura la gente puede creer las mismas doctrinas e ir al mismo tipo de iglesia, pero tal vez adoren permaneciendo todos en silencio, mientras una persona a la vez dice alabanzas a Dios en nombre de todo el grupo.

Todos entienden lo que se dice y unen su corazón a la adoración del que habla. Esto es un ejemplo de dos diferentes culturas que usan dos *formas* de adoración para expresar el mismo significado: su sentida adoración a Dios. Cada forma expresa óptimamente los sentimientos del pueblo para con Dios. Cada forma es igualmente válida y agrada a Dios, debido a que en ambos casos la adoración brota del corazón de la gente.

Cada cultura tiene sus formas aceptadas de adoración, de enseñanza, de predicación, de canto y de muchas otras maneras de comunicar su expresión espiritual. El evangelista intercultural que ha tenido éxito ha de ser muy cuidadoso en no forzar a personas de otra cultura a usar las formas de comunicar su expresión espiritual, que son aceptables en la propia cultura de él. Debe alentar al público a usar y desarrollar sus propias formas.

3. *Una visión nacionalista del mundo* (cosmovisión nacionalista). El presente siglo veinte ha sido y es el siglo del nacionalismo. El pueblo de cada país ha llegado a independizarse, ha experimentado un movimiento hacia la unidad nacional entre sus habitantes que ayudaron a lograr esa independencia.

La independencia es el derecho propio de cada país. Pero el nacionalismo es una bendición mixta. Después de obtener la independencia, muchos gobiernos se dan cuenta de que deben mantener unido su país por el bien común del pueblo. Esto se logra avivando continuamente las llamas del fervor nacionalista. El gobierno, las escuelas y hasta las instituciones religiosas recalcan lo que todo el pueblo comparte en común, y minimizan las diferencias que hay entre los pueblos del país. Se adopta una lengua nacional. El país puede ser declarado un "crisol de fundición", en el cual se espera que todo el pueblo tenga en cuenta las necesidades de la nación más que las necesidades de su propio grupo étnico.

Siempre hay una cultura predominante, y a las necesidades y derechos de los pueblos que son minoría en el país se les presta poca atención. Más o menos una generación después, los que constituyen la cultura predominante comienzan a ejercer presión sobre los miembros de las culturas minoritarias, a fin de que queden asimilados en el modo de vida de la mayoría. Esto causa resentimiento en las culturas minoritarias y hace que se aparten aún más en su propia cultura. Pueden incluso retirarse a sus antiguas aldeas. Pero eso tan sólo aumenta las tensiones, y la cultura predominante puede incluso promulgar leyes que obliguen a las minorías culturales a salir de sus ancestrales tierras para ir a las ciudades.

Nuestro propósito aquí no es hablar contra el nacionalismo. Este constituye una parte necesaria de la identidad especial de cada país.

Pero el nacionalismo opaca los distintivos que hay entre los grupos étnicos. Los evangelistas interculturales que se han adiestrado y educado en países fuertemente nacionalistas, tendrán que trabajar duramente para desechar todo prejuicio cultural. Tendrán que esforzarse mucho para aprender a saber cómo mirar a los pueblos a los cuales Dios los llama, como miembros de grupos étnicos que tienen una gran lealtad a su propio pueblo. Tienen que trabajar para ganarse el respeto y la confianza de los que forman los grupos, si su ministerio ha de ser eficaz. El evangelista intercultural no puede permitirse nunca que el orgullo nacionalista o los sentimientos de superioridad racial o cultural le roben la posibilidad de ser un testigo eficiente. El misionero prudente aprenderá a identificar a los grupos étnicos y a preparar estrategias especiales para ganar un pueblo a la vez. El grado en que él ame y respete sinceramente a esos pueblos y su cultura, determinará el grado de éxito que haya de tener.

4. *El principio de unidad homogénea.* Resulta obvio que todos los hombres comparten una común humanidad. Aparte de ciertas diferencias externas obvias como el idioma, los vestidos y las costumbres, la gente comparte muchas cosas en común en todo el mundo. Ciertas necesidades humanas como la lucha por la felicidad y la seguridad, y distintas emociones humanas como la ira, el orgullo y el egoísmo, son comunes en todas las personas. Debido a estas características comunes y a veces debido a otras fuerzas como el nacionalismo que tratamos anteriormente, las diferencias que existen entre los pueblos en el mundo entero son consideradas pequeñas y de muy poca importancia.

Sin embargo, es un gran error minimizar estas diferencias. Las necesidades y emociones humanas básicas son universales, pero el hecho de cuáles son más importantes y cómo se les ha de tratar, varía grandemente de cultura a cultura. Cada cultura, de los miles que constituyen la humanidad, ha establecido su propio sistema de valores, sus normas de conducta y su manera de ver el mundo en que viven. Este sistema de valores y de comportamiento — este modo de vida de cada pueblo — es lo que hace que su cultura sea única y especial.

Los pueblos de diferentes culturas obran recíprocamente entre sí de muy buena gana en algunas esferas de actividad como el comercio, la política y los deportes. Pero la religión toca lo más íntimo de nuestra vida. Tiene que ver con nuestros puntos de vista básicos de cómo vemos el mundo. Y *a la gente le gusta convertirse al cristianismo sin tener que cruzar barreras raciales, ni lingüísticas, ni de clase.* Esta importante verdad sociológica se llama el "principio de unidad homogénea". Es la razón fundamental de por qué es importante alcanzar el mundo entero un *pueblo a la vez*. A la gente no le gusta tener que cruzar barreras culturales para poder aceptar a Cristo como su Salvador. ¿Qué significa esto en la práctica?

El principio de unidad homogénea reconoce que los hombres no existen simplemente como individuos, sino como miembros de grupos étnicos interconectados entre sí, como hemos visto anteriormente. Estos grupos étnicos se profesan lealtad unos a otros y crean normas de conducta de grupos. Algunas de estas unidades homogéneas (UH) de pueblos se integran basadas en factores biológicos como la raza, el sexo, la edad y el parentesco. Otros grupos se basan más en factores de la localidad, o en factores culturales, económicos o social-personales, como se muestra en la figura 2.d.

En sentido general, los factores que aparecen más a la izquierda en el cuadro de la figura 2.d son más importantes que los que están más hacia la derecha. La raza y la condición étnica son más importantes que la profesión y las aficiones, al determinar a cuáles grupos homogéneos el pueblo dedica su lealtad. Los grupos étnicos son unidades homogéneas suficientemente grandes que requieren una estrategia específica para su evangelización.

Imagínese una campaña evangelística que se efectuó bajo una gran carpa en una ciudad latinoamericana. La ciudad tiene varios millones de habitantes que forman diversos grupos étnicos. Hay un grupo de clase comerciante y profesional de habla castellana. Hay un grupo hispanohablante de obreros industriales y jornaleros. Hay grupos de distintas tribus que están luchando por sobrevivir en la ciudad. La mayor parte de la población de la ciudad entiende el castellano, pero los de las tribus no lo hablan bien.

Factores Biológicos	Factores Culturales	Factores de Localidad	Factores Económicos	Factores Social-personales
Raza	Lenguaje	Origen	Profesión	Aficiones
Edad	Clase	Residencia	Comercio	Deportes
Sexo	social	Lugar del trabajo	Nivel salarial	Confraternidades
Parentesco	Nacionalidad			Grupos de servicio
	Condición étnica	Lugar de la escuela		
	Religión			

Figura 2.d: Clasificación de unidades homogéneas

La campaña duró tres semanas. Muchas personas fueron salvas y los organizadores de las reuniones se regocijaron. A continuación se realizaron servicios especiales en iglesias locales, en las que la asistencia aumentó. Un 67% de los que fueron salvos en la campaña eran del grupo étnico de obreros industriales y jornaleros. Un 20% de los convertidos procedía de un grupo la mayoría del cual había llegado a la ciudad hacía poco de las granjas y ranchos. Vivían a un nivel de supervivencia en barrios de chozas en las afueras de la ciudad y aún estaban tratando de encontrar trabajo. Un 10% de los convertidos eran pequeños comerciantes hispanohablantes de clase media. Y un 1% de los que fueron salvos eran de tres distintas tribus. El castellano era su segundo idioma, y eran los pocos de entre la gran población indígena que extendieron su fe para abrazar la esperanza del evangelio.

Durante la campaña así como después, se les dio instrucciones a todos los convertidos, tanto en el estadio como en las iglesias. Pero un año después de la campaña, sólo un 32% de los convertidos seguía asistiendo a la iglesia y sirviendo a Dios. Más asombroso aún era que casi todos los que habían permanecido eran del grupo étnico de los obreros industriales y jornaleros. Sólo un puñado de hombres de negocio de la clase media y uno o dos de la clase baja permanecieron en la iglesia. No quedó ni uno sólo de los de la clase comerciante y profesional, ni tampoco ninguno de los indígenas, en ninguna de las iglesias. ¿Por qué había ocurrido eso?

El principio sociológico llamado unidad homogénea fue el factor determinante. Las iglesias estaban integradas casi enteramente por individuos del mismo grupo étnico hispanohablante de la clase media baja, que era el de aquellos que permanecieron en las iglesias. Los que quedaron podían relacionarse bien con ese grupo y se sentían como que habían sido aceptados entre su propia clase de gente. El grupo de la clase baja, el grupo de la clase profesional y los indígenas dejaron de asistir a la iglesia poco tiempo después de la campaña. Aun cuando eran las pocas personas provenientes de sus segmentos de la población suficientemente sedientas como para tratar de vivir para Dios, no pudieron relacionarse bastante bien como para permanecer en las iglesias.

Vamos a analizar un poco más de cerca lo que ocurrió, tomando el ejemplo de los convertidos procedentes de los tres grupos étnicos indígenas. Una de las tribus era bastante numerosa y formaba el 12% de la población total de la ciudad. Otra formaba el 7% y la tercera solamente el 2%. Así pues, el 21% de la población de toda la ciudad estaba constituida por individuos pertenecientes a los grupos étnicos indígenas. Con todo, sólo algunos (un 1% de los convertidos) estuvieron dispuestos a tratar de cruzar las barreras raciales, lingüísticas y de clase para aceptar a Cristo como su Salvador. Pero ni siquiera ese 1% pudo hacer el esfuerzo de tratar de llevarse bien con los que frecuentaban las iglesias, que eran casi todos obreros industriales. En realidad, esos problemas eran todavía más grandes, debido a que los indios sentían que la mayoría hispanohablante predominante no había tratado bien a su pueblo a lo largo de los años. Esto demuestra cómo el principio de unidad homogénea es cierto. Pero, ¿qué se debía hacer para alcanzar a aquellos grupos étnicos que no eran como los grupos de las iglesias?

Jesús dijo: "Id, y haced discípulos a todos los *ethnos* (grupos étnicos)." No se puede hacer discípulos hasta que la gente no sólo cree y acepta a Cristo, sino que también se decide a servirlo en la confraternidad de la iglesia. Se debían haber hecho planes para establecer nuevas iglesias entre aquellos otros grupos étnicos. Se debía haber establecido una nueva iglesia para cada una de esas tres tribus indias y se debía haber comenzado una nueva confraternidad de creyentes en cada uno de esos grupos étnicos de la ciudad. Si los nuevos conversos de la campaña deseaban unirse a las iglesias antiguas ya existentes, debían tener la libertad de hacerlo. Pero debía habérseles dado la oportunidad de adorar y aprender a servir a Dios en una iglesia establecida entre su propio pueblo. Se habrían sentido bien allí. Su fe habría crecido más rápidamente. Y lo más importante es que habrían podido ganar libremente a otros de su propio pueblo para el Señor mucho más pronto.

Ganar a un pueblo a la vez quiere decir establecer iglesias en medio de la sociedad de cada grupo étnico, y esta es la única forma eficaz de ganar al mundo para Cristo. Hacer cualquier cosa que sea menos que esto, significará que habrá muchos millones de personas que en realidad no tendrán nunca una oportunidad válida de conocer y servir a Cristo como su Salvador y Señor.

Algunos dirán que esta enseñanza va contra la unidad de la iglesia. Argumentarán diciendo que Dios quiere que haya toda clase de personas en su iglesia, no simplemente una gran cantidad de distintas clases de iglesias. Estamos de acuerdo en que Dios quiere toda clase de personas en su iglesia. Pero la base de la unidad cristiana es la unión espiritual, no la física. Dios quiere que todas las iglesias abran sus puertas a los hombres de todas las razas y clases. Esta debe ser la actitud de toda iglesia que esté creciendo en madurez.

Dios quiere que todos sean salvos (2 Pedro 3:9). Y la gente se salvará en números mucho más grandes cuando se proclame el evangelio por medio de una estrategia especial, con la que se les comunique las buenas nuevas específicamente a ellos y en su lengua materna. Y lo más importante es que dicha estrategia incluya el establecimiento de nuevas iglesias en medio de su propio grupo étnico, de modo que puedan evangelizar con eficiencia al resto de su pueblo. Conforme se establezcan diferentes iglesias entre muchos grupos étnicos, con el tiempo madurarán y aprenderán a trabajar juntos en una verdadera unidad espiritual. La iglesia como un todo se extiende más rápidamente de esta manera, y está mucho más "ardiente" en la fe y en el servicio del Señor.

5. *Ventajas del enfoque etnocéntrico.* Si bien el enfoque etnocéntrico (centrado en el pueblo) es una idea nueva para muchos, constituye una filosofía mucho más eficaz para obedecer la Gran Comisión. A continuación presentamos algunos de los beneficios del ministerio intercultural etnocéntrico. Con este enfoque:

1. Se cumple mejor el mandamiento de Cristo de hacer discípulos a todos los *ethnos*.
2. Se pone la responsabilidad de comunicar en forma eficaz el mensaje del evangelio sobre el evangelista. Su éxito no se mide teniendo en cuenta cuánto él proclama el evangelio, sino cuántos reciben el mensaje. Si algunos grupos étnicos no reciben el evangelio, es porque aún no se lo ha presentado de una manera en que puedan entenderlo y recibirlo.
3. Se concede respeto y validez a cada grupo étnico y a su cultura.
4. Se gana a más personas para Cristo, y se establecen más iglesias en un período de tiempo más corto.
5. No se ejerce presión sobre la gente para que abandone a su propia familia, tribu o grupo étnico a fin de servir a Dios.
6. Se hace énfasis en la forma en que Dios ve el mundo. La figura 2.c pasa a ser el modelo de cómo ver el mundo, en vez de la figura 2.b. Las fronteras culturales llegan a ser más importantes que las fronteras políticas.
7. Se logra que la estrategia y los objetivos del ministerio intercultural sean mucho más claros y específicos, y por lo mismo, más eficaces. Se define la tarea total del ministerio intercultural.
8. Se cambia el énfasis de la responsabilidad de la iglesia a un patrón más bíblico. La iglesia ha de estar ocupada no sólo en enviar evangelistas, sino que ha de ocuparse en hacer discípulos a todos los pueblos. Por tanto,

no es suficiente que simplemente envíe evangelistas interculturales. Las iglesias deben asegurarse de que esos evangelistas estén bien preparados y que estén haciendo discípulos y estableciendo iglesias entre los grupos étnicos no alcanzados.

9. Se alcanza a grupos étnicos específicos, lo cual es un buen ejemplo para otras iglesias, tanto entre nuestro propio pueblo como entre otros pueblos. Cuando un grupo de iglesias practica el enfoque etnocéntrico, el mismo debe dar un resultado suficientemente bueno como para entusiasmar a otros grupos de iglesias a adoptar el mismo enfoque.

10. Se ayuda a la iglesia en su oración por la evangelización del mundo. Orar por grupos étnicos específicos es inspirador y eficaz.

E. A todos los pueblos: la oportunidad y la demanda

Isidro es un vivaz muchacho, miembro de una tribu de un país de América Central. Es más afortunado que la mayor parte de los miembros de su tribu porque su padre trabaja en una fábrica en la zona industrial de la capital y ha estado trabajando muy duro para poder comprar libros y tener al muchacho en la escuela. Isidro es el mayor de siete hermanos. Su familia vive en una destartalada casa al borde de la ciudad. La religión de la familia es una mezcla de catolicismo y la antigua religión tribal.

Isidro todavía tiene pesadillas de cuando se murió su segunda hermanita hace seis años, cuando vivían en la aldea. En toda la casa reinaba un estado de confusión. La madre estaba fuera de sí, presa del temor conforme la fiebre de la niña subía. El curandero venía cada día para hacer toda clase de cosas espantosas. Le dio a tomar a la niña un brebaje negro de un olor terrible. Pero ella se murió de todas maneras. Isidro todavía sueña con la máscara de apariencia horrible que el curandero se ponía a veces, mientras danzaba para ahuyentar a los malos espíritus.

Viviendo ya en la ciudad, una tarde al oscurecer cuando Isidro iba al mercado, oyó un animado canto que venía de la esquina de la plaza. El sabía que eran los evangélicos. Los había visto antes y su padre le había advertido que no se les acercara. Pero esta vez él pensó para sus adentros: "Daré la vuelta yendo por el camino más largo al mercado, y así, al pasar, podré oír esa música tan linda." La música era alegre y la gente también. Pero precisamente cuando pasaba el muchacho, la música terminó y un hombre joven empezó a hablar. Se puso a contar algo acerca de su vida, por lo que Isidro se detuvo un momento para escuchar. Aquel hombre siguió hablando acerca de alguien llamado Jesús. Entonces el muchacho empezó a darse cuenta de que él estaba hablando de Cristo, el de la iglesia. ¡Pero el hombre hablaba de él como si estuviese vivo, y decía que conocía a Jesucristo personalmente! Isidro no podía seguir su camino. Sus pies no querían moverse. . .

Esa tarde Isidro oró para aceptar a Cristo, y luego comenzó a inventar excusas para poder asistir a los cultos. Empezó a cambiar rápidamente, y sus padres se dieron cuenta. Con frecuencia comentaban lo "mayor" que se estaba volviendo. Pero un día su padre descubrió que él iba a la iglesia de los evangélicos. Se puso furioso. Pero el muchacho lo sorprendió al empezar a contarle todo lo que Jesús había hecho en su vida. Sus padres tuvieron que admitir, cuando ellos dos hablaron acerca de eso más tarde, que su hijo había cambiado mucho para bien.

Ellos querían mucho a Isidro, y decidieron ir a esa iglesia de los evangélicos para ver qué era lo que entusiasmaba tanto a su hijo. No hablaban ni entendían muy bien el castellano, y estaban nerviosos. Procurando no tener que hablar con nadie, se deslizaron a la parte de atrás de la iglesia. Estaban muy conscientes de que nadie más de la iglesia era indio. Pero les gustó el canto y quedaron sorprendidos al darse cuenta de que podían entender al predicador.

Ese día los padres de Isidro pasaron al frente y se arrodillaron para aceptar a Jesucristo como su Salvador y Señor. Sentían una alegría desbordante por la nueva paz y gozo en Cristo. Pero nadie parecía aceptarlos en la iglesia. Daba la impresión de que el pastor y unos pocos que hablaban con ellos pasaban apuros sin saber qué decirles.

Luego el padre de Isidro les habló de Cristo a sus amigos, y la familia de su hermana creyó y aceptó a Cristo. Pero sólo fueron a la iglesia una vez. Se sintieron fuera de lugar, y tampoco entendían bastante bien el idioma como para disfrutar de los cultos en castellano, ni se sintieron cómodos con la gente de la iglesia.

Una noche las dos familias estaban reunidas, sentadas alrededor, y platicaban acerca de lo que debían hacer. Mencionaron que no se sentían bien ni a gusto en los cultos, ni estaban creciendo más en el Señor. Después de discutirlo largamente, al fin decidieron que sencillamente no asistirían más a la iglesia. También decidieron reunirse varias veces a la semana y separar un mes para ver si Dios los ayudaba. Si al cabo del mes ninguno sabía qué hacer, dejarían de seguir reuniéndose y no hablarían más del asunto.

Isidro se sintió muy preocupado durante ese mes. Cada día oraba pidiéndole a Dios que le mostrara a su padre qué debía hacer. Temía que su padre dejara de servir a Dios y se pusiera a beber de nuevo.

Temblaba al pensar en las experiencias del pasado.

Veinticinco días después, su padre y un amigo, a quien él conocía desde la aldea, estaban almorzando juntos. Los dos trabajaban en la misma fábrica. Ese amigo lo invitó a ir a una reunión hogareña en que estudiaban la Biblia en su propia lengua. Le contó cómo un hermano evangélico del país vecino hablaba el idioma de ellos.

Cuando esa noche las dos familias se reunieron, decidieron ir a la reunión de estudio bíblico. Llegaron tantos que no cabían. Así que salieron al aire libre. Isidro no podía creerlo cuando los oyó cantar acerca de Jesucristo en su propia lengua. Sonrió al ver que sus padres comenzaban a repetir la letra de los coros. Todos cantaban con el gozo reflejado en sus rostros. La letra era tan dulce:

> Maravilloso es, maravilloso es,
> Cuando pienso que Dios me ama a mí.
> Maravilloso es, maravilloso es,
> Cuando pienso que Dios me ama a mí.

Los ojos de Isidro comenzaron a llenarse de lágrimas. Levantó la vista y miró a su mamá y a su papá. Habían empezado a llorar de gozo conforme cantaban. Isidro apretó la mano de su mamá. Sabía que había encontrado una iglesia en la que podrían servir a Dios juntos como familia.

En la actualidad hay una gran iglesia de indígenas y dos misiones de extensión en la parte de la ciudad donde vive Isidro. La gente canta y adora en su lengua en esas iglesias. Y son muchos los que se salvan.

La historia de la familia de Isidro ilustra la gran importancia que tiene establecer iglesias entre todos los pueblos. La gente debe poder oír el evangelio, cantar y adorar en su propia lengua materna, junto con gente de su propia clase. Fue por eso que Jesús nos mandó "hacer discípulos a todos los pueblos". Su mandamiento requiere que hagamos todo lo que sea necesario para establecer iglesias en medio de cada grupo étnico en la tierra. Si el evangelista intercultural no hubiese venido a la ciudad de Isidro desde un país vecino para establecer una iglesia en medio de su pueblo, probablemente Isidro y muchos otros de su pueblo no estarían sirviendo al Señor.

¡Cada pueblo es una demanda que se nos hace! Existen literalmente miles de grupos étnicos sin una iglesia establecida en medio de la sociedad de su pueblo. Cientos de millones de personas como la familia de Isidro no tendrán nunca una adecuada oportunidad de conocer y recibir a Cristo si no hacemos todo lo que esté a nuestro alcance para que se preparen evangelistas interculturales que alcancen a todos los pueblos. Tendremos que ir nosotros mismos, según Dios dirija.

A fin de comprender la demanda que se nos hace de alcanzar a todos los pueblos, debemos estudiar los grupos étnicos del mundo. Tenemos que saber cuántos han sido alcanzados y cuántos no han sido alcanzados, cuál es su religión, dónde viven y qué tipo de evangelismo es necesario para alcanzarlos.

En las figuras **2.e** y **2.f** se clasifica a todos los pueblos del mundo

		Grupos Étnicos	Verdaderos cristianos creyentes: Individuos alcanzados, disponibles como fuerza de trabajo mediante el discipulado y la habilitación.	Cristianos "nominales": que requieren un evangelismo E-O e renovación.	No cristianos: que requieren un evangelismo E-1 de proyección.	TOTAL
GRUPOS ETNICOS ALCANZADOS Individuos (en millones)						
Bloques culturales mayores	Budistas	20	2	1	22	25
	Chinos Han	200	30	2	256	288
	Hindúes	200	8	12	51	71
	Musulmanes	30	,18	,06	26	26
	Tribales	1.000	18	25	22	65
	Subtotal	1.450	58,18	40,06	377	475
Otras categorías	Otros latinoamericanos y europeos	500	67	748	191	1.006
	Otros estadounidenses y canadienses	500	72	153	17	242
	Otros asiáticos	1.000	17	27	61	105
	Otros africanos	2.000	51	139	14	204
	Subtotal	4.000	207	1.067	283	1.557
	Gran total	5.450	265	1.107	660	2.032

Figura 2.e: Los grupos étnicos alcanzados de todo el mundo

con respecto a si han sido alcanzados o si no lo han sido. Nótese que hay unos 5.450 grupos étnicos que requieren un evangelismo monocultural (E-0 y E-1). A estos pueblos se los llama "alcanzados" porque tienen iglesias viables, que realizan evangelismo y están capacitadas para alcanzar a los demás miembros de su grupo étnico. Las iglesias en estos grupos étnicos comprenden una proporción

		GRUPOS ETNICOS NO ALCANZADOS (Individuos en millones)				TOTAL MUNDIAL	
		Grupos Etnicos	Verdaderos cristianos creyentes: Individuos alcanzados, que viven en medio de los grupos étnicos no alcanzados	No cristianos: que requieren un evangelismo intercultural E-2.	No cristianos: que requieren un evangelismo intercultural E-3.	TOTAL	GRUPOS ETNICOS	INDIVIDUOS
Bloques culturales mayores	Budistas	1.000	0,01	100	110	210	1.020	235
	Chinos Han	2.000	0,01	652	50	702	2.200	990
	Hindúes	3.000	0,5	450	63	514	3.200	585
	Musulmanes	4.000	0,01	200	493,76	694	4.030	720
	Tribales	5.000	0,001	35	100	135	6.000	200
	Subtotal	15.000	0,531	1.437	817	2.255	16.450	2.730
Otras categorías	Otros latinoamericanos y europeos	300	0,01	80	27	107	800	1.113
	Otros estadounidenses y canadienses	100	0,001	8	3	12	600	254
	Otros asiáticos	550	0,2	30	30	60	1.550	165
	Otros africanos	800	0,2	0	7	7	2.800	211
	Subtotal	1.750	0,411	118	67	186	5.750	1.743
	Gran total	16.750	0,942	1.555	884	2.441	22.200	4.473

Figura 2.f. Los grupos etnicos no alcanzados u "ocultos" de todo el mundo

suficientemente grande de su pueblo como para que puedan evangelizar con eficiencia al resto de su propio pueblo. Nótese también que hay más de mil cien millones de personas que se llaman cristianas, pero que no están sirviendo al Señor como creyentes verdaderos y dedicados. Esto incluye a personas que pertenecen a todo tipo de iglesias tradicionales, tanto católicas como protestantes, pero que necesitan nacer de nuevo. Las iglesias tienen todavía una gran tarea por delante en lo que respecta a continuar alcanzando a su propio pueblo.

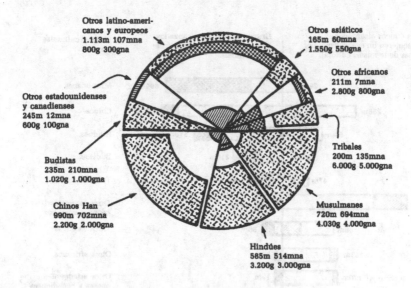

Otros latino-americanos y europeos
1.113m 107mna
800g 300gna

Otros asiáticos
165m 60mna
1.550g 550gna

Otros africanos
211m 7mna
2.800g 800gna

Otros estadounidenses y canadienses
245m 12mna
600g 100gna

Tribales
200m 135mna
6.000g 5.000gna

Budistas
235m 210mna
1.020g 1.000gna

Musulmanes
720m 694mna
4.030g 4.000gna

Chinos Han
990m 702mna
2.200g 2.000gna

Hindúes
585m 514mna
3.200g 3.000gna

Claves

m = millones de individuos — total mundial
g = grupos étnicos — total mundial
mna = millones de individuos de los grupos no alcanzados u "ocultos"
gna = grupos no alcanzados u "ocultos"

Verdaderos cristianos creyentes, disponibles como fuerza de trabajo mediante el discipulado y la habilitación.

Cristianos puramente "nominales", que requieren un evangelismo E-0 de renovación.

No cristianos, que no profesan el cristianismo, pero que viven en medio de grupos alcanzados y requieren un evangelismo E-1 de proyección.

No cristianos, que viven en medio de grupos étnicos no alcanzados, y que requieren un evangelismo intercultural E-2 o E-3.

Figura 2.g: Vista global de los grupos étnicos no alcanzados

En la figura **2.f** podemos ver que hay unos 16.750 grupos étnicos clasificados como no alcanzados. Esto significa que no tienen iglesias fuertes, viables y evangelizadoras, capaces de alcanzar con el evangelio a su propio grupo étnico. Pueden haber algunos cristianos entre su pueblo, pero constituyen un porcentaje tan pequeño que les sería imposible alcanzar a su pueblo por sí mismos. Esos grupos étnicos necesitan desesperadamente la ayuda de evangelistas interculturales, que establezcan iglesias entre su pueblo, en medio de su sociedad.

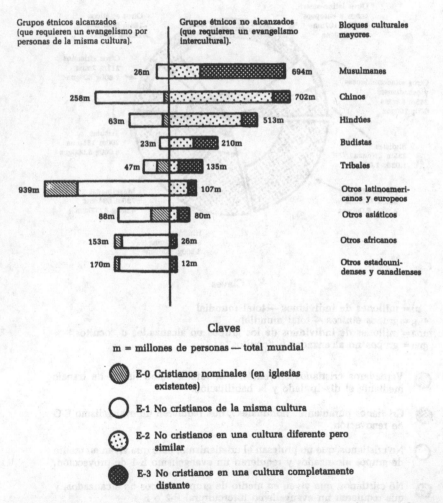

Grupos étnicos alcanzados (que requieren un evangelismo por personas de la misma cultura).

Grupos étnicos no alcanzados (que requieren un evangelismo intercultural).

Bloques culturales mayores.

Alcanzados	No alcanzados	Bloque cultural
26m	694m	Musulmanes
258m	702m	Chinos
63m	513m	Hindúes
23m	210m	Budistas
47m	135m	Tribales
939m	107m	Otros latinoamericanos y europeos
88m	80m	Otros asiáticos
153m	26m	Otros africanos
170m	12m	Otros estadounidenses y canadienses

Claves

m = millones de personas — total mundial

E-0 Cristianos nominales (en iglesias existentes)

E-1 No cristianos de la misma cultura

E-2 No cristianos en una cultura diferente pero similar

E-3 No cristianos en una cultura completamente distante

Figura 2.h: Grupos étnicos no alcanzados, según los tipos de evangelismo que requieren

Obsérvese también que hay solamente 942.000 creyentes cristianos entre 2.480 millones de personas no alcanzadas aún. En este cuadro podemos ver también que el mayor número de pueblos no alcanzados está entre los chinos, los hindúes y los musulmanes en todo el mundo. Existen 1.302 grupos no alcanzados tan sólo entre estos tres bloques culturales mayores. En la cuarta línea de este cuadro se puede ver que hay un solo cristiano por cada diez mil personas.

De modo que de una población mundial de cerca de 5.000 millones de personas, alrededor de 2.400 millones de ellas viven en unos 16.750 grupos étnicos no alcanzados, y requieren un evangelismo intercultural a fin de llegar a tener iglesias establecidas en medio de su pueblo, y tener una adecuada oportunidad de conocer a Jesucristo como Salvador y Señor. En la figura **2.g** se puede ver esto más claramente. Las áreas sombreadas oscuras representan en este gráfico a los pueblos no alcanzados. En la figura **2.h** se proporciona una información muy parecida, pero se indica cuántas personas requieren un evangelismo E-2 y E-3. Nótese que hay más musulmanes que miembros de ningún otro grupo que estén a la distancia cultural E-3 de cualquier grupo cristiano conocido. Esto quiere decir que se van a necesitar evangelistas interculturales procedentes de todo el mundo para establecer la iglesia entre los pueblos musulmanes no alcanzados. No significa, sin embargo, que necesariamente sea más fácil evangelizar a los chinos que a los musulmanes. Un latinoamericano que fuera a los chinos de Tailandia, estaría también realizando evangelismo E-3. Lo que quiere decir es que algunos creyentes asiáticos están a una distancia cultural E-2 de la mayor parte de los chinos no alcanzados. Ellos podrían cruzar esas barreras culturales más fácilmente que un latinoamericano.

Por otro lado, existen grupos de musulmanes, chinos, hindúes y budistas en algunas partes de Latinoamérica. Muchos de esos grupos, que llevan mucho tiempo en Latinoamérica, estarán solamente a una distancia cultural E-2 de un evangelista intercultural latinoamericano.

Valorar la distancia cultural no tiene por qué ser difícil. Estos gráficos muestran la distancia cultural que existe entre los pueblos no alcanzados y las culturas de los cristianos creyentes que pudieran alcanzarlos. Pero el evangelista intercultural debe saber la distancia cultural que hay entre su propio pueblo y el pueblo al cual Dios lo llama. Parte de su estrategia para alcanzar a esos pueblos debe estar basada en el grado de la distancia cultural.

¿Cuándo se alcanzan los pueblos no alcanzados? Cuando hablamos de pueblos no alcanzados, es importante definir lo que

entendemos por este término. En 1974 y 1980 se celebraron dos importantes conferencias internacionales sobre evangelismo, tomando parte en las mismas líderes cristianos de todo el mundo, para considerar cuestiones como estas. Allí se integró el Comité de Evangelización Mundial de Lausana. Su Grupo de Trabajo de Estrategias, un comité permanente para el desarrollo de estrategias para el evangelismo mundial, ha sugerido que definamos el término "pueblos no alcanzados" como cualquier grupo étnico que tenga menos de un 20% de cristianos practicantes.

No fue sin razón que se escogió la cifra de 20%. Está basada en estudios sociológicos muy importantes sobre lo que se conoce como la *Teoría de la Difusión de Innovación*. Estos estudios versan sobre el volumen de inversión y tiempo necesarios para producir un cambio en una sociedad entera. Lo mismo da si estamos tratando de introducir nuevos tipos de métodos agrícolas, nuevos tipos de atención médica, o una nueva religión en alguna otra sociedad.

El patrón de aceptación de ese cambio por parte de la gente es el mismo. La aceptación de un cambio en una sociedad sigue un patrón de "curva en S". (Véase la figura **2.i**.) A fin de introducir un nuevo tipo de atención médica en una sociedad, al principio se necesita disponer de muchos trabajadores sanitarios y equipos, para demostrar el valor del nuevo sistema. Al principio la gente se resistirá al cambio, por sentirse más cómoda con sus propias formas tradicionales de atención sanitaria. Pero si los trabajadores sanitarios actúan

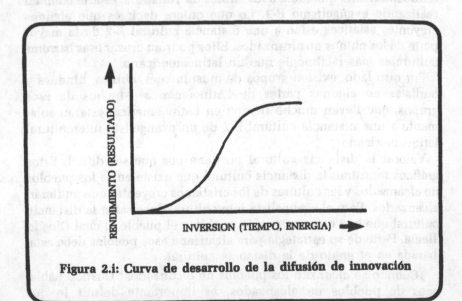

Figura 2.i: Curva de desarrollo de la difusión de innovación

con buen éxito, acabarán por convencer a algunas personas resueltas a probar el nuevo sistema. Si los resultados son buenos, entonces serán más y más los que probarán el nuevo sistema. La curva de rendimiento comienza a ascender. Luego de un período de tiempo (éste puede ser corto o largo), el número de personas que aceptan el cambio (la innovación) en el sistema sanitario, alcanzará un 20%. En ese punto, la curva ascenderá mucho más progresivamente, indicando que muchas personas desean aceptar el nuevo sistema sanitario y recibir los beneficios del mismo. En muy poco tiempo la mayoría de la gente de esa sociedad aceptará y deseará usar el nuevo sistema sanitario. Con gran rapidez, la curva ascenderá (rendimiento) hasta que alrededor de un 80% de la gente haya aceptado el nuevo sistema. Después de eso la línea comenzará a enderezarse otra vez.

En toda sociedad algunos se sienten muy amedrentados por los cambios, y adoptan el nuevo sistema con mucha más lentitud y en números más pequeños, haciendo que la curva se vaya enderezando nuevamente. Al principio era difícil encontrar a alguien que quisiera aceptar el cambio. Pero al llegar al 20% en la curva, habría sido difícil hacer desistir a la gente de querer aceptar el cambio. Evaluaron el cambio por ellos mismos y quisieron participar personalmente.

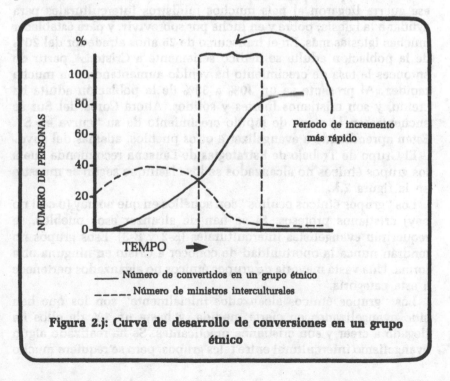

Figura 2.j: Curva de desarrollo de conversiones en un grupo étnico

En la figura 2.j vemos el mismo proceso en la evangelización de un pueblo no alcanzado. Al principio habrá varios evangelistas interculturales trabajando en la evangelización del pueblo y el establecimiento de iglesias en medio de la sociedad. Al principio sólo responden unos pocos. Luego, son más y más los que comienzan a responder, y empiezan a evangelizar también. A medida que estos se hacen eficientes en la evangelización, los evangelistas interculturales comienzan a asumir la función de adiestradores e imparten instrucción a los conversos y evangelistas novatos, en cuanto a la Palabra de Dios y a cómo alcanzar a su propio pueblo. A medida que más y más personas aceptan a Cristo como su Salvador y se integran a las nuevas iglesias, habrá cada vez menos necesidad del ministerio intercultural. Cuando esa sociedad llega a contar con un 20% de creyentes activos, será capaz de alcanzar el resto de su pueblo por sí misma, y por ello se la llamará una sociedad completamente alcanzada.

Después de la Segunda Guerra Mundial había tan sólo alrededor de un 3% de cristianos en toda la población de Corea del Sur. Pero aquellos creyentes eran muy activos en dar testimonio. También fueron muy leales a su país en la guerra que tuvieron con los comunistas a principios de la década de los cincuenta. Después de esa guerra llegaron al país muchos ministros interculturales para ayudar a la iglesia, pobre y en lucha por sobrevivir, y para establecer muchas iglesias más. En el transcurso de 25 años alrededor del 20% de la población adulta se dedicó seriamente a Cristo. A partir de entonces la tasa de crecimiento ha venido aumentando con mucha rapidez. Al presente ya un 30% a 33% de la población adulta ha creído, y son cristianos fuertes y sólidos. Ahora Corea del Sur se encuentra en la etapa de rápido crecimiento de su "curva en S". Están aprendiendo a evangelizar a otros pueblos, además del suyo.

El Grupo de Trabajo de Estrategias de Lausana recomienda que a los grupos étnicos no alcanzados se los clasifique según se muestra en la figura 2.k.

Los "grupos étnicos ocultos" son aquellos en que no hay (o casi no hay) cristianos profesos. Si se han de alcanzar esos pueblos, se requerirán evangelistas interculturales (E-2 y E-3). Esos grupos no tendrán nunca la oportunidad de conocer a Cristo en ninguna otra forma. Una vasta mayoría de grupos étnicos no alcanzados pertenece a esta categoría.

Los "grupos étnicos alcanzados inicialmente" son los que han sido evangelizados en cierta medida, y hasta un 1% de ellos ha llegado a creer y son cristianos practicantes. Se ha realizado algún evangelismo intercultural entre tales grupos, pero se requiere mucho más. No obstante, en esta etapa ya hay evangelistas locales así como evangelistas interculturales trabajando para evangelizar el grupo. Los "grupos étnicos alcanzados en forma mínima" son aquellos en los cuales entre el 1% y el 10% de su población se ha convertido y son verdaderos cristianos. Una gran parte del evangelismo que se lleva a cabo es de vecino a vecino, o sea, un evangelismo intercultural. Los ministros interculturales están realizando más labor en la función de adiestradores que de evangelistas.

Grupos étnicos no alcanzados:	
Grupos étnicos "ocultos":	Sin ningún cristiano creyente conocido en el grupo
Alcanzados inicialmente:	Con menos de un 1% de cristianos, pero al menos con algunos
Alcanzados en forma mínima:	Con un 1% a 10% de creyentes
Posiblemente alcanzados:	Con un 10% a 20% de creyentes
Alcanzados:	Con un 20% o más de cristianos practicantes.

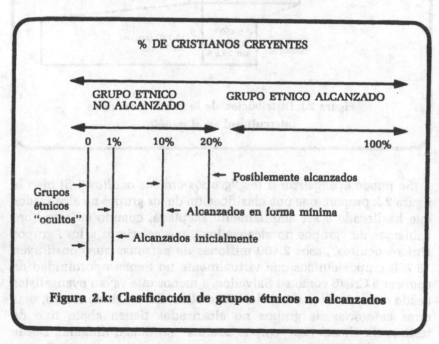

Figura 2.k: Clasificación de grupos étnicos no alcanzados

Los "grupos étnicos posiblemente alcanzados" cuentan con un 10% a 20% de su pueblo en la categoría de creyentes practicantes. En esta etapa habrá un fuerte liderazgo entre el grupo. Si la tasa de crecimiento es buena, el ministro intercultural debe considerar, en espíritu de oración, irse oportunamente durante esta etapa a otro grupo étnico no alcanzado. El grupo estará capacitado para evangelizar al resto de su sociedad sin la ayuda de evangelistas interculturales. Estos deben buscar el consejo de los líderes locales en cuanto a cuándo deben trasladarse a otro grupo no alcanzado.

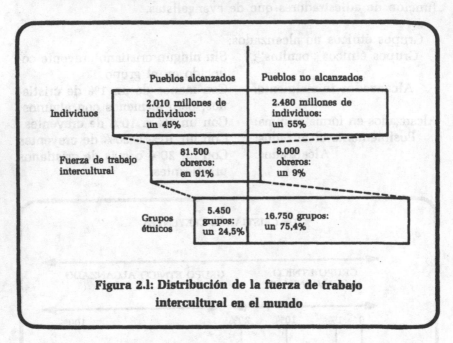

Figura 2.1: Distribución de la fuerza de trabajo intercultural en el mundo

¡Se puede evangelizar a los *"grupos étnicos ocultos"*! Si bien la figura **2.k** proporciona una clasificación de los grupos no alcanzados que ha llegado a ser ampliamente aceptada, cuando en este libro hablamos de "grupos no alcanzados", nos referimos a los "grupos étnicos ocultos", esos 2.400 millones de personas que constituyen 16.750 grupos étnicos que virtualmente no tienen oportunidad de conocer a Cristo como su Salvador, a menos que vayan evangelistas desde otros pueblos a trabajar entre ellos. En un grado u otro, esas otras categorías de grupos no alcanzados tienen algún tipo de testimonio eficaz. Los "grupos ocultos" no tienen ninguno. Desde aquí en adelante concentraremos nuestra atención en las estrategias, principios y métodos para evangelizar a los "grupos ocultos", los verdaderos grupos étnicos no alcanzados de nuestros días.

¡Y es posible alcanzarlos! Pero tenemos que dirigir nuestras oraciones y nuestros recursos hacia la realización de este objetivo. ¡Hoy hay aproximadamente 78.000 cristianos creyentes más en el mundo que los que había ayer! ¡La semana próxima habrá algo más de 1.600 nuevas congregaciones de creyentes añadidas a las que existen esta semana! Actualmente hay unos 265 millones de cristianos nacidos de nuevo, practicantes, que creen en la Biblia. Esto representa más de 15.800 creyentes por cada grupo no alcanzado de "grupos étnicos ocultos". Si dirigimos nuestras oraciones, nuestro amor y nuestros recursos hacia la meta de hacer evangelismo intercultural entre los grupos étnicos no alcanzados, podremos llegar a ver la iglesia de Cristo establecida entre todos los pueblos durante nuestra vida.

Debemos preparar y enviar miles de evangelistas interculturales para alcanzar a los grupos no alcanzados. En la figura 2.1 podemos ver que hay unos 81.500 obreros interculturales trabajando en todo el mundo para ministrar a 2.010 millones de personas en los pueblos alcanzados, pero sólo unos ocho mil obreros interculturales se encuentran trabajando para alcanzar a 2.480 millones de personas de los pueblos no alcanzados en todo el mundo. Esto quiere decir que un 91% de la fuerza de trabajo intercultural del cristianismo protestante evangélico está procurando alcanzar un 45% de la población mundial, en tanto que ¡sólo un nueve por ciento de esa fuerza está tratando de alcanzar el 55% restante de la población mundial! ¡Tenemos que dirigir más nuestra atención a los pueblos no alcanzados!

Todos los institutos bíblicos deben preparar evangelistas interculturales, así como evangelistas para alcanzar a su propio pueblo. Cada iglesia local debe estar orando por los pueblos no alcanzados. Deben enviar y sostener evangelistas interculturales. Los líderes eclesiásticos deben trabajar juntamente para establecer principios, métodos y organizaciones encaminados a establecer la iglesia de Cristo entre los pueblos no alcanzados. ¡Esta tarea está a nuestro alcance! No tenemos que ganar a cada uno de los 2.400 millones de personas que integran a los pueblos no alcanzados. Pero sí es necesario que establezcamos iglesias sólidas en medio de cada pueblo, de modo que ellos mismos puedan ganar el resto de su pueblo. Si cada grupo étnico, en medio del cual se ha implantado firmemente una iglesia, se esfuerza por enviar obreros que establezcan la iglesia de Cristo en medio de otras sociedades, lograremos alcanzar a todos los pueblos. Esta tarea no puede depender de una sola parte del mundo, ni de un solo tipo de creyente. Jesucristo mandó a todo verdadero cristiano a "ir y hacer discípulos a todos los pueblos". Debemos unirnos todos en la realización de esta importante tarea.

Bosquejo del capítulo

Nuestra misión incompleta: evangelizar a todos los pueblos

 I. Lo que constituye un "grupo étnico"
 II. El énfasis etnocéntrico de la Gran Comisión
 III. La estrategia del Señor para alcanzar a todos los pueblos
 IV. Clasificaciones de evangelismo
 V. Hay que alcanzar un pueblo a la vez
   A. El énfasis sobre una estrategia universal
   B. El énfasis sobre formas universales
   C. Cosmovisión nacionalista
   D. El principio de unidad homogénea
   E. Las ventajas del énfasis etnocéntrico
 VI. La oportunidad y la necesidad de evangelizar a todos los pueblos

Un encuentro con las verdades

1.1   ¿Por qué hay distintos tipos de grupos étnicos en el mundo?

1.2   Enumere por lo menos dos desventajas y dos ventajas de tener tantos diferentes grupos étnicos en la tierra.

2.1   Defina qué es un grupo étnico.

2.2   Dé tres ejemplos de grupos étnicos tomados de su propia experiencia.

3.1   ¿Qué quiere decir "Poreuthentes oun mathetéusate panta ta ethne"?

3.2   ¿Quién dijo esto?

3.3   ¿Por qué es importante?

4.   ¿Por qué fue monocultural el ministerio de Jesús, siendo que él mandó a sus discípulos a que fueran a "...todos las naciones [pueblos] hasta lo último de la tierra"? (Mateo 28:19 y Hechos 1:8).

5.   Si un evangelista colombiano mestizo hispanohablante va al Alto Volta, Africa Occidental, para alcanzar a los tribeños fulani musulmanes, ¿qué tipo de evangelismo sería el suyo?

6.   Si un quechua del Perú, que habla el castellano como su segunda lengua, va a evangelizar a un grupo quechua del Ecuador, ¿qué tipo de evangelismo sería?

7.   ¿Cuáles de los siguientes tipos son evangelismo intercultural: (a) E-0 (b) E-1 (c) E-2 (d) E-3?

8.1   ¿Cuál es el enfoque de "estrategia universal" para la evangelización?

8.2   ¿Por qué es peligroso y a veces perjudicial este enfoque en el evangelismo intercultural?

9.1 Defina el Principio de Unidad Homogénea.

9.2 ¿De qué manera sostiene este principio la idea de que cada pueblo debe tener iglesias en medio de la sociedad de su propio grupo étnico?

10. Enumere de memoria al menos cinco ventajas de un enfoque etnocéntrico de evangelismo intercultural.

11.1 ¿Por qué la familia de Isidro decidió dejar de ir a la iglesia evangélica?

11.2 ¿Por qué se sintieron tan felices de encontrar la nueva iglesia cerca de donde vivían?

12.1 ¿Qué significa "pueblos ocultos"?

12.2 ¿Cuántos grupos étnicos no alcanzados hay en el mundo?

12.3 ¿En qué bloques culturales de pueblos están los grupos étnicos más categóricamente no alcanzados?

13.1 ¿Cuándo se considera normalmente terminada la labor de un ministro intercultural entre un grupo étnico determinado?

13.2 ¿Por qué?

14.1 ¿Cuál es la necesidad más grande en la evangelización de los pueblos del mundo?

14.2 ¿Cómo se puede satisfacer de la mejor manera esta necesidad?

De la teoría a la práctica

A.1 En lo que concierne a Dios, ¿cuál cultura es mejor que otra?

A.2 ¿Por qué sería peligroso tener una sola cultura en la tierra?

A.3 ¿Habrá alguna vez una época en que haya una sola cultura sobre la tierra?

A.4 ¿Por qué no será peligroso entonces?

B.1 Nombre algunos grupos étnicos no alcanzados de su propio país.

B.2 Nombre algunos de fuera de su país.

B.3 ¿Qué tipo de evangelismo sería necesario para alcanzar a cada uno de esos grupos?

C.1 ¿En qué medida está ofuscado su propio pueblo en cuanto a las diferencias que hay entre los grupos étnicos?

C.2 ¿Qué es lo que ha causado ese ofuscamiento?

C.3 ¿Qué papel ha desempeñado el prejuicio cultural?

C.4 ¿Y qué se puede decir del nacionalismo?

C.5 ¿Cuál es la cultura o grupo étnico predominante en cuanto a influencia en su país?

C.6 ¿Qué sentimientos albergan otros grupos étnicos de su país hacia ellos?

C.7 ¿Por qué?

D.1 ¿Qué diferencia hay entre formas y significados?

D.2 ¿Debe la verdadera y sentida adoración tener las mismas formas entre todos los pueblos?

D.3 ¿Qué deben ser los mismos para todas las sociedades: los principios bíblicos o las formas bíblicas, o ambas cosas?

D.4 ¿Por qué?

E.1 Si usted estuviese planeando una estrategia para evangelizar a un grupo étnico no alcanzado, ¿qué preguntas se haría?

E.2 ¿Qué métodos evangelísticos usaría?

E.3 ¿Qué principios guiarían su planeamiento?

Capítulo 3

COMO ESTABLECER IGLESIAS AUTÓCTONAS

Puntos clave de este capítulo

1. El evangelismo intercultural en que se pasan por alto las diferencias culturales entre los distintos grupos étnicos es un evangelismo pobre. Tal evangelismo aleja a más personas del mensaje del evangelio que las que lo reciben.
2. La mejor manera de proporcionar al mayor número de personas una adecuada oportunidad de oír el evangelio y de aceptar a Cristo como Salvador es establecer iglesias usando principios autóctonos.
3. Al establecer iglesias autóctonas, se debe tener presente que los principios bíblicos son más importantes que los métodos bíblicos.
4. Aun cuando las formas de adoración difieran entre una cultura y otra, su significado y su efecto sobre los creyentes pueden ser los mismos.
5. Es importante establecer iglesias que, en lo cultural, sean compatibles con las sociedades en que se implantan.
6. Las pautas de liderazgo neotestamentarias variaban entre una cultura y otra. En tanto que hay principios bíblicos concernientes al liderazgo de la iglesia que son aplicables a cualquier cultura, las pautas de liderazgo de las iglesias varían entre una cultura y otra.
7. Es conveniente evaluar el grado en que las iglesias se rigen por principios autóctonos. Esto proporciona buenos objetivos para establecer nuevas iglesias y ayuda a las ya existentes a mejorar sus ministerios.
8. Jesucristo nos dio instrucciones importantes con respecto a los dos ministerios fundamentales de la iglesia.

Es esencial que cada iglesia mantenga un equilibrio entre estas dos importantes esferas del ministerio.

9. A fin de tener un ministerio eficaz, los ministros interculturales deben poner en práctica principios de liderazgo indirectos.

10. Es esencial usar principios autóctonos desde el comienzo mismo al establecer nuevas iglesias. Resulta mucho más fácil iniciar una iglesia en forma apropiada que transformarla en una iglesia autóctona después que ya esté establecida.

Antes de empezar a explorar la importante dinámica del ministerio intercultural, es conveniente que definamos más detenidamente nuestro objetivo. Nuestro propósito principal es participar en el plan del Espíritu Santo de que llegue a haber en medio de cada grupo étnico que hay en la tierra un sólido grupo de creyentes, llenos de vitalidad, que sepan dar un testimonio eficaz. Solamente cuando exista una iglesia de esta calidad en cada grupo étnico, podrá tener cada ser humano una adecuada oportunidad de conocer a Cristo como su Salvador y Señor. Por consiguiente, debemos fijarnos como meta *establecer el tipo adecuado de iglesias en medio de aquellos grupos étnicos que no cuentan con ese testimonio eficaz.* ¡Debemos establecer iglesias autóctonas!

A. ¿Qué es establecer iglesias autóctonas?

Las iglesias locales constituyen las principales piedras de construcción del reino de Dios sobre la tierra. Es en las iglesias locales donde la dinámica del poder espiritual se mueve eficazmente. Es en las iglesias locales donde el Espíritu Santo imparte dones a los creyentes, de modo que la unidad completa pueda funcionar como representante del amor y del poder de Dios en un lugar dado.

Las iglesias locales son como las minúsculas células del cuerpo humano. Si las células del cuerpo no funcionan como deben, el cuerpo entero se enferma como consecuencia. Si no establecemos el tipo adecuado de iglesias locales entre todos los pueblos, ellas no podrán crecer ni multiplicarse.

En este capítulo vamos a describir el tipo de iglesias saludables, crecientes, que debemos establecer en otras culturas. Las llamamos *iglesias autóctonas.* Pero también queremos sentar algunas pautas importantes relativas al establecimiento de iglesias autóctonas. En realidad, este es el principal propósito de este libro. Si hemos de ser ministros interculturales eficientes, tendremos que aprender cómo establecer iglesias autóctonas en forma eficaz.

Autóctono quiere decir "originario de un país o lugar en particular; nativo, aborigen, indígena". Su significado puede tomarse en dos sentidos. Puede referirse a algo que realmente se originó en un lugar determinado. Por ejemplo, el cristianismo es autóctono (u originario) de Palestina, una región del Cercano Oriente.

En el segundo sentido, autóctono se refiere a algo que es perfectamente compatible con un lugar o región en particular, o que medra allí. Por ejemplo, se cree que el plátano es originario de la India. No obstante, cuando se lo introdujo en las zonas tropicales de las Américas, medró tan bien como si siempre hubiese estado allí. Por tanto, el plátano es autóctono de climas tropicales de las Américas. Aun cuando no es originario de allí, el clima y las condiciones del suelo son tan perfectos, que dicha planta se ha extendido por toda la región mencionada y se han desarrollado muchas variedades de ella.

Cuando nos referimos a las iglesias autóctonas, estamos usando el segundo sentido del significado de esta palabra. Aun cuando el cristianismo se originó en Palestina, el propósito de Jesús fue que llegara a ser autóctono de todas partes del mundo, y de un modo específico, de todos los grupos étnicos del mundo. El evangelio es suficientemente simple y poderoso para atraer a todas las agrupaciones culturales étnicas de la tierra. Pero al mismo tiempo es también suficientemente flexible en lo cultural como para que su verdad pueda ser expresada de una manera autóctona entre todos los pueblos.

Cuando se comunica bien el mensaje del evangelio en cualquier cultura, tiene la capacidad de arraigarse en el corazón de las personas. Cambia la forma en que ven a Dios, a sí mismos, a los demás y a su mundo. Semejantes cambios ejercen un profundo efecto en su sociedad, y el evangelio llega a ser altamente apreciado por la gente. Cuando así sucede, el evangelio puede extenderse con rapidez. Muchos desearán escuchar el evangelio y aceptar a Cristo.

Para hacer que el evangelio sea autóctono de cualquier cultura, se requiere que haya iglesias autóctonas. *Iglesias autóctonas son aquellas cuyos miembros practican las verdades espirituales, sociales y morales del cristianismo bíblico, según las pautas culturales de su propia sociedad, y perciben cómo el evangelio va transformando su propia vida como respuesta a sus sentidas necesidades, proporcionada por Dios mediante la dirección del Espíritu Santo y de la Biblia.*

Nótense los elementos clave de esta definición:

1. Los miembros de las iglesias autóctonas no solamente

creen la verdad del evangelio, sino que la practican en su vida diaria.

2. El evangelio afecta la forma en que adoran, la manera en que tratan a su prójimo, e incluso sus propios valores y ética personales.

3. No están marginados de su sociedad por haber adoptado normas culturales extranjeras. Comprenden cómo practicar con sentido la verdad del evangelio, sin salir de las pautas culturales de su pueblo.

4. Aprecian de verdad su vida cristiana porque ven el evangelio como la respuesta a sus frustraciones espirituales y a sus necesidades más íntimas.

5. Reconocen que la autoridad de las Escrituras es el fundamento de su fe y que pueden confiar en que el Espíritu Santo les enseñará lo que aún necesitan saber.

Las iglesias autóctonas ejercen cierta atracción sobre la generalidad de la población de su sociedad. El comportamiento de sus miembros no parece extraño a la gente de su comunidad. La conducta social y moral de los creyentes se conforma a las normas generales de la sociedad, pero exhiben normas más elevadas, conforme a las de la Biblia.

Las autoridades religiosas establecidas que se sienten amenazadas por el rápido crecimiento de las iglesias autóctonas pueden provocar persecuciones, pero eso a su vez puede causar un crecimiento aún más rápido, debido a que la población en general respeta a la iglesia autóctona. Esto mismo fue lo que ocurrió en Jerusalén, como lo leemos en el libro de los Hechos. Cuando los creyentes helenistas obtuvieron su propio liderazgo, fueron muy eficientes en hacer nuevos discípulos entre los miembros de las sinagogas helenistas de Jerusalén (Hechos 6:4-7). Aquello se tornó en tal amenaza para las 480 sinagogas de Jerusalén, que llevó a la presentación de falsas acusaciones contra Esteban y a la muerte de él (Hechos 6:9 — 7:60). La persecución que siguió entonces esparció a los creyentes, alejándolos de Jerusalén, y la iglesia se extendió aún más ampliamente y con más rapidez en una forma autóctona (Hechos 11:19, 20).

Las iglesias autóctonas pueden experimentar persecución, pero seguirán teniendo el respeto — manifiesto o callado — de la población en general, porque los miembros de la iglesia viven la verdad del evangelio en una forma culturalmente significativa.

Las iglesias autóctonas tienen un liderazgo local capaz y respetado. Se organizan según pautas que están en armonía con otras instituciones de esa sociedad. La manera de dirigir la iglesia

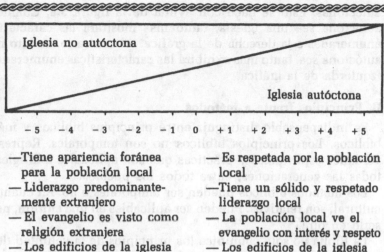

Iglesia no autóctona

Iglesia autóctona

−5   −4   −3   −2   −1   0   +1   +2   +3   +4   +5

—Tiene apariencia foránea para la población local
— Liderazgo predominantemente extranjero
— El evangelio es visto como religión extranjera
— Los edificios de la iglesia parecen extraños o inapropiados
— La adoración y los cantos suenan extraños para los inconversos
—Se usan métodos foráneos para comunicar el evangelio
— Crecimiento lento, por lo común entre grupos marginados de la sociedad

— Es respetada por la población local
—Tiene un sólido y respetado liderazgo local
— La población local ve el evangelio con interés y respeto
— Los edificios de la iglesia parecen edificios locales
— Usa el incentivo de formas locales de adoración y de canto
—Se usan métodos de comunicación locales para presentar el evangelio
— Crecimiento rápido, entre las fuerzas vivas de la sociedad

Figura 3.a: Escala de imagen dividida de la iglesia autóctona

corresponde con la cultura y se conforma a los principios bíblicos por igual. El sostenimiento de la iglesia está a cargo de los creyentes locales en una forma que es aceptada en esa cultura. Los cantos y demás formas de adoración se realizan en la lengua y el estilo comunes del pueblo de esa sociedad. Los creyentes dan testimonio y comunican el evangelio en maneras que son naturales para la gente que están tratando de alcanzar. La iglesia autóctona le parece genuina a la sociedad como un todo. Sus miembros no son proscritos despreciados, ni un grupo marginado de la sociedad. Pueden sufrir persecución por un tiempo, pero la gente aprende progresivamente a respetarlos como creyentes genuinos y sinceros en su fe.

Nos puede ayudar a comprender estos principios el contrastar las iglesias autóctonas con otras que son débiles, ineficientes y no autóctonas. Esto se hace con ayuda de la figura 3.a. Cuanto más autóctona sea una iglesia, tanto más mostrará las características enumeradas a la derecha de la gráfica. Al contrario, cuanto menos autóctona sea, tanto más exhibirá las características enumeradas a la izquierda de la gráfica.

B. Principios frente a métodos

Es indispensable distinguir entre principios bíblicos y métodos bíblicos. Los principios bíblicos no son temporales. Representan verdades espirituales y prácticas que son aplicables a la iglesia en todas las generaciones, entre todos los pueblos.

Los métodos bíblicos pueden ser temporales o no. En cuanto a lo cultural, son relativos. Pueden ser aplicables en una cultura, pero no serlo en otra.

La Biblia no sólo comunica los principios de la voluntad de Dios para el hombre, también registra la historia de cómo algunos trataron de seguir esos principios en su propia vida. Algunas veces fallaron, o sólo alcanzaron un éxito parcial. Consideremos, por ejemplo, la personalidad veterotestamentaria de Sansón. Este hombre demostró la importancia del principio bíblico del poder que representa ser lleno del Espíritu Santo. Pero muy pocos querrían copiar las pautas de su vida trágica.

El rey Saúl fue otro líder que con frecuencia estuvo lleno del Espíritu Santo, pero trató de hacer la obra de Dios a la manera del hombre. ¡Muy pocos querrían copiar sus métodos tan sólo porque están registrados en la Biblia! El principio revelado en la vida de ambos hombres es fundamental y para todos los tiempos: la importancia del poder permanente del Espíritu Santo que mora en uno. Pero no debemos seguir los métodos que esos dos hombres usaron.

Consideremos también la vida de Pablo en el Nuevo Testamento. Dios lo llamó para que predicara el evangelio a los gentiles (Hechos 13:47). Y así, el principio fundamental que motivó a Pablo fue predicar este evangelio. Pero uno de los métodos usuales de predicación de él era ir primero a las sinagogas de los judíos. Allí predicaba el evangelio, y muchos de los griegos "temerosos de Dios" y de los prosélitos al judaísmo recibían con agrado su mensaje. Pero los judíos fuertemente ortodoxos rechazaban su mensaje, y la sinagoga quedaba inmediatamente dividida (Hechos 14:1-7).

Ahora bien, el principio que hemos de seguir en el ministerio de Pablo es que él predicaba dondequiera que fuera probable que la gente escuchase su mensaje. Puesto que él era un judío de alta reputación, ese lugar resultaba ser la sinagoga. ¡Pero sería erróneo hacer que la predicación en las sinagogas judías fuese la única forma de comenzar nuestro ministerio de evangelismo intercultural! Y tampoco debe ser la predicación en mezquitas musulmanas o en catedrales católicas la manera de comenzar un ministerio intercultural. Pablo usó ese método porque él comprendió que tenía una obligación hacia su propio pueblo, y porque sabía que la gente escucharía su mensaje. Si Pablo estuviera predicando en nuestros días, seguro que usaría métodos distintos, dependiendo del pueblo al cual tuviese que predicar.

Debemos prestar cuidadosa atención a los principios bíblicos y aplicarlos con métodos que sean apropiados para el pueblo al cual procuramos alcanzar con el evangelio. Simplemente por el hecho de que tenemos a la Biblia como la Palabra de Dios autorizada, no tenemos que copiar todos los métodos que en ella se refieren. Los principios bíblicos relativos al establecimiento de iglesias autóctonas no cambiarán jamás, pero los métodos podrán ser diferentes, de acuerdo con las necesidades del pueblo que intentamos alcanzar.

C. El desarrollo de principios autóctonos

La misionología es la ciencia que estudia la misión bíblica de la iglesia y que formula los principios y métodos para extender la iglesia por todo el mundo. La misionología es importante para los evangelistas interculturales porque les ayuda a definir claramente su tarea, así como los principios mediante los cuales pueden cumplir mejor su llamado. Además de un cuidadoso estudio de la Biblia y de sus principios, los misionólogos también consultan las ciencias sociales. Procuran hallar los principios más prácticos, así como más bíblicos, para el cumplimiento del llamado de la iglesia de hacer discípulos a todos los pueblos.

Una de las mejores formas de aprender el ministerio intercultural eficaz es simplemente por experiencia. Distintos evangelistas realmente piadosos y muy eficientes de diversas partes del mundo han tenido mucho éxito en establecer iglesias en medio de otros pueblos. Algunos de ellos anotaron sus ideas, haciendo así importantes contribuciones al desarrollo de los principios autóctonos.

Hacia mitad del siglo veinte, Rufus Anderson y Henry Venn llegaron a algunas conclusiones similares en cuanto al ministerio intercultural. Los dos trabajaban como líderes de sendos grupos de ministros protestantes interculturales. Los dos estaban agobiados porque las iglesias que habían establecido eran débiles, ineficientes y demasiado dependientes de la ayuda foránea como para crecer y multiplicarse realmente. Ambos comenzaron a estudiar el ministerio intercultural del apóstol Pablo.

Aun cuando ninguno de los dos se enteró de la obra del otro hasta más tarde, los dos llegaron a conclusiones muy similares en cuanto a los principios básicos con los cuales Pablo estableció nuevas iglesias. Anderson acuñó tres palabras que más tarde Venn hizo suyas, que han llegado a ser ampliamente aceptadas como los objetivos fundamentales al establecer iglesias en el ministerio intercultural. Ellos y otros misionólogos de los últimos 120 años han reiterado que las iglesias establecidas por medio del ministerio intercultural deben ser "autónomas", "autosostenidas" y "autopropagadoras".

Autónomas quiere decir que las nuevas iglesias deben tener sus propios líderes que dirijan el ministerio y las finanzas de la iglesia. *Autosostenidas* significa que las iglesias locales deben ser sostenidas enteramente por la congregación local, sin ayuda de origen exterior. *Autopropagadoras* quiere decir que las iglesias que se establecen en otras culturas deben asumir la responsabilidad de extender el evangelio en medio de su propio pueblo.

Tomados en conjunto, estos tres principios han llegado a ser el principal fundamento de lo que se llama "principios de la iglesia *autóctona*". Los libros de misionología que se han escrito sobre este tema han sido más numerosos en las últimas décadas, conforme estos principios se van aceptando más ampliamente.

En tanto que la mayor parte de la enseñanza misionológica sobre principios autóctonos es muy sólida, práctica y bíblica, por lo general no es bastante completa. En la mayor parte de esta enseñanza se hace tanto énfasis en los tres principios mencionados, que la misma empieza a parecer una fórmula fija para el establecimiento intercultural de iglesias. En ella, sin embargo, no se hace distinción entre principios y métodos. Se procura describir el objetivo de establecer iglesias en términos tan claros y concretos que las iglesias resultantes parecen más iglesias norteamericanas o europeas. Con mucha frecuencia se olvida describir lo que la iglesia debe ser en la comunidad, excepto su responsabilidad de extender el evangelio.

Más importante aún, a menudo esta enseñanza deja de considerar adecuadamente las implicaciones sociales de implantar iglesias en forma intercultural. Con harta frecuencia los evangélicos han querido ver la iglesia simplemente como una sociedad espiritual para sí misma. Frecuentemente hemos resistido las tentativas de aplicar el conocimiento y las categorías de las ciencias sociales a la iglesia. Pero Jesucristo instituyó la iglesia en medio de la sociedad, no separada de ella (Juan 17:11, 15-17). La iglesia está sujeta a la mayoría de las mismas leyes sociales que el resto de la sociedad. Por eso Pablo, al darles instrucciones a sus colaboradores en la obra acerca de la organización de iglesias, apeló mayormente al sentido común basado en el conocimiento de la sociedad, más bien que a argumentos teológicos. Los principios del establecimiento de iglesias autóctonas, al tiempo que son básicamente sólidos, han sido lentos en tomar en consideración las leyes de la sociología, la antropología y la comunicación. A veces los resultados han sido trágicos.

Algunas iglesias que se conformaron a la definición básica de ser autóctonas han sido mucho menos que lo que Jesús tuvo en mente cuando dijo: "Edificaré mi iglesia." Es posible tener una iglesia que se sostenga por sus propios recursos, que incluso pague un salario a su pastor, y no obstante sea una iglesia mezquina y egocéntrica que no tenga un testimonio eficaz en la comunidad. Es posible que los líderes locales gobiernen una iglesia con plena autoridad y sin ninguna interferencia exterior, pero que lo hagan de una manera totalmente extranjera, que resulte desagradable para la cultura local. Una iglesia podría sufragar los gastos de sus propios evangelistas para extender el evangelio, pero con todo, hacerlo usando métodos foráneos e inapropiados que resulten ineficaces.

De hecho, algunas iglesias han sido calificadas de autóctonas por personas ajenas a ellas, pero éstas estaban tan obviamente desprovistas de todo atractivo para los líderes de iglesias locales, que todo el concepto de principios autóctonos fue desdeñado y abandonado por esos líderes.

Todo eso es una lástima, porque hay mucho en los principios autóctonos que es sano y bueno. Fueron forjados en el crisol del buen conocimiento bíblico. La experiencia de un difícil y costoso ministerio intercultural en todo el mundo proporcionó un adecuado marco de referencias. Esos principios son básicamente buenos, pero no son completos. Esta es la razón por la cual tenemos que explorar más los principios del establecimiento de iglesias autóctonas.

En el establecimiento de iglesias autóctonas es necesario adaptar los principios de las ciencias sociales a nuestros conceptos de realizar un eficaz evangelismo intercultural. En los principios del establecimiento de iglesias autóctonas se procura recalcar los principios, no los métodos.

Los métodos más eficaces pueden variar de una cultura a otra. Por ejemplo, se ha demostrado que las campañas evangelísticas son un método muy eficaz entre algunos pueblos de Latinoamérica, pero que serían totalmente ineficaces en la Arabia Saudita, donde sería ilegal realizarlas. No sólo es necesario que a estos principios autóctonos se les dé una definición mejor y más amplia, sino que también hace falta que a otros principios autóctonos se les dé igual importancia.

D. Evaluación de la "autoctoneidad"

Las iglesias autóctonas no surgen automáticamente. En realidad, a menos que los evangelistas interculturales apliquen los sólidos principios del ministerio intercultural, las iglesias que establezcan serán aparentemente muy distintas a una iglesia autóctona. Probablemente parezcan muy extranjeras. El mensaje que ellas presentan a su comunidad podrá parecer poco importante e inaplicable a las necesidades de la población local. Eso no significa que los evangelistas no sean creyentes espirituales. Simplemente quiere decir que necesitan comprender claramente los principios del establecimiento de iglesias autóctonas, así como aplicarlos.

En la *Escala de Autoctoneidad Cultural* (figura **3.b**) se muestran importantes categorías de principios de condición autóctona. En cada categoría se puede analizar a las iglesias con arreglo a cuán estrechamente se asemejan a las pautas o formas usadas en la cultura local. Una vez más, la premisa fundamental de los principios de

---

ESCALA DE AUTOCTONEIDAD CULTURAL*

	Autóctonas								Foráneas e inaplicables	
1. Formas de adoración	10	9	8	7	6	5	4	3	2	1
2. Cantos de adoración	10	9	8	7	6	5	4	3	2	1
3. Pautas de evangelismo	10	9	8	7	6	5	4	3	2	1
4. Pautas de liderazgo	10	9	8	7	6	5	4	3	2	1
5. Formas de organización	10	9	8	7	6	5	4	3	2	1
6. Formas ceremoniales	10	9	8	7	6	5	4	3	2	1
7. Métodos de sostén económico	10	9	8	7	6	5	4	3	2	1
8. Formas de comunicación	10	9	8	7	6	5	4	3	2	1
9. Formas de lenguaje	10	9	8	7	6	5	4	3	2	1
10. Métodos educacionales	10	9	8	7	6	5	4	3	2	1

* Instrucciones:

Seleccione el número apropiado de cada tema con respecto a una iglesia en particular. Sume los números seleccionados y el resultado es el *Indice de Autoctoneidad Cultural.*

Figura 3.b: Escala de Autoctoneidad Cultural

autoctoneidad es que los principios bíblicos son absolutos y son aplicables a toda agrupación cultural de personas. Pero los métodos, formas y pautas por medio de los cuales se demuestran esos principios, varían de una cultura a otra. Cuanto más estrechamente se parezcan esas pautas, formas y métodos a los del lugar donde se establece la iglesia, tanto más autóctona será esa iglesia. Y cuanto más foráneas sean las pautas, formas y métodos de la iglesia y más difieran de las pautas de la cultura local, tanto más ineficiente e inaplicable será su ministerio a la comunidad local. Por lo tanto, cuanto más alto sea el resultado combinado de las diez categorías, tanto más autóctona será la clasificación de la iglesia y más alto su *Indice de Autoctoneidad Cultural.*

Este sistema equilibra la necesidad de aplicar cuidadosamente los principios bíblicos al tiempo que se usan formas culturales variables y relativas para trasmitir con eficiencia esos principios dentro de un grupo étnico objeto del ministerio intercultural. La dinámica de las formas culturales se trata más extensamente en el Capítulo 4. En el Capítulo 6 se dan pautas para aprender a descubrir y definir los principios bíblicos. En este sistema de clasificación se da por sentado que se están aplicando los principios bíblicos y se pone énfasis en las categorías que son decisivas en ayudar a una iglesia local (o grupo de iglesias) a dar testimonio eficaz de las verdades del evangelio entre su propio pueblo.

E. Definición de las categorías

Es importante definir las categorías de la *Escala de Autoctoneidad Cultural* de la figura 3.b. Una clara comprensión de esos temas nos ayuda a formarnos una idea más clara de nuestro objeto en cuanto a la iglesia autóctona. Después de definir estas categorías, analizaremos otro método de determinar la Autoctoneidad: la *Escala de Reproductibilidad Autóctona.* Luego aplicaremos estos principios a dos iglesias locales para poder ver más claramente cómo se los ha de usar.

1. *Formas de adoración.* Vamos a hacer un viaje imaginario a una región del sudoeste del Africa. Nos hallamos en el centro de una pequeña aldea, adonde comienzan a llegar algunos hombres trayendo consigo unos tambores y troncos ahuecados. Conversan unos con otros, al tiempo que empiezan gradualmente a tocar los intrincados ritmos *staccato* tan comunes en esa región africana.

En breve otras personas de la aldea así como de los alrededores comienzan a llegar. Poco después empiezan a formar un gran círculo y a mecerse hacia adelante y hacia atrás al ritmo de los tambores. Las mujeres están vestidas con los típicos trajes de los matorrales del

Africa. Así también los hombres, que además tienen en las manos las lanzas que llevan al atravesar los matorrales.

Los tambores comienzan a sonar más alto cuando un líder entona, en voz alta, la primera línea de un canto parecido a canto llano. El grupo entero, meciéndose y moviéndose al ritmo de los tambores, repite las palabras del líder del canto en un unísono bien acompasado mientras siguen llegando más y más personas que se van uniendo al círculo.

Así continúan los cánticos semejantes a canto llano como por una hora y media. Con frecuencia el canto se interrumpe cuando alguien entra de pronto al centro del círculo para hablar. Pero los tambores siguen sonando, aunque más suavemente. Y el que pasó al centro habla en forma de canto llano, siguiendo el ritmo de los tambores. Cuando termina, el líder del canto comienza otra tonada, sin perder el ritmo de los tambores. Luego otros, por turno, entran igualmente a hablar. La música vuelve a subir de volumen después que cada uno retorna al círculo. Los participantes mecen los brazos con el ritmo de la música y las palabras que cantan.

Entonces otro orador entra al medio del círculo, pero esta vez los tambores y el canto cesan. El hombre comienza un diálogo con la multitud. Su discurso es animado. A veces los oyentes le responden con un grito al unísono. Otras veces una sola persona le habla. Unos cuarenta minutos después, los tambores inician de nuevo el canto.

Al caer la tarde, conforme la gente empieza a retirarse para regresar a sus propias aldeas, todos van conversando emocionadamente acerca de los sucesos del día. Algunos llevan sobre la cabeza cestos de comestibles u otras mercancías que no pudieron vender esa tarde en el mercado. La observación principal en boca de todos es acerca del maravilloso culto que tuvieron esa mañana: "¿No fue maravillosa la forma en que se movió el Espíritu del Señor en la reunión? ¡Tenemos que invitar a más de nuestros vecinos a que vengan a nuestra iglesia pentecostal!"

Vayamos ahora a un culto de adoración y predicación que tiene lugar en Rumania, un país de Europa Oriental. El local está repleto. Algunos tienen que permanecer de pie, lo cual no los desanima, a pesar del hecho de que el culto demorará por tres o cuatro horas. Cantan los himnos en un estilo lento, sin movimiento del cuerpo. Algunos cierran los ojos, pero ninguno sonríe. Mientras el coro canta un precioso y lento himno, una mujer que está en la hilera del frente derrama lágrimas en silencio. Durante el tiempo de oración, todos los presentes oran al unísono con un intenso fervor, pero el volumen de voz no es alto. Luego el predicador se pone de pie y en una forma tranquila, sin mucho movimiento, predica un mensaje de exhortación. Habla durante una hora y quince minutos. La congregación entona otro himno. Finalmente el culto termina y el repleto local se vacía.

Más tarde en los hogares de muchos de los miembros de la iglesia se oye el mismo tipo de comentarios: "¡Qué culto tan bueno! ¿No fue maravillosa la forma en que se movió el Espíritu del Señor en la reunión? ¡Tenemos que invitar a más de nuestros vecinos a que vengan a nuestra iglesia pentecostal!"

¿Cuál de esas dos iglesias es la más grata para el Señor? Ambas iglesias enseñan, predican y viven el mismo evangelio. Los miembros creen la misma doctrina y marchan rumbo al cielo. ¡Y Dios se complace con ambas! La única diferencia está en su forma de adoración.

Dios está muy interesado en la adoración que nace del corazón. Los seres humanos usan diferentes formas en las distintas culturas para expresar los mismos significados. Algunas de esas formas pudieran parecer desagradables para personas de otra cultura; sin embargo, esas formas están llenas de un sentido de ternura y afecto para el corazón del adorador. La plena expresión de adoración toca el sentido estético más profundo del ser humano. Es sumamente importante que se permita que todos los pueblos puedan expresar su sentida adoración a Dios, usando sus propias formas culturales de expresión. Dios acepta esa clase de adoración porque acerca el espíritu humano a Dios (Juan 4:23).

Lo anterior no quiere decir que un grupo tribal que antes ofrecía sacrificios de alimentos a las deidades tribales, ahora debe ofrecerlos a Dios. Quiere decir que a los distintos grupos étnicos se les debe proporcionar la oportunidad de oír la Palabra de Dios, así como la libertad de escoger y desarrollar formas de adoración que vengan bien con su cultura. Cuanto más se les facilite poder hacer así, tanto más atractivo les parecerá el evangelio a los demás de esa cultura y más autóctona será la iglesia en medio de ese grupo.

2. *Cantos de adoración.* Los mismos principios que son aplicables a las formas de adoración también son aplicables a los cantos de adoración. En los dos relatos precedentes que describen a iglesias del Africa y Rumania, una de las mayores diferencias entre las formas de adoración era la de los cantos y la manera en que se entonaban.

El canto es a tal punto parte de la adoración en el mundo entero que se merece una atención especial. Si un evangelista intercultural inicia una nueva iglesia en medio de un pueblo no alcanzado, una de las primeras cosas que debe hacer es estimular la composición de cantos de adoración autóctonos. Debe evitar estrictamente enseñar a la congregación los cantos que él está acostumbrado a cantar como parte de la adoración en su propia cultura. Debe evitar incluso traducir sus propios cantos al idioma de ellos, para cantarlos con la misma melodía. Lo mejor que puede hacer es hablar con aquellos convertidos de la nueva iglesia que están acostumbrados a cantar. Ellos conocen la música de su pueblo. El evangelista debe entusiasmarlos con pasajes devocionales de los Salmos, de los Proverbios, de Isaías y de los evangelios.

Al principio los creyentes pueden componer las palabras y las melodías de coros sencillos. Pueden usar nada más que las palabras de la Biblia. Tal vez puedan componer cantos de testimonio o de oración. Las composiciones pueden ser muy melódicas, o pueden sonar más bien como canto llano. Lo importante es que les suenen bien a los que forman la nueva iglesia, no necesariamente al evangelista intercultural. Cuanto más se apliquen estos principios, tanto más autóctona será la iglesia y mayor será el atractivo del evangelio en esa comunidad.

3. *Pautas de evangelismo.* Los evangelistas interculturales eficientes y experimentados saben que es importante dar a conocer el evangelio usando métodos que se ajusten a las pautas de la vida diaria del pueblo seleccionado para ese ministerio. Esto no sólo comprende el uso de las formas de comunicación más apropiadas, sino que también incluye anunciar el evangelio en el tiempo apropiado, en los lugares apropiados y a las personas apropiadas. Abarca además aspectos tales como esperar para empezar una campaña de predicación en una zona rural hasta que se recojan las cosechas; ganarse la confianza de los dirigentes de la aldea o del pueblo antes de anunciar el evangelio abiertamente en un nuevo lugar; procurar que se conviertan primero los hombres, en determinadas culturas, sabiendo que las familias los seguirán mucho más fácilmente en aceptar a Cristo como su Salvador que si una mujer de la familia se convierte primero al cristianismo.

El usar pautas de evangelismo autóctonas requiere una amplia experiencia de convivir con el pueblo y estudiar su modo de vida. (Ver el Capítulo 5.) Al hacer esto, el evangelista intercultural aprenderá las mejores formas de dar testimonio personal y en grupo y la mejor forma de predicar. Puede darse cuenta de que es importante enviar creyentes mayores junto con los jóvenes cuando se trata de dar testimonio de puerta en puerta. O puede descubrir que el dar testimonio no debe hacerse de puerta en puerta, sino por la noche alrededor de las fogatas tribales. Todas estas cosas pueden aprenderse pasando tiempo con la gente. Hay que tener cuidado de dar a conocer el evangelio siguiendo las normas de la vida diaria de ellos tanto como sea posible.

4. *Pautas de liderazgo*. Cada grupo étnico tiene sus propias formas, culturalmente aceptadas, de seleccionar a sus dirigentes, de regular las normas de actuación de esos líderes y de seguir las pautas de interacción del liderazgo. Es esencial que el evangelista intercultural se familiarice completamente con esas pautas de modo que pueda estimular la adopción de las de tipo adecuado en las nuevas iglesias que establece en otra cultura.

Las actitudes con respecto al liderazgo constituyen un aspecto en que un ministro intercultural puede cometer serios errores. Resulta muy natural que el evangelista domine el liderazgo de la nueva iglesia que establece e imponga las pautas de liderazgo que está acostumbrado a seguir entre su propio pueblo. Es necesario comprender que en el Nuevo Testamento surgieron tipos específicos de liderazgo bajo la dirección del Espíritu Santo.

Con el tiempo se reconocieron distintas clases de ministerio como "dones de ministerios" para la iglesia, tales como apóstoles, profetas, evangelistas, pastores, maestros y diáconos. Pero obsérvese que, aun cuando la Biblia enumera los títulos de los ministerios de tales dones de liderazgo y da ejemplos de ellos, nunca se presenta una lista de cómo deben *funcionar* esos líderes. Esto deja considerable lugar para la flexibilidad cultural.

La historia nos revela que los líderes de las iglesias de Judea siguieron las pautas de la cultura judía, ejerciendo como norma común un liderazgo fuerte y autoritario (Hechos 5:1-10). Pero las normas de liderazgo de las iglesias de Macedonia y de Asia Menor seguían más aproximadamente las pautas democráticas de la cultura griega. Los oficios y ministerios seguían siendo los mismos, pero su función y sus pautas de liderazgo variaban de acuerdo con las culturas de las iglesias.

5. *Formas de organización*. Uno de los riesgos más grandes al establecer nuevas iglesias en medio de otro grupo étnico es la tentación de organizar la iglesia según las formas que se usan en la cultura de donde vino el evangelista. El lleva en la mente una imagen basada en experiencias de su propia cultura, en lo que a la organización de una iglesia se refiere. Es un grave error en el ministerio intercultural organizar iglesias de acuerdo a esa imagen.

Más vale que el evangelista intercultural observe cuidadosa y atentamente cómo están organizadas otras instituciones locales y que modele la iglesia más de acuerdo a esas pautas. Es esencial que, conforme empiecen a surgir líderes entre el nuevo grupo de creyentes, cuente con ellos para decidir qué tipo de organización se necesita y lo detallada que debe ser la estructura. No se debe hablar de la organización de la iglesia "allá en mi país". Hay que asumir la función de asesor, mostrándoles lo concerniente a organización en la iglesia neotestamentaria. Que ellos discutan diferentes necesidades de organización entre sí. Ellos ajustarán su organización al modelo de la Biblia y a su propia cultura mucho mejor que ninguno de afuera.

En caso de que empiecen a decidirse por algo que más adelante obviamente les traerá serios problemas, el evangelista puede ayudarlos a ver el peligro. El Espíritu Santo los guiará. Deben decidir quién se encargará de recoger ofrendas y pagar los gastos y en qué forma se habrá de hacer todo eso. Son ellos los indicados de decidir si la iglesia deberá pagarle un sueldo al pastor y cuándo, o si él deberá sostenerse a sí mismo. La cuestión de tener un consejo o junta de diáconos, de regirse por una constitución, es asunto que les incumbe a los creyentes del lugar.

Los buenos evangelistas interculturales saben que cuanto más los líderes locales y miembros de la iglesia forman y dirigen el desarrollo de la organización de la iglesia, tanto más tendrá ella una imagen positiva en la comunidad y más autóctona será.

6. *Formas ceremoniales*. Cada cultura desarrolla ceremonias singulares para ocasiones especiales en la vida de los individuos y de los grupos. Por lo general se celebran ceremonias con ocasión del nacimiento, el comienzo de la pubertad, el matrimonio, la defunción, los aniversarios de la muerte y otros casos especiales que sobrevienen en la vida de los miembros individuales de las diversas culturas en todo el mundo. Ceremonias de orientación colectiva se observan en ocasiones tales como los festivales de la cosecha, del año nuevo, así como otras antibíblicas como las dedicadas a la adoración de falsos dioses o al apaciguamiento de espíritus.

Dios respeta la necesidad humana de ceremonias. La usó para ayudar a Israel a recordar la bondad de Dios hacia ellos, instituyendo ceremonias especiales como parte de la ley judaica (Deuteronomio 16). Los acontecimientos singulares que tienen lugar en la vida de los hombres deben ser celebrados como bendiciones de Dios (Santiago 1:17). El evangelista intercultural ha de estudiar las ceremonias especiales de la cultura en que está iniciando una nueva iglesia. En el momento adecuado debe sugerir que los líderes de la iglesia instituyan nuevas ceremonias para los creyentes. Debe haber ceremonias para Navidad, Pascua de Resurrección, y tal vez para el Día de Pentecostés u otros días especiales del calendario cristiano. La ceremonia para celebrar la Cena del Señor debe ser una de las primeras que se instituyan.

Además de las ceremonias más comunes que los creyentes pueden desear celebrar, se ha de prestar atención a aquellas ceremonias que haya en esa cultura que sean las más elaboradas y que requieran más tiempo y gastos en su celebración. Estas pueden ser, por ejemplo, las bodas y las celebraciones del comienzo de la pubertad.

El evangelista intercultural debe darle prioridad a la necesidad de estudiar con los líderes que van surgiendo en la nueva iglesia las formas en que puedan substituir con ceremonias cristianas a las que son tradicionales en esa cultura. Se debe poner un énfasis especial en enriquecer los ritos con un significado cristiano. Se deben simbolizar claramente las enseñanzas bíblicas básicas en las ceremonias. A los líderes locales probablemente les encantará poder desarrollar tales ceremonias. Los creyentes que participen en ellas encontrarán un gran significado en las mismas. Y así también la comunidad entera. El desarrollo de ceremonias cristianas positivas realzará grandemente la imagen de la iglesia en la comunidad, y por lo mismo, el efecto positivo de su testimonio.

7. *Métodos de sostenimiento económico.* Por regla general, el sostenimiento del ministerio de una iglesia local debe provenir de medios locales desde el comienzo mismo. Se debe evitar del todo la provisión de fondos desde el exterior, a menos que se presente una situación de emergencia que esté más allá de las posibilidades de las iglesias locales para resolverla. Los fondos que provienen del exterior significan un control directo o indirecto sobre el ministerio de la iglesia local de parte de personas ajenas a ella. Por eso la actitud responsable que demuestre la congregación local hacia la obra de Dios es decisiva para el futuro desarrollo de la iglesia.

Por lo general sólo se deberán usar fondos provenientes del exterior bajo las condiciones siguientes: 1) Se presenta una necesidad muy importante con respecto al ministerio, reconocida por la iglesia local; 2) la iglesia local intenta resolver esa necesidad con sus propios recursos sin lograrlo; 3) la necesidad es temporal y de carácter urgente, o si es permanente, concierne a las necesidades de un grupo de iglesias. Como ejemplos se podrían citar la emergencia causada por un desastre natural, o un programa de preparación ministerial, como un instituto bíblico.

Otro aspecto igualmente importante es que se debe estimular a los miembros de la congregación a que determinen, basados en la Palabra de Dios, cuánto dinero y qué tipo de ofrendas deben dar a Dios. El ministro intercultural tiene que confiar en que el Espíritu Santo les habrá de enseñar a dar de corazón. Debe predicar los principios bíblicos que se refieren a dar, pero son los creyentes locales los que deben decidir, bajo la dirección del Espíritu Santo, cómo, cuándo y por qué han de ofrendar.

Son ellos los que deben decidir también cómo se ha de gastar el dinero. Si creen que deben correr con los gastos de un evangelista de tiempo completo antes de sostener a un pastor de tiempo completo, se los debe alentar a que lo hagan así. El sistema de sostenimiento económico de la iglesia no tiene que parecerse al sistema que usan las iglesias "allá en mi país" para que sea autóctono. En realidad, cuanto más autóctono sea, tanto menos podrá ser como los de la cultura en que está la iglesia local del evangelista intercultural. El dar y el gastar ha de ser dejado enteramente a la decisión de ellos bajo la dirección del Espíritu Santo.

8. *Formas de comunicación.* En la cultura griega de la época neotestamentaria se había popularizado el hablar ante un auditorio en los foros públicos. Eran comunes los debates políticos entre distintos filósofos. El apóstol Pablo sostuvo debates con los filósofos en la plaza pública de Atenas, aprovechando la oportunidad para proclamar a Cristo. Les habló en el idioma de ellos, citó a sus poetas y les declaró la naturaleza y el poder del "Dios no conocido" que ellos adoraban sin conocerlo (Hechos 17:16-34).

Pero cuando Pablo hablaba en las sinagogas, lo hacía demostrando e ilustrando lo que decía por medio de las Escrituras del Antiguo Testamento, conforme los judíos acostumbraban hacer (Hechos 13:16-42). Pablo usó dos distintas formas de comunicación para hablarles a personas de dos diferentes culturas.

La palabra "predicar" como aparece en la Biblia se usa en tantas situaciones distintas y con diversos sentidos, como "proclamar, publicar", "anunciar (el evangelio)" y "disertar, hablar de, comunicar" (1 Corintios 1:21; 2:4; Gálatas 5:11; 1 Pedro 4:6). La mejor definición general del término sería: *emplear cualquier clase de comunicación que tiene por objeto convencer a otros de la verdad bíblica.*

Numerosas formas de comunicación en las diferentes culturas están comprendidas en esta definición de "predicar". Algunos grupos étnicos comunican sus mensajes más importantes cantando. En algunas culturas musulmanas lo hacen mediante un canto llano o recitación. La narración de hechos históricos mediante la danza es una importante forma de comunicación para otros pueblos. Las formas de comunicación en sí no son tan importantes como la importancia que le dan al mensaje en la mente de los que escuchan.

En algunas culturas las únicas personas que hablan en un monólogo de tono alto e irritado —en un estilo que muchos latinoamericanos creen que es predicar— ¡son las que están poseídas por demonios o tienen trastornos mentales! Si un típico evangelista latinoamericano "predicase" en esa cultura como lo hace normalmente en su propia cultura, la gente se mantendría alejada de él y del evangelio.

Los evangelistas interculturales eficientes ponen todo su esfuerzo en aprender las formas de comunicación que se aprecian más altamente en la cultura en que laboran. Luego aprenden a comunicar el evangelio usando esas formas, dándole al mensaje del evangelio el más alto valor posible en la mente de aquellos que lo oyen. Cuanto más formas de comunicación locales se usen para presentar el evangelio, tanto más autóctonas serán las iglesias resultantes.

9. *Formas de lenguaje.* Es sumamente importante usar la lengua materna o el dialecto local de la población cuando se inicia una iglesia. El Espíritu Santo demostró la importancia que tiene esto cuando ayudó a los discípulos a hablar en la lengua materna de por lo menos quince grupos étnicos en el Día de Pentecostés (Hechos 2:1-12). Algunos creen que es adecuado predicar a distintos pueblos por medio de intérpretes. Aun cuando puede ser que por medio de una predicación semejante en una determinada sociedad unos cuantos respondan a la invitación de aceptar a Cristo como su Salvador, rara vez esa clase de comunicación tocará el corazón de ese grupo étnico. Alguien tendrá que estar dispuesto a vivir en medio de esa sociedad, a enseñar a cada converso en su propia lengua materna, a vivir el evangelio delante del pueblo, antes de que la mayoría de esa sociedad quede verdaderamente afectada por el evangelio. Sin ello muy raramente se establecerán iglesias locales en medio de un grupo étnico y aun si esto llega a suceder, ellas no serán muy autóctonas. Tampoco serán capaces de ganar a muchos de su propia sociedad para el Señor.

El lenguaje se compone de símbolos de significado, sistema que adquiere una importancia enorme para cada pueblo. La persona que pueda definir la verdad bíblica usando las mismas frases, las mismas formas de dicción y las mismas palabras que la gente usa en su vida diaria, será el ministro intercultural más eficiente.

10. *Métodos educacionales.* La educación cristiana constituye un aspecto fundamental de la "edificación" del cuerpo de Cristo (Mateo 28:20; Efesios 4:12, 13). Enseñar a los creyentes cómo llegar a ser miembros maduros de este cuerpo es parte importante del ministerio de cualquier iglesia. Pero a veces los ministros interculturales, sin saberlo realmente, les enseñan a las nuevas iglesias métodos foráneos de adiestramiento de sus miembros.

En toda cultura hay una manera formal y una informal de enseñanza. En la mayor parte de las sociedades industrializadas se le da mucho más énfasis a la educación formal que a los métodos informales de instrucción. Este es el caso en la mayoría de las zonas urbanas de Latinoamérica. En algunos sistemas de educación formales se recalca mucho el aprendizaje basado en la memorización. Otros sistemas ponen de relieve el examen, el análisis y el debate.

Por su parte, casi todos los métodos de instrucción formales dependen de que los miembros de mayor edad de la familia enseñen a los más jóvenes. Pueden enseñarles a leer y a escribir, pero también les enseñarán cómo hacer las cosas que son importantes para su modo de vida, como por ejemplo la agricultura, el tejido de telas, la costura o la construcción.

El ministro intercultural prudente observará qué métodos de enseñanza predominan entre el pueblo donde está iniciando una iglesia. Su objetivo es enseñarlos en forma tal que ellos a su vez puedan enseñar a otros la Palabra de Dios (2 Timoteo 2:2). Pero sabiendo que probablemente seguirán su ejemplo, debe enseñar en la forma en que ellos estén acostumbrados a aprender. Si no están acostumbrados a un aula formal ni a métodos de aprendizaje formales, sería más sensato determinar los métodos informales que usan y copiarlos. De esta manera aprenderán con más facilidad y rapidez. Y lo más importante es que serán mucho más eficientes.

Siguiendo los diez principios descritos, el ministro intercultural incrementará en gran manera el valor de su trabajo. Cuanto más autóctona sea una iglesia, tanto más respeto merecerá en la comunidad, y más eficaz será su testimonio. Además, esto aumentará la satisfacción de los miembros de la iglesia, así como el valor que le dan a su servicio a Dios por medio de la iglesia. Tales actitudes son de mucha importancia para penetrar el corazón de cualquier pueblo con el precioso evangelio de Cristo.

F. Evaluación de la reproductibilidad autóctona

La Escala de Autoctoneidad Cultural (véase la figura 3.b) es una guía muy útil para iniciar iglesias autóctonas en otra cultura, o para evaluar la Autoctoneidad Cultural de una iglesia que ya se ha establecido en otra cultura. Pero dicha escala no es completa en sí misma. En ella se mide el grado de ajuste cultural, el cual indica hasta dónde la iglesia es compatible culturalmente con la sociedad en que está establecida. Una iglesia que tenga una baja puntuación en la Escala de Autoctoneidad Cultural, tendrá una gran dificultad para crecer en número o para lograr que el pueblo acepte su mensaje evangelístico.

Además del ajuste cultural de una iglesia, otros factores esenciales determinan su autoctoneidad. Hasta dónde esté bien equilibrada la iglesia en su ministerio eficiente es un factor importante. Cómo aplican la Biblia a su vida diaria los miembros de la iglesia, y cómo llevan a cabo el evangelismo personal y en grupo, son también factores importantes. Estos factores están combinados más adelante en la "Escala de la Reproductibilidad Autóctona".

Jesús nos dio claras instrucciones con respecto al ministerio de la iglesia en Mateo 28:19, 20. En primer lugar, nos dijo: "Haced discípulos a todas las naciones [pueblos]." "Bautizándolos" es parte del proceso de hacer discípulos. En segundo lugar, Jesús nos dijo: "Enseñándoles que guarden todas las cosas que os he mandado." En este pasaje Jesús dio a conocer la *función de doble ministerio* de la iglesia: 1) logrando conversiones y 2) enseñando a los convertidos.

Lograr conversiones entraña todo el proceso de evangelismo. Incluye todas las actividades necesarias para traer a una persona desde un incompleto conocimiento de Cristo, hasta aceptarlo como su Salvador, luego unirse a un grupo de creyentes en una iglesia local. El evangelismo no termina cuando una persona acepta a Cristo como su Salvador. Sólo queda completo en la vida de esa persona cuando ella se ha unido a una iglesia.

Después que el nuevo creyente pasa a ser miembro de un grupo de creyentes y comienza a servir a Dios, empieza realmente el proceso de enseñar. Obviamente, esto no quiere decir que el nuevo creyente no ha recibido ninguna enseñanza antes. Es que desde ese momento en adelante, el principal *ministerio* de la iglesia hacia él ha de consistir en "enseñarle". La iglesia habrá de nutrirlo en su fe para ayudarle a llegar a ser un miembro maduro y responsable del cuerpo de Cristo.

Es esencial que las iglesias se mantengan equilibradas en sus ministerios fundamentales. Una iglesia que sólo pone énfasis en el evangelismo (lograr conversiones) no será sólida ni fuerte. Tal vez vea a muchas personas "decidirse" a aceptar a Cristo como su Salvador, pero si no funciona bien en su ministerio de enseñarlas, con frecuencia esos nuevos creyentes vuelven al mundo o se van para otra iglesia. Por lo general, una iglesia como esta no crecerá mucho y sus creyentes serán débiles. (Ver figura **3.c.**)

Una iglesia que pone poco énfasis en el evangelismo mostrará un desequilibrio en la dirección de "enseñarles" (ver figura **3.d.**). Aun cuando puede ser que los creyentes reciban alguna enseñanza acerca del evangelismo, no se les enseña bastante que hagan evangelismo. De modo que la iglesia no divulga el evangelio en forma eficaz, y como resultado, hay pocas conversiones y la iglesia no crece. Este es el peligro de poner un mayor énfasis en el ministerio de enseñanza como función de la iglesia, por encima del ministerio de evangeliza-

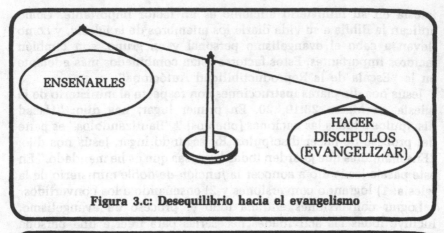

Figura 3.c: Desequilibrio hacia el evangelismo

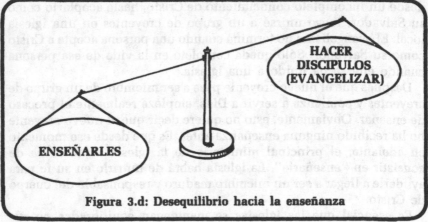

Figura 3.d: Desequilibrio hacia la enseñanza

ción. El ministerio de la iglesia debe estar equilibrado, como el Señor mandó, a fin de que la iglesia crezca y sea autóctona.

Al establecer iglesias en medio de otros grupos étnicos, el ministro intercultural debe trabajar en forma constante para ayudar a las nuevas iglesias a mantener un equilibrio en su función de doble ministerio. Esto puede lograrse evaluando el ministerio de cada nuevo grupo local de creyentes con la *Escala de Reproductibilidad Autóctona.*

La "reproductibilidad" es un principio fundamental para incrementar la "autoctoneidad". Se basa en las instrucciones que Pablo le dio a su discípulo en 2 Timoteo 2:2: "Lo que has oído de mí ante muchos testigos, esto encarga a hombres fieles que sean idóneos para enseñar también a otros." Todo lo que la iglesia realiza en su ministerio, debe hacerlo de tal modo que aquello continúe reproduciéndose a sí mismo en la vida de otras personas. Si se le enseña a una persona a realizar evangelismo, se le debe enseñar de tal modo que quede capacitada para enseñar a otros lo que ella ha aprendido. ¡Cada creyente debe sentirse responsable delante de Dios no sólo de realizar un ministerio, sino de enseñar al menos a otra persona a realizar lo que él ya ha aprendido! Teniendo este principio como regla básica para los creyentes en una nueva iglesia, y si ella mantiene un equilibrado ministerio autóctono, esa iglesia debe crecer constantemente.

Escala de reproductibilidad autóctona

Ya sea que se esté iniciando una nueva iglesia en otra cultura, o se quiera analizar la autoctoneidad de una ya existente, la escala que se presenta a continuación será de ayuda. La misma está dividida en dos secciones. La primera de ellas sirve para ayudar a analizar cuatro maneras en que la iglesia debe llevar a cabo su función de ministerio de enseñanza. La segunda sección sirve de ayuda para evaluar la eficiencia con que la iglesia lleva a cabo su función de ministerio de "hacer discípulos", o evangelizar.

Cómo usar la escala: Decida, con respecto a cada tema, cuál afirmación de las cinco describe más exactamente a la iglesia que desea analizar. Ponga el número de esa afirmación en el espacio en blanco provisto debajo de las afirmaciones. Por ejemplo, si en la iglesia que se estudia, los creyentes no enseñan nada a otros, la puntuación de la división será 1, no más, porque la afirmación número 1 es la que mejor describe la situación. Cuando haya terminado con la sección "Ministerio de enseñanza", sume todos los números de esta sección y anote el total en el espacio provisto para ello. Multiplique ese número por cinco. Esto le dará el *Indice del Ministerio de Enseñanza*. Siga el mismo procedimiento con respecto a la sección "Ministerio de evangelismo (hacer discípulos)" de esta escala. La suma de todos los números de esta sección multiplicada por cinco le dará el *Indice del Ministerio de Evangelismo*. A continuación sume los dos índices y divida la suma entre dos. El resultado será el *Indice de Reproductibilidad Autóctona*. Compare su resultado con el siguiente cuadro de apreciación (figura **3.e**) para ver cuán reproductible es realmente la iglesia.

Sección I: Ministerio de enseñanza

A. *Enseñanza doctrinal:* Esta parte es para evaluar la cantidad de enseñanza doctrinal que se les imparte a los miembros de la iglesia, el grado en que la aprenden, y su habilidad de explicar su creencia a otros (1 Pedro 3:15).

1. Los creyentes conocen tan sólo las verdades fundamentales de la salvación; no pueden explicarlas bien a los inconversos; y no reciben enseñanza periódicamente en cuanto a doctrina.
2. Los creyentes conocen tan sólo las verdades fundamentales de la salvación; no pueden explicarlas bien a los inconversos; pero sí reciben un poco de enseñanza doctrinal.
3. Los creyentes conocen bien las verdades fundamentales de la salvación; pueden explicarlas bien a los inconversos; y reciben una limitada enseñanza doctrinal.
4. Los creyentes conocen bastante doctrina bíblica; pueden explicar bien la mayor parte de ella a los inconversos; y reciben sistemáticamente enseñanza doctrinal.
5. Los creyentes conocen bastante doctrina bíblica; reciben preparación doctrinal sistemáticamente; y explican o enseñan periódicamente las verdades bíblicas a creyentes y a inconversos.

Puntuación _____

B. *Crecimiento en el uso de los dones del Espíritu:* Puesto que la iglesia es el cuerpo de Cristo, es importante evaluar a cada rato el desarrollo y uso de los dones espirituales. Los creyentes han de crecer constantemente en su capacidad de ejercer los dones espirituales, tanto dentro de la iglesia como fuera de ella (1 Corintios 12; Romanos 12:3-8).

1. Los creyentes de la iglesia tienen muy poco conocimiento en lo que concierne a los dones espirituales. Creen que el pastor es el único que debe usarlos.
2. Los creyentes no consideran importantes los dones espirituales. A excepción de algunos líderes de la iglesia, apenas los ejercen.
3. Algunos creyentes comprenden sus dones espirituales y los ejercen, pero se imparte poca enseñanza acerca de ellos. Los demás sienten poca responsabilidad en cuanto a usarlos.
4. La iglesia imparte una sólida enseñanza a los creyentes para que comprendan sus dones espirituales y los usen. Un número creciente de ellos está aprendiendo a hacerlo así.
5. La mayor parte de los creyentes conoce sus dones

espirituales y los usan regularmente, tanto dentro de la iglesia como fuera de ella.

Puntuación _____

C. *Aplicación de las verdades bíblicas a las situaciones de la vida*: Las iglesias que se reproducen tienen creyentes que no sólo aprenden bien las verdades bíblicas, sino que también aprenden a aplicar bien esos principios a su vida diaria.

1. Los creyentes de la iglesia creen que la Biblia es un buen libro, pero piensan que es demasiado extranjero y difícil de entender.
2. Los creyentes aceptan lo que la Biblia dice, pero cuando confrontan problemas o una enfermedad, siguen dependiendo de los métodos antiguos para resolver esos problemas.
3. Los creyentes aceptan la Biblia como la Palabra de Dios para toda la humanidad. Algunos de ellos han aprendido que la Biblia puede ayudarles a resolver sus problemas diarios.
4. Los creyentes aceptan la Biblia como el único libro dado por Dios. La mayor parte de ellos cuenta sólo con los principios bíblicos para resolver sus problemas diarios.
5. Los creyentes consideran la Biblia como la más importante comunicación de Dios para su pueblo. Constantemente les dicen a otros, tanto a creyentes como a inconversos, de qué manera la Biblia los ha ayudado en su vida diaria.

Puntuación _____

D. *Servicio a la comunidad*: Un aspecto muy importante de la responsabilidad de la iglesia es la necesidad de tomar parte en la solución de los problemas humanos de la gente de su propia comunidad. Cuanto más se dedica una iglesia a ministerios de esta clase, tanto más la respetará la comunidad, y al evangelio también. Cuando está bien equilibrado con el evangelismo, esta clase de ministerio tiene un efecto muy positivo sobre la reproductibilidad de la iglesia.

1. La iglesia no presta ninguna ayuda a los que están sufriendo necesidad. No toma parte en los proyectos de mejora de la comunidad.
2. La iglesia presta alguna ayuda a los creyentes que están sufriendo necesidad, pero no toma parte en los proyectos de mejora de la comunidad.

3. La iglesia procura atender a cualquiera de sus propios miembros que están en necesidad, pero no toma parte en los proyectos de desarrollo de la comunidad.

4. La iglesia atiende a cualquiera de sus miembros que están sufriendo necesidad, y también procura ayudar a otros de la comunidad. Trata asimismo de unirse con otros grupos para tomar parte en los proyectos de desarrollo de la comunidad.

5. La iglesia presta ayuda a cualquiera de sus propios miembros que están en necesidad y ayuda a tantos inconversos como puede. Asimismo inicia sus propios proyectos de desarrollo de la comunidad y participa en otros.

Puntuación _____

TOTAL DE ESTA SECCION _____

Sección II: Ministerio de evangelismo (hacer discípulos)

A. *Evangelismo personal:* Esta parte es para evaluar en qué grado los creyentes de la iglesia se dedican a dar testimonio personal.

1. Los creyentes no participan en absoluto en dar testimonio personal.

2. Los creyentes no les dicen a los inconversos lo que sucede en la iglesia, sino sólo cuando ellos se lo piden.

3. La mayor parte de los creyentes comparte abiertamente con los inconversos lo que sucede en la iglesia sin que se lo pidan.

4. La mayor parte de los creyentes de la iglesia comparte abiertamente con sus amigos la ayuda que Cristo les ha dado en su propia vida.

5. La mayor parte de los creyentes da a conocer en forma abierta y frecuente el evangelio y su propio testimonio a los inconversos, algunos de los cuales aceptan a Cristo como su Salvador.

Puntuación _____

B. *Evangelismo de grupo:* En esta parte se evalúa cómo participan los creyentes de la iglesia juntos en actividades de evangelismo en grupo (como predicación en las calles o inicio de iglesias filiales).

1. La iglesia no patrocina reuniones evangelísticas ni toma parte en ninguna.

2. La iglesia pone de relieve el evangelismo en algunos cultos dentro de su local durante el año, pero no se

hace nada al respecto fuera de la iglesia.

3. La iglesia celebra a menudo cultos evangelísticos en su local. Imparte también alguna preparación en el evangelismo a sus miembros.

4. La iglesia celebra con frecuencia reuniones evangelísticas dentro y fuera de su local. Se imparte mucho adiestramiento en el evangelismo a sus miembros.

5. La iglesia envía con regularidad equipos evangelísticos u obreros interculturales para iniciar iglesias en otras zonas o en medio de otros grupos étnicos.

Puntuación _____

C. *Esfuerzo para alcanzar a los líderes de la comunidad:* Lo siguiente es para evaluar en qué medida la iglesia está haciendo esfuerzos para alcanzar a los que tienen la mayor influencia en la vida de la comunidad. Esto es importante, no sólo porque esas personas necesitan la salvación igual que cualquier otra, sino también porque su actitud ayuda a formar la opinión de la mayoría del resto de la comunidad. Su influencia puede resultar muy útil o muy perjudicial a la iglesia y a su testimonio evangelístico. Es esencial hacer un impacto favorable en esas personas.

1. No hay ningún líder comunitario en la iglesia. Los creyentes de ella no son, por lo general, vistos con agrado en la comunidad.

2. Ningún líder comunitario forma parte de la iglesia. Sólo algunos creyentes son vistos con agrado por la gente de la comunidad.

3. Ningún líder comunitario pertenece a la iglesia, pero los miembros de la comunidad ven con agrado a la mayoría de los creyentes.

4. Algunos líderes comunitarios forman parte de la iglesia. La gente de la comunidad ve con agrado a la mayoría de los creyentes.

5. Hay muchos líderes comunitarios en la iglesia. Los miembros de la comunidad muestran gran respeto hacia la mayoría de los creyentes.

Puntuación _____

D. *Tasa de crecimiento:* Esta parte es simplemente para evaluar con qué rapidez la iglesia está creciendo en número. Esto es esencial. ¡Las iglesias que se reproducen son iglesias que crecen!

1. El número de miembros de la iglesia está disminuyendo.

2. El número de creyentes miembros de la iglesia se mantiene más o menos igual.
3. El número de creyentes de la iglesia crece a razón de menos de un 20% al año.
4. El número de creyentes de la iglesia crece a razón de un 20% a 50% al año.
5. El número de creyentes de la iglesia está creciendo a razón de un 50% o más al año. (Todas las tasas de crecimiento indicadas deben incluir a todos los nuevos creyentes de las nuevas iglesias y misiones que hayan sido iniciadas por esta iglesia.)

Puntuación _____

TOTAL DE ESTA SECCION _____

TASA	CLASIFICACION	SUGERENCIA
0-40	No reproductible	Los líderes de la iglesia deben esforzarse para elevar la puntuación de menos de 3 en la escala.
41-60	Pobre reproductibilidad	Los líderes de la iglesia deben esforzarse por elevar la puntuación de menos de 4 en la escala.
61-80	Buena reproductibilidad	Los líderes de la iglesia deben esforzarse por elevar la puntuación de menos de 5 en la escala.
81-90	Muy buena reproductibilidad	Los líderes de la iglesia deben esforzarse por elevar la puntuación de menos de 5 en la escala.
91-100	Excelente reproductibilidad	Los líderes de la iglesia deben enseñar a otras iglesias cómo ser reproductibles.

Figura 3.e: Cuadro de apreciación de reproductibilidad

Cómo calcular el Indice de Autoctoneidad: Combinando las puntuaciones obtenidas en la Escala de Reproductibilidad Autóctona con el Indice de Autoctoneidad Cultural (ver la figura 3.b), se puede determinar el Indice de Autoctoneidad. Para lograr esto, sume el Indice de Reproductibilidad Autóctona y la puntuación total obtenida en la Escala de Autoctoneidad Cultural, y divida el total entre dos. Como ejemplo, presentamos aquí las puntuaciones y los índices de autoctoneidad de dos iglesias del Asia:

La iglesia de Nam Nai fue establecida en un campo de refugiados del Asia. Eran personas que habían quedado sin hogar y que habían visto morir asesinados a varios de sus familiares. Recibían con sumo agrado la esperanza del mensaje del evangelio. La iglesia fue establecida por un ministro intercultural que usó principios autóctonos en su labor. Los creyentes de la iglesia recibían instrucción periódica en doctrina y testimonio evangelístico. Absorbieron esas enseñanzas en su vida diaria y les hablaban de Cristo a muchos otros de los que estaban en ese campo. Su fortaleza espiritual era bien conocida en todo el campo, y la gente los respetaba porque estaban siempre ayudándolos, procurando aliviar desinteresadamente sus sufrimientos. Todo esto dio como resultado un rápido crecimiento de la iglesia. Y es por eso que su índice de autoctoneidad es 89,75. La iglesia Yong Tuk también fue iniciada por un evangelista intercultural. La estableció en la ciudad capital de un país asiático hace como 20 años. Pero esa iglesia no fue fundada sobre principios autóctonos. Las personas que se afiliaron a ella no siempre lo hicieron por motivos correctos. Aun cuando recibían alguna enseñanza en cuanto a doctrina y evangelismo, por lo regular era el evangelista intercultural quien la impartía, en vez de los líderes locales.

Los creyentes de esa iglesia comprendían las verdades bíblicas básicas, pero aún no habían aprendido a aplicar esas verdades a su vida diaria. Todavía usaban algunos de sus antiguos rituales animistas cuando alguien se enfermaba, o se casaba, o se moría. Raras veces testificaban, y hacían muy poco evangelismo. La gente de la ciudad que oye hablar de ellos piensa que pertenecen a una religión extranjera. No es una iglesia muy autóctona. Por eso su índice de autoctoneidad es 47,25.

G. El principio de responsabilidad autóctona

Otro principio básico para el establecimiento de iglesias autóctonas es esencial. Concierne a la actitud de los que constituyen la iglesia hacia la obra de Dios. Cuando establece una nueva iglesia, el evangelista intercultural no debe dejar de estimular a los creyentes a que asuman toda la responsabilidad que puedan por la obra de Dios. Esta es una clave esencial para el establecimiento de iglesias autóctonas. Debe evitar la estrategia de "iglesia de invernadero" y estimular el sacerdocio de todos los creyentes.

El síndrome de invernadero. En algunos países, especialmente donde hay mucho frío durante gran parte del año, se cultivan hortalizas y otras plantas en "invernaderos". Son estos, por lo general, unos edificios largos, construidos de un material de armazón ligero y cubiertos arriba y en los costados con vidrio o plástico. Se llaman invernaderos o invernáculos porque, especialmente en invierno, recogen y conservan adentro el calor del sol, ayudando así a las plantas a crecer, aun cuando haga frío afuera. Además, suelen estar dotados de calefacción. Muchas de las plantas se cultivan hasta en macetas, se las riega a cada rato y reciben un cuidado adecuado. Por supuesto, si se sacaran esas plantas fuera del invernadero y se las sembrara en la tierra, se morirían.

Algunos evangelistas interculturales establecen iglesias que se parecen mucho a las plantas del invernadero. Esas iglesias reciben todo ya hecho por otros. Los fondos para construir el edificio de la iglesia vienen del extranjero. El ministro intercultural usa su dinero para sufragar los gastos de la iglesia. ¡Es posible incluso que el pastor reciba su sueldo de afuera! ¡O quizás el evangelista intercultural mismo pastoree la iglesia!

Exactamente igual que una planta de invernadero moriría sin el cuidado del jardinero y sin la protección del invernadero, probablemente esta clase de iglesia moriría si el evangelista intercultural se fuera y dejaran de llegar los fondos procedentes del extranjero. Se habría vuelto dependiente de la influencia y del dinero extranjeros como para no poder sobrevivir sin ellos. A tales iglesias se las priva de la oportunidad de desarrollar un sólido liderazgo local y de asumir la responsabilidad de ministrar de un modo eficaz a la comunidad local. Asimismo, la iglesia parecerá muy extranjera para los miembros de la comunidad y el evangelio no será muy atractivo para ellos.

La razón fundamental por la cual las iglesias que tienen el síndrome de invernadero no crecen bien, es que la demasiada influencia y el dinero del exterior las privan de la oportunidad de asumir ellos mismos la responsabilidad del ministerio.

Sentir la responsabilidad del ministerio delante de Dios es distinto que sentirla delante de los hombres. Ese sentido de responsabilidad de crecer debe tener cabida en la vida de cada creyente desde el comienzo mismo de su andar cristiano. El evangelista intercultural debe tener mucho cuidado de no hacer nada que impida el desarrollo de ese sentido de responsabilidad en la vida de los creyentes, el cual es dado por Dios mismo. Esto es vital para las iglesias autóctonas.

Los dones y el llamado que tienen los creyentes no son todos iguales (Romanos 12:3-8). Pero todos los creyentes han de ser edificados en su fe, han de aprender cómo usar los dones espirituales que Dios les otorga, y han de asumir responsabilidades en la iglesia de Dios. Dios mismo constituye ministros (que tienen dones de ministerio) para la iglesia, a fin de ayudar a los creyentes a crecer en su fe y a guiarlos en el servicio de Dios (Efesios 4:11-13).

El ministro intercultural eficiente ha de saber bien cuál es su papel en la selección de los líderes de la nueva iglesia. Debe procurar seguir varios importantes principios:

1. No debe hacer él mismo la selección. Debe instruir a los creyentes en los dones de ministerios espirituales (Efesios 4:11). Debe pedirles que escojan, en espíritu de oración, a hermanos de en medio de ellos mismos para el liderazgo.

2. Debe poner de relieve el desarrollo de dones para el ministerio, no cargos de autoridad. Por ejemplo, no ha de permitir que los creyentes escojan a hermanos para cargos en la iglesia hasta que estos hayan demostrado su ministerio hasta cierto grado.

3. El ministro intercultural debe evitar asumir ningún cargo elevado en la iglesia, como el de pastor. Debe dedicar, en cambio, su tiempo a preparar líderes en la iglesia, los cuales deben asumir más y más obligaciones en la iglesia tan pronto como sea posible, incluso la predicación. Con el tiempo se hará obvio para la congregación el hecho de a qué hermano Dios está bendiciendo con los dones del ministerio pastoral. Ese hermano debe ser elegido por la congregación como "dirigente laico", o algún otro título similar. Después, cuando haya pasado suficiente tiempo en el ministerio comprobado, se le podrá dar el título de pastor.

4. El ministro intercultural debe pasar mucho tiempo con los dirigentes de la iglesia local. Debe tomar la actitud de siervo hacia ellos y no desempeñar la función del maestro que les ha de proporcionar todas las respuestas. Debe amarlos y de este modo enseñarles que amen a los demás. Cuando se ha de resolver un asunto o problema, debe enseñarles los textos bíblicos que los han de ayudar. Pero los líderes son los que deben tomar las decisiones.

El ministro intercultural debe dedicar cada vez menos tiempo a enseñar y predicar él mismo en una nueva iglesia. Debe seguir enseñando a los líderes locales y esperar que ellos enseñen a los miembros de la congregación (2 Timoteo 2:2). Esto ayudará a lograr cinco cosas importantes: 1) Desarrollará rápidamente los dones de ministerio de los líderes locales. 2) Estimulará a los miembros de la congregación a desarrollar sus propios ministerios para el Señor. 3) Ayudará a los miembros de la comunidad a aceptar la nueva iglesia y a respetar el mensaje del evangelio. 4) Ayudará a la iglesia a crecer y a llegar a ser totalmente autóctona mucho más rápido. 5) Permitirá al ministro intercultural tener más tiempo para ayudar a iniciar otras nuevas obras.

H. La importancia de un adecuado comienzo

Los principios que hemos enunciado hasta aquí señalan el importante hecho de que un buen comienzo es decisivo al establecer iglesias autóctonas. Si una iglesia comienza con principios autóctonos lo más probable es que crezca y multiplique su ministerio en una forma autóctona. Pero si al establecer una iglesia se emplean métodos no autóctonos, será muy difícil transformarla más tarde en una iglesia autóctona. Por ejemplo, si el ministro intercultural inicia la iglesia siendo él mismo el primer pastor, más tarde será muy difícil convencer a la congregación a que escojan de entre ellos mismos a otro hombre menos preparado y menos experimentado que aprenda a pastorear la iglesia. Es mejor que ejerza un liderazgo indirecto, como se explicó anteriormente. Si asume un liderazgo demasiado directo, con ello hará muy difícil que la nueva iglesia desarrolle sus propios dirigentes.

Por todo lo expuesto, resulta obvio que es muy importante estudiar los principios autóctonos y usarlos desde el comienzo mismo al establecer iglesias en medio de otros grupos étnicos.

I. Demostrar respeto por las otras culturas

A fin de tener un ministerio eficaz los ministros interculturales deben demostrar respeto por las otras culturas y pueblos. Todo el fundamento para la comunicación del precioso evangelio a otros pueblos radica en el respeto mutuo entre los que predican el evangelio y los que lo oyen. Sin embargo, es algo típico que la gente demuestre falta de respeto para con otras culturas cuando entran en contacto con ellas por primera vez. Se tiende a juzgar el comportamiento del pueblo de la otra cultura de acuerdo a como se lo mira en su propia cultura. Aún no han aprendido a ver las cosas como las ve la población local. Esto se llama *etnocentrismo* o *egocentrismo étnico*. Cada cultura piensa de su propio modo de vida como el mejor de todos. Cada agrupación cultural de personas tiende a juzgar a otros pueblos según sus propias normas culturales.

El "etnocentrismo" es algo que los ministros interculturales no pueden permitirse. Siendo así que todo ser humano tiene algo de etnocentrismo en su manera de pensar, es vital aprender lo que concierne a la naturaleza de la cultura y cómo vencer el etnocentrismo. Tenemos que ver el modo de vida de los demás pueblos más como lo ve Dios y aprender a respetarlos. Es esencial que aprendamos a vivir en otra cultura de tal manera que nuestra vida sea buenas nuevas (evangelio) para la gente. Este es en realidad el punto de partida para aprender a establecer iglesias autóctonas personalmente. Asimismo, este es el tema del capítulo siguiente.

Bosquejo del capítulo

Cómo fundar iglesias autosuficientes que sean compatibles con las sociedades en que se implantan

   I. El significado del término "iglesia autóctona"
  II. Comparación de principios y métodos
 III. La formulación de principios autóctonos
  IV. Cómo averiguar hasta qué grado es autóctona una iglesia
   V. Explicación de las categorías de evaluación de la autoctoneidad
      1. Formas de alabanza
      2. Cantos de alabanza
      3. Pautas de evangelismo
      4. Pautas de liderazgo
      5. Formas de organización
      6. Las ceremonias
      7. Métodos de sostenimiento económico
      8. Métodos de comunicación
      9. Formas de lenguaje
     10. Métodos educacionales
  VI. Evaluación de la propagación autóctona
 VII. La responsabilidad autóctona
VIII. Lo vital de un comienzo autóctono
  IX. Respetar culturas ajenas

Un encuentro con las verdades

1.1 Escriba la definición de "iglesias autóctonas".

1.2 Explique con sus propias palabras qué significa esto.

1.3 Enumere algunos de los beneficios de las iglesias autóctonas.

2.   Anote todas las razones que tal vez demuestren por qué las iglesias autóctonas tienen cierto atractivo para la gente de la sociedad en que se implantan.

3.   Escriba la letra de cada afirmación que sea una característica de las iglesias autóctonas:

   a. Usan métodos foráneos para comunicar el evangelio.
   b. Usan formas locales de adoración y de canto.
   c. Usan métodos de comunicación locales para presentar el evangelio.
   d. Tienen un crecimiento lento, por lo regular entre los grupos marginales de la sociedad principal.
   e. Tienen un liderazgo local, sólido y respetado.

4.1 Explique esta afirmación: "Al establecer iglesias autóctonas, los principios bíblicos nunca cambian, pero los métodos diferirán de acuerdo con la cultura del pueblo que se esté tratando de alcanzar."

4.2 ¿Está usted de acuerdo con esto? Use la Biblia para apoyar su posición.

5.1 ¿Cuáles son algunos de los puntos débiles de la enseñanza tradicional respecto del concepto de "iglesia autóctona"?

5.2 Enumere algunas de las formas en que los principios autóctonos superan a esas dificultades.

6.1 Se describen dos iglesias, una del África Sudoccidental y la otra de Rumania, como ejemplos de diferentes formas de adoración. ¿Con cuál de ellas cree usted que Dios se agrada más?

6.2 ¿Por qué?

7.1 Proporcione ejemplos de distintas pautas de liderazgo de la iglesia neotestamentaria en diferentes culturas.

7.2 ¿Qué nos enseña esto respecto de las formas de liderazgo en diferentes culturas?

8.1 ¿Cómo se define la palabra "predicación" en este capítulo?

8.2 ¿Por qué una definición tan general tiene importancia en lo que respecta a hacer evangelismo intercultural?

9.1 ¿Cuál es la función de "doble ministerio" de la iglesia?

9.2 ¿Por qué es necesario que estos dos ministerios fundamentales estén equilibrados?

9.3 ¿Es aplicable el "principio de reproductibilidad" a uno solo de estos ministerios como función, o a ambos?

9.4 ¿De qué manera?

10.1 Respecto de cada uno de los tres ejemplos siguientes, diga cuál ministerio de la iglesia como función es esencial en cada caso citado:

10.2 Pedro recibió a Jesucristo como su Salvador el año pasado y ahora se siente feliz de ser miembro de una iglesia creciente.

10.3 María fue a una campaña evangelística y volvió a su casa atribulada porque no pasó adelante cuando el predicador hizo la invitación para ir a recibir la salvación aceptando a Cristo.

10.4 Pablo está emocionado por el gozo de haber hallado a Cristo en el culto al aire libre de anoche, pero no sabía qué debía hacer a continuación.

11. ¿Cuál es más autóctona, la iglesia "M" que tiene una puntuación de reproductibilidad autóctona de 4-3-5-4 y 5-4-4-5, o la iglesia "P" cuya puntuación de autoctoneidad cultural es de 75?

12. ¿Cuál de las siguientes iglesias es la más autóctona?

    a. La iglesia "X" tiene puntuaciones totales de 19 y 18 en la Escala de Reproductibilidad Autóctona.

    b. La iglesia "Y" tiene un índice de reproductibilidad autóctona de 72.

    c. La iglesia "Z" tiene un índice de autoctoneidad de 81.

13.1 ¿Cuál es la más autóctona, la iglesia Nam Nai o la iglesia Yong Tuk?

13.2 Con respecto a la menos autóctona de las dos, enumere algunas formas en que, a su modo de ver, la misma podía haberse establecido para que fuera más autóctona.

14.1 De acuerdo con este capítulo, ¿qué es una "iglesia de invernadero"?

14.2 ¿De qué manera las "iglesias de invernadero" dejan de seguir el "principio de responsabilidad autóctona"?

15. Enumere todos los principios que pueda recordar, relativos a cómo escoger los líderes al establecer iglesias autóctonas en otra cultura, sin mirar el texto. Cuando termine, verifique sus respuestas. ¿Cuántas están correctas?

De la teoría a la práctica

A.1 Analice las distintas partes de la definición de las iglesias autóctonas que se da en este capítulo.

A.2 ¿Cuáles son los aspectos clave de la definición?

A.3 Dé ejemplos de lo que cada parte significa.

B.1 Analice los principios bíblicos y los métodos culturales. ¿Puede definir el concepto y defenderlo?

B.2 ¿Bajo qué condiciones no sería adecuado usar los métodos bíblicos en una cultura en particular?

B.3 Dé un ejemplo.

C.1 ¿Qué le parece la definición del término "predicar" que se ofrece en este capítulo?

C.2 De acuerdo con esta definición, ¿qué tipos de comunicación podría usted clasificar como predicación que nunca antes haya pensado que lo fueran?

D. Si usted fuera a establecer una nueva iglesia en medio de un grupo étnico no alcanzado, enumere las cosas que trataría de evitar y las cosas que trataría de hacer, con el objeto de preparar líderes para la nueva iglesia.

E.1 Analice su propia iglesia de acuerdo con la Escala de Autoctoneidad Cultural y la Escala de reproductibilidad Autóctona. ¿Cuál es su índice de autoctoneidad?

E.2 ¿Qué podría hacer usted personalmente para ayudar a incrementar la autoctoneidad de su iglesia?

Capítulo 4

LA COMUNICACION A TRAVES DE FRONTERAS CULTURALES

Puntos clave de este capítulo

1. En la comunicación a través de fronteras culturales hay posibilidades infinitas de encontrarse con estorbos que dificulten la trasmisión del mensaje.
2. Conocer la teoría básica de la comunicación es de mucha importancia para comprender la dinámica del ministerio intercultural.
3. Todo evangelista intercultural debe conocer siete categorías de diferencias culturales.
4. En toda comunicación se requiere el uso de símbolos para trasmitir los significados. En diferentes culturas se requieren símbolos diferentes para trasmitir significados equivalentes.
5. Se hace difícil trasmitir de una cultura a otra el significado de las cosas mediante el uso de los símbolos del lenguaje. Esto se debe a que el significado de esos símbolos — las palabras — no es exactamente igual cuando se los traduce de una lengua a otra.
6. Con frecuencia los evangelistas interculturales dejan de hacer distinción entre formas y significados al tratar de comunicarse en otra cultura. Es esencial comprender las formas y los significados para realizar un evangelismo eficaz en medio de un pueblo no alcanzado.
7. La cosmovisión es la generadora de las culturas. Es el centro del modo de vida de un grupo étnico determinado, y es la fuente de su sistema de valores y de sus normas de conducta.
8. Los cambios que ocurren tan sólo al nivel de las

normas de conducta dentro de una determinada cultura traen como resultado un sincretismo. La comunicación eficaz de la verdad bíblica debe producir cambios al nivel de la cosmovisión y del sistema de valores.

9. Cuando un evangelista se adentra en otra cultura, debe seguir los cinco principios de la enculturación. Esto habrá de aminorarle cualquier choque cultural y lo capacitará para elaborarse una posición "intracultural" dentro de esa cultura. Esa es la mejor posición desde la cual dar a conocer el evangelio.

10. Es muy importante tener un conocimiento claro de la dinámica de la comunicación intercultural antes de intentar evangelizar al pueblo de otra cultura.

A. La realidad de las barreras

En el Capítulo 1 hemos examinado la base bíblica del ministerio intercultural. En el Capítulo 2 hemos estudiado la naturaleza de los grupos étnicos y nos hemos enterado de que hay una cantidad grande de grupos étnicos no alcanzados y que deben ser evangelizados uno por uno. En el Capítulo 3 hemos aprendido cuál es la meta fundamental del ministerio intercultural: el ir estableciendo iglesias autóctonas. En el presente capítulo y en el siguiente pasamos a examinar la función del propio ministro intercultural.

Comunicar el evangelio a través de las barreras culturales es mucho más complejo y difícil que predicar el evangelio al propio pueblo de uno. Para que el evangelista intercultural tenga buen éxito, le convendrá aprenderse la dinámica fundamental de la comunicación intercultural. Si aprende a superar las barreras que se presentan a la comunicación fundamentadas en las diferencias culturales, su trabajo podrá ser muchísimo más fructífero. En este capítulo se pone énfasis en la naturaleza de dichas barreras y se dan principios que ayudarán al evangelista intercultural a llegar a comunicar el evangelio en forma eficaz en medio de otra cultura.

B. El proceso básico de la comunicación

Antes de investigar el proceso de la comunicación a través de fronteras culturales, es importante comprender la teoría básica del proceso de la comunicación. En la figura **4.a** se ven los componentes principales de dicho proceso.

1. *La fuente.* La fuente es el que da origen al mensaje. El deseo de comunicar un mensaje se debe a algunas ideas en la mente de la

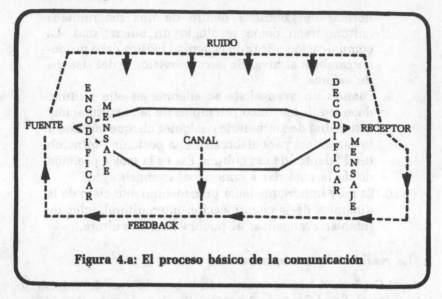

Figura 4.a: El proceso básico de la comunicación

fuente. No puede haber mensajes independientes de personas. Una vez que se codifican los pensamientos y se trasmiten a otra persona, ya no son iguales al mensaje original. Son cambiados hasta cierto punto por el proceso de la comunicación antes de entrar en la mente de la persona que recibe el mensaje (receptor). El mensaje original, en su forma completa y precisa, existe solamente en la fuente.

2. *La codificación del mensaje.* Una vez que la fuente ha ideado un mensaje que desea comunicar, tendrá que seleccionar la forma por la cual puede conducirlo. Tiene que codificarlo de tal manera que el receptor o receptores puedan entender el intento del mensaje.

Se puede codificar el mensaje de muchas maneras. Una forma muy común es por el habla. De no ser así, se puede escribirlo. Otra manera sería dirigir las palabras a un micrófono para que el mensaje sea codificado electrónicamente en señales de radio o de televisión. En tal caso el receptor tiene que poseer un radio o televisor con el cual cambiar las señales electrónicas en un lenguaje audible una vez más.

Además del empleo de un lenguaje, se pueden usar muchas otras formas para codificar mensajes. Algunos ejemplos serían la manera de una persona estar parada o la expresión manifestada en el rostro. Hasta el arte y la danza son maneras de codificar mensajes.

3. *El canal.* El canal es el medio por el cual se trasmite el mensaje al receptor. Si este se halla lejos de la fuente, el canal puede ser un teléfono, un radio o un televisor. Si el receptor se encuentra cerca de la fuente, el canal bien podría ser el aire entre los dos, el cual sirve

como portador del sonido de la voz de la fuente hasta los oídos del receptor. La página impresa es el canal por el cual se recibe el mensaje de este libro.

4. *La decodificación del mensaje.* Una vez que el receptor recibe el mensaje por medio de uno de sus cinco sentidos (la vista, el oído, el tacto, el gusto o el olfato), se halla con la necesidad de buscar el significado del mensaje. Este proceso de interpretación de los símbolos del mensaje y darles significado en la mente del receptor se llama *decodificación.*

5. *El ruido.* Cualquier cosa que interfiere con el proceso de la comunicación a tal punto de disminuirlo se llama ruido. Puede consistir en un ruido literal como, por ejemplo, cuando una máquina cercana hace tanta bulla que se hace difícil oír lo que dice la fuente. Pero podría consistir en cualquier otra cosa que distraiga del mensaje o que haga que el receptor no reciba de manera completa el mensaje.

Por ejemplo, si una persona cansada lee este libro, su cansancio le impedirá una comprensión total de lo que lee. En tal caso, el cansancio llega a ser el ruido en el proceso de la comunicación entre el autor y el lector.

¿Ha tenido la experiencia alguna vez de oír una interferencia atmosférica al procurar sintonizar alguna estación de radio? A eso se le llama también ruido. La verdad es que cualquier clase de ruido es como una interferencia atmosférica en el proceso de la comunicación. El ruido quita parte del mensaje e impide al receptor concentrarse en su esfuerzo por comprender el significado de lo que la fuente procuraba comunicar.

Casi cada vez que una persona procura comunicar un mensaje, hay ruido. La codificación convierte el mensaje en algún sistema de símbolos para conducirlo al receptor. Pero los mismos símbolos que se emplean por lo general llevan un efecto de ruido.

Consideremos, por ejemplo, el empleo de palabras como símbolos. Cuando convertimos nuestros pensamientos en palabras, tales símbolos llevan, según creemos, el significado completo de lo que procuramos decir. Pero quizás el que escucha (receptor) no comprenda el significado de tales voces de la misma manera en que nosotros comprendemos. Su propia experiencia les da a esas palabras un significado un poco diferente de lo que pensamos nosotros.

Este hecho fácilmente se puede ver con un experimento. Estando en un salón, con veinte personas o más presentes, escriba un mensaje de unas cuatro frases y luego dígaselo en el oído a la persona que está a su lado. Pida que tal persona se lo cuchichee a la próxima persona y así sucesivamente hasta que todos hayan oído el mensaje. Pida a la última persona que revele a todos lo que oyó. Será muy cambiado el mensaje original. Esto hace ver que la gente no oye siempre lo que creemos haber dicho nosotros.

Cada vez que una persona en el salón trasmite a otra persona el mensaje que cree haber escuchado, lo dice en palabras un poco diferentes e interpreta de forma cambiada el significado. Así podemos ver que las mismas palabras de la fuente pueden llegar a ser una parte del ruido en el proceso de la comunicación. Cualquier cosa que impida en forma alguna la comunicación del mensaje se llama ruido.

6. *Receptor.* La persona que escucha el mensaje tiene un efecto también en el proceso de la comunicación. Su actitud hacia la fuente, sus sentimientos acerca del contenido del mensaje, incluso sus sentimientos negativos o positivos con respecto al mismo canal de la comunicación. . . todo se constituye en componentes importantes en el proceso de la comunicación, los cuales sirven para determinar cuán bien se reciba el mensaje.

Muchas veces una persona que oye hablar de Cristo se opone al mensaje por causa de sus prejuicios. Al suceder así, el receptor se opone no solamente al mensaje, sino también al mensajero. Así es que la actitud del receptor puede ser un factor importante de ruido en el proceso de la comunicación.

En el caso de una comunicación a través de fronteras culturales, esto llega a adquirir mucha importancia. Si el receptor ve solamente al evangelista intercultural como a un extranjero que no comprende a su pueblo ni sus costumbres, su actitud hacia el evangelista y el evangelio será negativa. Resulta, entonces, que su actitud se transforma en el ruido del proceso de la comunicación.

7. *Feedback* (reacción). Al hablar con una persona, nos fijamos en las expresiones del rostro con el fin de ver si escuchan y comprenden lo que hablamos. Podemos darnos cuenta si el receptor está sin interés, impaciente o con deseos de saber más si nos fijamos en su manera de estar parada o sentada y si observamos muchas otras señales que trasmite su cuerpo. Las reacciones del receptor se llaman el *feedback.*

En el proceso de la comunicación, la fuente misma recibe mensajes constantemente acerca del efecto que tiene lo que procura comunicar. Un predicador tratará de conseguir *feedback* de su congregación aun mientras le habla.

Uno puede recibir algo de *feedback* del canal. Por ejemplo, un locutor de radio se pone audífonos para recibir el *feedback* acerca de la fuerza de la señal trasmitida y del efecto de su voz. El *feedback* es un componente de mucha importancia en el proceso de la comunicación.

Una comprensión clara de lo que es el *feedback* nos hace ver lo complejo del proceso de la comunicación. Mientras que la fuente comunica al receptor un mensaje, recibe a la vez mensajes del receptor. La comunicación es casi siempre un proceso de doble vía. El que desea comunicar a través de fronteras culturales tiene que comprender la importancia del *feedback*.

C. La naturaleza de una cultura

Son varias las maneras en que los antropólogos han definido la cultura. La definición más extensa y, sin embargo, la más ampliamente aceptada es la que dieron unos antropólogos de Alemania a principios del siglo XIX: *cultura es la herencia total del hombre no trasmitida biológicamente*. Cultura es el sistema total de normas de conducta aprendidas que son comunes a los miembros de una sociedad en particular, y que no son el resultado de la naturaleza biológica instintiva del hombre.

En términos más populares la cultura puede ser definida como la totalidad del modo de vida de un grupo étnico determinado. Esto incluye la forma en que ese pueblo ve la realidad cósmica, los valores que le son comunes y las normas de conducta que acepta como normales en su medio. Incluye también la forma como considera la existencia del mundo y de la humanidad, las cosas que le cuesta duro trabajo obtener o mantener y la forma en que se tratan los parientes y los vecinos.

Toda persona tiene un modo de ser mental — su forma de ver las cosas y de reaccionar frente a las cosas — que va siendo moldeado mayormente por la cultura en que vive. Nuestra cultura se nos trasmite desde la niñez hasta el momento en que morimos. Toda cultura le trasmite a cada persona que es parte de ella las formas de conducta específicas y los valores específicos que se consideran normales para ese pueblo.

Un conjunto de reglas — unas expresadas y otras sin expresar — determinan la clase de conducta que es aceptable o deseable en cada cultura en particular. La cultura define también las fronteras o límites hasta donde alguien puede desviarse de la conducta aceptada sin ser de alguna manera censurado o castigado por los demás miembros de su cultura. Toda cultura, por ejemplo, define la clase de conducta que es aceptable y deseable entre jóvenes solteros y solteras; los rasgos de carácter que son admirados en los hombres así como en las mujeres; las reglas de la buena hospitalidad; las ceremonias que rodean los acontecimientos especiales, como las bodas y los funerales; los deberes de los esposos entre sí y para con su familia.

Aun las cosas que los seres humanos hacemos debido a nuestra naturaleza biológica están controladas por la cultura. Todos tenemos que comer y dormir. Pero cuándo, cómo, por qué, dónde y con quién lo hacemos, está determinado por la cultura.

La cultura no permanece igual. No es estática. Está en un constante proceso de cambios. Por lo general, esos cambios vienen despacio. A veces las culturas cambian debido a que el pueblo de una cultura entra en estrecho contacto con el pueblo de otra cultura y comienza a adoptar algunas de las formas de la otra cultura. Esto se llama *asimilación cultural*. Algunos emplean el neologismo "aculturación". A veces las culturas cambian porque la gente de una cultura encuentra que algunas de las normas culturales sobre las cuales estaban de acuerdo en una generación anterior ya no parecen ser adecuadas para su propia generación. Cuando esto sucede, unos líderes clave, llamados innovadores, dan comienzo a nuevas formas de conducta, las cuales anteriormente no habrían sido aceptables, pero ahora empiezan a ser imitadas por los demás. Con el tiempo un número bastante grande de personas adopta esa nueva conducta, lo que hace que ella llegue a ser la nueva conducta normal en aquella cultura. Como lo habremos de analizar más adelante, es importante evangelizar a esos innovadores de la sociedad, porque ellos son los que pueden llevar más rápidamente el mensaje del evangelio a su grupo étnico. (Véase también la exposición sobre la Teoría de la Difusión de Innovación, en el capítulo dos.)

1. *La cultura y el proceso de la comunicación.* Cuando se establece comunicación a través de fronteras culturales, se presenta una posibilidad sin fin de estorbos en ese proceso de comunicación. Las culturas difieren una de la otra en el lenguaje, en la forma de ver el mundo, en la valoración de la conducta y de muchas otras maneras. De modo que cuando una persona procedente de una cultura trata de comunicar un mensaje a otra cultura — hasta un mensaje tan importante como el evangelio — una miríada de cosas hace que ese mensaje no sea entendido como se pretendía. Es como si hubiera una rejilla cultural entre la fuente, que está en una cultura, y el receptor, que se halla en otra cultura, la cual está bloqueando el mensaje (ver la figura 4.b). El mensajero queda frustrado y lo mismo le pasa al receptor. Y lo peor de todo es que es tan poco lo que se puede comunicar del mensaje en sí, que el oyente no respetará ni al mensajero ni el mensaje.

En la figura 4.b se ve lo difícil que es comunicarse a través de barreras culturales. Es como si cada hilo de la rejilla representara un

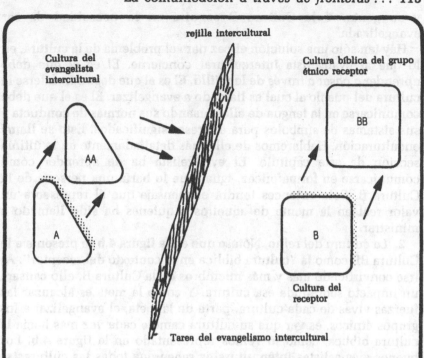

Figura 4.b: La rejilla intercultural

punto de diferencia entre las dos culturas. Esas diferencias hacen que el mensaje sea desviado cuando la fuente que está en la Cultura A trata de comunicarse, a través de la rejilla, con el receptor que se halla en la Cultura B. Toda vez que la fuente trata de comunicarse a través de la rejilla, la mayor parte del mensaje queda desviada o distorsionada, y no llega en forma correcta al receptor.

El evangelista intercultural que trata de comunicarse con la Cultura B a través de la rejilla, desde su posición en la Cultura A, no tendrá buen éxito en comunicar en forma eficaz el evangelio. Cuando algunos evangelistas interculturales se ven frente a una barrera cultural, cometen el error de tratar de forzar al receptor a pasar, en sentido figurado, a través de la rejilla y venir a su propia cultura (a la Cultura A). Fuerzan al receptor a aprenderse sus propios patrones culturales de comunicación. Aun cuando encuentren a algunos dispuestos a pasar a través de la rejilla a donde están los evangelistas y tengan buen éxito en evangelizarlos, ya no serán considerados por su propio pueblo como parte de la Cultura B. Asimismo parecerán tan extranjeros, que habrá otra rejilla entre ellos y su gente. Y la Cultura B seguirá en la necesidad de ser evangelizada.

Hay tan sólo una solución eficaz para el problema de la cultura, en lo que al evangelista intercultural concierne. *El es el que debe aprender a pasar a través de la rejilla.* El es el que debe aprenderse la cultura del pueblo al cual es llamado a evangelizar. El es el que debe comunicarse en la lengua de ellos, usando sus normas de conducta y sus sistemas de símbolos para expresar significados. Esto se llama enculturación. Hablaremos de ella más detalladamente en la última sección de este capítulo. El evangelista ha de aprender cómo comunicarse en forma eficaz, igual que lo haría una persona de la Cultura B. Sólo entonces tendrá el mensaje que él representa un valor real en la mente de aquellos a quienes ha sido llamado a ministrar.

2. *La cultura del reino.* Nótese que en la figura **4.b** se presenta a la Cultura BB como la "cultura bíblica en el contexto del receptor". Al irse convirtiendo más y más miembros de la Cultura B, ello causará un impacto sobre toda esa cultura. Y como la meta es alcanzar las fuerzas vivas de cada cultura, parte de la meta, al evangelizar a los grupos étnicos, es ver que su cultura cambie cada vez más hacia la cultura bíblica, como lo vemos representado en la figura **4.b**. Los buenos evangelistas interculturales saben que todas las culturas se hallan en un constante proceso de cambio. De manera que uno de sus objetivos al evangelizar a un grupo étnico determinado es ayudar a que la iglesia vaya transformando el modo de vida de su sociedad, acercándolo cada vez más a las normas bíblicas.

Aquí es donde surge un problema mayor para el evangelista intercultural. Nótese que la Cultura BB de la ilustración no es la misma que la Cultura B o la Cultura A, pero está más cerca de la Cultura B. ¡El hecho es que no hay una única cultura bíblica! Si tanto el pueblo de la Cultura A como el pueblo de la Cultura B adoptaran principios bíblicos, ambos se moverán hacia una cultura bíblica (las Culturas AA y BB). Esas culturas bíblicas habrán de beneficiar grandemente a esos pueblos. Incorporarán los valores del reino de Dios en su forma de vida. Dios se agradará de ambas culturas bíblicas. ¡Pero las dos serán diferentes entre sí! Aun cuando ambas culturas adopten los mismos principios bíblicos, las formas en que los practiquen diferirán entre sí. Y eso está bien. Quiere decir que el evangelio se adapta a las necesidades de todos los pueblos.

Pero esto hace que al evangelista intercultural le sea difícil saber cuál es la conducta bíblica en otra cultura. Por ejemplo, hace algunos años un experimentado evangelista intercultural evangelizaba en medio de un grupo tribal del Africa. Dios le dio un buen éxito en su trabajo y en un corto período de tiempo como la mitad de la población de una aldea aceptó a Cristo.

El evangelista estaba acostumbrado a oír los fuertes e intrincados ritmos de los tambores africanos cada vez que los aldeanos se reunían en los días de feria. Cuando el ritmo de los tambores aceleraba, las mujeres del poblado empezaban a danzar en forma licenciosa y provocativa. Los hombres se les unían, comportándose de modo similar. ¡Ciertamente no era un cuadro edificante!

Imagínese la sorpresa del evangelista cuando los creyentes de aquel poblado empezaron a tocar de nuevo los tambores en su primera gran reunión de culto, convocada para celebrar su conversión al cristianismo. A medida que el toque de los tambores se intensificaba, la gente cantaba, palmoteaba y celebraba su nueva vida en Cristo. Después que el "culto" terminó, el evangelista fue a hablar con uno de los que tocaban tambor.

— ¿Por qué ustedes siguen tocando los tambores igual que lo hacían antes de aceptar a Cristo? ¿No hará eso que sus hermanos se vuelvan a su antigua manera de ser? — preguntó el evangelista.

— No, no — contestó el del tambor —. Desde que nos hicimos cristianos sólo utilizamos los toques buenos cuando tocamos los tambores. ¡Nunca más tocaríamos como lo hacíamos antes!

— ¿Así que hay toques de tambor "buenos" y hay toques de tambor "malos"?

— Sí, así es — respondió el africano —. Todo el mundo sabe cuáles son los toques de tambor "buenos" y cuáles son los "malos". ¡Nunca tocaríamos ritmos de tambor "malos" en los cultos de la iglesia!

Como los toques de tambor le eran tan extraños al evangelista, todos le sonaban igual. Cada vez que oía el toque de los tambores, su pensamiento se iba automáticamente a las escenas de conducta lasciva que había visto con tanta frecuencia cuando sonaban los tambores. Cometió el error de creer que los toques de tambor en sí eran malos y no tan sólo la forma en que los tocaban. Cuando los tambores eran usados en la forma correcta, ¡llegaban a ser una bendición espiritual para los creyentes! Muy juiciosamente aceptó esto y muchos más vinieron a Cristo en esa zona.

Los nuevos creyentes llevaban la manera de conducirse de su pueblo hacia una norma bíblica. Su cultura se volvía cada vez más bíblica, lo que hacía que el evangelio llegara a ser muy atractivo a los ojos de los aldeanos inconversos. Todos ellos sabían cuáles toques de tambor eran "buenos", excepto el extranjero.

Otros evangelistas se habrían hecho cargo ellos mismos de aquel culto de celebración. Probablemente habrían organizado el culto según el modelo al cual estaban acostumbrados en su propia cultura. Eso habría sido un error. Habría sido llevar a la gente hacia la cultura bíblica del evangelista, en vez de dejar que la cultura bíblica brotara de su propio contexto cultural. En la figura 4.b esto sería llevar al pueblo de la Cultura B hacia la Cultura AA, en lugar de llevarlo hacia la Cultura BB. Es mejor confiar en que el Espíritu Santo habrá de ayudar a los creyentes a tomar las decisiones correctas al ir transformando su cultura.

3. *Categorías de las diferencias culturales.* Como el evangelista intercultural tiene que aprender a pasar por la rejilla intercultural para entrar en la cultura que desea evangelizar, es importante comprender qué es lo que constituye esa rejilla. Antes de que el evangelista pueda aprender a pasar por ella, tiene que aprender en qué se diferencian las culturas entre sí. Esas diferencias las podemos dividir en siete categorías: 1) cosmovisión, 2) sistema de valores, 3) normas de conducta, 4) formas lingüísticas, 5) sistema social, 6) formas de comunicación y 7) procesos cognoscitivos. Se las puede considerar como las secciones mayores de la rejilla intercultural y es en estas siete áreas mayores donde se puede definir mejor las diferencias culturales.

a. *Cosmovisión* (concepto del universo). Esta es tal vez la más importante de las categorías mencionadas, ya que describe el propio corazón o centro de una cultura determinada. Cada grupo étnico desarrolla un sistema de conceptos o ideas acerca de la realidad. Existe entre los miembros del grupo un común acuerdo en lo referente al universo: cómo, cuándo y por quién fue creado o vino a existir éste. Están de acuerdo entre sí acerca del lugar que ocupa el hombre en el mundo, acerca de los seres y fuerzas espirituales, y en cuanto a las relaciones que el hombre tiene con los animales, con los espíritus y con el universo. La cosmovisión de un pueblo es su percepción básica de cómo son las cosas y de cómo llegaron a ser así.

La comunicación llega a ser la estructura mental a través de la cual un grupo étnico determinado visualiza todo lo demás. Muchas de las culturas asiáticas, por ejemplo, tienen una cosmovisión que contempla la existencia de espíritus que pueden habitar en los animales, en los árboles, en las plantas y hasta en la tierra misma. Algunas de esas culturas han puesto prohibiciones en cuanto a arar la tierra con fines de cultivo, no sea que vayan a ofender a los espíritus de la tierra. Algunas de esas culturas sólo permiten arar la tierra en cierta y determinada forma por temor a los espíritus. Su cosmovisión afectó sus valores y sus normas de conducta. La cosmovisión proporciona la base para interpretar y entender los acontecimientos. Determina los objetivos que persigue un grupo étnico en particular.

b. *Sistema de valores*. Evaluar una cosa quiere decir juzgar si ella es mejor o peor que alguna otra. De manera que cuando hablamos de sistemas de valores, nos referimos a aquellas ideas o patrones de pensamiento que en una cultura determinada se cree que son los más importantes. Por ejemplo, los latinoamericanos le dan más valor a la familia que la mayoría de las culturas norteamericanas y europeas. La vida en las culturas latinoamericanas gira estrechamente alrededor de las necesidades, las opiniones y el bienestar de la familia. Los deberes para con la familia son más importantes que los deberes para con las otras instituciones de la sociedad. Se considera, por supuesto, que las necesidades y deseos de uno de los miembros de la familia se han de poner en segundo lugar frente a las necesidades de toda la familia. Este alto valor que se le da a la familia afecta el comportamiento de cada miembro de la familia y de la sociedad en su conjunto.

c. *Normas de conducta*. Toda cultura establece formas ampliamente aceptadas de comportamiento. La forma en que la gente ha de llevar a cabo las transacciones comerciales, la forma de comer, de dar y recibir hospitalidad, de competir por el trabajo, de vestirse y de hacer centenares de otras cosas, están determinadas por su cultura. Todo esto se llama *normas de conducta* de la cultura. Algunas culturas realizan ciertos hechos de la misma manera que otras culturas. Pero ninguna cultura hace todas las cosas igual que otra cultura.

Las normas de conducta culturales emergen del sistema de valores de cada cultura. Los valores que tiene una cultura dan origen a normas de conducta que apoyan esos valores y contribuyen a definir lo que son. Por ejemplo, los europeos y los norteamericanos le dan un gran valor a la juventud, mientras que la mayor parte de los asiáticos y africanos valoran más la edad y la madurez. Por lo tanto, los europeos y los norteamericanos tratan de actuar como jóvenes, poniendo un gran énfasis en la apariencia juvenil, en los cosméticos y en la aptitud física. Para ellos se ha de temer la vejez, se han de teñir las canas y no es de desear la presencia de los ancianos. Sin embargo, para la mayoría de los pueblos de Asia y Africa es todo lo contrario. Se respeta mucho a los ancianos, la juventud es algo que se ha de superar, y el pelo canoso se llama "pelo maduro" en algunas de sus lenguas.

Estos valores tienen un gran efecto sobre el comportamiento de la gente en una cultura. Cuando se respeta a los ancianos, los jóvenes acuden a ellos en busca de sabiduría, y tratan de aprender de ellos. Cuando no se respeta a los ancianos, los que no son jóvenes tratan de actuar como jóvenes, y a los jóvenes les resulta difícil aprender a madurar. Las normas de conducta son signos importantes que señalan los valores de una determinada cultura.

d. *Formas lingüísticas.* Una de las barreras más obvias que se presentan en el evangelismo intercultural es la necesidad de comunicar el evangelio en la lengua materna del pueblo que se desea alcanzar. Quizá no sea tan obvio para mucha gente el hecho de que comunicarse en una lengua extraña es mucho más que la simple capacidad de hablar en esa lengua.

El lenguaje es un conjunto de símbolos codificados que se usa en el proceso de la comunicación. Por lo tanto, representa tan sólo el significado de un mensaje, no es el mensaje en sí. De manera que, aun cuando usemos nuestra propia lengua, los símbolos lingüísticos (las palabras) son por lo general inadecuados para llevar el sentido completo de los mensajes. Esto se vuelve mucho más complicado cuando el que efectúa la comunicación usa otra lengua. La palabra "salvación", por ejemplo, tiene mucho sentido de *vida eterna* en el cielo. Pero muchas lenguas no tienen palabra alguna con ese mismo significado. Por ejemplo, en muchas de las lenguas de Asia Meridional, la palabra "salvación" se traduce "poritran". Probablemente la mejor traducción de esta palabra en castellano sea "alma transformada".

Para los hindúes que viven en esa parte del mundo, la vida eterna es algo que ellos ya tienen y no algo que valoren de un modo especial. Ellos creen en la "transmigración de las almas", que es la creencia de que todo ser viviente posee un alma que nunca muere sino que simplemente habita en forma sucesiva en diferentes cuerpos. Esto se llama "reencarnación". Para ellos la vida es un constante ciclo de nacer en un cuerpo que con el tiempo muere, y entonces volver a nacer en otro cuerpo, y así sucesivamente. ¡Para ellos es muy poca la diferencia entre el cuerpo de un ser humano y el de una vaca! ¡Lo importante de esto es que el alma sigue viviendo! Fomentar el crecimiento y desarrollo del alma es importante para ellos. La idea de que Cristo puede "transformar nuestra alma" es un pensamiento valioso y nuevo para la mentalidad hindú.

Aquí el peligro estaría en que un evangelista latinoamericano fuera a la India a establecer iglesias autóctonas entre los hindúes, pero diera por sentado que la palabra "salvación" tiene el mismo significado para el hindú que para él. Podría hablar acerca de la salvación mayormente en términos de vida eterna. Puesto que para el hindú típico la vida eterna no es algo que atrae sino algo que hay que soportar, podría suceder que el evangelista pensara que está comunicando un significado con la palabra *poritran*, pero sus oyentes hindúes oyen un mensaje completamente diferente. Si el evangelista entiende realmente las formas lingüísticas de los hindúes, habrá de poner énfasis en el hecho de que Cristo puede "transformar nuestra alma". Habrá de explicar también en forma completa lo que la Biblia dice acerca de vivir con Dios en el cielo, estando nuestro espíritu libre de la atadura de la carne y purificado por el sacrificio de Cristo.

Esto es tan sólo un ejemplo de cómo los símbolos lingüísticos difieren entre cultura y cultura, pudiendo esto repetirse con casi cada palabra de todo idioma. Es opinión de los expertos que virtualmente no hay, en ninguna lengua, palabra alguna que pueda ser traducida a otra lengua y siga teniendo exactamente el mismo significado. Hasta palabras tan sencillas como "sí" y "no" tienen significados muy diferentes entre las distintas culturas del mundo según las diferentes ocasiones en que se las use.

Uno podría llegar a la conclusión de que es casi imposible aprender a comunicarse en forma eficaz en otra lengua. Pero, en realidad, lograr eso no es tan difícil como parece, siempre que se sigan métodos correctos de aprendizaje de lenguas de otros pueblos. Este asunto tan importante se analizará en forma mucho más detallada en el Capítulo 5.

e. *Estructura social.* Otra categoría muy importante de las diferencias culturales es la estructura social. Se trata de la forma en que la gente obra recíprocamente en los grupos de una sociedad. Esto incluye las relaciones de una persona con su familia y con sus parientes, la función que desempeñan los líderes y cómo alcanzan su posición, los grupos sociales que surgen en esa sociedad y la jerarquía que determina cuáles personas tienen la mayor influencia sobre los demás miembros de la sociedad.

Las estructuras sociales son una forma de normas de conducta, que surgen del sistema de valores de la sociedad. Si en una sociedad se le da mucha importancia a la familia, se dedicará mucho tiempo y energía a las necesidades y deseos de ésta. En la familia será importante la jerarquía de autoridades y los parientes sentirán una gran lealtad uno para con otro. Si la religión de un grupo étnico es muy importante para ese pueblo, muchas de las instituciones de la sociedad abrazarán la religión del pueblo. Eso es lo que ha sucedido en Latinoamérica.

Las clases sociales son otra parte importante de la estructura social. Toda sociedad tiene una clase alta, una clase media y una clase baja. En las sociedades más numerosas cada clase puede estar subdividida a su vez en tres partes: alta, media y baja. Así, pues, puede haber una clase media alta, una clase alta baja y una clase baja baja. .

La gente pertenece a una determinada clase por distintas razones en las diferentes culturas. En muchas sociedades la clase va determinada básicamente por la riqueza, la educación y la vocación. En otras sociedades la clase es determinada por el linaje (abolengo). En algunas sociedades la clase puede ser simplemente definida tomando como base la fuerza física. Puede ser asignada también de acuerdo a la cantidad de conocimiento espiritual o de magia que posea una persona determinada. Toda sociedad tiene sus propias reglas para asignar a la gente en clases sociales.

Algunas sociedades tienen clases abiertas. Quiere decir que alguien de una clase baja puede hallar oportunidad para pasar a una clase más alta si llena los requisitos para ser miembro de esa clase. Si una sociedad asigna las funciones tomando en cuenta principalmente la cantidad de dinero que una persona posee, viene a ser un ejemplo de lo que es una cultura abierta. Las sociedades abiertas permiten también un libre curso de comunicación entre las diferentes clases hacia arriba y hacia abajo. Aun cuando es probable que la gente pase la mayor parte de su tiempo entre los miembros de su propia clase, es aceptable que pasen el tiempo con miembros de otra clase.

Otras sociedades tienen clases cerradas. Un ejemplo de ello sería la India. A los miembros de las diferentes clases, llamadas castas, les ha estado tradicionalmente prohibido en la India, aunque ahora no tanto, relacionarse entre sí. Como hay muchísimas de esas castas en la India, esa tradición ha hecho que surgiera una sociedad rígidamente estratificada, dividida en capas. Por lo general, a los miembros de esas clases cerradas les está prohibido contraer matrimonio fuera de su clase. Cuanto más cerrada es una sociedad, tanto menos se toleran los matrimonios entre diferentes clases.

Los evangelistas interculturales deben estudiar con mucho cuidado la estructura social de los grupos étnicos a los cuales Dios los llama. Como huéspedes que son en medio de esos pueblos, deben aprender a hacer la obra hasta donde sea posible a través de aquellas estructuras y no en contra de ellas. El conocimiento de esas estructuras les será de ayuda para evangelizar mucho más rápido a un grupo étnico. Por ejemplo, en las sociedades donde la familia y la parentela tienen mucha importancia para la gente, se tejen fuertes lazos de parentesco entre las distintas familias mediante los matrimonios entre parientes. Los evangelistas interculturales experimentados han descubierto que el evangelio puede extenderse muy rápidamente entre los diferentes grupos étnicos valiéndose de esos lazos de parentesco. Haciendo uso de ese conocimiento al planear la estrategia, algunos evangelistas han tenido mucho éxito entre aquellos pueblos.

f. *Formas de comunicación.* Ya hemos hablado en el Capítulo 3 sobre las formas de comunicación. Recordemos que en las distintas culturas se valoran diferentes métodos de comunicación sobre otros. Cierto evangelista intercultural, a los cinco años de trabajar entre un aislado grupo tribal, logró finalmente tener un convertido. Esperaba ansiosamente que el joven les hablara a muchos otros acerca de Cristo para que ellos también lo aceptaran. Pero pasaban los meses sin que el tal joven les dijera nada a su gente acerca de su nueva fe.

Cada año se reunía toda la tribu para tener una competencia de cantos. Los distintos competidores procedentes de las diferentes aldeas se encaramaban a las altas hamacas y desde allí les cantaban a todos, componiendo las palabras del canto ahí mismo, a manera de improvisación. Había veces que alguno de ellos cantaba durante largo tiempo.

De pronto, el evangelista notó que el joven converso empezaba a subir a su hamaca. Comenzó a improvisar un canto, narrando la historia del evangelio desde el principio hasta el fin. El extranjero quedó asombrado al ver que el joven cantó durante un tiempo bastante considerable. Todos escucharon muy atentamente.

En el transcurso de algunas semanas, ¡muchísimas personas de aquellas aldeas aceptaron a Cristo! El evangelista había estado preocupado porque aquel joven no daba testimonio de su fe a otros. Pero él, a propósito, esperó que llegara ese acontecimiento anual de la competencia de cantos. En su tribu, si alguien tenía un importante mensaje que comunicar, esperaba hasta esa competencia para hacerlo. Resultaba así que el tal mensaje adquiriera mucha importancia para todos los demás. El joven había obrado con sabiduría al escoger esa ocasión para dar a conocer el evangelio, puesto que él sabía que ése era el mensaje más importante que su gente hubiera oído jamás. Empleó la forma de comunicación tan altamente valorada por su pueblo.

g. *Procesos cognoscitivos.* Toda cultura va formándose un conjunto de conocimientos que comúnmente son aceptados como verdades por su pueblo. Podrán ser "conocimientos" enfocados a nivel de su cosmovisión, o podrán ser simplemente conocimientos acerca de las plantas, de los animales y de las personas, a nivel de sus normas de conducta. Pero aparte de saber un evangelista lo que un grupo étnico conoce, es importante averiguar cómo llega a ese conocimiento. ¿Qué clase de reflexión emplean para decidir lo que es verdad o importante?

Los evangélicos creemos que la Biblia es la Palabra de Dios. Ella presenta la verdad de una manera que puede ser razonada en forma lógica y racional. Narra la historia de la humanidad, que comienza en un determinado momento, llega hasta el presente y va hacia el reino de Cristo en el futuro. La mayoría de las culturas hispanohablantes de Latinoamérica están fundadas sobre una cosmovisión cristiana.

Pero muchas otras culturas basan su forma de pensar en una cosmovisión distinta. Los hindúes consideran la historia como una repetición infinita de la misma cosa. Muchos grupos tribales de Indonesia creen que el mundo está controlado por fuerzas espirituales invisibles.

Los pueblos que tienen distinta cosmovisión y distinta cultura toman sus decisiones basados en diferentes motivos. Algunos grupos étnicos tomarán sus decisiones basados mayormente en su intuición y sus sentimientos. Es así entre los grupos étnicos cuya máxima preocupación es complacer las fuerzas espirituales que pueden controlar su vida. Otros grupos étnicos tomarán sus decisiones basados en una reflexión racional y científica. Aquí es donde caben las culturas occidentales. Muchos pueblos de las culturas orientales toman sus decisiones basados en que si la decisión habrá de traer honra o deshonra a su pueblo. En cada una de esas culturas tal vez la gente haga algunas cosas de la misma manera, pero las razones por las que decide hacerlas puede variar mucho de cultura a cultura.

Cuando Pablo les predicó a los atenienses (Hechos 17:18-34) se valió del método griego de razonar para comunicar su mensaje. Es importante que el evangelista intercultural aprenda la forma en que piensa el grupo étnico al cual se dirige. Jesús enseñaba usando muchas parábolas porque sus oyentes estaban acostumbrados a sacar conclusiones de las experiencias de la vida. Si el evangelista intercultural aprende los patrones de pensamiento del pueblo al que está llamado a alcanzar, tendrá mucho más éxito en convencerlos de la verdad del evangelio.

Todo evangelista intercultural debe conocer estas siete categorías de diferencias culturales. Debe procurar continuamente aprender más acerca del pueblo que desea evangelizar en cada uno de esos aspectos. A medida que entiende en qué se diferencia la cultura de la gente que desea ganar de la suya propia en cada uno de esos importantes aspectos, llegará a comprender más a la gente, lo que es indispensable para comunicar el evangelio a ese pueblo.

4. *Exploración de las formas y significados*. Para muchos africanos la danza es el instrumento principal para trasmitir valores, ideales, emociones e historia. La consideran como una de sus formas de comunicación más importantes. Algunas veces los evangelistas

interculturales que han ido al Africa han cometido serios errores de juicio en lo concerniente al significado inherente a la danza africana.

Hace algunos años, una importante líder femenil procedente de cierto país fue a visitar el Africa. Su país había enviado evangelistas interculturales al Africa, los cuales tuvieron buen éxito en establecer iglesias entre la gente de una determinada tribu. Al oír que esa bien conocida líder iba a venir, las mujeres cristianas de esa tribu africana querían hacer algo muy especial para darle la bienvenida. Decidieron representar un drama en forma de danza, en el cual describirían la historia de cómo llegó el evangelio a su pueblo. Con esto querían mostrar su aprecio por el sacrificio que habían hecho los que les habían llevado el evangelio.

Comenzaron el drama presentándose desnudas. A modo de única vestimenta, tenían un manojo de hojas por delante y algunas más por detrás. Era algo similar a como vestían a menudo en el campo y en lugares apartados donde ninguna persona extraña las podía ver. Representaron, mediante la danza, una elaborada y detallada historia de cómo se les había llevado el evangelio. Aumentaba el ritmo de los tambores a medida que se desarrollaba el drama. Terminó en que todas iban a la iglesia juntas, vistiendo su más nueva ropa de brillantes colores.

Pero la visitante extranjera, al ver a esas mujeres desnudas que danzaban con tanto entusiasmo — vibrándoles todo el cuerpo con cada toque de los tambores, no pudo contener su consternación. Comenzó a regañarlas por su "pagana" exhibición indigna de creyentes cristianas.

Las pobres cristianas africanas se quedaron pasmadas debido a esa reacción. Después de todos sus elaborados preparativos, de sus sinceros esfuerzos para demostrar su gratitud para con los que les habían llevado el evangelio, quedaron lastimadas, alicaídas y humilladas. Su acto de aprecio y el verdadero gozo de adoración que habían desplegado en su relato dramatizado ¡habían sido cruelmente menospreciados por su huésped de honor!

Ya hemos dado unos cuantos ejemplos de varias formas en que diversos grupos étnicos emplean distintos símbolos para trasmitir significados. Todo ese proceso de comunicación requiere el uso de símbolos. Como ya hemos visto, los diferentes grupos étnicos llegan a valorar distintas formas de comunicación y distintos símbolos.

La visitante extranjera del grupo africano mencionado no estaba preparada para comprender las formas y símbolos de comunicación de la danza dramatizada africana. Para los africanos esas formas y símbolos comunicaban un importante y hermoso mensaje de gozo y de celebración de lo que el cristianismo había sido para ellos. Para su huésped de honor, sin embargo, los mismos símbolos comunicaban un conjunto de significados completamente diferente. Ella no entendía el significado simbólico de los gestos y ademanes de la danza de las africanas.

Tampoco entendía el propósito de usar ropa entre esos africanos. Para ella, la ropa se usaba para cubrir la desnudez y para la modestia. Para los africanos, en cambio, la ropa se usaba mayormente a modo de adorno. ¡En muchas sociedades africanas, usar ropa ha sido considerado tradicionalmente como inmodesto!

Para aquella dama el drama representado no le comunicó nada en absoluto del evangelio. Sólo trasmitió significados vulgares y sugestivos, porque ella no entendía los símbolos ni las formas de los africanos a quienes visitaba.

De la misma manera, los africanos tampoco entendieron el comportamiento de la extranjera. No podían concebir que hubiera alguien a quien le fuera tan difícil entender el significado de la danza dramatizada que representaron, pues hasta los niños de sus aldeas entendían lo que significaba el mensaje de ese drama.

El problema básico de esta ilustración es no saber distinguir entre significados y formas. Si la dama hubiera entendido el principio de "significados absolutos y formas relativas", no se habría alterado. Habría reconocido el gran honor que se le tributaba y habría sido mucho más agradable y más amable.

Lo absoluto es algo que no cambia. Es lo contrario de lo relativo. En el ministerio intercultural, el término "significados absolutos" se refiere a la necesidad de seguir estrictamente los principios bíblicos, tal como se hallan en la Biblia. La responsabilidad del evangelista es comunicar los principios bíblicos, que nunca cambian, a través de formas culturalmente significativas, que sí cambian.

El principio absoluto de que se trataba en el problema del relato de la danza africana era el principio bíblico de la modestia que deben guardar las cristianas. Aun cuando la dama no lo sabía, esas africanas habrían estado absolutamente de acuerdo en que es necesario que las cristianas sean modestas. Pero la forma en que ellas definían la modestia era muy distinta.

Algunas tribus africanas, como el pueblo Gava de Nigeria, creen que la gente sólo se cubre el cuerpo si tiene algo que ocultar y no son dignos de confianza. Se considera deshonroso e inmodesto que una mujer use ropa, especialmente de la cintura para arriba. ¡Esa sería la forma de vestir de una prostituta! Por eso el pueblo Gava usa poca vestimenta o ninguna, para demostrar que son sinceros y fidedignos. Otros grupos tribales, como el pueblo Higi de Nigeria, usan ropa sólo en ocasiones. Ellos pueden cambiarse de ropa o arreglarla en público sin sentirse inmodestos, ya que consideran la ropa tan sólo como adorno. Se ven con frecuencia unos a otros desnudos.

Demasiados ministros interculturales, que son buenos obreros, cometen el error de confundir las formas y los significados. Existen significados bíblicos absolutos (principios y verdades) que deben ser comunicados al grupo étnico al cual uno desea evangelizar con el fin de que la verdad divina penetre en los corazones. El problema surge cuando nos damos cuenta de que cada cultura tiene formas diferentes para comunicar los mismos significados. En la figura 4.c se presenta un diagrama de este error tan común como también el método de prevenir dicho error.

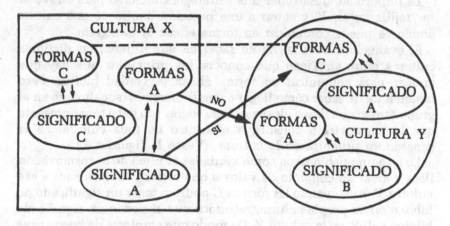

Figura 4.c: Diferencial de formas y significados

Vamos a suponer que un evangelista intercultural procedente de la *cultura X* está evangelizando en la *cultura Y*. Su meta es comunicar el significado bíblico que el *significado A* contiene. En su prcpia cultura la manera de comunicar en forma eficaz el *significado A* es usar las *formas A*. Las *formas A* representan a todos los símbolos de lenguaje y de conducta que a su vez representan de manera eficaz el *significado A* en la *cultura X*. Pero si el evangelista intenta emplear las *formas A* en la *cultura Y*, el pueblo de la *cultura Y* creerá que está comunicando el *significado B*. Dado que las formas de su propia cultura no representan el *significado A*, el evangelista debe esforzarse por asimilar suficientemente bien esa cultura para aprender cuáles son las formas que sí comunican el *significado A* en la *cultura Y*. Conociendo ya esa cultura, el evangelista se dará cuenta de que se requiere usar las *formas C* para comunicar el *significado A* en la idea acerca de la realidad. Esos valores habrán de generar a su vez un conjunto de normas de conducta que llegan a ser aceptadas como la conducta normal del pueblo de esa cultura. En muchas culturas orientales de Asia, por ejemplo, es un enfoque común de cosmovisión el concepto de que la humanidad fue creada con el fin de que viva en armonía con la naturaleza. Esto ha llevado al desarrollo de diversos valores culturales. Uno de los valores más comunes entre esas culturas es poner un gran énfasis en evitar que haya conflictos entre la gente. Se ha de eludir en todo lo posible cualquier clase de confrontación interpersonal.

D. Estrategia de enculturación

Es importante desarrollar una estrategia funcional para atravesar la "rejilla cultural" y entrar a una posición dentro de una cultura donde se pueda comunicar en forma eficaz el evangelio.

El evangelista cultural ha de saber en qué difieren las distintas culturas entre sí. Tiene que conocer los principios que hay que aplicar para comunicar en forma eficaz la verdad bíblica. Pero también ha de saber cómo llegar a enculturarse personalmente en el grupo étnico que desea alcanzar. Para lograr eso debe tener presente que la cosmovisión constituye el centro de toda cultura. Es la *generadora primaria* de la cultura. (Véase la figura **4.d.**)

Lo que un pueblo tiene como verdades al nivel de la cosmovisión llega a crear un conjunto de valores que estarán conformados a esa *cultura Y*. Aun cuando las *formas C* podrían tener un significado no bíblico en su propia cultura, reconoce que sí tienen un significado bíblico válido en la *cultura Y*. De modo que empleará de buena gana las *formas C* al hacer la obra de evangelización entre el pueblo de la *cultura Y*.

En nuestro relato, la dama que estuvo de visita vio las *formas C* (las mujeres que danzaban desnudas) sólo desde la perspectiva del *significado C*, que ella conocía en su propia cultura. Pero las *formas C* les comunicaban el *significado A* a los africanos en tanto que le comunicaban el *significado C* a aquella dama.

La tarea que tiene por delante un eficiente evangelista intercultural es hallar las formas culturales que mejor comuniquen los significados bíblicos del evangelio. Raras veces esas formas serán las mismas de su propia cultura. Pablo utilizó el método de comunicación de diálogo-debate que era muy común entre los filósofos griegos cuando predicó en el Areópago. El joven converso del pueblo Motilón en Colombia utilizó la forma de competencia de cantos para comunicar el evangelio en forma eficaz.

Aunque esas formas sean muy distintas de las que él está acostumbrado a usar, y aunque le sea difícil saber cómo usarlas, el evangelista debe alentar a los creyentes de la cultura local a que las usen. Esto hará que el verdadero significado y valor del evangelio lleguen a ser comprensibles para el pueblo que él procura evangelizar.

Algunas formas específicas de comportamiento que se han originado de esta cosmovisión y valor cultural son: 1) Se ha de evitar casi a toda costa encolerizarse en público. Las personas coléricas carecen de madurez y son indignas de ocupar puestos de confianza. 2) No confrontar a nadie con su error o debilidad, ni siquiera en forma indirecta. No causar que otra persona pierda su prestigio o quede avergonzada delante de los demás. 3) Más vale decirle a una persona lo que esa persona desea oír que lo que uno realmente piensa, si al decirle eso le habrá de causar vergüenza o humillación.

Por lo común surge un problema cada vez que la gente de esas culturas orientales dice "sí" cuando realmente quiere decir "no". Un norteamericano, por ejemplo, invita a un hermano creyente de otra cultura a reunirse con él en la iglesia para discutir un importante asunto de la obra del Señor. Si ese hermano presiente que en esa reunión puede surgir algún desacuerdo o conflicto entre los dos, él no querrá ir. Pero cuando el norteamericano le pide que vaya, tampoco quiere que éste sufra un desaire. Así que le dice: "Sí, puedo ir."

Lo más probable es que el norteamericano interprete eso como que el creyente ha prometido estar allí. ¡Pero lo que realmente dijo el hermano fue que no iba a ir! Rehusar abiertamente una solicitud habría hecho que la otra persona sufriera un desaire. De manera que escogió cuidadosamente sus palabras para decir que no iba a ir. Si él hubiese tenido realmente la intención de ir habría dicho: "Sí, voy a ir."

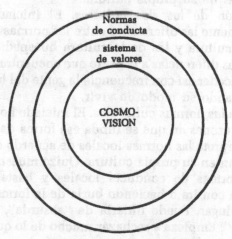

Figura 4.d: La cosmovisión, el corazón de una cultura

1. *El camino a la enculturación.* El proceso de enculturación comienza el mismo día que el evangelista se pone a estudiar por primera vez el pueblo al que es llamado. Cuando llega a entrar en esa cultura, debe aprender a entender las normas de conducta de ese pueblo. (Ver la figura 4.d.) No entenderá por qué la gente se porta así al principio. Tal vez hasta se impaciente y se irrite por su manera de ser. Esta es una reacción normal de uno que entra en otra cultura y es parte de lo que se conoce como *choque cultural.*

Todos experimentamos ese choque cultural cuando entramos en otra cultura. La intensidad del problema depende del grado de diferencia entre la cultura huésped y nuestra propia cultura. Depende también de la personalidad y de la preparación del iniciado. Cuando se trata especialmente de evangelistas interculturales y sus familias que saben que habrán de vivir y trabajar por un tiempo considerable en esa nueva sociedad, aumenta la probabilidad de un grado superior del choque cultural.

A continuación se presentan algunos de los síntomas del choque cultural:

1. *Sensación de desorientación al estar entre la gente del lugar.* Por lo común se siente una incomodidad y una sensación de ansiedad nerviosa, especialmente cuando todavía no se entiende la lengua local.

2. *Deseo de estar retirado.* Es difícil comunicarse con la gente del lugar. Es común encontrar una tácita respuesta negativa. El iniciado siente una gran urgencia de escapar de las reuniones de la gente del lugar y de pasar el tiempo mayormente en compañía de personas de su propia cultura.

3. *Comparación de las dos culturas.* El iniciado va notando constantemente las diferencias entre las normas de conducta de su propia cultura y las de la cultura huésped. Por lo general expresa esas diferencias a la gente que encuentra a su alrededor. Pero al proceder así con frecuencia la gente del lugar cree que él está insultando su modo de vivir.

4. *Rechazo de las normas culturales.* El iniciado no comprende los valores y razones en que se funda esa forma de proceder de la gente. Interpreta las normas locales de acuerdo con lo que ellas significarían en su propia cultura. Quizá muestre menosprecio por las normas de conducta locales y hasta desahogue su frustración con ira o haciendo burla de la forma de vivir de la gente del lugar. Puede tildarla de "absurda", "no bíblica" o "primitiva". Empieza a rechazar mucho de lo que tiene que ver con la cultura local.

5. *Sensación de estar aprisionado.* El iniciado puede sentirse tan

fracasado que ya no quiera probar más. Se siente atrapado como un prisionero. No puede salir de esa cultura, pero teme que no pueda aprender a vivir en ella y ser eficiente en su ministerio. A menudo siente deseos de escapar pero no puede.

6. *Sentimientos de hostilidad.* Se experimenta una amargura secreta o manifiesta hacia los responsables por la situación presente del iniciado. Podría ser hacia los que lo situaron en el lugar donde se halla o en el trabajo que está haciendo. Quizá culpe a la gente del lugar o a determinados líderes de su propia cultura, y hasta a Dios mismo.

7. *Pérdida de la visión espiritual.* El iniciado pierde de vista los propósitos originales que tenía para venir a la cultura huésped. Su fe disminuye grandemente. En su situación actual no puede ver nada que le dé esperanzas.

8. *Sensación de fracaso y autorrechazo.* Con frecuencia sobreviene una sensación de que el progreso en el aprendizaje del idioma o en el ministerio ha descendido a casi nada. Los niveles normales en el aprendizaje o en el progreso alcanzado en el trabajo parecen mucho más importantes que lo que son. El desaliento y una intensa frustración son comunes. El sentido de autoestimación desciende considerablemente. Se siente tentado de abandonar el ministerio intercultural y quizás el ministerio mismo.

La lista de síntomas que hemos presentado no es necesariamente progresiva. Se puede experimentar uno de esos síntomas o todos ellos en cualquier secuencia y a varias intensidades. Pero el iniciado habrá de experimentar al menos algunos de ellos aunque tal vez no en el grado de intensidad que hemos presentado. Este es un conjunto de reacciones normales que ocurren cuando se entra en una nueva cultura.

Se pueden reducir estas reacciones al mínimo estudiando temas tales como el que se presenta en este libro. Cuanto mayor sea la comprensión de la cultura en cuestión y de la tarea que tiene por delante el ministerio intercultural, tanto menor será el efecto que tendrá sobre el evangelista y su familia ese choque cultural.

La causa del choque cultural es el cambio de las normas culturales. En la cultura propia del iniciado, él se sabe todas las normas de conducta comúnmente aceptadas por su propio pueblo. Sabe cómo actuar para que la gente le responda y lo respalde en forma positiva como persona. Cuando entra en otra cultura, sin embargo, pocas de las normas de conducta de su cultura encajan en las de la nueva cultura. Con frecuencia la conducta que se considera "positiva" entre su propio pueblo se vuelve "negativa" en la nueva cultura. Quizá la gente de la nueva cultura no le diga que a ellos no les gusta su comportamiento "extranjero", pero le dan un tratamiento negativo con sus gestos y sus expresiones faciales. Esto hace que el iniciado se sienta incómodo pero no sabe exactamente por qué.

Son muchas las formas en que puede suceder esto cuando se entra en una nueva cultura. El iniciado puede sentirse cada vez más fuera de lugar porque cuando trata de actuar en forma normal (de acuerdo con sus propias normas culturales), la gente parece rechazarlo. Puede haber sido un predicador muy respetado en su propia cultura. En la nueva, sin embargo, apenas puede comunicar algo en la nueva lengua. Y hasta cuando nada dice, su comportamiento parece inaceptable. Se siente como un niño, comenzando todo de nuevo. Este choque cultural es una verdadera enfermedad que hay que tratar.

Se puede minimizar mucho el choque cultural siguiendo buenos principios de enculturación. A continuación se analizarán los más importantes de ellos. Usando estos principios como pautas, junto con los principios que se presentan en el capítulo cinco, el evangelista intercultural puede experimentar una rápida enculturación y un ministerio muy eficiente entre aquellos a quienes ha sido llamado.

2. *Principios de enculturación.*

a. *Seguir las normas de conducta de la cultura huésped.* Cuando un ministro intercultural entra por primera vez en otra cultura, lo hace al nivel de las normas de conducta. Su comprensión del sistema de valores y de la cosmovisión de esa cultura será mínima. Deberá pasar un tiempo considerable aprendiendo a comprenderlos. Se requieren por lo general de dos a cinco años para completar un proceso de enculturación. Pero aun pasados cinco años este proceso no estará completo, a menos que se hayan seguido los principios correctos. Algunos evangelistas interculturales nunca llegan a enculturarse por completo porque nunca tratan de adoptar las normas de conducta de la cultura hospedadora.

El evangelista debe aprender a comer, dormir, viajar, recibir a los visitantes y hacer una multitud de otras cosas exactamente como lo hace la gente de la cultura local. Al obrar de la manera de ellos pronto empezará a comprender por qué ellos proceden de esa manera. Eso lo llevará a la comprensión de los valores en que se basan esas normas de conducta. Aprenderá no sólo a comprenderlos, sino que él mismo empezará a adoptar muchos de esos valores. Comenzarán a tener sentido para él. Cuanto más pueda el evangelista mismo adoptar las normas de conducta de la gente del lugar, tanto más se convencerán de que él los respeta y se interesa por ellos.

Para llegar a esto el evangelista debe pasar bastante tiempo con la gente. Es un error entrar en otra cultura con el fin de evangelizar al pueblo y luego pasar el menor tiempo posible con ese pueblo. Aprenderá a tener esparcimiento y diversión con los miembros de la cultura hospedadora. Si no aprende a recrearse con la gente y en la misma forma que lo hacen ellos, lo más probable es que busque a personas de fuera de esa cultura huésped para satisfacer su necesidad de esparcimiento y confraternización. Eso lo privará de contar con sinceros y significativos ratos de comunicación que deben formar parte del proceso de enculturación. Los ratos de comunicación informales son con frecuencia los más eficaces.

El hecho de adoptar las normas de conducta de la cultura hospedadora no quiere decir que el evangelista tenga que adoptar una conducta que comprometa su propio sentido de moralidad. No tiene que "volverse un nativo" para identificarse con las normas de conducta del pueblo hospedador. Por ejemplo, si la norma de conducta de la cultura huésped es andar desnudo, ¡el evangelista no debe sentirse obligado a hacer lo mismo! La gente del lugar comprenderá que él procede de otra cultura y que nunca habrá de ser completamente igual a ellos. La clave es adoptar tanto de sus normas de conducta como sea posible para identificarse con ellos, para aprender su sistema de valores y para enterarse de su cosmovisión.

b. *Contribuir a que el evangelio transforme la cosmovisión de ese pueblo*. No basta predicarle el evangelio a otro pueblo y luego contentarse con ver algunos cambios en su vida tan sólo al nivel de sus normas de conducta. (Ver figura **4.d.**) Hasta que el evangelio no llegue a afectar su cosmovisión y su sistema de valores, no penetrará realmente la sociedad. Es posible que el evangelista llegue a persuadir a algunos de ese pueblo a que se comporten de modo diferente, siguiendo el ejemplo que él les da. Hasta podrá ser que vayan a la iglesia y participen en las actividades cristianas, pero que recurran a la brujería, al espiritismo o a otras actividades no cristianas cuando están enfermos o atemorizados.

Esto se llama *sincretismo*, o sea, una mezcla de cristianismo con otras religiones. Consiste en incluir el cristianismo en sus propias creencias religiosas, no en seguir el cristianismo como el único camino verdadero.

Se vence el sincretismo haciendo penetrar en la cosmovisión y el sistema de valores de un pueblo las implicaciones del evangelio. El pueblo tiene que creer de veras en el evangelio lo suficiente como para que adopte una perspectiva cristiana con respecto a la realidad. Deben ver el poder del Espíritu Santo sobre los espíritus y demás fuerzas como lo suficientemente poderoso para que quieran confiar únicamente en él.

Esto ha de ser evidente no sólo cuando actúan como creyentes en

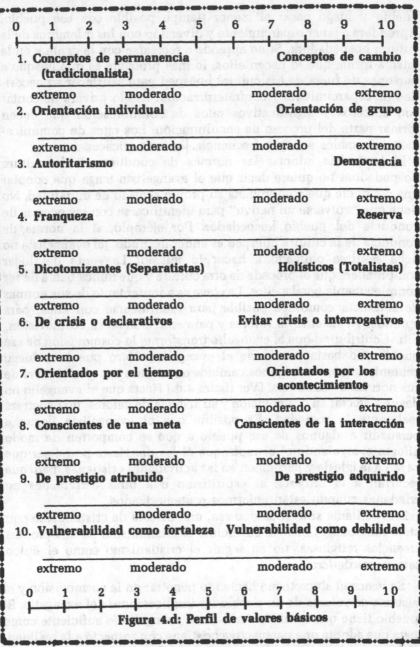

```
    0    1    2    3    4    5    6    7    8    9   10
    |----|----|----|----|----|----|----|----|----|----|
```

1. Conceptos de permanencia   Conceptos de cambio
   (tradicionalista)

   extremo   moderado   moderado   extremo

2. Orientación individual   Orientación de grupo

   extremo   moderado   moderado   extremo

3. Autoritarismo   Democracia

   extremo   moderado   moderado   extremo

4. Franqueza   Reserva

   extremo   moderado   moderado   extremo

5. Dicotomizantes (Separatistas)   Holísticos (Totalistas)

   extremo   moderado   moderado   extremo

6. De crisis o declarativos   Evitar crisis o interrogativos

   extremo   moderado   moderado   extremo

7. Orientados por el tiempo   Orientados por los
                                     acontecimientos

   extremo   moderado   moderado   extremo

8. Conscientes de una meta   Conscientes de la interacción

   extremo   moderado   moderado   extremo

9. De prestigio atribuido   De prestigio adquirido

   extremo   moderado   moderado   extremo

10. Vulnerabilidad como fortaleza   Vulnerabilidad como debilidad

   extremo   moderado   moderado   extremo

```
    0    1    2    3    4    5    6    7    8    9   10
    |----|----|----|----|----|----|----|----|----|----|
```

Figura 4.d: Perfil de valores básicos

la iglesia, sino también cuando estén enfermos, cuando se encuentren en peligro o tengan alguna aflicción. Cuando su fe cristiana llegue a ser la fuente de ayuda espiritual para ellos y la estructura básica para expresar sus más grandes alegrías, entonces la misma habrá penetrado su cosmovisión y su sistema de valores. Es entonces cuando el cristianismo será capaz de ejercer un fuerte impacto sobre toda la sociedad.

c. *Trazar un perfil de valores básicos de la cultura huésped.* Después de aprenderse la mayor parte de las normas de conducta de la cultura huésped, el evangelista empezará a entender los valores básicos de ese pueblo. Le resultará provechoso estudiar con mucho esmero esos valores y compararlos con los valores de su propia cultura. Eso le proporcionará un cuadro más claro de cómo comunicar el evangelio a ese pueblo, qué errores debe evitar y cómo han de ser las iglesias autóctonas en medio de esa cultura. Y quizá, como algo igualmente importante, le habrá de ayudar a encontrarle explicación a alguna norma de conducta que aún no entiende. La figura 4.e es una gráfica para conocer los valores básicos de una sociedad.

Para usar esta gráfica, ponga una X en cada línea, aproximadamente donde usted cree que se encuentra su propia cultura. Después ponga una Y en la misma línea donde usted cree que encuentra la cultura hospedadora. Recuerde que cada línea es lo que se llama un "continuo", o sea que mide un solo valor.

1. *Conceptos de permanencia — de cambio.* Se mide la disposición de aceptar cambios rápidos en la sociedad. Así pues, si su propia sociedad está moderadamente dispuesta a ver los cambios rápidos como deseables y como parte del progreso, ponga una X en esa línea en la columna de debajo del número 8. Supongamos entonces que la cultura huésped es mucho más tradicionalista y temerosa de aceptar cambios rápidos. Tal vez consideren los cambios como una amenaza para su pueblo o para su modo de vida. Si, según su opinión, ése fuera el caso, ponga una Y en esa misma línea, aproximadamente en la columna del número 1. Cuanto mayor sea la distancia entre el valor atribuido a su cultura X y el valor atribuido a la cultura huésped Y, más importancia tendrá para usted estudiar ese aspecto de la cultura huésped.

   Habrá que averiguar en qué conceptos dados por sentado al nivel de la cosmovisión se funda ese valor en la cultura de ellos. Se necesita descubrir también el mayor número posible de normas de conducta que son resultado de dicho valor.

2. *Orientación individual — de grupo.* En las sociedades de "orientación individual" la gente emplea la mayor parte de su energía en ocuparse de las necesidades y los deseos de su familia inmediata o de su persona. Sienten menos obligación para con el

resto de los familiares o de la tribu.

Si la gente se siente fuertemente obligada para con su familia o para con su grupo tribal, lo cual le es más importante que preocuparse de sus necesidades o deseos, entonces ese pueblo es de "orientación de grupo". En tales sociedades con frecuencia la gente vive en familias conjuntas en las que muchos parientes viven en el mismo lugar.

3. *Autoritarismo — Democracia.* Si las instituciones políticas, religiosas y públicas de la cultura huésped ponen énfasis en el liderazgo autoritario y si el tomar decisiones implica poca discusión o participación del pueblo al cual esas decisiones afectan, entonces esa cultura es "autoritaria".

Las sociedades "democráticas" tienden a ser todo lo contrario. En ellas mucha gente participa en la toma de decisiones.

4. *Franqueza — Reserva.* Las sociedades que valoran la franqueza dicen abiertamente lo que piensan. La gente expresa sus opiniones con frecuencia.

Las sociedades "reservadas" son todo lo contrario. Las culturas orientales tienden a ser más reservadas que las culturas occidentales.

5. *Dicotomizantes — Holísticos.* Los pueblos que tiendan a ver los asuntos y problemas en términos de blanco y negro son culturas "dicotomizantes". Las culturas islámicas y las occidentales son en su mayoría de esta orientación.

Los que ven las cosas como partes de un cuadro total son "holísticos". Algo que afecta a una parte lo miran como que afecta al todo. Las culturas orientales son en su mayoría holísticas.

6. *De crisis — Evitadores de crisis.* Las culturas de orientación "de crisis" son autoritarias. Valoran a las personas especiales que los guían cuando tienen problemas o están en una crisis que amenaza a todos.

Los pueblos "evitadores de crisis" son, por lo general, holísticos y de orientación de grupo. Le dan valor al hecho de poder escoger de varias alternativas. Analizan mucho más un problema o una situación antes de tomar decisiones.

7. *Orientados por el tiempo — por los acontecimientos.* Los pueblos "orientados por el tiempo" planifican su día con mucha rigidez. No les gusta interrumpir su horario. Tales pueblos son por lo regular de orientación individual y conscientes de una meta.

Los pueblos "orientados por los acontecimientos" no ponen tanto énfasis en el tiempo o en el reloj. La gente y los acontecimientos les son más importantes. Interrumpirán su horario, si es que tienen alguno, para recibir a los huéspedes, para conversar con un amigo o para participar en acontecimientos especiales.

8. *Conscientes de una meta — de la interacción.* Las culturas "conscientes de una meta" son por lo general orientadas por el tiempo y el reloj. Les dan un alto valor a la prosperidad material y a las metas de producción. Muy raras veces interrumpen su trabajo para atender a los demás.

Las culturas "conscientes de la interacción" les conceden gran importancia a los acontecimientos sociales, a las detalladas normas de hospitalidad y al valor de la interacción interpersonal. Por lo regular son orientadas por los acontecimientos. La mayoría de las culturas latinas son conscientes de la interacción en comparación con culturas tales como la japonesa y la anglosajona.

9. *De prestigio atribuido — adquirido.* En algunas culturas una persona puede obtener posición y prestigio mayormente por haberlos recibido de otros o como resultado de su nacimiento. Si en la India, por ejemplo, un hindú nace en la alta casta (clase social) de los brahmanes, se le da automáticamente mucho más prestigio, más privilegios y más honor que a algún otro procedente de otras castas más bajas.

En otras culturas la gente puede ganar posición y prestigio con su esfuerzo y su trabajo. Mediante su trabajo, conseguirán las cosas que esa cultura admira. Podría ser riqueza, una gran fuerza física o muchas otras cosas que procuran obtener con su trabajo y esfuerzo. Aquellas culturas en que tal logro de prestigio se hace posible como resultado de los propios esfuerzos personales se llaman culturas "de prestigio adquirido".

10. *Vulnerabilidad como fortaleza — como debilidad.* La vulnerabilidad es aplicable a una persona que permite que otros vean sus debilidades.

Muchas culturas razonan así: "Todo ser humano tiene debilidades. Intentar encubrirlas es un error que no da resultado." Admiran a las personas que son muy francas y que no se sienten amenazadas por dejar que se conozcan sus debilidades. Piensan que son la clase de personas más genuinas y más dignas de crédito. Muchas culturas africanas son de esta categoría. Se les llama culturas de "vulnerabilidad como fortaleza".

Otras sociedades, tales como la mayoría de las culturas orientales que se llaman "sociedades de vergüenza", no valoran los rasgos de carácter que permiten que otros vean las debilidades personales de uno. Su manera de ser tiende a procurar mantener encubiertas esas debilidades delante de los demás con el fin de no avergonzar a la persona en cuestión. Esto impide que las personas lleguen a ser vulnerables para los que conocen sus debilidades. Esta clase de cultura es una de "vulnerabilidad como debilidad".

Ubicando la posición de la cultura a la cual uno desea alcanzar con el evangelio en el "Perfil de valores básicos" en comparación con la de su propia cultura, el evangelista puede obtener una valiosa introspección en el sistema de valores del pueblo que evangeliza. Le ayudará a entender las normas de conducta de ese grupo étnico. Le proporcionará la comprensión más rápida de la cosmovisión que tiene y se acelerará el proceso de su propia enculturación.

d. *Juzgar la propia conducta social, moral y religiosa según las normas de la cultura anfitriona.* El evangelista intercultural debe evitar el etnocentrismo. En vez de juzgar las normas de conducta de la cultura local según sus propias normas culturales, ha de hacer lo contrario. Tiene que aprender a ver su propia conducta de acuerdo con el sentido que se le da a esa conducta en la cultura local.

Actuar como un cristiano devoto según las propias normas culturales del evangelista puede parecerle a la gente de la cultura local como una conducta muy profana. Por ejemplo, para las mujeres de la cultura del evangelista, podrá ser una conducta normal usar vestidos que llegan unos cuantos centímetros por debajo de la rodilla. Para ellas se considera una forma modesta de vestirse.

Pero si ese evangelista y su familia van a otra cultura (como por ejemplo a la de la India), donde las mujeres sólo pueden ser vistas en público si su vestido es lo bastante largo como para cubrirles los tobillos, entonces su esposa debe ajustarse a la norma de la cultura huésped. Hacer menos que eso, menoscabaría innecesariamente el respeto que ese pueblo tiene hacia su familia y también para con el evangelio que él representa.

El evangelista debe seguir las normas de la cultura huésped en todas las formas posibles. Si la gente cree que es importante orar temprano todas las mañanas, él debe aprender a hacer también así. Si esa cultura establece una norma más elevada en la honestidad personal que el de su propia cultura, entonces él debe establecer también un nivel más elevado para sí mismo.

Sobre todo, la conducta del evangelista debe mostrar una mayor piedad y devoción a Dios que la persona promedio de esa cultura. Debe tener cuidado de evitar toda conducta que se considere indigna de una persona religiosa. La norma de conducta de la cultura huésped no es la meta; es solamente el punto de partida. El evangelista prudente sigue esas normas tanto como sea posible a fin de poder ganarse un auditorio para comunicarle niveles aún más altos: los de la Biblia.

e. *Abstenerse de introducir ideas, mensajes e innovaciones importantes hasta no estar seguro de haberse construido una plataforma desde la cual poder penetrar la mente de los oyentes.* Uno de los errores más comunes que cometen los obreros interculturales es empezar a "predicar" el evangelio tan pronto llegan a la nueva cultura. Predican la misma clase de mensajes. Emplean las mismas ilustraciones y las mismas formas de comunicación que acostumbraban en su propia cultura. Hacen interpretar el mensaje a la lengua local. Así los procesos de pensamiento, las formas de comunicación, las ilustraciones y la actitud del que presenta el mensaje van a parecer todos muy extranjeros y por lo general indeseables para la mentalidad de su audiencia.

Aun cuando la gente entienda bastante bien el mensaje del evangelista por la alta capacidad de un buen intérprete, lo más probable es que no le den mucho valor. Esto es cierto especialmente cuando se trata de un grupo étnico que no está familiarizado con el mensaje del evangelio. ¡Para ellos en realidad una predicación de esa índole puede convertirse en una inoculación contra el evangelio!

Un evangelista intercultural siguió esa forma de proceder en el Japón. Acabado de llegar, contrató a un intérprete y empezó una campaña de predicación. Cuando hizo la primera invitación para la salvación al final del culto, todos indicaron que aceptaban a Cristo. En el segundo culto sucedió lo mismo. El evangelista sacó en conclusión que tanta gente se estaba convirtiendo que no podía dedicar tiempo para aprender la lengua japonesa.

Siguió predicando durante un año entero con el mismo intérprete antes de enterarse de la verdad. Cada vez que pedía que levantaran la mano los que quisieran aceptar a Cristo ¡el intérprete simplemente decía que todos levantaran la mano! De manera que todos levantaban la mano para que el predicador no perdiera su prestigio y porque el intérprete les decía que lo hicieran. Nadie sabe en realidad cuántos de aquellos oyentes — si es que hubo algunos — se habrán convertido de verdad. Ese evangelista habría tenido mejor éxito si hubiese empleado tiempo para aprender el idioma y el modo de comunicarse en forma significativa en la cultura japonesa.

El problema no radica en el mensaje del evangelio. ¡Está en la habilidad del mensajero para comunicar de veras el evangelio! Hasta que el proceso de enculturación no esté bien avanzado, el evangelista no tendrá la habilidad de comunicar la realidad del evangelio en una forma que la gente pueda recibirla.

Demasiadas veces los evangelistas interculturales llevan a otros pueblos el evangelio completamente envuelto en la funda de su propia cultura. La gente no ve así el evangelio. ¡tan sólo ve la envoltura cultural! Les parece extranjero y sin atractivo.

Ellos no tienen la capacidad de quitar esa envoltura cultural. Es el evangelista el que debe hacerlo. Y la única forma en que podrá hacerlo será empleando suficiente tiempo para enculturarse él mismo al modo de vida de ellos a fin de conocer cómo presentar el importante mensaje transformador de vida del evangelio de una manera que ellos puedan entender, evaluar y recibir.

Cierto evangelista le preguntó al jefe de una tribu africana si podía traer a su familia para que viviera en esa aldea. El jefe le preguntó el motivo. Entonces el evangelista le dijo que tenía un importante mensaje para el pueblo del jefe.

— ¿Cuál es el mensaje? — le preguntó el jefe.

— Se lo diré si permite usted que mi familia y yo vivamos con su pueblo por dos años — le contestó el evangelista.

El jefe convino en el plan. Durante esos dos años el evangelista y su familia aprendieron la lengua de ese pueblo, así como a cultivar la tierra, cocinar, comer y comportarse en forma muy similar a como lo hacía la gente de esa aldea. Todos sentían curiosidad respecto de los extranjeros, especialmente al principio. Los veían orar. Se fijaban cómo amaban a sus hijos. Se daban cuenta de cómo se hacían amigos de la gente.

Luego pasados dos años enteros, toda la aldea decidió tener una celebración especial para que el evangelista pudiera comunicarles por fin su importante mensaje. Habían aprendido a amarlos y a respetarlos a él y a su familia. Estaban realmente ansiosos de saber por qué habían dejado a su propio pueblo para vivir entre ellos durante esos dos años.

Cuando el evangelista se levantó para hablarle al pueblo en la propia lengua materna de ellos, todos estaban atentos de verdad. Empezó por el principio, justo como lo hacían los ancianos cuando por las noches contaban sus relatos junto a las fogatas. Les contó la historia de un hombre especial enviado por Dios. Hora y media más tarde, cuando acabó de decir el mensaje, el evangelista esperó a que el jefe hablara. No hizo ningún llamamiento al altar.

El jefe le hizo algunas preguntas acerca de los espíritus malignos. El evangelista contestó con la Palabra de Dios cada una de sus preguntas. Entonces decidieron volver la noche siguiente para oír más. Y así fue. El evangelista volvió a narrar la historia y contestó más preguntas. Volvió a ocurrir la misma escena hasta la tercera y la cuarta noches. Por último, el jefe se puso de pie y declaró que quería seguir el modo de vida de Cristo. El jefe fue el primero en ser bautizado. En corto tiempo, la aldea entera aceptó genuinamente "el modo de vida de Cristo".

El evangelista se había construido una plataforma en la mentalidad de sus oyentes desde la cual podía ser verdaderamente oído. Esto dio como resultado que todos los de la aldea llegaran a ser creyentes cristianos. Si él hubiera empezado a predicarle al pueblo tan pronto había llegado, quizás habría tenido un pequeño grupo de convertidos. O tal vez no habría tenido ninguno después de los dos años. Pero aun teniendo algunos convertidos, lo más probable es que no habría tenido líderes de la aldea entre esos creyentes.

No es un error retener el importante mensaje del evangelio, si al oírlo la gente no está en capacidad de entenderlo como buenas nuevas. Más vale construir una plataforma de respeto, de mutua comprensión y de formas comunes de comunicación antes de predicar el evangelio en medio de otro pueblo. Esto es especialmente cierto entre grupos étnicos aún no alcanzados que han tenido poco contacto con el mensaje del evangelio.

Los cinco principios de enculturación que hemos expuesto le serán de ayuda al evangelista intercultural para pasar a través de la rejilla cultural y anunciar el evangelio desde dentro del marco de la cultura huésped. No quiere decir que el evangelista se haya vuelto un ciento por ciento igual al pueblo que él está evangelizando. Todavía reconocen que él proviene de otra cultura, pero lo respetan porque ha aprendido a seguir el modo de vida de su pueblo. Ha aprendido a comunicarse en forma eficaz en la cultura de ellos.

Sumario Hay que estar familiarizado con los principios que facilitan la comprensión de una cultura y ayudan al evangelista intercultural a llegar a enculturarse en un grupo étnico distinto al suyo propio. Dios es la fuente del evangelio; el evangelista, la fuente secundaria. Quiere decir que la vida que el evangelista lleva delante de los que él desea alcanzar es tan importante como el mensaje mismo, porque es a través de él como Dios canaliza el mensaje a la cultura huésped. El evangelista tiene que utilizar formas de comunicación que sean apropiadas para la cultura a la cual desea alcanzar para Cristo. Tiene que estar seguro de que esas formas de comunicación trasmiten los significados que quiere comunicar.

Bosquejo del capítulo

La trasmisión de mensajes a otras culturas

I. Hay barreras
II. En qué consiste la comunicación

    A. El comunicador

    B. Buscar símbolos para trasmitir las ideas

    C. El medio trasmisor

    D. Interpretando los símbolos de las ideas

    E. Estorbos

    F. El que recibe la comunicación

    G. Reacción

III. Las características de una cultura

    A. El factor de la cultura en el desarrollo de la comunicación

    B. Las características del reino de Dios

    C. Las distinciones culturales

        1. Su manera de ver el universo

        2. Su manera de valorar conceptos e ideas

        3. Normas de conducta

        4. El lenguaje

        5. La manera en que se organiza la sociedad

        6. Las maneras de trasmitir mensajes

        7. Maneras de pensar y razonar

    D. Las formas y significados

IV. Cómo una persona puede asimilar una cultura

    A. Cómo comenzar

    B. Pautas a seguir

        1. Adaptarse a las normas de conducta de la cultura huésped

        2. Tratar de hacer que el evangelio cambie la cosmovisión del pueblo

        3. Idear un sistema de valores de la cultura que desea alcanzar

        4. Comparar la propia conducta social, moral y religiosa con las normas de la cultura que evangeliza

        5. Tratar de no hacer cambios radicales hasta estar seguro de tener la confianza de los oyentes y entender su modo de pensar y razonar

Un encuentro con las verdades

1.1   ¿Qué quiere decir "codificar" un mensaje?

1.2   Explique lo que es el ruido en el proceso de la comunicación.

1.3   ¿Qué importancia tiene el *feedback* (reacción) en la comunicación?

2.1   ¿Cuál es la causa que más ruido produce en la comunicación transcultural?

2.2   ¿Por qué?

3.1   De acuerdo con la figura **4.b**, ¿qué debe hacer el evangelista para comunicarse en forma eficaz con el pueblo de otra cultura?

3.2 Si tiene éxito en el evangelismo, ¿en qué dirección ha de moverse la cultura receptora? ¿Hacia AA o hacia BB?

3.3 ¿En qué son diferentes AA y BB?

4.1 En la narración relativa a los tambores africanos, ¿por qué el evangelista no entendía cuáles toques de tambor eran "buenos" y cuáles eran "malos"?

4.2 ¿Qué enseña esto acerca de la destreza del evangelista para juzgar la conducta de las diversas culturas?

5.1 Nombre siete categorías de diferencias culturales.

5.2 ¿Qué relación tienen con la "rejilla intercultural"?

5.3 ¿Por qué es importante entenderlas?

6.1 ¿Con qué parte del proceso de comunicación se relaciona el lenguaje?

6.2 Explique por qué las palabras traducidas de una lengua a otra no llevan exactamente el mismo significado.

6.3 ¿Qué importancia tiene este hecho en el evangelismo intercultural?

7.1 Defina qué se entiende por "estructuras sociales".

7.2 Explique lo que es la jerarquía social y las clases abiertas y cerradas.

8.1 Explique la diferencia entre formas y significados.

8.2 ¿Qué error cometió la dama huésped en aquella aldea africana, cuando vio el drama presentado en forma de danza?

8.3 ¿Por qué cometió ese error?

9.1 Explique lo que quiere decir "significados absolutos y formas relativas".

9.2 ¿Cómo se relaciona esta idea con los principios bíblicos?

9.3 ¿Por qué es importante que el evangelista intercultural separe las formas y los significados en su propia cultura?

9.4 ¿Y qué decir de otras culturas?

10.1 ¿Qué quiere decir "cosmovisión"?

10.2 Defina lo que son "sistemas de valores" y "formas de conducta".

10.3 Describa en forma clara la relación entre estos tres conceptos.

11.1 Describa qué es el choque cultural.

11.2 Enumere al menos siete síntomas de choque cultural.

11.3 ¿Qué debe tratar de hacer el evangelista cuando entra en otra cultura a fin de evitar el choque cultural hasta donde sea posible?

12.1 Teniendo en cuenta la figura **4.d.**, ¿en qué nivel entra el evangelista en otra cultura?

12.2 ¿Qué debe tratar de aprender cuidadosamente en otra cultura?

12.3 ¿Cómo le ayuda el pasar tiempo con la gente de esa cultura a realizar esto?

13.1 Si el evangelio sólo llega a cambiar las normas de conducta de la cultura receptora, ¿cuál será probablemente el resultado?

13.2 ¿En qué niveles debe producir cambios el evangelio para evitar este problema?

14.1 Describa un perfil de valores básicos.

14.2 ¿Cómo puede la preparación de un perfil ayudar al evangelista intercultural a llegar a enculturarse en otra cultura?

15.1 ¿Respecto de qué debe estar seguro el evangelista intercultural antes de introducir ideas, mensajes e innovaciones importantes en otra cultura?

15.2 ¿Qué peligro se corre si no se sigue este principio?

De la teoría a la práctica

A.1 Piense en alguna ocasión en que trató de comunicarse con alguien procedente de otra cultura y pasó un rato difícil para lograrlo. Analice, de lo que pueda recordar, qué problemas encontró.

A.2 Utilice la figura **4.a** para explicar lo que sucedió.

B.1 Analice las formas de comunicación con relación al proceso de comunicación. Determine cuáles formas de comunicación son las más altamente valoradas en su propia sociedad.

B.2 ¿Cuáles se valoran más altamente en su iglesia?

B.3 Enumere cuando menos tres formas de comunicación, de acuerdo con la más alta prioridad, tanto en su cultura como en su iglesia.

C.1 ¿Existen algunos sitios en el mundo donde se deba permitir que los cristianos anden desnudos en público?

C.2 Si no, explique por qué. Si existe alguno, describa la situación cultural en que esto no desagradaría a Dios.

C.3 Relacione su análisis con las formas y los significados.

D.1 Piense en alguien a quien conozca que en años recientes haya entrado en la cultura de usted desde otra cultura. Analice los síntomas del choque cultural con relación al comportamiento de esa persona.

D.2 ¿Cómo habrá cambiado su actitud hacia esa persona?

E.1 Haga un perfil de valores básicos de su propia cultura, utilizando la figura **4.d.**

E.2 ¿Cuál cultura cree usted será la más diferente a aquella en la que se formó usted?

E.3 Describa sus normas de conducta, sistema de valores y cosmovisión.

Capítulo 5

PRINCIPIOS DEL APRENDIZAJE DE UNA LENGUA Y LA CULTURA

Puntos clave de este capítulo

1. El aprendizaje de una lengua es más una actividad social que una actividad de "estudio".
2. En el evangelismo intercultural, no se ha de separar el aprendizaje de una lengua del aprendizaje de la cultura ni del ministerio.
3. Se logra mejor la enculturación en el grupo étnico que se desea evangelizar mediante la completa incorporación en esa cultura desde el día mismo en que se llega a ese grupo étnico.
4. La naturaleza del aprendizaje de una lengua es tal, que la mayor parte del significado de la comunicación de persona a persona se trasmite mediante el comportamiento aprendido en la propia cultura, y no mediante los símbolos llamados palabras.
5. La vida de Jesucristo es el mejor modelo de actitud para el que aprende una lengua y una cultura.
6. Es mejor poner más énfasis en la comunicación verbal que en la comunicación escrita durante los primeros meses de aprendizaje de la lengua y la cultura.

A. Introducción

Demasiadas personas temen no poder aprender otra lengua, especialmente cuando se trata de aquellas que hablan un solo idioma. El aprender una lengua es tan esencial para el ministerio intercultural eficaz como la enculturación del evangelista.

El aprendizaje de la lengua y el de la cultura son, en realidad, dos partes de la misma asignatura. Son como las dos ruedas de una carreta. Si la carreta tiene una sola rueda, lo más que se puede esperar es que vaya dando vueltas en círculo. El aprendizaje de una cultura (la enculturación) nunca es completo ni adecuado sin un buen aprendizaje de la lengua. El aprendizaje de una lengua tampoco es satisfactorio sin un buen aprendizaje de la cultura. Los evangelistas interculturales tienen que ser eficientes en el aprendizaje de ambas cosas, las cuales forman la base para evangelizar a los grupo étnicos aún no alcanzados. Es por eso que usamos la expresión "aprendizaje de la lengua y la cultura".

En este capítulo se presentan algunos principios y métodos para aprender una lengua y una cultura, que son únicos. Se basan en el sistema trazado por algunos expertos en la materia.[1] Con este método no se requiere un costoso estudio en una escuela de idiomas. Tampoco es necesario contratar a un experto profesor de lenguas para empezar. Con todo, se ha demostrado que el sistema es lo bastante eficaz como para ayudar a cualquier persona de inteligencia y educación normales a aprender cualquier lengua extranjera.

Si el que aprende un idioma aplica consecuentemente los principios de este método, deberá en poco tiempo saber hablar esa lengua en forma conversacional. Usando luego esa habilidad conversacional como base, deberá incrementarla mediante ulteriores estudios y experiencias en esa lengua para que llegue a ser eficiente en la enseñanza y en la predicación.

Dado que el ministro intercultural tiene necesidad de poseer una habilidad sobresaliente en la lengua materna del pueblo que se desea alcanzar, debe aprenderse bien los principios y métodos que se exponen en este capítulo.

1. *¿Estudiar o aprender?* ¿Por qué tantas personas estudian una lengua extranjera con tan poco éxito y, sin embargo, mucha gente que nunca estudia formalmente el mismo idioma aprende a hablarlo bien? La respuesta se halla en la naturaleza de la diferencia entre *estudiar* y *aprender*.

Tomemos como ejemplo lo que les pasó a dos muchachos de unos catorce años. Uno de ellos nunca había podido ir a la escuela. Empezó a trabajar desde pequeño en la tienda de víveres de su padre. Pero su padre lo enseñó a leer y escribir y a sacar cuentas. Aprendió a hacer todas las cosas que había que hacer en la tienda. Su padre podía ausentarse por varios días sin preocupación alguna, dejando a su hijo a cargo de la tienda.

El otro muchacho pasó la mayor parte de su vida recibiendo una enseñanza formal. También sabía leer y escribir y sacar cuentas. Quería seguir estudiando para llegar a la universidad. Sin embargo, nunca había aprendido a surtir los estantes, ni a hacer un inventario. No sabía ni cómo empezar para manejar una tienda de víveres. A uno de los muchachos lo podríamos llamar "carente de preparación". Al otro lo llamaríamos "preparado". Uno de ellos había adquirido destreza para manejar una tienda de comestibles. El otro era un estudiante. ¡Pero los dos habían aprendido durante sus catorce años de vida!

La diferencia fundamental, pues, entre los que aprenden y los que estudian es que los que estudian, por lo regular aprenden a *estudiar* algo, en tanto que los que aprenden, por lo regular aprenden a *hacer algo*. Los que estudian tienen la orientación de "aprender para saber", en tanto los que aprenden tienen la orientación de "aprender para hacer". En la figura **5.a** se pueden ver las diferencias básicas que existen entre los que aprenden y los que estudian una lengua extranjera. Esto no significa que la mayor parte de las cosas que los estudiantes cursan no sean necesarias. Simplemente quiere decir que en algunos puntos la forma más eficaz de dominar un idioma es asumir la actitud de aprender, más bien que la de estudiar.

Una gran diferencia entre los que estudian una lengua y los que la aprenden, es que el que la está aprendiendo, adquiere sólo un poquito del lenguaje antes de aprender a usarlo. ¡Pero luego lo usa con profusión! Llega a formar parte de su pensamiento. No tiene que traducir mentalmente de una lengua a la otra cuando quiere usar lo que ha aprendido.

En cambio, los que estudian un idioma reciben un gran caudal de enseñanza acerca de él y de sus reglas gramaticales, pero por lo general no aprovechan bastante las oportunidades para ponerlo en práctica. No se les queda en la mente, de manera que se ven forzados a traducir mentalmente las palabras y las oraciones antes de poder decir algo.

Es imposible simplemente traducir en forma directa de un idioma a otro, a no ser que uno sepa exactamente el significado que habrán de tener las palabras en una situación determinada. Ilustran esto numerosos relatos respecto de estudiantes de idiomas, que creían decir una cosa, en tanto que sus oyentes realmente entendían algo muy distinto. Así, una estudiante de una lengua asiática pensó que invitaba a sus huéspedes a comer una sabrosa comida especial que ellos nunca habían probado. Empleó correctamente la gramática y ninguna de sus palabras era impropia. Pero cuando combinó las palabras en esa situación dada, en realidad invitaba a sus huéspedes ¡a comer estiércol! De modo que aprender una lengua implica mucho más que simplemente aprenderse listas de palabras y reglas de gramática.

Este énfasis que ponemos en el proceso de aprendizaje de una lengua no quiere decir que quienes aprenden no necesitan nunca "estudiar" ningún material de aprendizaje lingüístico, ni ninguna

APRENDER frente a ESTUDIAR

Actitud de aprender

Actitud de estudiar

1. El que aprende adquiere la lengua con el fin de comunicar su interés y afecto a la gente con que se encuentra a diario.

2. La meta del que aprende es conocer a la gente y ayudarla a que lleguen a conocerlo a él.

3. El que aprende usa el idioma para comunicarse con la gente.

4. El que aprende adquiere sólo un poco del idioma, pero lo usa mucho para comunicarse con el pueblo que desea evangelizar.

5. El que aprende adquiere el sentido de la gramática mediante el uso normal del idioma. Aprende las normas por la observación y el uso.

6. El que aprende usa los modelos del lenguaje ya aprendidos para formar nuevas oraciones y prepara sus propios ejercicios de práctica.

7. El que aprende decide por sí mismo qué es lo siguiente que debe aprender.

8. El que aprende domina el material que necesita usar ya. Su motivación es elevada y aprende rápido.

9. El que aprende está orientado hacia tener relaciones sociales. Aprende a comunicarse con sus oyentes.

1. El que estudia contempla la lengua con la esperanza de que algún día podrá comunicarse con la gente.

2. La meta del que estudia es sacar buenas calificaciones como demostración — según se le enseña a creer — de que "ha aprendido" la lengua.

3. El que estudia cursa una materia más. Aprende la forma de "estudiar" idiomas.

4. El que estudia adquiere un gran caudal de la lengua, pero lo usa muy poco para hablar realmente con el pueblo que desea alcanzar.

5. El que estudia se aprende de memoria las reglas gramaticales y los términos técnicos del lenguaje.

6. El que estudia un idioma aprende de memoria las reglas para formar nuevas oraciones.

7. El que estudia se vuelve pasivo. Otros deciden qué es lo siguiente que debe estudiar.

8. El que estudia cursa una materia que tal vez use o no en el futuro. Por eso sus deseos de estudiar merman.

9. El que estudia tiene como mira las tareas. Su trabajo consiste en completar tareas asignadas.

10. El que aprende lo hace con el fin de establecer una base para ir conociendo la cultura, poder compartir su vida y comunicar el mensaje.	10. El que estudia quiere aprender con el fin de poder comunicar el mensaje en el futuro.

Figura 5.a: Escala de imagen dividida del contraste entre APRENDER y ESTUDIAR, en el aprendizaje de una lengua y una cultura.

gramática. En realidad, los buenos aprendedores se crean gran parte de su propio material de estudio. De cuando en cuando aprenderán mucha teoría, pero estarán dispuestos a usar lo adquirido en la práctica.

El lector no debe tomar este énfasis que ponemos en el hecho de aprender como un argumento contra los sistemas formales de aprendizaje de idiomas ni contra los bien preparados profesores de idiomas. Esos métodos pueden tener su valor para el aprendizaje de idiomas, pero tradicionalmente han sido enfatizados excesivamente. Proporcionan más beneficio después que se ha aprendido una lengua poniendo en práctica los principios delineados en este capítulo. Pueden ser de utilidad para perfeccionar el dominio que un extranjero tenga de detalles tan enfadosos como el uso de las preposiciones o la correcta selección de las formas y tiempos verbales que difieren de los de la lengua nativa del que está aprendiendo.

2. *Aprender una lengua es aprender una cultura*. En realidad no se puede lograr aprender en forma eficaz la lengua de otro pueblo sin familiarizarse con su cultura. Esto se debe a que la comunicación lingüística depende más de los factores culturales que de los símbolos lingüísticos en sí. Distintos investigadores en materia de lenguas han logrado importantes adelantos en la comprensión de la comunicación personal no escrita.

Se ha descubierto que en la comunicación efectuada mediante el lenguaje verbal, las palabras en sí llevan sólo parte del significado. Algo del mismo es trasmitido por la *forma* en que se expresan las palabras: por la entonación, la inflexión de la voz, el orden de las palabras y el énfasis que se les da a estas: ¡Y una parte asombrosamente considerable del significado se trasmite por el comportamiento no verbal que acompaña a las palabras! Esto incluye los gestos, los ademanes, los movimientos del cuerpo y la postura de la cabeza, de las manos y del cuerpo.

Puesto que la comunicación de persona a persona es muy importante para el evangelista intercultural, estos hallazgos revisten gran importancia cuando se aprende un idioma en otra cultura. Los sistemas tradicionales de enseñanza de idiomas que ponen énfasis en el método de "enseñanza formal", por lo regular concentran el esfuerzo en las palabras y en la gramática. Aun cuando un profesor en el aula tiene como objetivo importante aprender la pronunciación, la entonación y la inflexión de la voz, con frecuencia su método se halla tan orientado hacia el contenido, que se descuida este último aspecto. Tiene que cubrir tal cantidad de material, que los estudiantes pasan muy poco tiempo practicando estas partes tan importantes del aprendizaje de idiomas.

Asimismo, se dedica poco tiempo o atención a la práctica en la vida real. El resultado es que los estudiantes se aprenden largas listas de vocabularios, de desinencias verbales y de reglas gramaticales, pero quedan mal preparados en cuanto a la pronunciación, la entonación y la inflexión, aun cuando se sabe, por las investigaciones realizadas, lo importantes que son estos aspectos.

Se aprende mucho mejor la pronunciación, la entonación y la inflexión cuando se practica el idioma en la comunidad. Con frecuencia esto resulta demasiado artificial en el aula. En la comunidad se siente más la necesidad de comunicarse realmente. Así se recogen frases y oraciones en el contexto del habla. En cambio, en el aula se dedica poco tiempo a la comunicación pública.

Aprender la forma de hablar una lengua parece mucho menos importante que aprender la lengua en sí. Pero la forma en que se habla una lengua depende siempre de la cultura y la ubicación del pueblo que la habla. Los de habla hispana que viajan a menudo saben que hay diferentes modos de pronunciar y de dar inflexión a la voz en las distintas regiones geográficas del mundo hispanohablante. Saben también que muchas de las palabras no tienen el mismo significado en otras partes. Es mucho mejor aprender un idioma entre el pueblo que uno se propone evangelizar; de otra manera se corre el riesgo de hablar como extranjero.

Todos trasmitimos mensajes a los demás sin darnos cuenta siquiera de ello. Inconscientemente utilizamos ciertos gestos de la cara y movimientos de las manos, del cuerpo y de los ojos, según lo hemos visto hacer siempre a los demás de nuestro grupo. Cuando pensamos, nuestro cuerpo responde con algunos de esos gestos y movimientos — o con todos — que usaríamos si estuviésemos hablando en voz alta. Como los demás de nuestra sociedad están acostumbrados a tales gestos y movimientos, comprenderán muchos de nuestros pensamientos.

Así que, por la simple observación de nuestras expresiones no verbales, los demás pueden saber si realmente estamos escuchando, si ellos no nos agradan, o si nos interesa lo que están diciendo. La comunicación no verbal es el comportamiento que se adquiere con la cultura y, por lo mismo, no puede ser aprendido en forma eficaz fuera del grupo étnico del caso.

B. Principios del aprendizaje de una lengua y la cultura

Es útil aprenderse algunos principios básicos en que se funda el aprendizaje de una lengua y la cultura. Llamaremos "Aprendizaje del lenguaje de la vida" a este sistema, porque con él se requiere vivir a diario en medio de la cultura que uno se propone alcanzar para que el mismo resulte eficaz. Los que toman parte activa en la vida de la gente en la cultura anfitrión son los que mejor aprenden el "Lenguaje de la vida".

Este sistema es tanto una forma de vivir como un plan para aprender un idioma. Los principios fundamentales del *Aprendizaje del lenguaje de la vida* están agrupados en dos importantes verdades: 1) El aprendizaje de la lengua y la cultura no es meramente una preparación para el ministerio, es en realidad un ministerio; 2) La mejor manera de tener buen éxito en el aprendizaje de una lengua y de la cultura es seguir los principios de participación en el proceso de la enculturación.

1. *El aprendizaje de la lengua y la cultura es un ministerio*. En el *Sistema de aprendizaje de una lengua y la cultura* que se presenta en este capítulo, se pone énfasis en la interacción diaria con el pueblo de la cultura que se desea alcanzar. Se requiere que se pase al menos una tercera parte del tiempo de aprendizaje diario en comunicación real con los naturales que hablan la lengua que se está aprendiendo.

Como se ve en la figura 5.a, este sistema es de orientación a sostener relaciones sociales. Está ideado para ayudar al que aprende a relacionarse con la gente de esa cultura desde el día de su llegada allí. En esta interacción diaria con la gente pueden presentarse valiosas oportunidades para ministrar, aun cuando el evangelista se encuentre en el proceso del aprendizaje del idioma y de la cultura.

Es preciso que el que aprende siguiendo el "Sistema de aprendizaje del lenguaje de la vida" tenga una actitud especial. No puede entrar en otra cultura y seguir pensando y actuando como lo hacía cuando estaba en la suya. Debe seguir el ejemplo de Jesús. ¡En realidad, Él fue el primer evangelista intercultural! Vino del cielo sin reserva alguna, dejando la gloria y el resplandor de lo que disfrutaba allí. "Se despojó a sí mismo, tomando la forma de siervo, hecho semejante a los hombres; y estando en la condición de hombre, se humilló a sí mismo, haciéndose obediente hasta la muerte. . ." (Filipenses 2:7, 8).

Jesús se vació a sí mismo de su divina gloria y asumió la actitud de siervo en cuerpo humano. Se enculturó en la cultura hebrea y comunicó su mensaje en primer lugar al pueblo judío. Luego demostró su amor muriendo en la cruz por todos los pueblos.

Puede ser que el que aprende una lengua y la cultura haya sido un talentoso y respetado predicador, un maestro en su propia cultura. Quizás esté acostumbrado a predicar a miles de personas a la vez en su pueblo. Pero cuando entra en otra cultura, debe humillarse a sí mismo como lo hizo Jesús. Si quiere seguir el ejemplo de Jesús, ha de estar dispuesto a asumir tres nuevas actitudes: la de *aprender*, la de *siervo*, y la de *narrador*.

2. *La actitud de aprender.* Jesús nos mandó hacer discípulos o "aprendedores" entre todos los pueblos. Los evangelistas interculturales son llamados a hacer "aprendedores de Cristo" entre los pueblos no alcanzados del mundo. Claro que el evangelista sabe mucho más acerca de Cristo que aquellos a quienes se propone evangelizar. Pero ellos saben mucho más que él con respecto a la propia cultura de ellos. Es importante, por lo tanto, que asuma la actitud de aprender.

¡La gente ayuda a los que necesitan ayuda! Si al entrar en otra cultura el evangelista asume una actitud de alta posición, la gente no tendrá muchos deseos de ayudarlo. Serán ellos los que querrán ser ayudados. En tanto que esto quizá haga sentirse satisfecho al evangelista, no sabrá cómo ayudar a la gente porque todavía no conocerá bastante bien ni su cultura ni su idioma. Pero después que se den cuenta de que prácticamente no sabe hablar su lengua ni entiende su cultura, será más probable que se valgan de él para sus propios fines en vez de buscar su ayuda.

El hecho de asumir el evangelista tan sólo la posición y condición de aprender, al entrar en otra cultura, lo librará de la necesidad de demostrar su ministerio a un alto nivel hasta que haya aprendido bastante del idioma y de la cultura. Mejor aún, al pasar todos los días mucho tiempo con la gente, estará ministrando mientras aprende. No tendrá necesidad de tratar de acreditarse a un nivel superior a sus capacidades. Si permite que los que llega a conocer lo ayuden, aprenderá mucho más rápido y ellos serán pronto sus amigos.

La actitud de aprender lleva a mostrar el mayor respeto para con el pueblo y su cultura. Con ella se sigue el ejemplo de Jesús, y es la posición más eficaz para ministrar durante el proceso del aprendizaje de la lengua y de la cultura.

3. *La actitud de siervo.* Aun cuando Jesús tenía toda autoridad (Mateo 28:18), cuando en la encarnación se hizo un ser humano, no asumió la actitud de rey o de gobernante, sino que asumió la actitud

de siervo. En Filipenses 2:7 Pablo usa las palabras griegas *eauton ekénosen*, que significan "se vació a sí mismo". Cristo se vació deliberadamente de su divina gloria y se despojó de su posición de soberanía y dignidad real a fin de identificarse con la humanidad. Asumió la actitud de siervo para servirnos de ejemplo. Nos enseñó a hacer lo mismo cuando dijo: "El que quiera hacerse grande entre vosotros será vuestro servidor, y el que quiera ser el primero entre vosotros será vuestro siervo; como el Hijo del Hombre no vino para ser servido, sino para servir, y para dar su vida en rescate por muchos" (Mateo 20:26-28).

Los ministros interculturales tienen que vaciarse y despojarse a sí mismos de la gloria y la posición que tenían en su propia cultura. Nunca deben considerarse demasiado importantes como para no pasar su tiempo con la gente común en su nueva cultura. Han de aprender a enculturarse en una forma lo bastante humilde para que Dios pueda usarlos para satisfacer las necesidades de esa gente.

Es de gran importancia la actitud del evangelista. Tal vez la cultura en que trabaja valore el sistema en que las funciones de liderazgo son atribuidas en vez de ser adquiridas (véase la figura **4.d**). Si es así, probablemente elevarán al evangelista a una alta posición debido a que él es predicador o porque es extranjero.

Tal vez el evangelista se sienta tentado a asumir una actitud de alta posición, imitando a otros de esa sociedad que tienen tal actitud. Eso es un error. Su destreza y conocimiento respecto de ese idioma y esa cultura no serán suficientes para desempeñar tal función, de manera que tendrá que estar constantemente a la defensiva, probando que él es algo que todavía no puede ser. En cambio, si rehúsa asumir esa actitud y asume la de siervo, la gente probablemente le dará todavía una posición, pero él se la estará ganando como servidor y ayudador del pueblo. Se identificarán con él y le serán leales no porque tenga poder, sino porque lo aprecian y se interesan por él como persona.

Si tiene la actitud de un siervo, el evangelista tendrá mucha más influencia sobre la gente con respecto a la causa del evangelio. Si respetan su autoridad, quizá modifiquen su comportamiento, al menos cuando él se encuentre en medio de ellos. Pero cuando respeten su amor y su servicio cristianos, habrán de considerar un cambio de su cosmovisión y de su sistema de valores. La actitud de siervo es la mejor posición desde la cual evangelizar al pueblo de otra cultura. Por eso Jesús vino como siervo. Esta es también la razón de que nos enseñó a asumir la actitud de siervos.

4. *La actitud de narrador.* Jesús enseñaba a la gente narrándole parábolas. Eso facilitó que lo recibieran como un importante maestro. Luego con frecuencia Jesús los enseñaba en forma más

directa como, por ejemplo, en el Sermón del Monte.

El ejemplo de Jesús como narrador es valioso, no sólo para aprender a enseñar, sino también para lograr una comunicación eficaz, aun mientras se aprende la lengua y la cultura. En toda cultura se narran relatos de alguna manera. Puede ser que simplemente se refiere algo que sucede en el momento, como cuando el que aprende una lengua le describe a alguien el sistema que usa. Los relatos pueden tener la forma de proverbios o de parábolas. Pueden ser humorísticos como los chistes y las anécdotas.

En Africa una tribu, según los informes, había estado cerrada por años para los forasteros. Pero un evangelista intercultural entró en esa cultura y asumió la triple actitud de aprender, de siervo y de narrador. Se valió de la narración de relatos como medio para aprender la lengua y la cultura. Aprendió a contar muchos de los relatos que habían sido trasmitidos de generación en generación en la tribu.

Debido a que generalmente sólo los ancianos de aquella tribu contaban relatos, le pusieron el sobrenombre de "el anciano". Eso le proporcionó un gran respeto delante del pueblo. Cuando empezó a narrar historias de la Biblia, la gente lo siguió escuchando. Llegó a tener buen éxito como evangelista, aprendiendo a narrar historias a la manera que la gente estaba acostumbrada a oírlas. Se valía de narraciones para predicar el evangelio como lo hacía Jesús.

A medida que el que aprende el idioma y la cultura va aprendiendo esos relatos, irá comprendiendo de qué cosas suelen hablar allí los niños, los jóvenes y los adultos, e irá entendiendo cada vez más la cultura de ese pueblo. Podrá cometer errores lingüísticos sin que eso le cause mucha confusión, pues la gente es más tolerante cuando está escuchando a alguien que narra un relato o describe un hecho que sucedió.

Al adoptar la actitud de aprender, de siervo y de narrador, el evangelista intercultural no tendrá que demostrar que merece una alta posición. Esta actitud le proporcionará una máxima interacción con la gente, así como una posición desde la cual podrá aprender bien la lengua y la cultura. La mayoría de aquellos que adoptan esta actitud durante el aprendizaje de la lengua y la cultura encuentran que esta experiencia enriquece grandemente su ministerio de predicación y de enseñanza cuando empiezan a hablarles a grupos mayores. Asimismo el aprendizaje de la lengua y la cultura viene a ser para ellos una etapa de satisfacción y felicidad en su experiencia intercultural en vez de un período de sufrimiento y frustración.

C. Vinculación de una lengua y la cultura

Se cuentan numerosos relatos acerca de animales que pierden la madre al nacer, pero que sobreviven al apegarse a una madre sustituta de otra especie. Ha habido patos criados por gansas y perros amamantados y criados por coyotes hembras. Esto condujo al descubrimiento de un proceso llamado "impresión". (Algunos sicólogos le dicen "imprinting".) Al investigar este proceso, un científico puso junto a sí unos patitos inmediatamente después que nacieron. A partir de entonces, los patitos reaccionaban a su presencia como si él fuera su progenitor: lo seguían a dondequiera que iba. Asimismo, se han llevado a cabo experimentos con otros animales.

Se ha llegado a saber que la impresión ocurre inmediatamente después del nacimiento. Si la madre de un animal está ausente en ese momento crítico, el recién nacido puede apegarse a una madre sustituta que podrá ser un animal adulto de una especie distinta, ¡y hasta un ser humano! Un elemento clave necesario para que ocurra la impresión es el sincronismo.

Por las investigaciones se sabe asimismo que la "impresión" ocurre también entre las madres humanas y sus hijos. El término que se usa para esto es "vinculación" o "ligadura".[2] Inmediatamente después que la criatura nace, un conjunto de fuerzas fisiológicas y sicológicas, dadas por Dios, comienzan a obrar recíprocamente para ligar a la criatura a sus padres.

En los momentos subsiguientes al nacimiento la criatura está muy alerta. Experimenta nuevos olores, nuevos sonidos, nuevas sensaciones en un medio ambiente completamente nuevo. Sus padres también están emocionados. En esos momentos inmediatamente subsiguientes al nacimiento, tanto el padre y la madre como la criatura se encuentran especialmente capacitados para ligarse estrechamente. Más tarde la criatura se pondrá muy soñolienta y estará menos alerta. A su vez, la madre querrá descansar.

La vinculación que ocurre entre la criatura y sus padres es una buena analogía con el momento en que el que aprende un idioma entra en esa otra cultura. Es como si naciera otra vez. Sus emociones y su nivel de energía están bien altos. Se halla emocional y sicológicamente listo para pasar a pertenecer realmente a la nueva cultura. Quiere empezar el proceso de enculturación y aprendizaje del idioma. Está listo para quedar ligado con ese pueblo. Es un momento de importancia decisiva.

En algunas culturas no tiene lugar la vinculación de la criatura con los padres porque los bebés nacen en un hospital. Aunque tan pronto nacen se los enseñan a los padres, se los llevan enseguida a la sala cuna de recién nacidos para que la madre descanse. Así no hay oportunidad para que ocurra la vinculación. Por las investigaciones realizadas se sabe que esto puede tener un efecto negativo sobre las relaciones del hijo con sus padres a lo largo de la vida de él.

Con demasiada frecuencia ocurre lo mismo cuando un obrero intercultural entra por primera vez en otra cultura. Lo típico es que al llegar sea saludado por alguien de la misma cultura de él. Es probable que se dedique un tiempo para conocerse, tal vez en una comida especialmente preparada para el caso.

El nuevo evangelista y su familia vienen a conocer a otros de su misma cultura que también viven en ese país. Toda la conversación será en la lengua materna del evangelista. Lo invitarán a quedarse unas semanas con esa familia hasta que él y los suyos tengan un lugar donde puedan establecerse. Se siente agradecido por la ayuda de sus compatriotas y generalmente acepta la invitación.

De manera que durante varias semanas vive con miembros de su propia cultura. Sigue hablando su propio idioma. Queda inmerso en una forma de vida de expatriado que le impide entrar en contacto con la cultura durante esas primeras semanas decisivas, ¡en que tendría oportunidad de vincularse con el pueblo! Al igual que la criatura que arrebatan para llevarla a la sala cuna de recién nacidos, el evangelista pierde la oportunidad de vincularse de inmediato con el pueblo y la cultura del lugar.

La forma en que el evangelista y su familia pasen sus primeras semanas allí habrá de determinar mayormente su eficiencia en establecerse un sentido de pertenencia a su nueva cultura. Si pasan la mayor parte de su tiempo en torno a sus compatriotas, probablemente quedarán ligados a un estilo de vida extranjero en vez de tener la oportunidad de asimilar las normas de conducta locales. Es verdad que podrán llegar a conocer esas normas de conducta tras un período de "facilitar la entrada a la nueva cultura", pero es muy probable que procedan lentamente, porque no se han vinculado con la gente desde el principio. El hecho de quedar ligado a un estilo de vida extranjero aumentará considerablemente el impacto y el nivel del choque cultural, haciendo que los esfuerzos del evangelista para adaptarse sean mucho más dolorosos y prolongados.

El que trata de entrar en otra cultura en forma gradual por lo general falla en lograrlo completamente, y quizá nunca llegue a disfrutar la experiencia de pertenecer a ese pueblo ni de verse realmente aceptado por ellos.[3] Le es mucho mejor empezar desde el primer día a vivir con el pueblo que ha ido a evangelizar. Debe aprender en seguida a comer con ellos, a salir de compras con ellos, a usar su sistema de transporte público y a oírlos hablar su idioma.

Debe empezar a relacionarse con la gènte del lugar desde el primer día en que llegue a la cultura que se propone evangelizar. Debe declararles de inmediato que desea aprender su lengua. Si les demuestra una actitud de querer aprender, mucha gente del lugar tratará de ayudarlo. El *Sistema de aprendizaje del lenguaje de la vida* tiene pautas que ayudan a que ocurra esta clase de vinculación.

D. El sistema de aprendizaje del lenguaje de la vida

El mejor método de sacarle provecho al *Sistema de aprendizaje del lenguaje de la vida* es seguir realmente los procedimientos en una situación práctica al aprender otro idioma. Es la única forma de entender realmente el valor de este sistema. Cinco días de práctica que se pasen entre personas que hablan otro idioma como su lengua materna son suficientes para convencerse del valor de este sistema. A continuación presentamos los pasos del método.

1. *Obtención de los materiales.* Se va a necesitar una pequeña grabadora de cinta magnetofónica, preferentemente una que tenga las siguientes características: a) avance y retroceso rápidos; b) contador de avance de la cinta; c) micrófono integral; d) control de velocidad; e) auriculares; y f) cintas en circuito cerrado.[4] Va a necesitar también una carpeta de hojas sueltas, que tenga separadores. Servirían mejor, si las hubiera disponibles, unas tarjetas, o fichas de 13 x 18 cm en su tarjetero, o fichero.

2. *Selección de un grupo lingüístico.* Observe si hay cerca de donde usted vive una comunidad que hable un idioma muy diferente del de usted y acerca del cual conoce muy poco. En todas las grandes ciudades de Latinoamérica hay comunidades de personas que hablan muchos idiomas distintos y, por lo general, viven mayormente en una determinada zona de la ciudad. Para sus propósitos, lo mejor es que usted escoja una lengua hablada al menos por treinta o cuarenta familias, que vivan bastante cerca unas de otras. No tema escoger un idioma que le parezca muy difícil, pues así comprenderá mejor el valor de este sistema.

3. *Procedimiento.* El propósito de este ejercicio es proporcionarle cinco días de experiencia en el aprendizaje de otra cultura y lengua. Le aconsejamos encarecidamente que siga este procedimiento para que obtenga el máximo beneficio de este capítulo. Después que escoja el grupo lingüístico con el que quiera emprender la obra, usted habrá de seguir lo que se llama el *Ciclo de aprendizaje diario.* Este consta de cuatro partes: 1) Preparación de su guión; 2) Práctica de su guión; 3) Comunicación en la comunidad; y 4) Evaluación de su progreso. Más adelante se explican en detalle estos procedimientos. Siguiendo el *Ciclo de aprendizaje diario* durante

cinco días, en realidad usted aprenderá en la misma forma en que lo
haría si hubiese entrado en otra cultura para quedarse.

4. *Búsqueda de un ayudante.* Usted va a necesitar que alguien lo
ayude en el paso número uno del *Ciclo de aprendizaje diario.* Al
principio no debe valerse de un experimentado instructor. Su
ayudante sólo ha de llenar tres requisitos: 1) Ha de estar dispuesto a
ayudarlo más o menos durante una hora cada día. 2) Debe hablar ese
idioma como su lengua nativa y saber también leer y escribir su
lengua. 3) Debe saber hablar el idioma de usted lo bastante como
para entender las conversaciones sencillas. Hay una buena razón
para no valerse de un experto profesor de idiomas durante las
primeras etapas de este sistema. Por lo regular, ellos tienen sus
propias ideas acerca de las técnicas de la enseñanza. Están acostumbrados a dirigir el proceso de aprendizaje. Pero en este procedimiento será usted el que va a dirigir las experiencias del aprendizaje. Es también una buena idea no referirse a su ayudante como su
"maestro". Aun cuando lo estará enseñando a usted, si usted usa ese
término, él se sentirá tentado a tratar de dirigir la experiencia del
aprendizaje en vez de dejar que lo haga usted.

D. El Ciclo de Aprendizaje Diario[5]

Los cuatro pasos del ciclo de aprendizaje constituyen el procedimiento que usted debe seguir, ideado para cada día que esté
trabajando en la otra lengua.

1. *Paso número uno: preparación de su guión.* Aquí es donde
usted decide lo que va a decir cuando le hable por primera vez a la
gente en la lengua del grupo que desea alcanzar. Su guión se forma
realmente con las palabras que usted se propone practicar al hablar
en el idioma nuevo. Usted no quiere decir muchas cosas, sino tan
sólo lo que puede aprenderse fácilmente con buena pronunciación,
buena entonación y buena inflexión. Este es también el paso en que
necesitará a su ayudante.

Hay seis actividades que usted ha de realizar para preparar su
guión:

a. OBTENER. Aquí es donde usted se vale de su ayudante para
que él le diga cómo se dice en su idioma lo que usted tiene apuntado.
Ante todo, dígale lo que quiere decirles a aquellos con quienes se
encuentre en el grupo lingüístico de él. Las primeras frases deberán
ser algo así como esto:

— ¡Hola!
— Estoy aprendiendo (nombre del idioma).
— Eso es todo lo que sé decir.
— ¡Adiós!

Su ayudante (llamémoslo Komo) debe comprender que usted quiere aprender a decir todo exactamente como lo dirían los de su pueblo unos a otros. Pídale que no vaya a traducirlo todo palabra por palabra. La mejor manera de ayudarle a que no haga eso es describirle siempre lo que usted quiere que él diga, en vez de decirle palabras que usted quiera traducir. Dígale, por ejemplo: "Quiero aprender cómo saludar a la gente. Si me encuentro con alguno y quiero saludarlo según el uso general, ¿qué le digo?" Lo más probable entonces es que Komo traduzca "hola" con la palabra o frase comúnmente usada con ese sentido en su idioma. Si usted le describe siempre lo que desea decir, en vez de darle las palabras en sí para que las traduzca, obtendrá las formas más comunes de expresar los pensamientos en la lengua de Komo.

b. COMPROBAR. Conforme prepara su guión, pídale a Komo que escriba todo ello en su propio idioma, pero sin enseñárselo a usted. Cuando haya anotado todo el guión, haga que Komo diga todo en voz alta. Asegúrese de que suena natural, como si alguien lo dijese en su propia lengua.

c. TRANSCRIBIR. Una vez que Komo esté seguro de que esa conversación suena natural y que usted puede usarla cuando le hable por primera vez a la gente, pídale que le ayude a ponerla por escrito. Si en su lengua se usa la misma clase de letras que en la de usted, entonces cópiela tal como él la tiene escrita. Si en la lengua de él se usan símbolos diferentes en la escritura, escríbala cuidadosamente, lo mejor que pueda, con sus propias letras. Y si la lengua que usted está aprendiendo es solamente una lengua hablada, sin ninguna forma de escritura, simplemente escriba los sonidos usando los símbolos de su propia lengua. Haga que Komo lo ayude pronunciando despacio los sonidos mientras usted los va escribiendo. No se preocupe si no le queda del todo correcto. Al principio él ha de poner énfasis en escuchar su repetición del monólogo, no en leerlo ni en escribirlo. Después que haya aprendido a hablar en ese idioma en forma conversacional, podrá preocuparse en aprender a escribirlo. Entonces podrá aprender a escribirlo mucho más rápidamente.

d. COMPRENDER. A continuación, asegúrese de que comprende el significado general de cada frase. Esto es fácil con el primer guión, pero se irá poniendo más difícil en días subsiguientes. Puede preguntar el significado de ciertas palabras, aunque no es necesario. Simplemente debe saber el significado de frases enteras, para que sepa lo que está diciendo cuando las vaya a usar. Se irá dando cuenta del exacto significado de las palabras mientras practica usando los guiones.

e. ANOTAR. Aquí es donde debe darse cuenta de dónde podría

tener problemas al tratar de pronunciar los mismos sonidos que Komo. Debe marcar los sonidos que le son difíciles de pronunciar, subrayándolos en su cuaderno. Deberá practicarlos un número adicional de veces en el paso número dos. Más adelante, al ir teniendo experiencia con otros guiones, usted empezará a notar algunas cosas en ciertas palabras o formas de expresión.

Podrá notar, por ejemplo, que la última palabra siempre termina con un determinado tipo de sonido cuando se dirige a alguien y con otro sonido cuando se refiere al que dirige la palabra. Probablemente usted colegirá una que otra desinencia (terminación verbal). A medida que vaya aprendiendo más guiones, descubrirá muchas cosas. Deberá anotar todas las que pueda al estar en esta etapa de la preparación de su guión. Esto lo ayudará a comenzar a entender las reglas gramaticales de esa lengua. Deberá anotar, asimismo, las preguntas que le quiera hacer a Komo la próxima vez que lo vea.

f. GRABAR. Ahora puede proceder a grabar el guión en una cinta magnetofónica. Este ejercicio es muy importante. Cuanto mejor se aprenda esta fase de grabación, tanto más fácil le resultará aprenderse su monólogo. Empleará tres clases de ejercicios:

(1) *Ejercicio de escuchar el texto entero.* Es para escuchar de una vez el monólogo entero. Pídale a Komo que le grabe toda la conversación del día en la primera parte de la cinta. El debe ensayarla primero, repitiéndola un par de veces, como lo diría todo realmente si estuviera hablando con alguien. Una vez que la pueda repetir con confianza y naturalidad, la puede grabar en la cinta.

(2) *Ejercicio de imitar la oración.* El propósito de hacer esta nueva grabación es hacer posible que usted imite cada frase y cada oración en su sesión de práctica. Pídale a Komo que grabe tres veces cada oración, haciendo una pausa cada vez, a fin de que usted tenga tiempo para repetir la oración después de él. Por ejemplo, si usted no hablara el castellano y quisiera aprenderlo, Komo grabaría la primera conversación de la manera siguiente:

— ¡Hola!
(pausa)
— ¡Hola!
(pausa)
— ¡Hola!
(pausa)
— Estoy aprendiendo el castellano.
(pausa)
— Estoy aprendiendo el castellano.
(pausa)
— Estoy aprendiendo el castellano.

(pausa)

— Eso es todo lo que sé decir.

(pausa)

— Eso es todo lo que sé decir.

(pausa)

— Eso es todo lo que sé decir.

(pausa)

— ¡Adiós!

(pausa)

— ¡Adiós!

(pausa)

— ¡Adiós!

(pausa)

Después de grabar la conversación con tres repeticiones, debe grabarla también con una sola repetición, de la manera siguiente:

— ¡Hola!

(pausa)

— Estoy aprendiendo el castellano.

(pausa)

— Eso es todo lo que sé decir.

(pausa)

— ¡Adiós!

(pausa)

Más adelante, cuando las oraciones de sus guiones sucesivos sean más largas, le será difícil repetir de una vez toda la oración. Cuando esto ocurra, usted deberá pedirle a su ayudante que repita la oración por frases, empezando por la última frase y retrocediendo hasta llegar a la primera. Cuando haya completado la primera frase, deberá decir la oración entera sin parar. Digamos, por ejemplo, que en el guión de su tercer día figura esta oración: "Hace sólo tres días que estoy en Santiago." Esta es la forma en que Komo debe grabarla:

— en Santiago.

(pausa)

— en Santiago.

(pausa)

— en Santiago.

(pausa)

— que estoy

(pausa)

— que estoy

(pausa)

— que estoy

(pausa)

— que estoy en Santiago.

(pausa)

— que estoy en Santiago.

(pausa)

— que estoy en Santiago.

(pausa)

— Hace sólo tres días

(pausa)

— Hace sólo tres días

(pausa)

— Hace sólo tres días

(pausa)

— Hace sólo tres días que estoy en Santiago.

(pausa)

— Hace sólo tres días que estoy en Santiago.

(pausa)

— Hace sólo tres días que estoy en Santiago.

(pausa)

(3) *Ejercicio de completar la oración.* Hay todavía otra clase de ejercicio que usted ha de grabar en cada guión. Le ayudará a recordar con facilidad las frases y hará que mejore su fluidez. Pídale a Komo que diga tan sólo la primera palabra o la primera parte de cada oración, y que deje suficiente tiempo para que usted diga en seguida la oración entera. Pero solamente la voz de Komo debe ser grabada en la cinta. El ejercicio ha de ser grabado de la manera siguiente:

— Estoy. . .

(Estoy aprendiendo el castellano.)

— Estoy aprendiendo. . .

— Eso es. . .

(Eso es todo lo que sé decir.)

— ¡Adiós!

(¡Adiós!)

— ¡Adiós!

Ahora, pida a Komo que le grabe una vez más el discurso entero a velocidad normal. Después, que grabe sólo la primera palabra y que se detenga, para que usted tenga tiempo para decir, acto seguido, el monólogo entero. Se usará esto cuando usted practique.

Si tiene cintas en circuito cerrado, la última cosa que debe hacer durante la sesión que tiene con Komo es grabar la plática completa en una cinta en circuito cerrado. Si se trata de un guión corto, como el que acabamos de mostrar, use la cinta en circuito cerrado de cinco segundos o la de diez segundos. Tenga presente que Komo tiene que decir el monólogo entero en el tiempo que dura la cinta, o de lo contrario, faltará una parte de la conversación.

Y con esto, usted está preparado para el paso número dos.

2. *Paso número dos: el ensayo de su guión.* En esta etapa del ciclo de aprendizaje diario, usted habrá de ensayar la forma de escuchar, de imitar y de completar. Lo mejor es que empiece esta práctica mientras todavía está reunido con su ayudante. Pase por todos los ejercicios al tiempo que Komo lo escucha. El debe estar dispuesto a indicarle los puntos en que usted *más* necesita practicar la pronunciación. Por ejemplo, es probable que se dé cuenta de que usted pronuncia la "r" de modo muy diferente de como la pronuncia su pueblo, haciéndola difícil de entender. O tal vez note que uno de los sonidos que usted pronuncia suena casi igual que otro sonido de ese idioma. El debe advertirle respecto a esas diferencias cuando le oiga hacer los ejercicios.

Después de tomar notas sobre esos particulares, su sesión con Komo termina. Ahora usted está ya en condiciones de ensayar por sí mismo. La siguiente es la forma en que debe practicar los tres ejercicios:

a. EJERCICIO DE ESCUCHAR. En primer lugar, debe escuchar muchas veces el texto grabado. Use la porción de la cinta donde Komo dice el texto a la velocidad normal y pásela toda sin parar. Si tiene una cinta en circuito cerrado, aquí es cuando le resulta más valiosa. Teniendo tal cinta, usted puede colgar la grabadora de su cinturón, usar el audífono y ponerse a hacer algunos de sus quehaceres diarios. Puede escuchar la grabación mientras se afeita, o hace las tareas de la casa, o mientras viaja.

Al escuchar la cinta una y otra vez, su mente se adiestrará para percibir los sonidos exactos que Komo ha grabado. Cuando usted comience a pronunciar esos sonidos por su cuenta, su mente no quedará completamente satisfecha hasta que los pronuncie en forma correcta. Es por eso que las cintas en circuito cerrado son tan valiosas. Aun en el caso de no tener esa clase de cintas, usted debe escuchar la conversación entera muchas veces antes de pasar al ejercicio de imitación.

b. EJERCICIO DE IMITAR. Después de haber escuchado su texto unas veinte veces o más, pase a la parte de la cinta dedicada a imitar las oraciones. Repítalas en voz alta cada vez que Komo las dice. Continúe haciendo eso hasta que pueda decir esas oraciones con entera exactitud y fluidez, igual que Komo. Este ejercicio seguirá mejorando su pronunciación. Dedique un esfuerzo mayor a los sonidos que le sean más difíciles de imitar. Este ejercicio no sólo le habrá de adiestrar la lengua, sino que le va a seguir adiestrando el oído. Cuanto mejor imprima esos sonidos en su mente, tanto mejor habrá de ser su pronunciación, su entonación y su inflexión.

c. EJERCICIO DE COMPLETAR. Cuando ya se sienta satisfecho con el progreso que haya alcanzado en las prácticas de imitación, pase a la sección de su cinta dedicada a completar oraciones. Diga en forma completa cada oración después que Komo la empiece. Escúchelo atentamente cuando él repita la oración después de que usted la diga, para estar seguro de haberla dicho correctamente. Repita este ejercicio cuantas veces sea necesario, hasta que esté seguro de que puede decir cada oración en forma completa, con los mismos sonidos que Komo. Cuando ya pueda hacerlo, pase a la parte de la cinta en que Komo dice el monólogo entero a una velocidad normal. Ensáyelo junto con él una y otra vez. Si tiene una cinta en circuito cerrado, úsela para esta práctica.

Al principio le parecerá que Komo habla mucho más rápido de lo que usted puede hacerlo, pero después de ensayar varias veces, podrá ir a la par con él. Por último, cuando ya pueda hacerlo, pase a la parte en que Komo simplemente inicia el monólogo. Trate de decirlo completo usted solo después de empezarlo él. Practique hasta que pueda hacerlo. Ahora usted está preparado para el paso número tres.

3. *Paso número tres: la comunicación en la comunidad.* Ya usted se encuentra preparado para el paso más importante del sistema de aprendizaje del lenguaje de la vida. Está listo para empezar a comunicar a los del grupo lingüístico que se propone alcanzar lo que ha aprendido. Debe entrar al vecindario en que vive la mayoría de esa gente. Comience luego a repetir su monólogo a toda persona con que se encuentre y que le parezca que habla la lengua que usted desea aprender. Debe repetir el guión cuantas veces le sea posible. Procure decírselo al menos a unas 40 personas, o a unas 50, si fuera posible. Propóngase pasar tres o cuatro horas en la comunidad de habla extranjera hablando con la gente.

Toda persona con quien usted se encuentra es un oyente en potencia a quien puede platicarle. Podrá encontrar a personas a quienes hablarles en las tiendas de las diferentes calles. Allí puede hablarles a los dependientes, a los clientes, a los niños o a cualquiera que parezca estar dispuesto a hacer una pausa para escucharlo.

En caso de no haber tiendas, tal vez tenga que visitar las casas para encontrarse con personas a quienes pueda comunicar su guión. Si sabe que probablemente vaya a visitar las casas, pregunte a su ayudante acerca de las reglas sociales que usted deberá observar. Por ejemplo, quizá tenga que hacer sus visitas al caer la tarde, cuando el esposo o los niños ya están en casa.

Su primer día será el más difícil. Podrá sentirse un poco turbado al principio. La primera vez que trate de decirle su guión a alguien, lo más probable es que no le salga bien. ¡Pero siga diciéndolo! Después de unas cuantas veces, ya comenzará a salirle mejor.

Fíjese en la reacción de la gente. Si empiezan a contestarle en su propio idioma, es señal de que entendieron lo que usted les dijo. También es señal de que lo hizo bien, puesto que estarán pensando que usted conoce su lengua mejor de lo que en realidad la conoce. Cuando ocurra esto, no se preocupe. Vaya y repítale su guión a la persona siguiente. Usted aprenderá a comunicarse con la gente cada vez mejor, a medida que va preparando más guiones cada día.

Una vez que les haya dicho sus frases a unas cuarenta personas, ya le resultará más fácil decirlas. Podrá darse cuenta, por las sonrisas y las expresiones faciales de la gente, de que les agrada que usted se esté tomando el trabajo de aprender su idioma. Para cuando haya terminado sus ensayos de comunicación, podrá decir el monólogo entero sin vacilaciones y con toda fluidez. Podrá decir cada frase, cada oración inmediatamente, cuando quiera que se le ocurra el pensamiento. Esto le resultará muy valioso conforme usted sigue adelante con el ciclo de aprendizaje de cada día.

Aun cuando no entienda a los que le contestan, no deje que eso lo amedrente. Dése cuenta de que probablemente nunca han visto a nadie hacer lo que usted está haciendo. Quizá les parezca divertido. Tal vez les resulte sorprendente. O puede que simplemente no sepan responderle. Mantenga su sentido del humor, y sonría.

Haga lo que haga, no tema cometer errores. Usted va a cometer algunos, ¡pero no deje que eso le impida seguir adelante! Cada día le será más fácil que el día anterior. Para cuando haya completado los primeros cinco días, usted se sentirá a sus anchas con respecto al ciclo de aprendizaje. Empezará a esperar con agrado el tiempo que habrá de pasar repitiéndole a la gente su charla siguiente.

4. *Paso número cuatro: la evaluación de su progreso.* Al regresar de su trabajo de práctica, usted debe dedicar alrededor de media hora para evaluar su experiencia y su progreso, mientras todavía están frescos en su mente. Lo primero que debe hacer es anotar la charla del día en su cuaderno, el cual será su registro permanente de las pláticas.

No se preocupe de cómo se deletrearon las palabras cuando las escribió con su ayudante. Escríbalas conforme le suenan. Si se ha dedicado a aprender a escribir con ortografía fonética, pues úsela. En caso contrario, simplemente escríbalas de la manera más parecida a los sonidos exactos que pueda, usando las letras de su propio idioma. Si quiere escribir el texto en el idioma que va aprendiendo debajo de cada renglón, puede hacerlo. Debe escribir esto en la sección de su cuaderno encabezada "Guiones diarios".

A continuación debe usar la "Guía de evaluación del ciclo de aprendizaje" que viene en el apéndice de este libro. Puede sacar copias de esta guía para usarlas cada día durante su tiempo de evaluación. Conteste las preguntas en los espacios provistos para ello en el cuestionario. Esto le ayudará a adquirir ideas que anotar en su cuaderno.

También debe apuntar lo que le haya venido a la mente mientras realizaba la comunicación en la práctica. Quizás haya notado que las personas de más edad reaccionaban como si usted no hubiese hablado en forma correcta cuando las saludó. Tal vez haya un saludo que exprese un mayor respeto y que debe usarse para con las personas de más edad. Debe tomar nota al respecto para preguntárselo a Komo al día siguiente. El hacer apuntes como estos después de cada experiencia de práctica le ayudará a aprender a usar las frases correctas en las ocasiones apropiadas. También le ayudará a aprender las normas de conducta de esa cultura. Asimismo, debe abrir una sección en su cuaderno con el título de "Apuntes culturales", y escribir cada día este tipo de información en dicha sección.

Debe tener también en su cuaderno una sección titulada "Ideas en cuanto al método". En esta sección ha de escribir sus ideas referentes a cómo podría ampliar sus ejercicios o charlas para adquirir más práctica en algún aspecto importante. Quizás usted quiera usar ejercicios de su propia invención además de los ejercicios básicos que se han dado. Tal vez quiera también hacer apuntes sobre formas de mejorar el rendimiento de su tiempo de práctica (paso número dos). Ha de anotar en esta sección toda idea que le permita realizar cualquiera de esos pasos en una forma mejor.

En una sección titulada "Pronunciación" podrá apuntar los sonidos que le sean más difíciles de pronunciar. Esto lo alertará a practicar esos sonidos cuando se tope con ellos en monólogos futuros y cuando repase los ya efectuados.

Otra sección llevará el título de "Gramática". Esta es una importante sección de su cuaderno. Aquí es donde usted apuntará las reglas referentes a la estructura del idioma, a medida que las vaya aprendiendo. Al principio le será difícil entender su estructura. No sabrá cómo decir algo en el pasado ni en el futuro, a menos que su ayudante le diga las palabras. Pero pasados tan sólo unos días, usted comenzará a notar ciertas similitudes en lo que se refiere a los verbos, los nombres y otras partes del idioma. Cuando vea esas similitudes en los monólogos que usted prepara cada día, debe formular preguntas relativas a ellas y apuntarlas en la sección "Gramática" de su cuaderno. Al día siguiente podrá preguntarle a su ayudante si es correcto lo que usted piensa al respecto.

Digamos, por ejemplo, que usted tiene varios monólogos en que se emplean el tiempo futuro del verbo: el sentido de "haré tal cosa". Con el tiempo habrá de notar que una parte del verbo — por lo regular la terminación, o desinencia — viene a ser la misma en la mayoría de los casos referentes al futuro. Pídale a Komo que le diga varias palabras que tengan esas mismas desinencias. Así usted empezará a ver un patrón para formar verbos en el tiempo futuro. Esto le ayudará ante todo a aprender a reconocerlos cuando los oiga. Bien pronto comenzará a saber cómo conjugar usted mismo el tiempo futuro de los verbos. Puede seguir el mismo procedimiento para aprender la forma de aplicar muchos otros paradigmas del idioma. Llegará a reconocer el tiempo por su forma, como por ejemplo: "él hizo tal cosa" (pasado), "ustedes siempre han hecho. . ." (pretérito perfecto), "hacíamos algo" (pretérito imperfecto), "estamos haciendo algo".

Hay muchas cosas que usted puede aprender si se vale de su sección gramatical de esta manera. No es necesario que se aprenda cada regla exactamente como aparece en un libro de gramática. Simplemente vaya anotando sus ideas y compruébelas con su ayudante. El no tiene que entender las reglas gramaticales para poder contestar sus preguntas sobre la forma de decir algo.

A medida que pase el tiempo, usted empezará a "sentir" la forma correcta de decir las cosas. Esto es importante. En todos los idiomas se aplican reglas gramaticales, que en realidad son simplemente formas de analizar estructuralmente cómo la gente dice las cosas. Pero las reglas gramaticales no hacen que los hombres digan las cosas como las dicen. La gente simplemente trata de tener en cuenta los patrones que se han ido formando para decir las cosas.

Aun cuando usted se sepa perfectamente todas las reglas gramaticales, no por eso sabrá exactamente cómo expresarse en otro idioma. Las reglas no son tan importantes como el saber la forma normal de decir las cosas. Por ejemplo, en castellano decimos: "Tengo treinta años." Si queremos decir esto en inglés norteamericano, tendremos que decir: "I am thirty years old", que literalmente quiere decir: "Yo soy treinta años viejo." En todo idioma existen muchas diferencias como esta.

Cuando un latinoamericano va a aprender otro idioma, tiene que imitar los patrones del lenguaje de la lengua que aprende. De lo contrario, los del pueblo que desea evangelizar pensarán que los latinoamericanos tienen una pronunciación tan mala como la de algunos norteamericanos cuando estos tratan de hablar en castellano.

Del hecho de saberse perfectamente las reglas gramaticales, usted nunca aprenderá cómo se dicen las cosas en otro idioma. Por eso es mejor que se concentre primero en aprender cómo se dicen las cosas y luego averigüe el mayor número de reglas gramaticales que pueda de lo que se dice. Luego, cuando ya haya aprendido a hablar en forma conversacional en ese idioma, podrá estudiar las reglas gramaticales con más formalidad.

Es necesario que aprenda a sentir cuándo y cómo puede expresar sus pensamientos, en la misma forma en que lo hace el pueblo que se propone alcanzar en su lengua. Debe dejar que su comprensión de la gramática le venga del mismo uso que ha aprendido, y no viceversa.

Su cuaderno ha de incluir también una sección llamada "Actividades de comprensión". Más adelante habrá de usar esta sección en su programa de aprendizaje para apuntar ideas y métodos de aprendizaje a fin de comprender más de lo que la gente le dice. Por ejemplo, una de esas actividades será que su ayudante le escuche repetir su monólogo y luego responda diciendo lo que le contestaría la persona que lo oyera. Trate entonces de entender lo que él ha dicho, captando el mayor número posible de palabras.

Por último, incluya en su cuaderno una sección titulada "Guiones futuros". Anote en esta sección las ideas que tenga referentes a la preparación de futuras pláticas diarias. A menudo esas ideas le vendrán estando usted en su práctica de comunicación entre la gente. Es bueno apuntar las cosas que le habría gustado saber decir al estar entre la gente pero que no las sabía decir. Cuando vaya a preparar pláticas diarias en el futuro, podrá hacer uso de esas ideas.

Usted debe tener ahora siete secciones en su cuaderno. De día debe llevar consigo una libreta de apuntes para apuntar en ella las ideas que lo vayan viniendo a la mente. Por la noche, durante su tiempo de evaluación, las podrá pasar a su cuaderno permanente. También puede usar su libreta de bolsillo para apuntar las palabras y expresiones nuevas, cuando las oiga durante sus conversaciones en la práctica.

Usted debe seguir el plan del Ciclo de aprendizaje diario todo el tiempo que dure su aprendizaje del idioma. Habrá diferentes clases de diálogos que usted usará, algunos de los cuales vienen expuestos más adelante. Pero deberá seguir este procedimiento básico de cuatro pasos con una nueva plática cada día.

Al cabo de dos o tres semanas de estar siguiendo este procedimiento, usted empezará a notar que está aprendiendo muchas cosas nuevas. Comenzarán a perfilarse en su mente las reglas de la formación de las desinencias verbales, según las diferentes personas gramaticales. Comenzará a sentir cuándo tiene que usar ciertas palabras con determinada clase de personas. Empezará a entender algunas de las emociones que la gente siente en su corazón por la manera en que dicen las cosas.

Este proceso irá ampliándose continuamente a medida que usted va escribiendo más guiones y va adquiriendo la habilidad de intercambiar las oraciones entre los monólogos. Empezará a "sentir", a darse cuenta a veces de cuándo lo dice bien y cuándo no. El efecto de esto será que se multiplicará rápidamente su capacidad de comunicarse.

Este rápido aumento de su capacidad de comunicarse es una muestra del tremendo valor del *Sistema de aprendizaje del lenguaje de la vida*. Su habilidad de entender ese idioma y de hablarlo va siempre fundamentada sobre lo que usted ya ha aprendido. Al aprender cada día un poco de la lengua, usted verá que las oraciones de las distintas conversaciones se van haciendo rápidamente utilizables en muchas situaciones diferentes. Esto aumentará en forma acelerada su capacidad de hablar. Incrementará también su capacidad de entender a la gente cuando le hablan a usted.

Al principio se encontrará con que entiende tan sólo palabras sueltas y una que otra frase. Pero aun así la mayor parte de las veces llegará a entender lo que oye. Más adelante, a medida que siga redactando guiones, irá entendiendo más y más.

Para cuando haya seguido este sistema unos tres meses, deberá tener fluidez en su capacidad de hablar y de entender una conversación sencilla y corriente. Podrá hacer compras, viajar a donde usted quiera, dar testimonios personales de su fe y contar historias que ayuden a que la gente quiera escucharlo. Y, mejor aún, sus hábitos de pronunciación, entonación e inflexión se parecerán tanto a los de un nativo que habla ese idioma, que usted se sentirá muy cómodo en casi cualquier circunstancia cotidiana de esa cultura.

F. La redacción de monólogos para el aprendizaje

Ahora usted ya conoce los principios fundamentales del ciclo de aprendizaje diario. Son el fundamento del *Sistema de aprendizaje del lenguaje de la vida*. Pero también tiene que aprender cómo hay que redactar monólogos que le sean de máxima ayuda en su aplicación diaria.

El principio fundamental en que se basa la redacción de charlas es: *Adquiera un poquito y luego úselo mucho*. Muchos principiantes quieren comenzar con guiones largos, pero eso es un error. Durante las primeras dos o tres semanas sus monólogos han de ser breves: no deben tener más de unos pocos renglones. El énfasis ha de estar en lograr una correcta expresión, no sólo en cuanto a la selección de las palabras, sino a la forma en que usted las dice. Esto se logra mejor con guiones breves al principio. Recuerde que usted estará adiestrando su oído para que distinga sonidos que nunca ha oído con claridad. Estará adiestrando su lengua para que produzca sonidos que nunca ha pronunciado.

1. *Monólogos iniciales*. Para ayudarle a completar su primera semana, presentamos a continuación guiones modelos para los días dos al cinco. No tiene que usarlos si tiene en mente algo que le gustaría poder decir y que tiene mayor importancia para usted. Pero cualesquiera guiones que vaya a usar, no deje de seguir el Ciclo de aprendizaje diario, ni de llenar cada día el formulario de evaluación (apéndice B).

TEXTO PARA EL DÍA DOS

— ¡Hola!
— Me llamo (su nombre). Estoy aprendiendo (el idioma).
— Hace sólo dos días que estoy aquí.
— Eso es todo lo que sé decir ahora.
— ¿Puedo volver mañana?
— ¡Gracias!
— ¡Hasta mañana!

TEXTO PARA EL DÍA TRES

(Saludo) (Apréndase los saludos apropiados para las diferentes personas; vea más adelante.)
— Me llamo (su nombre).
— Soy de (su procedencia).
— Hace sólo tres días que estoy aquí.
— Quiero hallar un lugar donde hospedarme por unas semanas.
— ¿Conoce usted a alguna familia con la cual pudiera quedarme?
— ¿Podría escribirme la dirección de ellos?
— ¡Gracias!
— ¡Adiós!

TEXTO PARA EL DÍA CUATRO

(Saludo)
— Me llamo (su nombre)
— ¡Mucho gusto en conocerlo!
— Busco (o buscamos) una familia con la que pueda alojarme (o podamos alojarnos) por unas semanas.
— Yo ayudaría a pagar los gastos.
— ¿Cómo podría conocer a esa familia?
— ¿Podría usted ayudarme a hacer los arreglos?
— Eso es todo lo que sé decir en (el idioma).
— ¡Muchísimas gracias!

TEXTO PARA EL DÍA CINCO

(Saludo)
— Me llamo (su nombre).
— ¿Qué es esto?
(— Esa es una papaya.)
— ¿Papaya? (Repítalo y anótelo en su libreta de notas.)
(— Sí, esa es una papaya.)
— Papaya.
— ¿Qué hace ese hombre?
(— Ese es un barbero.)
— ¡Gracias! (Repita la palabra "barbero" y apúntela.)
(— De nada.)
(Despedida.) (Apréndase las diferentes formas de despedirse de las distintas personas. Use aquí la forma apropiada.)

Fíjese en que estas conversaciones están construidas sobre el material del día anterior. Es una buena manera de aumentar su capacidad de comunicación, teniendo al mismo tiempo oportunidad de repasar el material anterior. También le ayuda a acostumbrarse a reemplazar una frase con otra cuando las circunstancias lo permiten.

Los saludos y las despedidas merecen una atención especial. Todo idioma ofrece a la gente diversas formas de saludarse unos a otros y de despedirse después de terminar la conversación. Por ejemplo, se usa normalmente un término general para saludar a cualquier persona; un término que denota respeto para saludar a una persona de edad; y por lo general, una forma familiar de saludar a un amigo.

Lo mismo cabe decir de las despedidas. Despedidas formales o de cortesía, despedidas informales, y varias maneras de hacer saber a los demás que uno se va, son todas comunes en la mayoría de los idiomas. Es importante que usted aprenda esas diferentes formas con su ayudante y sepa bien cuándo es apropiado usar cada una de ellas.

Fíjese en las conversaciones de los días tres y cuatro. En ellas se invita al oyente a que ayude al "aprendedor" a encontrar una familia de la localidad con la cual pueda hospedarse mientras empieza el aprendizaje del idioma. Algunos se sentirán renuentes a pedir este tipo de ayuda, pero es probablemente una de las cosas más importantes que uno puede hacer durante los primeros días que pasa en otra cultura.

Muchos se quedan realmente sorprendidos de ver cuántos están dispuestos a invitarlos a quedarse con ellos al principio de su aprendizaje de la lengua. Muchos grupos de "aprendedores" de un idioma han usado estas conversaciones durante los primeros días de su estancia en otra cultura y, casi sin excepción, han encontrado enseguida una familia con la cual quedarse. Esto fue así aun en los casos en que tenían a su familia con ellos.

El quedarse con una familia del lugar durante las primeras semanas o meses de estar en otra cultura acelerará grandemente su aprendizaje del idioma y la cultura. Es el mejor paso individual que usted puede dar para asegurar que habrá de obtener el pleno beneficio del proceso de vinculación.

Cuando uno se aloja con una familia de la localidad, aprende muchas cosas de la forma de vida de la gente. Pero las aprende desde adentro. Ir de compras, cocinar, comer, lavar, limpiar, hacer diversas clases de trabajo, todo eso se aprende en el contexto natural cuando uno vive al principio con una familia lugareña. Usted notará que va entendiendo muchas de las normas de conducta y muchos de los valores de la gente del lugar, sin sentir ningún rechazo cultural. En vez de considerar como inferiores algunas de sus formas de proceder, usted empezará a adoptar abiertamente muchas de sus normas de conducta. Comenzará a ver por qué éstas tienen buen sentido en esa cultura. Llegará a querer y a apreciar a su nueva "familia" a medida que van ofreciéndole hospitalidad. Aprenderá a trabajar al lado de ellos en las tareas diarias y aprenderá de ellos. Lo aceptarán y lo apreciarán en esa condición, como en ninguna otra lo harían con un recién llegado a una nueva cultura. ¡Es una experiencia de vinculación de la cual usted no debe quedar privado!

2. *Monólogos de potencia.* Usted puede crear monólogos de potencia para aumentar grandemente su habilidad de comunicación y de comprensión en otro idioma. Estos monólogos se preparan de manera tal que otros le ayuden a extender el uso que hace de las palabras, su vocabulario, su conocimiento de la cultura y su capacidad de hablar. Por ejemplo, un monólogo de potencia podría incluir la pregunta: "¿Qué es esto?" La gente le dirá con gusto el nombre de cualquier cosa a que se esté refiriendo usted. El "Texto para el día cinco" que hemos presentado es un monólogo de potencia. ¿Puede usted encontrar las dos "oraciones de potencia" que hay en ese monólogo?

A continuación presentamos algunos ejemplos de oraciones de potencia que podrán ser usadas para hacer monólogos de potencia:

— ¿Cómo se llaman estas cosas?
— ¿Usa usted estas cosas igual que a esta otra?
— ¿Me quiere deletrear?_____
— ¿Podría usted repetir eso y permitirme decirlo hasta que yo lo pronuncie correctamente?
— Ayúdeme a escribir eso, por favor.
— ¿Qué ómnibus debo tomar para ir a la sección comercial?
— ¿Cómo se llama esta parte del brazo?

— ¿Qué tren me llevará a Buenos Aires?
— Si señalo hacia allá, ¿en qué dirección estoy señalando?
— ¿Cuántas de éstas tengo? ¿Cuántas tengo ahora?
— ¿Qué hora es?
— ¿Qué fecha es hoy?
— ¿Cuánto vale esto? ¿Cuánto valen estas cosas?
— ¿Podría usted decirme algunas palabras más que tengan el sonido?_____
— Voy a hacer esto (levante las manos, dé la vuelta, etc.) Dígame, por favor, lo que hice.

Al considerar estas oraciones, es fácil ver la ayuda que se puede obtener, aun cuando simplemente se hable con la gente durante la práctica diaria. Imitando y apuntando cuidadosamente las respuestas que le dan, usted podrá aprender a decir rápida y correctamente muchas cosas comunes y corrientes. Cuando alguien le diga una cosa, no deje de anotarla y practicarla antes de volver a ver a esa persona al día siguiente.

Cuando ha venido realizando durante varios días sus prácticas diarias en las calles, lo más probable es que haya establecido un itinerario en el cual usted habla con muchas de las mismas personas cada día. La mayor parte de la gente lo ayudará gustosamente. Si un día lo ayudan con algo y usted vuelve al día siguiente para mostrarles que lo ha aprendido, ¡ellos querrán ayudarlo mucho más!

3. *Monólogos de "aprendedor".* Hasta aquí la mayor parte del material de los monólogos que hemos presentado han sido de la categoría de "pláticas de aprendedor", que le ayudan a asumir la actitud de "aprendedor" en otra cultura e inducen la ayuda que usted necesita para sobrevivir durante las primeras semanas que pasa en otra cultura. Usted puede redactar muchos otros monólogos de esta clase.

4. *Monólogos de servidor.*[6] A continuación encontrará algunas oraciones que le ayudarán a asumir la actitud de servidor durante la parte inicial de su enculturación. Puede insertarlas en otro material de monólogos que usted ya se haya aprendido, o las puede incluir en nuevas charlas que usted mismo redacte. Presentamos dos ejemplos:

— Veo que usted no se siente bien.
— Vine a visitarlo para decirle que estamos orando por usted.
— Le traigo estos dulces (estas flores, este libro, etc.)
— Quiero ayudarlo/ayudarla (en el trabajo de la casa, en el cuidado de los animales, en el trabajo de la granja, mientras esté enfermo/enferma, etc.)
— Espero que pronto se sienta mejor.
— Quiero pasar un día cada semana trabajando con alguien.

— Por supuesto, no recibiré paga alguna, pero aprenderé muchas cosas.

— De esta manera podré aprender algo acerca de las diferentes clases de trabajos que hay aquí y podré llegar a conocer mejor a la gente.

— ¿Sabe de alguien con quien pueda trabajar mañana?

— ¿A qué hora comienzan?

— ¡Bien! Vendré mañana.

5. *Monólogos de narrador.*[7] Casi todos los grupos étnicos tienen individuos que se dedican a narrar historias. En algunas culturas son mayormente los más ancianos. En otras, individuos de cualquier edad narran relatos. Muchas culturas le dan importancia a los relatos que son como proverbios y que enseñan la verdad de determinados principios o valores aceptados en esa cultura. El que aprende un idioma haría bien en aprender cuáles son las clases de historias que suele narrar la gente en la cultura que se propone alcanzar y luego debería tratar de narrar historias que encajen en ese patrón. Eso no quiere decir que tenga que contar esos mismos relatos, aunque eso no sería necesariamente desacertado.

Se pueden hacer relatos acerca de miles de cosas. Simplemente relatar algo que le ha acontecido a usted es narrar una historia. Cuanto más experto llegue a ser usted en relatar historias, tanto más querrá la gente escucharlo y más oportunidades tendrá de pasar tiempo con la gente de la cultura que lo recibe. Además, puede usar la narración de historias como un instrumento para originar monólogos de potencia, como en el primer ejemplo que presentamos a continuación. También hay dos diferentes clases de temas y guiones que se sugieren para cada clase. Usted puede redactar muchos más.

Monólogos de potencia para narrar relatos

— Quiero aprender a hablar acerca de este artículo que salió en el periódico.

— No entiendo esta oración.

— ¿Qué significa esta palabra?

— ¿Ha leído usted esto?

— Voy a tratar de hablarle de esto con mis propias palabras.

— ¿Quiere usted corregir mis errores cuando yo haya terminado?

Otros temas para monólogos de potencia (decir cómo. . .)

— se prepara el té o el café.

— se toma el ómnibus para ir a la estación de trenes.

— se hace una llamada telefónica.

— se repara una bicicleta.

— se conduce un automóvil.

— se compran alimentos en el mercado.
— se alquila un taxi.
— se siembra maíz.

TEMAS PARA GUIONES DE RELATOS DE EVANGELISMO

— El origen del pecado (para distinguir a Satanás de las muchas clases de espíritus malignos que hay, acerca de los cuales la gente pueda tener conocimiento).
— La historia de la creación
— La historia del diluvio
— Los Diez Mandamientos
— Profecías acerca de Jesucristo
— El nacimiento de Jesús
— Jesús alimenta a los cinco mil
— El rico y Lázaro
— La mujer junto al pozo
— La historia de Zaqueo
— La historia del hijo pródigo
— Jesús predice su muerte y su resurrección
— La última cena
— La historia de la crucifixión y de la resurrección de Jesús
— La historia de la ascensión de Jesucristo al cielo
— La venida del Espíritu Santo

No es necesario que narre toda la historia de una sola vez. La gente comprenderá y esperará su siguiente visita, aun cuando usted les hable de esta manera:

— Hay un solo Dios verdadero.
— Tanto usted como yo somos parte de la creación de Dios.
— A veces las distintas personas no se llevan bien unas con otras.
— Tampoco las diferentes naciones.
— Algunas personas tampoco se llevan bien con Dios.
— Eso es todo lo que sé decir hoy. Volveré mañana.

(AL DÍA SIGUIENTE)

— A Dios no le agradaba que los hombres no supieran llevarse bien unos con otros.
— Decidió hacerse hombre para que nosotros pudiésemos aprender de él.
— Nació de una virgen mediante un milagro y fue llamado Jesús, que quiere decir "Salvador".
— Escogió a doce hombres para que aprendieran de El las cosas de Dios.
— Les enseñó cómo podían tener una nueva clase de vida.
— Eso es todo lo que sé decir hoy. Volveré mañana.

Este mismo proceso puede continuar día tras día, hasta que usted completa la historia. Puede incluir un testimonio de lo que Dios ha hecho en la vida de usted, o cualquier otra cosa que crea que debe ser incluida en la historia. Al principio esto parecerá una forma tonta de narrar una historia. Pero una vez que las personas que usted suele ver todos los días se acostumbran a que usted venga, aceptarán este método sin dificultad. Con frecuencia, la siguiente vez habrá allí otras personas también para escucharlo.

Una obrera intercultural que aprendía el idioma terminó de narrar su historia y el oyente quiso aceptar a Cristo. Otro "aprendedor" que tenía ya más experiencia en el idioma vino a ayudar, y ese hombre se hizo creyente cristiano.

G. Ejercicios de incrementación

Falta todavía una clase de actividad que usted necesita aprender: cómo hacer ejercicios para aumentar la rapidez de su aprendizaje y su capacidad de comunicación. Estos ejercicios pueden servirle de ayuda para ampliar su léxico, para aprender a usar las desinencias verbales correctas y para adquirir práctica en el intercambio de oraciones en sus diálogos.

Vamos a analizar tres tipos básicos de ejercicios.

1. *Ejercicios de pronunciación.* Digamos que en la práctica diaria que hace con su ayudante usted ve que tiene dificultad para pronunciar el sonido "r" en la forma que lo pronuncian la gente que usted desea evangelizar. Tiende a pronunciarlo como la "r" en castellano, según opina Komo. Los ejercicios de pronunciación le ayudarán a aprender cómo pronunciarlo correctamente.

Pídale a Komo que le diga unas seis a ocho palabras que contengan ese sonido difícil. Escríbalas, separándolas según ese sonido se encuentre al principio, en el medio o al final de la palabra. Escríbalas luego en su cuaderno o en una tarjeta, de la manera siguiente:

Ejercicio de pronunciación — "r" (fecha)

Al principio	En el medio	Al final
ramo	para	cansar
riña	gira	asir
real	loro	éter

Podrá hacer apuntes en esa tarjeta o página acerca de las cosas que ha de recordar cuando pronuncia ese sonido. Puede apuntar, por ejemplo, que es más fuerte al comienzo de una palabra. Usted debe preparar una tarjeta o página de su libreta de notas para cada sonido con que tiene dificultad. Luego debe practicar su pronunciación, sustituyendo palabras en oraciones que ya usted conoce con las palabras del sonido difícil. Puede pedir también que Komo se las grabe en una cinta, una palabra por vez, intercalando pausas para que usted practique su pronunciación imitándolo a él.

2. *Ejercicios de sustitución.* Estos ejercicios pueden aumentar grandemente su capacidad de comunicación y su comprensión de la estructura de la lengua. Los ejercicios de sustitución se hacen simplemente sustituyendo palabras o frases de una oración de plática con otras. Estos ejercicios constituyen la mejor manera de aprender números, fechas, la hora y los días de la semana. Son también útiles para aprenderse los pronombres personales y las formas verbales. Usted podrá ingeniar muchas maneras de usar los ejercicios de sustitución. Debe preparar con regularidad estos ejercicios para incrementar su capacidad de comunicación.

Aquí presentamos un modelo de anotación típica de un ejercicio de sustitución en un cuaderno:

Ejercicio de sustitución estructural (fecha)
Pronombres, números, el verbo "tener"

Patrón:	Yo	tengo	veinticinco años de edad
Sustituciones:	Tú	tienes	doce años de edad
	Usted	tiene	treinta años de edad
	El	tiene	veinte años de edad
	Ella	tiene	dieciséis años de edad
	Ellos, ambos	tienen	cincuenta años de edad

Así es cómo su ayudante debe grabarlo en la cinta:

— Yo tengo veinticinco años de edad   (pausa para la imitación)
— Usted tiene treinta. . .   (pausa para la imitación)
— Usted tiene treinta años de edad   (pausa)
— El tiene veinte. . .   (pausa)
— El tiene veinte años de edad   pausa)

Después que haya practicado este ejercicio con la cinta, debe adiestrarse cambiando los pronombres y los números de los ejercicios. Se sentirá con más seguridad al hacer sus propias sustituciones a medida que va aprendiendo las normas.

3. Ejercicios de comprensión. Este método de hacer ejercicios puede ayudarle a recordar las cosas con mucha rapidez. Puede usarse de muchas maneras. Probablemente usted ingeniará muchas después de ver los ejemplos. Puede ser también una buena oportunidad para ponerse de pie y moverse en derredor un poco, mientras trabaja con su ayudante, y aun hasta cuando dialoga con alguna persona en la calle. Así es cómo se hace una típica página de ejercicio de comprensión en el cuaderno:

Ejercicio de comprensión — moviendo las manos (fecha)
Ponga las manos en alto
Baje las manos
Extienda las manos hacia adelante
Ponga las manos sobre los ojos

Para usar este ejercicio, pida primero que Komo lo instruya con respecto a las órdenes escritas en la tarjeta, mostrándole qué deberá hacer usted cuando él dé la orden. Es decir que cuando él le diga que "alce las manos", él también alzará las suyas. Después que se haya aprendido de esa manera todas las órdenes, él le dará las órdenes y usted solo hará los movimientos con las manos. Por último, cuando ya domine eso, usted le dará las órdenes a él. Siga practicando hasta que él haga todo lo que usted quiera que haga cada vez.

Los ejercicios de comprensión pueden emplearse para aprenderse los números, las partes del cuerpo, los movimientos que se hacen al inclinarse y al saltar, al volverse hacia la izquierda o hacia la derecha, al mirar hacia arriba, hacia abajo o hacia los lados, para aprender a describir el uso de los objetos, y para muchas cosas más. El que aprende un idioma debe redactar y aprenderse bien al menos dos ejercicios de comprensión cada semana.

Lo que ha aprendido en este capítulo es el método de normar su aprendizaje de un idioma y la cultura. Usted puede hacer modificaciones en los ejercicios y en los monólogos. Pero ha de seguir el sistema básico aun estando ya en las etapas avanzadas del aprendizaje.

Cuando ya se sienta cómodo en la conversación diaria, debe comenzar un programa de lectura en ese idioma. Por lo regular, esta etapa debe empezarse tres o cuatro meses después de comenzado el aprendizaje de la lengua. La única excepción sería si ese idioma aún no ha sido reducido a la escritura. Si así es el caso, debe haber un bien adiestrado lingüista en el equipo de evangelismo intercultural.

Una de las tareas principales del lingüista será idear símbolos fonéticos para que la Biblia pueda ser traducida al idioma de ese pueblo. El puede ayudar al aprendiz a captar la estructura de la lengua a medida que la estudia él mismo. Es mejor que usted no trate de reducir una lengua a la escritura, a menos que sea un lingüista adiestrado.

En algunos idiomas se emplean símbolos muy distintos de nuestros símbolos occidentales para escribir los vocablos. El coreano, el chino, el japonés, el hindú, el árabe, son sólo algunos ejemplos de tales idiomas. Estos símbolos no deben atemorizarnos simplemente porque sean diferentes. La escritura es sólo el conjunto de los símbolos de los sonidos de una lengua. Una vez que usted llegue a tener fluidez conversacional en la lengua del pueblo que se propone alcanzar, le será mucho más fácil aprender a confrontar los sonidos con los símbolos.

Es en este punto donde usted puede beneficiarse grandemente con un experimentado profesor de idiomas, en caso de ya uno disponible. Pero ya sea que se valga de un instructor experimentado o de Komo, usted debe ejercitarse en relacionar los sonidos con los símbolos (las letras).

Después que haya memorizado las diferentes letras o símbolos, una buena forma de ejercitarse es escuchar y tratar de captar los sonidos que pronuncia su ayudante y en seguida escribirlos. Se trata simplemente de un ejercicio de dictado. Al principio hay que dar importancia a esta forma de ejercicio, pues ayuda a mantener el énfasis en usar el oído. Más adelante podrá pronunciar los sonidos leyéndolos. Uno de los instrumentos más importantes en el aprendizaje de una lengua es el oído.

Si el idioma que usted está aprendiendo usa los mismos símbolos de escritura occidentales que el castellano, le costará menos trabajo aprender a leer, pero le será más difícil mantener buena su pronunciación. Cuando leemos símbolos que estamos acostumbrados a leer en nuestro propio idioma, tendemos a pronunciarlos según el hábito que nos hemos formado en nuestra propia lengua. Pero en ninguna se pronuncian los mismos símbolos de la misma manera. Por eso es que ponemos tanto énfasis en aprender oyendo. Es también por eso que lo estimulamos a que adquiera fluidez en la conversación antes de comenzar un programa de lectura.

Cuando usted lee algo por escrito en el idioma nuevo, es importante que en su mente pronuncie las palabras de la misma manera que lo hacen los naturales al hablar. Si en el aprendizaje de la lengua usted pone énfasis en la lectura (el uso de los ojos), querrá más bien pronunciar los sonidos según lo hace en su propio idioma. Si usted usa el Sistema de aprendizaje del lenguaje de la vida, pondrá énfasis en el uso del oído. En su mente los sonidos no estarán relacionados con símbolos escritos. Por lo mismo, será menos probable que pronuncie mal los sonidos por confundirlos con los de su propia lengua.

Si hay libros disponibles en la lengua que va aprendiendo, empiece por leer los más sencillos. No se avergüence de leer libros de nivel primario. Haciéndolo así, llenará rápidamente algunas lagunas en su aprendizaje. Una vez que empiece a leer, no tenga temor de leer bastante. Le ayudará a incrementar su capacidad de pensar en ese idioma y aumentará considerablemente su léxico. El punto clave es este: ¡*No deje que sus lecturas le impidan tener comunicación con la gente!* Siga usando el Ciclo de aprendizaje diario. Esto es muy importante para seguir aprendiendo una pronunciación, entonación e inflexión correctas, un uso apropiado y fluidez.

Conforme su material de lectura se hace más avanzado, aumente el tiempo que dedica a leer en esa lengua. Ponga énfasis en leer periódicos y revistas noticiosas. Estos se publican con el vocabulario más ampliamente entendido. Con el tiempo, usted deberá leer libros de muchos temas diferentes, para ampliar su comprensión de ese pueblo y su cultura, y para aumentar su vocabulario. Conforme usted aumenta su destreza en la lectura, continúe usando el Ciclo de aprendizaje diario, para tener la seguridad de seguir pronunciando correctamente las palabras en su mente mientras va leyendo.

H. La fase final del aprendizaje de una lengua

Llegará el día en su aprendizaje de la lengua en que usted podrá dejar de seguir usando el Ciclo de aprendizaje diario. La mayoría quiere dejar de usarlo demasiado pronto. Se sienten tentados a usarlo tan sólo hasta que ya pueden conversar con fluidez acerca de los temas más comunes. Entonces dejan de usarlo más. Pero eso es un error. El ciclo es un importante recurso para seguir aprendiendo materiales nuevos, relativos a cualquier tema o propósito.

Usted debe seguir usando el ciclo hasta que haya alcanzado completamente el "nivel tres" en la lista de verificación de la capacidad de hablar, que se encuentra al final de este libro (Apéndice C). Eso puede tomarle diez meses, o puede tomarle dos años. Depende de su dedicación y de su habilidad de usar el *Sistema de aprendizaje del lenguaje de la vida*. Sólo después de alcanzar ese alto nivel de pericia, debe considerar usted dejar de usar el Ciclo de aprendizaje diario.

Ese es el momento para empezar la importante fase final del aprendizaje de un idioma. Se trata de la fase en que uno se esfuerza en pulir su forma de usar la lengua hasta convertirla en algo bello para aquellos que lo escuchan. Es un proceso de refinación mediante el cual uno elimina de su uso los pequeños errores y hábitos que lo distinguen de un natural que habla el idioma.

Quizá la mejor forma de hacer esto es sentarse con un natural de esa lengua durante más o menos una hora cada día y simplemente hablar sobre diferentes temas en su idioma. Será de ayuda aquí si él es una persona culta y conoce las reglas gramaticales de su lengua. Lo principal es hacer que lo detenga a usted cada vez que usted dice algo que no es exactamente igual a como lo diría un natural. Entonces él debe explicarle la forma de decirlo mejor y dejar que usted lo anote. Si hay reglas gramaticales que lo pueden ayudar, él debe enseñárselas. Usted deberá tener un libro de gramática a su alcance. Al depurar su uso de la lengua, se incrementará considerablemente su eficiencia en el evangelismo intercultural.

Usted podrá dominar la lengua del caso tan sólo si anima a todos sus conocidos a que lo corrijan. Y hay que mostrarles una sincera gratitud cada vez que lo hacen.

I. La importancia del Sistema de aprendizaje del lenguaje de la vida

Aun cuando hay muchas cosas más que usted podría hacer en cuanto al aprendizaje de un idioma, en realidad ya tiene bastante con esta introducción para aprender bien cualquier idioma. Si emplea en forma constante este sistema y usa ideas nuevas conforme le van llegando para mejorar lo que hace, podrá aprender muy bien cualquier idioma en el espacio de un año.

En el Apéndice C encontrará un patrón ampliamente aceptado para medir hasta qué punto ha progresado en su aprendizaje de un idioma. Debe darle una mirada antes de ponerse a aprender la lengua, para que sepa cuáles metas hay que fijar. También debe usarlo para verificar su progreso, conforme va aprendiendo. A medida que usted aumenta constantemente su capacidad de comunicación, irá descubriendo nuevas formas de aprender más.

Tal vez algunos que han aprendido o enseñado cursos de idiomas de tipo escolástico no aprecien este sistema de aprendizaje. No deje que eso lo desanime. Este es un sistema muy distinto del que se ha seguido tradicionalmente en muchas partes del mundo. Recuerde que está mucho más cerca de la forma en que ha aprendido la gente que realmente habla idiomas foráneos sin haber ido a una escuela de idiomas. Usted puede estar seguro de que este sistema sirve ¡si usted hace que sirva!

En Guatemala se llevó a cabo un experimento científico para someter a prueba este sistema de aprendizaje de lenguas, en contraste con cursos de idioma tradicionales.[8] La iglesia central de una denominación adiestraba a ministros interculturales en el aprendizaje del castellano. Algunos de ellos estaban en una escuela de idiomas tradicional y un número similar seguían el Sistema de aprendizaje del lenguaje de la vida. Los que estaban en la escuela seguían el plan de estudios normal y los del otro grupo (que eran llamados "participantes del LEAP") estaban afuera, aprendiendo la lengua en la comunidad, en la forma que se describe en este capítulo.

Se presentó un informe de veinte páginas a la iglesia central después que ambos grupos habían estado dedicados al aprendizaje, o estudio, del idioma durante once semanas. A continuación presentamos algunos de los comentarios incluidos en el informe:

— "Todos ellos (los participantes del LEAP) . . . se sienten relativamente 'en casa' en la cultura latinoamericana. Los estudiantes de la escuela de idiomas —incluso los que llevan muchos años aquí— no" (p. 18).

— "Los del LEAP no sólo han aprendido un poco de castellano, sino que han aprendido la manera de seguir aprendiendo, relacionándose con la gente. La mayoría de los estudiantes de la lengua, cuando se les preguntó si seguirían sus estudios de castellano, contestaron que tenían intención de 'tomar un curso avanzado', o de 'estudiar un libro de gramática por su propia cuenta' " (p. 18).

— "Los del grupo de control (estudiantes de la escuela de idiomas) tienen, por término medio, un amigo guatemalteco. Los 'LEAPeros' tienen, cada uno, quince o más" (p. 18).

— "Cada 'LEAPero' ha tenido contactos con docenas de naturales de Guatemala. Hay por lo menos mil guatemaltecos que han tenido experiencias positivas (con los 'LEAPeros') . . . durante las doce semanas de este programa . . ." (p. 19).

— "El desarrollo de relaciones sociales, no el aprendizaje de 'vocabulario', fue el objetivo de esos 'aprendedores' del LEAP. Sin embargo, cuando el vocabulario básico que usaban fue comparado con el de los estudiantes de la escuela de idiomas . . ., el estudio reveló una puntuación de un 74% a favor del grupo del LEAP, en tanto que los adiestrados en la escuela obtuvieron una puntuación de un 56%. Cuando ambos grupos (los estudiantes de la escuela de idiomas y los 'LEAPeros') fueron comparados en cuanto a su conocimiento gramatical, destreza fonética, etc., ¡los 'LEAPeros' demostraron tener un 32% más de vocabulario!" (p. 19).

Una interesante nota al pie de la página referente a este estudio reveló un hecho sobresaliente. Algunos de los que estaban en el grupo del LEAP habían sido adiestrados de la misma manera que se le enseña a usted en este capítulo. Antes de entrar en Guatemala, habían practicado ya el *Sistema de aprendizaje del lenguaje de la vida* en medio de otra cultura en su país. El resto del grupo del LEAP recibió su adiestramiento después de estar ya en Guatemala. Los que recibieron adiestramiento antes de entrar en la nueva cultura guatemalteca obtuvieron dos veces mejores resultados en los exámenes, en comparación con los que recibieron su adiestramiento después de llegar a Guatemala.[9] Esto demuestra tres importantes principios: 1) Los que aprenden un idioma y la cultura han de ser adiestrados en el *Sistema de aprendizaje del lenguaje de la vida* antes de entrar en la cultura que desean alcanzar; 2) El principio de "Vinculación" es válido y muy importante (los que fueron adiestrados en el país tuvieron poca oportunidad de lograr una temprana vinculación — ligadura o impresión — en la cultura); 3) Aprender una lengua es aprender una cultura.

Este sistema entraña muchos beneficios más que usted puede descubrir por sí mismo. Puede serle de ayuda para aprender cualquier idioma. ¡Hasta le servirá de ayuda para aprender idiomas que no tienen forma escrita! También le será de ayuda para aprender idiomas donde no hay ninguna escuela de idiomas formal. Es un sistema de aprendizaje de idiomas superior, comparado con los sistemas de las "escuelas de idiomas". Esto no quiere decir que tales escuelas no tengan su valor.

Algunas escuelas de idiomas están adoptando los principios del *Sistema de aprendizaje del lenguaje de la vida*. Otras combinan en forma eficaz estos principios con otros más tradicionales. Pero el hecho de que no se hayan escrito libros de texto de "escuela de idiomas" para muchos cientos de idiomas, no debe impedir que usted pueda aprender cualquier. Con el *Sistema de aprendizaje del lenguaje de la vida*, usted puede evangelizar a cualquier grupo étnico que Dios lo llame a alcanzar.

Bosquejo del capítulo

Cómo aprender un idioma y la cultura

I. Lo que es el aprendizaje del idioma
   A. Dos maneras de aumentar el conocimiento de un idioma
   B. La importancia de conocer también la cultura
II. Lo que hay que tener en cuenta al aprender un idioma y su cultura
   A. Reconocer que es una forma de evangelizar
   B. Mostrar un deseo de hacerlo
   C. Mostrar un deseo de servir
   D. Contar historias o anécdotas en el idioma
III. Ligadura a un idioma y la cultura
IV. Una manera de familiarizarse con el estilo cotidiano
   A. Reunir los útiles necesarios
   B. Escoger un grupo que habla el idioma
   C. Implementar el sistema
   D. Practicar con un asistente

V. El proceso de la adquisición diaria de un idioma
   A. Redactar un monólogo
   B. Practicar el monólogo
   C. Hablar con los del pueblo que se desea alcanzar
   D. Determinar el aumento de conocimiento del idioma
VI. Escribir frases para seguir aumentando el conocimiento
   A. Las primeras frases
   B. Ideas para guiones futuros
   C. Frases que ayudan en la familiarización
   D. Frases que demuestran un deseo de servir
   E. Ideas que ayudan a contar historias o relatos
VII. Maneras de aumentar la habilidad de comunicar
   A. Practicar la manera de decir las palabras
   B. Ensayar completando las frases y oraciones con diferentes terminaciones
   C. Repasar para aumentar el entendimiento
VIII. La última etapa en el estudio de un idioma
IX. La importancia del proceso de familiarización con el estilo cotidiano

Un encuentro con las verdades

1.1 ¿Por qué es mejor considerar el aprendizaje de un idioma como una actividad social, más bien que como una actividad escolar?

1.2 ¿Cómo se relaciona el aprendizaje de otra lengua con el aprendizaje de otra cultura?

2.1 Contraste las diferencias que existen entre los que estudian y los que aprenden.

2.2 Enumere al menos cinco razones por las que la actitud de aprender es la mejor para los que desean hablar bien otro idioma.

3.1 En la comunicación mediante el lenguaje verbal, ¿qué parte del significado se trasmite por las palabras en sí?

3.2 ¿Qué parte del significado se trasmite por la pronunciación, la inflexión y la entonación?

3.3 ¿Qué tiene que ver la respuesta con la mejor forma de aprender un idioma?

4.1 ¿Qué parte del significado se trasmite por expresiones no verbales en la comunicación mediante la conversación?

4.2 ¿Qué significado tiene esto con relación al aprendizaje de un idioma y la cultura?

5. Si se le pidiera que defienda la triple actitud de aprendedor-servidor-narrador, como un buen conjunto de actitudes para

aprender el idioma y la cultura, ¿cómo lo haría usted? Use citas bíblicas en sus respuestas.

6.1 Describa cómo es la actitud de aprender.

6.2 Explique cómo esa actitud puede alentar a otros de la cultura local a que lo ayuden en su aprendizaje del idioma y de la cultura.

7.1 ¿Qué significado tiene la "vinculación" (ligadura) en el aprendizaje del idioma y de la cultura?

7.2 ¿Cuándo debe ocurrir la vinculación para que sea eficaz?

7.3 Enumere algunos de los beneficios de la vinculación.

8.1 Enumere y describa brevemente las cuatro partes del Ciclo de aprendizaje diario.

8.2 ¿Hasta cuándo se debe usar el Ciclo de aprendizaje diario al aprender otro idioma?

9. Enumere y explique brevemente cada una de las seis actividades del paso llamado "Preparación de su guión", del Ciclo de aprendizaje diario.

10. Empareje cada actividad de la izquierda con el correspondiente paso del Ciclo de aprendizaje diario de la derecha. Escriba el número correcto del paso en el espacio provisto al lado de cada actividad:

a. Escuche el monólogo veinte veces

1. Paso número uno: preparación de su guión

b. Sección de guiones futuros

2. Paso número dos: ensayo de su guión

c. Grabe el texto en la cinta

3. Paso número tres: comunicación

d. Hábleles a cincuenta hombres.

4. Paso número cuatro: evaluación

11. Explique en qué se diferencia: 1) un monólogo de potencia de un monólogo de evangelismo; 2) un monólogo de servidor de monólogo de narrador.

12.1 Describa cómo se hace: 1) un ejercicio de sustitución; 2) un ejercicio de comprensión.

12.2 ¿Qué le ayuda cada uno de ellos a aprender?

13.1 Describa el procedimiento para empezar a leer en otro idioma.

13.2 ¿Cuánto tiempo debe esperar para comenzar?

13.3 ¿Por qué?

14.1 Explique por qué los evangelistas interculturales deben ser adiestrados en el *Sistema de aprendizaje del lenguaje de la vida* antes de entrar en otra cultura.

14.2 Explique también cómo eso les ayudará a "vincularse" (formar ligaduras) mejor.

De la teoría a la práctica

A.1   Analice las ventajas del *Sistema de aprendizaje del lenguaje de la vida*, en contraste con lo que sabe acerca de los sistemas de escuelas de idiomas.

A.2   ¿Cuál le gustaría usar, en caso de entrar en otra cultura para hacer obra de evangelismo intercultural?

A.3   ¿Por qué?

B.1   Analice la actitud de aprender frente a la de estudiar en el aprendizaje de una lengua y la cultura.

B.2   ¿Cuál actitud es la más eficaz para aprender un idioma?

B.3   ¿Significa esto que usted nunca debe asumir la actitud de estudiante?

B.4   Enumere algunas cosas que usted crea que puede aprender mejor como estudiante y otras que puede aprender mejor gracias a la actitud de aprender.

C.1   Analice los principios de "vincularse" en otra cultura.

C.2   ¿Por qué son importantes?

C.3   ¿En qué forma sirve de ayuda la "vinculación" en el proceso de la enculturación?

D.1   Analice los porcentajes de significado que trasmite cada uno de los aspectos siguientes en una comunicación de lenguaje verbal corriente:

D.2   las palabras en sí;

D.3   la pronunciación, entonación e inflexión

D.4   las expresiones no verbales.

D.5   ¿Cuáles son algunas de las implicaciones que traen estas cifras respecto a la comunicación en su propia lengua?

D.6   ¿Qué significa esto para los que piensan aprender otro idioma?

E.1   Analice la afirmación: "Aprender un idioma es aprender una cultura; es un ministerio."

E.2   ¿Cuáles son los peligros que entraña separar el aprendizaje de la lengua del aprendizaje de la cultura y el ministerio?

E.3   ¿De qué manera ayuda el aprendizaje del idioma al aprendizaje de la cultura, y viceversa?

---

[1] Muchos de los principios y conceptos que se presentan en este capítulo han sido adaptados de los dos libros siguientes; con permiso de los autores:
E. Thomas Brewster y Elizabeth S. Brewster: *Language Acquistion Made Practical (LAMP)* — (Aprendizaje de una lengua en forma práctica). Lingua House; Colorado Springs, CO, 1976.
Brewster & Brewster: *Language Exploration and Acquisition Resource Notebook (LEARN)* —

(Apuntes de recursos de exploración y aprendizaje de una lengua). Lingua House; Colorado Springs; CO, 1981.

[2] Brewster, LEARN, p. 197.

[3] Obra citada; p. 204

[4] Las cintas en circuito cerrado vienen en forma tal que tocan o graban en circuito continuo. Son fabricadas por la TDK Corporation y vienen en varias longitudes. Se debe tener al menos una cinta de cinco segundos de duración, una de diez segundos y otra de treinta, para empezar. También las hay de un minuto de duración. Al usarlas, es importante cronometrar la grabación para no pasarse y no grabar sobre el material ya grabado, cuando la cinta comience a pasar la segunda vez.

[5] Brewster; LAMP, p. 14.

[6] LEARN, obra citada, p 147.

[7] Obra citada, p. 155.

[8] LEARN, obra citada; p. 235.

[9] Obra citada; p. 236.

Capítulo 6

PRINCIPIOS DEL MINISTERIO INTERCULTURAL EFICAZ

Puntos clave de este capítulo

1. Mediante una comunicación intercultural eficaz, se presenta el evangelio en forma tal que puede ser recibido sin interferencias culturales. Esto pone una gran responsabilidad sobre el evangelista.
2. Se establecen distintos niveles de confianza entre los miembros de la cultura que se desea alcanzar y el evangelista. Para poder ser eficiente en su ministerio, el evangelista tiene que alcanzar primero los niveles de confianza más altos.
3. Las normas de conducta cristiana varían de una cultura a otra debido a que son símbolos de principios bíblicos. Como cambian las palabras cuando se traduce la Biblia a otra lengua, así se modifica el comportamiento.
4. El evangelista intercultural tiene que aprender a distinguir entre los principios bíblicos y las formas culturales de su propia cultura, de las culturas bíblicas y de la cultura que espera poder evangelizar.
5. Juzgar la validez de la conversión de una persona de acuerdo con las normas de conducta no resulta eficaz en el ministerio intercultural.
6. El modelo centrípeto de conversión es la manera más eficaz de ver la conversión en el evangelismo intercultural. Este pone énfasis en la dirección del crecimiento y no en las normas de conducta en la vida de los convertidos.
7. Es mejor considerar la conversión como un proceso que incluye muchos pasos, que como un acontecimiento que ocurre en un momento determinado.

8. La conversión lleva en sí un crecimiento espiritual, mental y emocional hacia Dios.

9. En algunas sociedades es mejor evangelizar a la gente en forma colectiva como grupo en vez de hacerlo en forma individual.

10. Las estrategias de evangelismo deben llevarse a cabo dentro del marco de las pautas de relaciones interpersonales existentes en cada cultura.

Antes de seguir adelante para aprender importantes principios de planificación de estrategias para el ministerio intercultural, analicemos algunos principios adicionales de evangelismo intercultural. Aun cuando estos principios no encajan nítidamente en una categoría determinada, con todo, son importantes para aprender a establecer iglesias en otras culturas.

Algunos obreros interculturales trabajan durante años en la obra sin lograr ganarse la confianza de aquellos a quienes fueron a alcanzar. ¿Por qué? ¿Qué es lo que falta? Siendo que la enseñanza de la verdad bíblica debe ser comunicada mediante el uso de formas distintas en las diferentes culturas, ¿cómo podemos trasmitir de manera eficaz el significado bíblico sin que nuestra propia cultura nos haga cometer errores? ¿Podrá una mejor comprensión de la naturaleza de la conversión darnos vislumbres que nos ayuden al planificar las estrategias evangelísticas? Las respuestas a estas importantes preguntas se consideran en este capítulo.

A. El evangelismo orientado hacia el receptor

En los capítulos precedentes hemos analizado varios principios clave que señalan hacia una importante actitud que todo evangelista intercultural necesita tener. Se puede "proclamar el evangelio" de una manera tal que suene muy bueno para los miembros de la propia cultura de uno, pero resulte cualquier cosa menos buenas nuevas para los oyentes de otra cultura.

La verdadera comunicación intercultural es más que simplemente lanzar al aire el evangelio y luego culpar a los oyentes si no lo reciben. La verdadera comunicación no es lo que nosotros decimos. ¡Es lo que la gente oye! Una auténtica comunicación presenta el evangelio de una manera tal que pueda ser recibido sin que una rejilla cultural bloquee la comunicación eficaz. Si la gente rehúsa escuchar, debe ser porque rechazan el evangelio mismo, no la cultura en que pueda venir envuelto. Quiere decir que la responsabilidad de una comunicación eficaz pesa evidentemente sobre los hombros del evangelista, no del oyente. El verdadero evangelismo intercultural no administra a la gente vacunas culturales contra el evangelio, sino que hace discípulos.

En el capítulo cinco hemos aprendido el valor de la función de aprendiz-siervo-narrador como un eficaz medio de reflejar la actitud de Cristo al hacerse hombre. El acto de Cristo de tomar un cuerpo humano se llama la encarnación. El no asumió una gran autoridad o alta posición cuando vino a la tierra, como legítimamente podría haberlo hecho (ver Filipenses 2). Se humilló a sí mismo, tomando la forma o función de siervo. Al realizar un ministerio intercultural, necesitamos adquirir una *actitud "encarnacional"* a fin de ser eficientes. Tenemos que asumir la misma actitud que asumió Cristo cuando realizamos la obra en otras culturas. Entonces estaremos libres para concentrarnos en las necesidades de la población local más bien que en nuestra necesidad de adquirir posición y autoridad.

Esto se llama *evangelismo orientado hacia el receptor*. En esta clase de evangelismo se enfoca lo que le falta al que recibe el mensaje del evangelio. Se consideran sus necesidades culturales, físicas, emocionales y espirituales al presentarle las buenas nuevas. Este evangelismo está menos orientado hacia lo que la iglesia es "allá en mi país" y más orientado hacia lo que debe ser la iglesia en medio del pueblo que se desea alcanzar. El evangelismo orientado hacia el receptor es tanto una actitud como un método. Con él se busca efectuar cambios en medio de un grupo único a nivel de la cosmovisión y del sistema de valores de la gente, confiando en que el Espíritu Santo habrá de realizar la obra.

El evangelismo orientado hacia el receptor requiere más esfuerzo de parte del evangelista. Este no puede quedar satisfecho con lo que ha aprendido en medio de su propio pueblo en su iglesia local. Tiene que seguir aprendiendo constantemente. Debe adiestrarse en nuevas formas de comunicar su mensaje. Debe descubrir cómo ayudar a los creyentes a llegar a ser más como Cristo, sin obligarlos a hacerse más como la gente de su propia cultura. Debe cultivar el arte de reflejar a Cristo en una forma tal que la población local pueda entender y valorar. Al mirar nuestra tarea desde el punto de vista de las necesidades de los que van a oír nuestro mensaje, podremos hallar muchas respuestas útiles y bíblicas a nuestras preguntas en el ministerio intercultural.

B. La importancia de una mutua aceptación y confianza

Los miembros de cierta tribu del Brasil han estructurado sus normas de conducta sociales alrededor del uso de una bebida hecha de yuca o mandioca. Al visitarse recíprocamente, las mujeres mastican la raíz comestible de esta planta hasta convertirla en pulpa, mezclándola con su saliva. Entonces escupen esa mezcla dentro de una olla común colocada en el centro del círculo que forman. Hacen esto durante horas, disfrutando sus pláticas al estar juntas y realizando otros quehaceres mientras siguen masticando y escupiendo. Cuando ya hay bastante mixtura en la olla, le agregan agua. Después la dejan reposar durante varios días hasta que esté bien fermentada.

También los hombres pasan mucho de su tiempo juntos. El objeto central de ese tiempo que pasan juntos es la ingestión de esa altamente embriagante mixtura preparada, por las mujeres de la tribu. Con frecuencia después del anochecer el ambiente se llena de risas, narraciones de historias y ruidosa borrachera.

Un día un evangelista intercultural, que sentía el llamamiento de Dios de llevar el evangelio a esa tribu, llegó caminando a la aldea. No conocía la lengua de la tribu ni sus costumbres. Lo primero que los hombres del pueblo hicieron fue ofrecerle una taza de la bebida de yuca. El evangelista tuvo la impresión de que ese ofrecimiento era una importante forma de hospitalidad, pero el fétido olor de la bebida casi le hizo salírsele el estómago por la boca.

Al observar que los ojos de los jefes del poblado estaban fijos en él mientras él tenía la taza en la mano, supo que lo sometían a prueba. No sabía lo que contenía la taza, pero supo lo que tenía que hacer. Le pidió a Dios que lo ayudara. Haciendo lo mejor que podía para no hacerles caso a sus sentidos del olfato y del gusto, tomó dos o tres grandes tragos de la bebida. Mantuvo la taza pegada a sus labios por unos momentos más, de modo que pudiera esbozar una sonrisa en su semblante antes de bajarla. Obviamente, los líderes de la aldea quedaron muy complacidos. Sonrieron y se hicieron señas afirmativas con la cabeza unos a otros.

¿Hizo bien el evangelista en tomar la bebida? ¿Debía hacerlo? ¿Podría eso considerarse un pecado? Para contestar, hay que saber que él jamás volvió a beber de esa poción de yuca después que descubrió qué era. El y su familia vivieron por muchos años entre aquella tribu.

Ahora la mayor parte de los hombres del poblado ya no se emborrachan. El pueblo ya no tolera más que los hombres maltraten a su familia. La mayor parte de la población de esa aldea es creyente. Han reemplazado las celebraciones de borrachera que acostumbraban tener en los casamientos y otras ocasiones especiales con significativas ceremonias cristianas que ellos mismos idearon. Ahora todos los líderes del poblado son creyentes cristianos. Sus valores y su modo de vida han cambiado radicalmente. La gente se quiere más y se tratan muchísimo mejor unos a otros. ¿Hizo bien el evangelista en tomar de esa repugnante bebida?

Cuando un evangelista intercultural entra por primera vez en otra cultura, no se lo juzga sobre la base de su capacidad, de su dedicación ni del sacrificio que le haya costado ir allá. En la mente de la población local, él queda puesto inmediatamente en una categoría basada en el conocimiento que ellos tienen de lo que él representa. Será juzgado por el color de la piel, por su religión, por el acento de su habla, por la ropa que usa y por su nacionalidad. En la mente de los miembros de la cultura local, será estereotipado de acuerdo con lo que ellos han llegado a pensar acerca de la gente que tiene el color de él, su religión, su lenguaje, su manera de vestir y su nacionalidad.

La gente puede tener en su mente una imagen positiva del grupo que él representa. Si es así, lo respetarán. Pero, por lo regular, ese no es el caso. Los grupos étnicos son lo suficientemente etnocéntricos como para que de ordinario consideren a otros como extraños e inferiores. No los respetan tanto como a los miembros de su propio grupo aun cuando aquellos sean al parecer muy agradables y sociables.

Esto quiere decir que el evangelista debe estar preparado para experimentar alguna reacción negativa a su presencia. Los oyentes lo clasificarán como representante de un grupo foráneo. Pensarán de él todo lo que piensen del grupo del cual él procede. Con frecuencia el evangelista tiene que trabajar duro para superar la imagen negativa establecida por otros de su raza, nacionalidad o religión. Para que el mensaje del evangelio pueda ser escuchado, el misionero tendrá que esforzarse para demostrar que es digno de la confianza de la población local.

Hay cuatro etapas básicas en lo que respecta a establecer buenas relaciones de confianza en el ministerio intercultural: 1) comprobación de la confianza, 2) aceptación mutua, 3) respeto mutuo y 4) confianza interdependiente. Estas etapas son progresivas. Se establecen todas una sobre la otra. Cuando la relación de confianza mutua entre el evangelista y la población local se desarrolla hasta el cuarto nivel, entonces el evangelista alcanza su máxima eficiencia en su ministerio.

1. *Comprobación de la confianza.* El punto inicial para ganarse el necesario respeto de otra cultura no es lo que se pudiera esperar. A la gente le interesará saber de dónde viene el evangelista y qué hizo antes de venir. Les interesará conocer a su familia y su trasfondo educativo. Pero sobre todo estarán interesados en una pregunta fundamental que todo ser humano hace respecto de otro ser humano cuando se encuentran por primera vez: "*¿Puedo confiar en ti? ¿Eres la clase de persona que me comprenderá, me apreciará, me ayudará y*

me será leal? Si es así, ¿cuánto puedo confiar en ti? ¿Deberé confiar en ti sólo lo suficiente como para permitir que seas un conocido distante, o puedo confiar en ti lo suficiente como para decirte cómo me siento de veras? ¿Nos comprenderías a mí y a mi pueblo si yo tratara de ayudarte? Si me tomo la molestia de llegar a conocerte, ¿me causará problemas, o realmente valdrá la pena hacer el esfuerzo?"

Cuando aquellos jefes de la tribu brasileña le ofrecieron al evangelista una taza de la bebida de yuca, en realidad lo ponían a prueba para ver si podían confiar en él. Beber la mixtura de yuca era el centro de su sistema social. Esa bebida se usaba en las celebraciones del arribo a la pubertad de los varones. Era el único y el más importante acto de hospitalidad que podían ofrecer a un desconocido. Al aceptar la bebida, el evangelista demostró que confiaba en ellos y los apreciaba y al mismo tiempo demostró su propia hombría. Pasó la primera prueba de la confianza entre aquella gente. Si hubiese rehusado la bebida no se le habría permitido vivir en medio de la tribu ni habría él podido ayudarlos a encontrar a Cristo.

Cuando un evangelista entra en otra cultura debe esforzarse para demostrar que se puede confiar en él. Una forma de hacerlo es ofrecerles confianza a los demás, *demostrarles a los demás que se confía en ellos.*

Uno de los más comunes síntomas del choque cultural es la incapacidad de confiar en la población local tanto como en un paisano. Procurar superar ese problema de confiar en los demás, aun cuando no se esté seguro de que ellos corresponderán de igual manera, entraña un riesgo. Algunos pueden defraudarlo a uno, pero la mayoría no lo hará. Jesús les confió a un puñado de pescadores, cobradores de impuestos y rebeldes patriotas la responsabilidad de iniciar la Iglesia. Algunas veces lo defraudaron. Uno de ellos lo traicionó. Pero si nunca hubiera confiado en ellos, los restantes nunca habrían llegado a ser los apóstoles y fundadores del cristianismo. La mayor parte de la gente sólo llega a ser confiable después que alguien ha demostrado realmente que confía en ellos.

Hace algunos años un evangelista intercultural que había dedicado toda su vida a evangelizar a un grupo étnico de Asia, se halló en medio de una guerra civil. Había lucha abierta en las calles y en el campo. Por último, llegó a ser peligroso salir de la casa. Era corriente el robo y el pillaje en las casas.

El evangelista, sin embargo, amaba a la gente y no la abandonó ni durante los más graves disturbios. Incluso les proporcionó abrigo en su casa a un par de familias cristianas locales que habían sido arrojadas de sus propias casas debido a la guerra. Pero finalmente el evangelista se vio forzado a abandonar el país por algunas semanas. Le dejó las llaves de los bajos de la casa a un evangelista local llamado Amal, que con su familia se estaba hospedando con él; pero decidió no darle las llaves del piso alto de la casa. Pensó que si la gente se enteraba de que él estaba ausente y que el evangelista local tenía las llaves, podrían venir ladrones para robar, poniendo así en peligro la vida de los que vivían en los bajos. Así le dijo a Amal cuando se fue. Pero Amal pensó que el verdadero motivo de no haberle dado las llaves de toda la casa era que no confiaba en él.

El era uno de los evangelistas más respetados entre su pueblo y, sin embargo, el evangelista intercultural no confió en él ni siquiera lo suficiente como para dejarle todas las llaves. Amal se sintió humillado y herido al pensar que desconfiaban tanto de él. Ahora trabaja en forma independiente.

Lo anterior no sólo demuestra la importancia de mostrarle confianza a la población local, sino que señala la importancia que tiene un principio que analizamos en el capítulo cuatro: "Juzgar la propia conducta social, moral y religiosa según las normas de la cultura huésped." El evangelista intercultural debió haberse puesto a considerar más a fondo lo que el quedarse con las llaves significaría para Amal. De acuerdo con su propia norma de conducta, se protegían Amal y su familia de un posible peligro. Pero según el punto de vista de Amal y de su pueblo, el evangelista intercultural simplemente no confió plenamente en él.

Resulta difícil exagerar la importancia que tiene comunicarle confianza al pueblo en medio del cual uno trabaja. Este es el punto inicial del establecimiento de una base de respeto desde la cual poder comunicar el precioso evangelio de Cristo.

Otro evangelista intercultural que trabajó en el mismo país asiático del relato anterior estableció una buena relación con uno de los líderes clave que pastoreaba la iglesia más grande de la capital. El nombre del pastor es Ranjit. Trabajaron juntos alrededor de tres años en el liderazgo de varios ministerios en ese país. Aun cuando se hicieron amigos, parecía como que el evangelista no podía llevar esa amistad más allá de cierto punto. El pastor Ranjit tampoco confiaba totalmente en el evangelista debido a que éste era extranjero.

Andando el tiempo, el pastor Ranjit cayó seriamente enfermo, debido al exceso de trabajo. El no era el tipo de hombre que se toma un descanso, y aunque lo fuera, no tenía adónde ir en esa atestada ciudad. El evangelista, que vivía en otra ciudad, se preocupó mucho cuando supo de la condición del pastor. Cuando él y su familia tuvieron que ausentarse para asistir a una conferencia, pasaron por la capital para ver al pastor Ranjit. El evangelista le dio las llaves de su casa e insistió en que el pastor fuera allá a pasarse una semana para descansar y recuperarse. Finalmente, después de mucha persuasión, el pastor aceptó las llaves y así pudo tomarse unos días de descanso junto con su familia.

Al regresar de su viaje, el evangelista se alegró al saber de la mejoría del pastor. Notó una genuina mejora en lo íntimo de la amistad y confianza manifestadas por el pastor Ranjit. Fue sólo meses más tarde que el pastor le habló en confianza y le dijo que ese era el primer caso que conocía de que alguien de la nacionalidad del evangelista le haya confiado su casa entera y todas sus pertenencias a un hijo de ese país. El evangelista no había considerado que ese gesto tuviera tanta importancia. El sólo trató de ofrecerle ayuda a un amigo cuando éste la necesitaba. Ese único gesto suyo hizo más para convencer al pastor de su auténtico amor y confianza que todo lo demás que el evangelista había hecho antes.

Establecer relaciones de confianza mutua entre el pueblo de otra cultura es el primer paso decisivo para que el evangelista sea aceptado por la gente. El no sólo debe demostrar que confía en ellos, sino como reacción, también ellos deben aprender a confiar en él. El pastor Ranjit no confió totalmente en el evangelista hasta que éste le demostró su confianza en él. Esta mutua confianza es necesaria para la siguiente etapa de establecer relaciones de confianza: la etapa de la aceptación mutua.

2. *La aceptación mutua.* Sólo después que la gente está segura de que puede confiar en nosotros, empezará a aceptarnos totalmente como lo que decimos que somos. Hasta entonces no estarán completamente seguros de que el huésped venido de otra cultura es sincero en lo que dice y hace. Siempre buscarán indicios que les descubran para qué ha venido realmente. Tratarán de encontrarles una segunda intención a sus motivos. Pueden incluso murmurar entre ellos acerca de cuáles pudieran ser sus verdaderas intenciones. Pero según se vaya desarrollando una relación de mutua confianza, llegarán a aceptarlo, a él y lo que él dice, como genuinos.

La medida de la aceptación del evangelista depende también de la medida en que él acepta a la población local y su cultura. Debe manifestar respeto por la gente y por su forma de vida. No tiene que condonar ni copiar los elementos de esa cultura que sean obviamente pecaminosos. No tiene que mostrar aceptación de una conducta que es contraria a los principios bíblicos, pero sí debe demostrar que se interesa por la gente y que acepta su forma de vida como válida e importante. Ocurre con frecuencia que los que entran en otra cultura hablan de sus quejas contra ese grupo étnico. Este es un síntoma muy común de choque cultural (véase el Capítulo 4), que al evangelista no conviene manifestar en forma alguna. Los que se quejan de esta manera en realidad revelan que saben muy poco acerca de la cultura en que se encuentran y que no aceptan esa forma de vida. Tal actitud es ofensiva para cualquier grupo étnico. Por eso hay que seguir las normas de conducta de la población local. Es una forma segura de demostrar que aceptamos a ese pueblo.

3. *El respeto mutuo.* El respeto se funda en la confianza y la aceptación. Como el evangelista intercultural no sólo representa el mensaje sino que es parte de éste, es muy importante que se gane el respeto del pueblo al que ha sido llamado a evangelizar. Sus oyentes nunca le darán valor a su mensaje hasta que no aprendan a respetarlo y apreciarlo como persona.

Un grupo étnico puede creer que los motivos del evangelista son buenos y que es una persona sincera; pero, con todo, puede rechazarlo como también su mensaje. Por esto es tan importante que el evangelista intercultural lleve una vida cristiana "encarnacional". Debe aprender a comer, dormir, trabajar, hablar, confraternizar y vestir como el pueblo local, tanto como le sea posible. Así demostrará que se identifica con el modo de vida de ellos y ganará su respeto para poder proclamar a cabalidad el mensaje del evangelio.

Para mostrarles exactamente cómo vive un creyente cristiano tiene que haberse enculturado lo suficiente como para comprender sus normas de conducta, así como su sistema de valores. Debe mostrarles un modelo de vida que ellos vean y comprendan que es mejor que la que ellos llevan. Pero esa vida tiene que encajar en sus normas culturales.

El evangelista tiene que estar bien adentrado en esa tercera etapa de la relación de confianza, antes de poder ser verdaderamente eficiente en hacer discípulos. Igual que al establecer la confianza y la aceptación, la medida del respeto que se le muestra dependerá del respeto que él demuestre tener a los miembros de la cultura local. Si se adapta a la jerarquía social de ellos y trabaja dentro de ese marco, habrá hecho un gran progreso hacia la demostración del respeto necesario para que la gente también lo respete a él.

¡Pero debe mostrar aun más respeto por la gente que el que ellos se tienen unos a otros! Debe mostrar respeto hacia los que tienen autoridad y aun encontrar la forma de amar y respetar a los que son miembros menos respetados de la sociedad. Cuanto más dignidad pueda labrarse entre la gente, tanto más lo escucharán cuando proclame un evangelio que haya de lograr una transformación.

4. *La confianza interdependiente.* La última etapa en establecer una relación de confianza es el nivel de confianza interdependiente. Este se establece sobre la aceptación mutua y el respeto mutuo. Es el

más alto nivel de mutua confianza entre el evangelista intercultural y la población local. Se basa en una equilibrada relación de confianza recíproca. En esta etapa la gente sabe que puede confiar en el evangelista no sólo porque él desea lo que es mejor para ellos, sino porque él sabe qué hacer para ayudarles a lograr esos deseos. Para entonces el evangelista sabe que la lealtad que la gente siente hacia él es sincera. El comprende bien sus motivaciones y confía en ellas completamente. Ahora comprende plenamente todo lo que le causaba desconfianza en el comportamiento de ellos, y ya no se siente amenazado. Está confiado en que la gente nunca se aprovechará de él mediante el engaño ni para ganancias personales. Ha aprendido a descubrir a los que no son dignos de confianza en esa cultura. Ha demostrado su dedicación para con el bienestar del pueblo. Esta lealtad mutua permite que el evangelista y el pueblo prosigan juntos hacia las metas comunes.

En realidad, no se terminó de contar toda la historia analizada en páginas anteriores respecto del evangelista que fue a realizar la obra en medio de la tribu brasileña. Debido a que él pasó la tradicional prueba de confianza al tomar la bebida hecha de yuca, la tribu aprobó su petición de poder vivir en medio de ellos con su familia. Aunque les resultó difícil, permanecieron con la tribu, estudiando su lengua y su cultura durante algún tiempo. Hacían su mejor esfuerzo para mostrar al pueblo los beneficios de una vida cristiana en la cultura local. La gente observó cómo amaban a sus hijos y cómo el evangelista nunca volvió a tomar bebida de yuca. Las mujeres notaron que él nunca se emborrachaba ni maltrataba a su familia.

El se sentaba con los hombres junto al fuego mientras ellos tomaban su bebida de yuca. Hablaba con ellos y les contaba historias bíblicas sin censurarlos ni desaprobar su modo de vida.

Con el tiempo comenzaron los hombres a visitarlo para pedirle algún consejo. Algunos aceptaron a Cristo. El siguió atendiéndolos cuando se herían. Aun cuando él no les dijo que lo hicieran, los creyentes decidieron reunirse con regularidad para orar y oír las palabras del evangelio que el evangelista había traducido. Algunos inconversos también se unían al grupo y se convertían.

Más adelante decidieron construir un local en el cual pudieran reunirse. Luego cambiaron las ceremonias matrimoniales y de arribo a la pubertad para hacerlas cristianas. Los hombres dejaron de ingerir la bebida de yuca, así como de maltratar a su familia. Los creyentes empezaron a prosperar. Los demás del poblado comenzaron a interesarse más en el "modo de vida de Cristo". Actualmente, la mayor parte de ellos son creyentes cristianos. Son muy respetados entre las diversas tribus de esa región y envían evangelistas para que enseñen a otros el "modo de vida de Cristo".

Durante los años que el evangelista estuvo en medio de ese pueblo, él y su familia pasaron progresivamente por cada etapa sucesiva de relaciones de confianza. Conforme el evangelista vivía en medio de ese pueblo, aprendiendo su lengua y sus normas de conducta, no observó algunas costumbres, pero no los censuraba a ellos. La gente lo aceptaron a él y sus opciones, e incluso le otorgaron un cierto grado de respeto porque parecía tener solicitud por su pueblo.

Esa aceptación mutua creció, convirtiéndose en un mutuo respeto, conforme él observaba el sistema de jerarquía de ellos en el liderazgo del poblado. Comenzaron a venir a él buscando consejo cuando tenían problemas. Cuando el nuevo grupo de creyentes comenzó a tomar forma, se sentaban y hablaban con él por largos ratos acerca de la construcción de un templo. Tenían dudas de algunas de sus ceremonias. El les enseñaba las Escrituras, tratando de destacar los principios, y ellos decidían lo que debía hacerse bajo la dirección del Espíritu Santo.

La etapa de la confianza interdependiente resultó ser la más fructífera para multiplicar el número de los creyentes tanto en su propia tribu como en otras tribus también. Aprendieron a confiar en que el poder del Espíritu Santo, presente en cada uno de ellos, los ayudaría a alcanzar juntos valiosas metas.

La más importante señal de la confianza interdependiente es la disposición a trabajar juntos por objetivos comunes con unidad de corazón. Esta clase de confianza no puede ocurrir cuando el evangelista paga a la gente para que sigan un objetivo. Ni tampoco es posible si la población local tiene sólo intereses egoístas en mente. Las relaciones de trabajo establecidas sobre la confianza interdependiente persiguen objetivos que habrán de ayudar a muchos, no tan sólo a las personas involucradas. Es el tipo de relación necesaria para seguir con eficiencia objetivos espirituales. Es la relación más eficaz para iniciar esfuerzos evangelísticos, ayudar a los necesitados y establecer iglesias autóctonas.

C. La separación de verdades bíblicas supraculturales e intraculturales

Tiene gran poder la Palabra de Dios para comunicar la naturaleza y los propósitos de Dios y para transformar vidas. Pero ese poder no reside en las palabras de la Escritura propiamente dichas. Reside en los significados que las palabras representan. Por ejemplo, para un cristiano, la palabra "Jesucristo" puede entrañar un gran significado. Puede encender una gran fe y comprensión de la naturaleza y propósitos de Dios para él. Pero para uno que no es creyente, aun de la misma sociedad, el término puede no ser más que una exclamación. Y para alguien de otra cultura puede tan sólo significar un dios foráneo, inferior.

El poder de la palabra "Jesucristo" *no está en la palabra misma, sino en el significado que tiene para el creyente.* Y esto es cierto respecto de toda la Escritura. Las palabras son simplemente símbolos que representan el significado. No hay nada sagrado en ellas mismas. ¡Lo sagrado de las Escrituras está en los significados que los vocablos representan!

Es tarea del evangelista intercultural aprender a trasmitir significados bíblicos mediante formas culturalmente apropiadas (ver el Capítulo 4). Si bien ya hemos analizado esto anteriormente, es necesario que investiguemos más a fondo qué significa este concepto para la enseñanza de la verdad del evangelio al pueblo de otra cultura. A medida que el evangelista estudia la cultura que desea alcanzar, le va siendo comparativamente fácil comunicar los principios básicos del evangelio en una forma comprensible y significativa para la población local. *Los principios bíblicos relativos al hombre y a Dios, al pecado y a la redención, a Cristo y a la eternidad, son evidentemente verdades "supraculturales" (que están por encima de las culturas).* Se las puede presentar usando diferentes formas culturales, pero su significado debe ser trasmitido si en verdad el evangelio va a ser predicado. Existen otras enseñanzas bíblicas que son evidentemente enseñanzas "intraculturales". Se las ha enseñado a fin de darle un mejor significado al evangelio en las culturas neotestamentarias. Pueden resultar serios problemas si el evangelista no aprende a separar las enseñanzas bíblicas que son supraculturales de las enseñanzas que son intraculturales.

Al igual como ocurre en las culturas de hoy, la gente de las culturas neotestamentarias había establecido sus propias normas de conducta. Algunas de ellas eran positivas a los ojos de la sociedad y otras eran negativas. Así como hoy, algunas normas de conducta que eran positivas para una cultura eran negativas para otra. Por ejemplo, los judíos consideraban que la carne que se vendía en los mercados griegos estaba contaminada. Pensaban que la res había sido muerta de una manera que era un sacrificio a los dioses paganos. El apóstol Pablo enseñó a los creyentes corintios que "De todo lo que se vende en la carnicería, comed, sin preguntar nada por motivos de conciencia" (1 Corintios 10:25). Les dijo que no la comieran si ofendía la conciencia de otra persona. Tenían libertad para comer otra cosa. Debían buscar el bien de los demás (vv. 23 y 24). Concluye su observación diciendo: "Si, pues, coméis o bebéis, o hacéis otra cosa, hacedlo todo para la gloria de Dios. No seáis tropiezo ni a judíos, ni a gentiles, ni a la iglesia de Dios; como también yo en todas las cosas agrado a todos, no procurando mi propio beneficio, sino el de muchos, para que sean salvos" (vv. 31-33).

Pablo les enseñó a los creyentes griegos que estaban libres de la interpretación cultural del buen comportamiento cristiano que seguían los cristianos judíos. Pero no estaban libres para hollar la conciencia de nadie. Lo importante no era observar un tipo específico de conducta, sino llevar una conducta que aportase el mayor bien a las personas con quienes estaban en contacto. Fue esta misma motivación la que hizo que Pablo declarase: "A todos me he hecho de todo, para que de todos modos salve a algunos" (1 Corintios 9:22). Este es un buen fundamento bíblico para el evangelismo orientado hacia el receptor. Es necesario para el buen ministerio intercultural.

En estos versículos (véase también Romanos 14), Pablo establece un importante principio para saber cómo se ha de juzgar la conducta cristiana. *No existe ningún código absoluto de normas de conducta cristiana que tenga que ser igual para todas las culturas.* El apóstol no ponía a los creyentes griegos en la obligación cultural de las normas de conducta judaicas.

De la misma manera, no está bien que los evangelistas interculturales de hoy lleven un código de normas de conducta de una cultura a otra, esperando que los nuevos creyentes lo sigan. Este es uno de los errores más comunes de los evangelistas interculturales inexpertos. Recuérdese que las formas de comportamiento cristiano de una cultura pueden tener significados totalmente negativos para los miembros de otra cultura. Lo que se considera piadoso y santo en un grupo étnico puede ser considerado todo lo contrario en otro grupo étnico.

Tomemos como ejemplo el tema de las normas de vestir. Cada cultura define qué considera deshonesto o escandaloso en cuanto a la vestimenta de las mujeres. Para los musulmanes del Cercano Oriente y de Asia, cualquier parte del cuerpo de la mujer es suficiente para despertar la lujuria. De modo que los devotos mahometanos "protegen" a sus mujeres requiriéndoles que vistan largas batas que cubran su cuerpo entero. En muchos casos hasta la cabeza la llevan completamente cubierta con un velo cuando están en público.

Entre los pueblos de Asia Meridional, como por ejemplo en la India, se considera impropio que una mujer aparezca en público con las piernas descubiertas, pero es normal que no se cubran la parte de la cintura. En algunas regiones del Africa las mujeres eran tradicionalmente consideradas inmorales y deshonestas si se cubrían los senos. Se las clasificaba como prostitutas indignas de confianza que no respetaban su condición de mujer.

En culturas como esas sería un error muy grave que los evangelistas latinoamericanos que fueran allá requiriesen que las mujeres convertidas siguieran las normas de vestir de las creyentes de Latinoamérica. Se les debe permitir que determinen por sí mismos bajo la dirección de las Escrituras y del Espíritu Santo, cuál es la forma de vestir modesta para las creyentes cristianas en su cultura.

Pablo tenía un criterio orientado hacia el receptor en lo que concierne al comportamiento cristiano específico. Estaba interesado en que la necesidad de salvación de la gente siguiera siendo una prioridad. No permitía que el comportamiento cultural judaico interfiriese con el efecto que el evangelio tenía sobre los griegos inconversos. El sabía que las formas culturales judaicas carecían de significado para los griegos, y no permitía que los creyentes judíos las incluyesen como verdades "supraculturales", o como parte del evangelio. Hasta reprendió a Pedro por tratar de obligar a los gentiles a seguir costumbres judaicas después que en el concilio de Jerusalén se había determinado que eso no era necesario (Gálatas 2:11-14 y Hechos 15). El sabía que a las verdades doctrinales se les debe dar significado por medio de las normas de conducta de cada cultura.

De este principio hay que sacar algunas inferencias importantes. Al igual que los creyentes judíos, todos los grupos cristianos establecen normas de conducta y comportamiento que cuadran con su propia cultura. Pero al igual que los creyentes judíos, tienen una fuerte tendencia a mirar esas normas como parte importante de la doctrina cristiana que deben ser seguidas por todos los creyentes de todas partes. Al igual que a los cristianos judíos, les resulta difícil separar su doctrina de sus normas de conducta culturales.

Por lo tanto, cuando se envía un evangelista intercultural de una cultura a otra, uno de sus mayores problemas será aprender a ver qué parte de su fe cristiana es el resultado de aprender normas de conducta "intraculturales", y qué parte es el evangelio "supracultural" pertinente a todos los pueblos. Es como si sus propias normas de conducta culturales fueran un "exceso de equipaje" cuando entra en otra cultura. Es el fallo de no dejar ese equipaje atrás — el no quitar la "envoltura cultural" del evangelio — lo que hace que muchos evangelistas interculturales sean ineficientes e improductivos.

Aprender a separarnos nosotros mismos y separar el evangelio de nuestra propia cultura es una parte muy importante de la preparación para el ministerio intercultural. La mayor parte de los errores de los evangelistas interculturales que se dan como ejemplos en este libro fue resultado del fallo del evangelista en no aprender esto.

El principio básico necesario para aprender lo es la capacidad de distinguir entre los principios bíblicos permanentes y las formas culturales temporales. Los principios bíblicos son verdades "supraculturales". Son aplicables a todos en todas partes. Las formas culturales son normas de conducta "intraculturales" que trasmiten el significado de los principios bíblicos en una cultura en particular. No son aplicables a todas las culturas.

Al estudiar las Escrituras, veremos tanto ejemplos de principios bíblicos como de formas culturales. Por ejemplo, Pablo exhorta a "que las mujeres se atavíen de ropa decorosa" en 1 Timoteo 2:9. Este es un principio bíblico que es aplicable a las mujeres cristianas de todas las culturas. Pero Pablo en este mismo versículo y Pedro en 1 Pedro 3:3 usan el término "peinado ostentoso" como un ejemplo de atavío inmodesto.

Ambos apóstoles consideraron que el trenzarse el cabello ostentosamente era reconocido como símbolo de inmodestia y extravagancia. No era índice de conducta positiva en aquella cultura de sus días. Sin embargo, el arreglarse el cabello con trenzas en un peinado elevado se considera un signo de modestia cristiana entre las mujeres de algunas culturas actuales. De modo que la modestia en el modo de vestir es un importante principio bíblico para las mujeres cristianas, pero el arreglarse el cabello en un alto peinado con trenzas es una forma cultural que significa modestia en algunas culturas, pero no en otras.

La figura 6.a enumera algunas afirmaciones y prácticas bíblicas. Trate de determinar cuáles se refieren a principios bíblicos y cuáles a una forma cultural. Ponga una X en la columna que usted crea que es la más correcta para cada afirmación.

Principio bíblico	Forma cultural	Tema
_____	_____	"No dejando de congregarnos (los creyentes)" (Hebreos 10:25)
_____	_____	Los creyentes se reunían el primer día de la semana (Hechos 20:7).
_____	_____	Los creyentes deben dar sus ofrendas para la obra de Dios el primer día de la semana (1 Corintios 16:2).
_____	_____	Los creyentes deben abstenerse de "toda especie de mal" (1 Tesalonicenses 5:22).
_____	_____	Los creyentes deben usar "un poco de vino por causa de su estómago" (1 Timoteo 5:23).

_____ _____ Los hombres deben orar teniendo la cabeza descubierta y las mujeres deben orar con la cabeza cubierta (1 Corintios 11:4-7).

_____ _____ "En ningún otro hay salvación (excepto en Cristo); porque no hay otro nombre bajo el cielo, dado a los hombres, en que podamos ser salvos" (Hechos 4:12).

_____ _____ "Y les echaron suertes, y la suerte cayó sobre Matías; y fue contado con los once apóstoles" (Hechos 1:26).

_____ _____ "Todos los que habían creído estaban juntos, y tenían en común todas las cosas; y vendían sus propiedades y sus bienes, y lo repartían a todos según la necesidad de cada uno" (Hechos 2:44,45).

_____ _____ "No permito a la mujer enseñar" (1 Timoteo 2:12).

_____ _____ "Al varón le es deshonroso dejarse crecer el cabello... Por el contrario, a la mujer dejarse crecer el cabello le es honroso" (1 Corintios 11:14, 15).

_____ _____ "Saludaos unos a otros con ósculo santo" (2 Corintios 13:12).

_____ _____ "Orad sin cesar" (1 Tesalonicenses 5:17).

_____ _____ "Como en todas las iglesias de los santos, vuestras mujeres callen en las congregaciones; porque no les es permitido hablar...porque es indecoroso que una mujer hable en la congregación" (1 Corintios 14:33-35).

_____ _____ "La ley del Espíritu de vida en Cristo Jesús me ha librado de la ley del pecado y de la muerte" (Romanos 8:2).

Figura 6.a: ¿Principios bíblicos o formas culturales?

Si cuando termina, usted tiene más signos X en la columna de "Forma cultural", tiene facultad para distinguir entre formas culturales y principios bíblicos. Si pone hasta la mitad, o más, de sus marcas en la columna "Principio bíblico", aún necesitará practicar el aprendizaje de cómo aplicar este principio. Un evangelista intercultural bien preparado y experimentado pondrá más marcas en la columna de "Forma cultural".

Algunos de los ejemplos de la figura **6.a** que deben ser marcados como formas culturales son fáciles de reconocer. Otros no son tan fáciles, dependiendo de la cultura en que usted vive. Por ejemplo, no hay muchas culturas hoy en las que se escojan los líderes echando suertes. Es fácil ver que esa era una forma cultural común en los días de la Iglesia primitiva. Con todo, Dios usó esa forma para ayudar a la iglesia a escoger el decimosegundo apóstol.

Asimismo, es fácil de ver que el "ósculo santo" como forma de saludo común en las culturas de la época neotestamentaria era una forma cultural y lo es en varios países hoy día. Pero no es tan fácil ver que el hecho de que los cristianos van a la iglesia cada domingo es también una forma cultural, no un principio bíblico. Sí es un principio bíblico que los cristianos se reúnan regularmente para adorar a Dios, pero el hacer del domingo el día principal para cumplir esto es simplemente copiar la forma cultural de la iglesia griega neotestamentaria. Siendo así que esto ha llegado a ser tan ampliamente aceptado, no tiene nada de malo hacerlo, pero tampoco tiene nada de malo hacer de otro día el día principal para adorar a Dios juntos. En algunas culturas los creyentes tienen sus cultos principales los viernes debido a que en su país ese es el día en que no se requiere que se trabaje.

Recuérdese que aun cuando no sean principios bíblicos, las formas culturales bíblicas sí representan principios bíblicos. Por ejemplo, el mandamiento de Pablo en cuanto a que las "mujeres (esposas) callen en las congregaciones" era una costumbre "en todas las iglesias de los santos" de su época. Esto es claramente una forma cultural que reflejaba un importante principio bíblico. Este principio bíblico es que las mujeres (esposas) deben estar sujetas a sus maridos y permanecer bajo la protección de su autoridad y cuidado (1 Corintios 11:10). En la época neotestamentaria (como en muchas culturas del Cercano Oriente en la actualidad), la forma de mostrar esa sujeción era que las mujeres (casadas) guardaran silencio en público cuando había hombres presentes. En aquellos tiempos esa era una importante forma que llevaba el significado de este principio.

En muchas culturas de hoy, tales como las de gran parte de las islas del Pacífico Sur, de Europa, de Australia y de Norteamérica, esa forma cultural trasmitiría un significado erróneo. El hecho de que las mujeres permanecieran en silencio estando en público en estas culturas tendría significados completamente diferentes. Sería símbolo de esclavitud y de descortesía negligente e irrespetuosa demandar que las mujeres no hablen en público. Los creyentes de estas culturas tienen otras formas para simbolizar el principio bíblico de sujeción a la autoridad y protección del marido. Las formas culturales no igualan a los principios bíblicos, sino que sólo pueden trasmitir los significados de esos principios en el contexto de determinadas culturas.

D. La función del evangelista intercultural

Sería fácil enseñar la verdad bíblica en otras culturas si *los principios bíblicos y las formas culturales fueran la misma cosa.* Habría sólo que enseñar a la gente las mismas normas de conducta que siguieron los cristianos del Nuevo Testamento. Desde luego, eso querría decir que en la actualidad todos los creyentes cristianos de todo el mundo tendrían que abstenerse de celebrar cultos de adoración en edificios de iglesias. Sólo podrían reunirse en casas privadas o en sinagogas judías. El saludo oficial de los creyentes sería el "ósculo santo". Todos tendrían que "usar un poco de vino" de vez en cuando a fin de estar en buena salud. Los creyentes sólo tendrían oportunidad de dar para la obra del Señor los domingos. Se escogería a los líderes de la iglesia echando suertes. Pero, por supuesto, todavía no sería tan sencillo. ¡Los cristianos pasarían mucho tiempo discutiendo si debían seguir las formas culturales neotestamentarias griegas o las judaicas, o ambas!

Dios nunca tuvo la intención de que los creyentes estuvieran atados a ninguna forma cultural, fuesen las de los griegos, las de los judíos o las de nuestra propia confección. Las formas culturales son tan sólo símbolos de significado así como las palabras de las Escrituras son símbolos de significado. Las palabras que constituyen una traducción de la Biblia no son sagradas en sí mismas, son los significados que esas palabras representan los que son sagrados. Por esto la Biblia puede ser traducida de una lengua a otra sin que pierda ninguno de sus sagrados significados. Las palabras — o sea, los símbolos lingüísticos — cambian, pero el significado sigue siendo el mismo. Ocurre lo mismo con las formas culturales.

Hay otra importante realidad que se puede captar en este análisis. Ya hemos visto que las culturas no son estáticas. Nunca permanecen iguales. Según las necesidades de un grupo étnico cambian de año en año y de década en década. Conforme descubren cómo otras culturas resuelven sus necesidades en forma diferente, la cultura de ese grupo étnico irá cambiando también.

Algunas culturas cambian en forma rápida; otras, lentamente. Pero todas las culturas están en un proceso de cambio. Esto quiere decir que aun en nuestra propia cultura no podemos dejar que las formas mediante las cuales comunicamos los significados bíblicos permanezcan estáticas. Se debe permitir que ellas vayan cambiando lentamente así como nuestra cultura cambia. Si demandamos que nuestras formas permanezcan iguales a pesar de los cambios de nuestra cultura, con el tiempo esas formas sólo tendrán un sentido positivo para los creyentes. Los inconversos las verán como negativas. Esto le dará a nuestro mensaje un significado cada vez menos eficaz para la gente fuera de la iglesia en nuestra propia cultura. Este hecho también irá aislando a los creyentes de tener un gran efecto positivo en la sociedad.

Si deseamos de veras ser eficientes en ganar a los perdidos en nuestra propia sociedad, no podemos apegarnos a determinadas formas culturales ni tratar de hacer que sigan siendo las mismas. La clave está en conducir expresamente los cambios de modo tal que trasmitan el significado positivo máximo, tanto a los inconversos como a los creyentes por igual.

El evangelista intercultural tiene que aprender a distinguir entre los principios bíblicos y las formas culturales de tres maneras importantes. En primer lugar, tiene que saber distinguir entre los principios y las formas en las culturas de la Biblia.

En segundo lugar, tiene que aprender a distinguir entre los principios bíblicos y las formas culturales de su propia cultura. Esto le ayudará a evitar el error de enseñar sus propias formas culturales en vez de los principios bíblicos cuando entre en otra cultura.

En tercer lugar, tiene que saber ayudar a los nuevos creyentes de otras culturas a distinguir entre los dos también para que no traten de copiar las formas culturales foráneas. Esto quiere decir que el evangelista debe asumir una actitud no directiva hacia los creyentes de otra cultura. Debe guiarlos a que tomen sus propias decisiones en este importante aspecto. Tiene que saber confiar en que el Espíritu Santo los habrá de ayudar.

E. La dinámica y naturaleza de la conversión

El evangelista intercultural que predicó en el Japón a través de un intérprete creía que la gente aceptaba a Cristo cuando levantaban la mano; pero no sabía que su intérprete simplemente les decía que lo hicieran. Si hubiese el predicador entendido los principios básicos acerca de la naturaleza de la conversión, y se hubiese tomado el tiempo para conocer esa cultura, no habría cometido tales errores.

1. *La conversión "de comportamiento" frente a la conversión "centrípeta".* Es bíblico esperar ver la evidencia de la conversión cuando alguien ha aceptado a Cristo como su Salvador (Lucas 3:8). La mayoría apoya la idea de que cuando una persona cree genuinamente en Jesucristo y lo acepta como su Salvador, comenzará a exhibir una conducta "cristiana". No sólo empezará a asistir a los

cultos de adoración como creyente, sino también comenzará a evitar ciertas clases de conducta no cristiana. El verdadero peligro está en cómo afecta eso la comprensión de la conversión que tienen los miembros de la iglesia.

Los hermanos llegan a juzgar la validez de la experiencia de la conversión de acuerdo con el comportamiento del nuevo creyente. Esto se ilustra en la figura **6.b.** Los lados del rectángulo representan los límites de conducta aceptable, según el criterio de los demás. Los que se encuentran dentro del rectángulo (indicados por las "X") han aprendido a actuar como creyentes, en lo que concierne a su comportamiento. Los que están fuera del rectángulo no se comportan como creyentes. Por eso la comunidad evangélica los considera "inconversos". A una persona no se la considera "salva" hasta que aprende a cumplir las normas de conducta que la comunidad de creyentes considera cristianas. En tanto que este sistema de apreciar la experiencia de conversión de los demás no es incorrecto, sí tiende a poner el énfasis en ideas incorrectas.

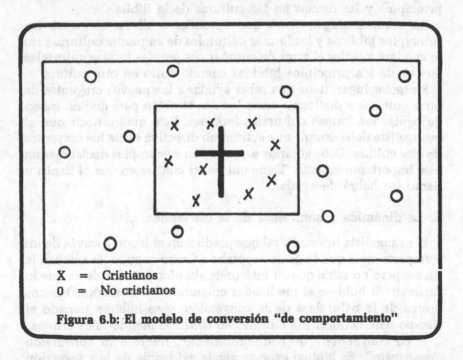

X = Cristianos
0 = No cristianos

Figura 6.b: El modelo de conversión "de comportamiento"

Tiene tres deficiencias básicas este modo de ver la conversión. En primer lugar, pone demasiado énfasis en ganarse la salvación mediante buenas obras, en vez de por fe en Jesucristo (Efesios 2:8, 9). Esto puede hacer que los inconversos piensen que pueden llegar a ser creyentes sencillamente aprendiendo a actuar como ellos. Otro mal igual es que se pueden engañar los creyentes a sí mismos. Algunos que se hallan en el peligro de reincidencia no podrán reconocerlo, porque todo el énfasis de la vida cristiana se pone en comportarse bien delante de los demás. No se recalca la necesidad de alimentar la vida interior. Mientras mantengan su comportamiento exterior dentro de los límites de la conducta cristiana (dentro del rectángulo, figura **6.b**), pensarán que tienen una buena relación con Dios. Jesús dijo, sin embargo, que es posible comportarse como un buen creyente, y con todo, ¡irse al infierno debido a la falta de una relación personal con Cristo! (Mateo 7:21-23). Las buenas obras deben ser el resultado de una sólida relación personal con Dios y no una fachada para mantener la buena apariencia.

La segunda deficiencia del *modelo de conversión "de comportamiento"* es que es demasiado estático. Se centra en mantener un cierto código de conducta en vez de crecer "hasta que todos lleguemos a la unidad de la fe y del conocimiento del Hijo de Dios, a un varón perfecto, a la medida de la estatura de la plenitud de Cristo" (Efesios 4:13). Las Escrituras nos llaman a un continuo crecimiento mediante el poder santificador del Espíritu Santo, quien nos ayuda a madurar en Cristo. El modelo de conversión "de comportamiento" se centra tanto en los límites que hay entre los creyentes y los inconversos, que los creyentes llegan a poner más atención en lo que pueden hacer y lo que no pueden hacer, que en llegar a ser seguidores de Cristo. Enfoca demasiada atención en las normas de conducta cristiana mínimas y demasiado poca en acercarse más a Dios. La atención de la gente está centrada en los límites, no en la cruz. La predicación se vuelve demasiado centrada en exhortar a la gente a mantenerse dentro del rectángulo, más bien que en su necesidad de madurar en Cristo.

Por ultimo, se nota una deficiencia aún más notoria en el modelo "de comportamiento". Este alienta al evangelista intercultural a imponer sus propias ideas relativas al comportamiento — que aprendió en su cultura — sobre la gente que él quiere alcanzar.

Como lo hemos analizado anteriormente, el evangelista intercultural tiene que distinguir entre los principios bíblicos y las formas culturales. La prohibición bíblica de la conducta antisocial — como el asesinato, el adulterio, el robo — es evidente. También lo son las demandas de seguir la santidad y vivir una vida cristiana virtuosa. Pero las normas de conducta que trasmiten los significados de esos principios las define cada cultura. Con demasiada frecuencia se trata de imponer las normas de conducta cristiana de la propia cultura a grupos de creyentes en crecimiento de otras culturas (véase la figura

4.c). Pero esas normas de conducta podrían trasmitir significados erróneos en otras culturas, y de ese modo obstaculizar el crecimiento y la eficiencia de los creyentes de esa cultura. El evangelista intercultural que entra en otra cultura teniendo el modelo de conversión "de comportamiento" como su ideal, sin duda alguna será menos eficiente. Muy probablemente dañará la eficiencia de las iglesias locales en medio del propio pueblo de esa cultura.

El *modelo centrípeto de conversión* (figura 6.c) es más bíblico y más eficaz interculturalmente que el *modelo "de comportamiento"* (figura 6.b). La palabra hebrea *shuv* y la griega *epistrepho* son las principales voces bíblicas usadas para designar la experiencia de la conversión. Su significado primario es "virar" o "volverse". El principal objetivo de la conversión es *volverse, cambiar de dirección, invertir la dirección en que va una persona,* de modo que se dirija hacia Dios, y no en sentido contrario, alejándose de El. Este énfasis se ilustra en la figura 6.c. Las personas representadas con las "X" son creyentes, y las representadas con las "O" son inconversos. Las distancias a partir de la cruz representan cuán distante está cada persona del comportamiento cristiano maduro. Cuanto más cerca de la cruz se halla una persona, tanto más cristiano es su comportamiento.

Obsérvese que hay inconversos cuya conducta es más bíblica que la de algunos creyentes. El comportamiento de algunos creyentes

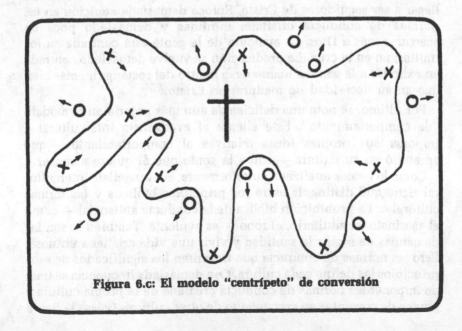

Figura 6.c: El modelo "centrípeto" de conversión

aún se encuentra lejos de la madurez. Esto es lo que hace que la línea que separa a los creyentes de los inconversos sea completamente desigual, lo que resalta el énfasis que la Biblia pone en la conversión.

Bíblicamente, convertirse es apartarse uno de su propia manera de vivir egoísta y volverse hacia Dios. Es volverse el hombre de la senda del pecado y virar hacia el camino que lleva a la cruz. Una persona se convierte cuando decide volverse hacia Dios, pero en ese momento su comportamiento puede estar lejos de la madurez cristiana. Dios lo acepta gracias a la muerte sacrificial y la resurrección de Jesucristo. Si continúa yendo en la dirección correcta, llegará finalmente a madurar en su comportamiento cristiano. Dios no lo acepta basado en el grado de madurez que tenga, sino porque ha tomado la dirección correcta, acercándose a la cruz, basado en la fe que ha depositado en Cristo.

Por otro lado, puede haber algunos cuyo comportamiento se aproxima mucho a la madurez cristiana, pero su corazón se encuentra alejado de lo que es seguir a Cristo en obediencia a los principios bíblicos. Pueden estar habituados a comportarse como creyentes porque han pertenecido a una iglesia por mucho tiempo. Pueden parecer creyentes por fuera debido a lo que hacen y no hacen, pero que en realidad estén enfriándose a medida que se van alejando de la cruz. Esto no significa que el comportamiento cristiano maduro no tenga importancia. Simplemente quiere decir que es más bíblico y más seguro discernir la salvación de una persona por la dirección a que está vuelto su corazón que por su comportamiento en cualquier momento dado. Tal vez sea más difícil juzgar de esta manera, ¡pero es así como Dios nos juzga! (Mateo 15:8, 9; 1 Samuel 16:7).

El modelo centrípeto de conversión tiene varias ventajas. En primer lugar, centra la atención de los creyentes en llegar a ser cada vez más maduros en su andar con Dios. No hay ninguna "norma mínima" de conducta a la que tengan que conformarse. *Su atención no queda centrada en ningún mínimo, sino en su potencial para llevar hasta el máximo su crecimiento en Cristo y su servicio a Dios.*

En el modelo centrípeto también queda lugar para que el Espíritu Santo enseñe a los creyentes la madurez cristiana al nivel del sistema de valores (ver figura 4.d). Los pecados de los líderes religiosos de la época de Jesús tenían su origen en poner demasiado énfasis en las normas de conducta religiosa, más bien que en una verdadera devoción a Dios (Mateo 23:13-28). Su relación con Dios era muy superficial. Sólo penetraba hasta el nivel de sus normas de conducta, no hasta el nivel de sus valores. Tenemos que aprender a juzgarnos a nosotros mismos y a nuestros hermanos y hermanas en

Cristo por el hecho de que nuestros pecados están cubiertos por la sangre de Jesús. El hecho de que bien seguimos todos nuestras normas de conducta cristianas no tiene tanta importancia como cuánto nos estamos acercando a Dios. El recto proceder delante de Dios debe seguir una correcta relación con él, y no viceversa. De otra manera, el comportamiento de una persona puede cambiar para complacer a los hombres y no a Dios.

Si un hermano o hermana estaban alejados de Dios cuando aceptaron a Cristo, pueden necesitar un período de tiempo más largo para acercarse a la cruz en la madurez cristiana. Tenemos que estar dispuestos a dejar que el Espíritu Santo tome su tiempo para realizar esto en la vida de ellos más bien que obligarlos a seguir inmediatamente unas normas de conducta que aún no han aprendido a valorar por sí mismos.

Cuando el autor de este libro aceptó a Cristo, estaba alejado de Dios. No conocía ni valoraba la conducta cristiana en su cultura. Los otros creyentes muy sabiamente no le dijeron lo que podía hacer y no podía hacer como creyente. En cambio, simplemente vivieron delante de él dándole ejemplo. Al ver su ejemplo, él comenzó a valorar el estilo de vida que llevaban. No pasó mucho tiempo antes de que el Espíritu Santo lo convenciera de cuál conducta tenía que evitar y qué nuevo comportamiento tenía que adoptar.

Al darles tiempo y oportunidad a los nuevos creyentes para que escuchen al Espíritu Santo, ellos irán adoptando progresivamente la conducta cristiana como algo normal para agradar a Dios. Mejor todavía, valorarán esa conducta porque la habrán adoptado en respuesta al Espíritu Santo.

Al seguir el modelo centrípeto de conversión, el evangelista intercultural queda libre para concentrarse en ayudar a los nuevos convertidos de otra cultura a acercarse más a Dios en vez de tratar de imponerles una norma extranjera de conducta cristiana. Si el evangelista no ha apredido a comprender el modelo centrípeto de conversión, con toda probabilidad seguirá el modelo "de comportamiento". Creerá que es su deber enseñar a los creyentes de la cultura que desea alcanzar las normas de conducta de los creyentes de su propia cultura. Esto atará a los creyentes locales a formas no autóctonas e ineficaces. El testimonio de ellos a su propio pueblo resultará sin impacto. Se creará una subcultura cristiana que los separará de su propio pueblo.

Cuando el evangelista adopta el modelo centrípeto, la definición de los nuevos creyentes de la conducta cristiana puede no ser enteramente lo que el evangelista espera ver. Probablemente le darán mayor importancia a cosas diferentes que el evangelista. Podría ser que el evangelista crea que se deben cambiar desde el comienzo mismo algunas formas de conducta. Pero debe confiar en que el Espíritu Santo guiará a los creyentes locales a efectuar los cambios correctos conforme a la mejor prioridad para la cultura que se desea evangelizar. Cuando se sigue esta pauta, las normas cristianas resultantes encajarán en la cultura y trasmitirán al pueblo el significado de justicia de la vida cristiana mucho mejor que cualquier cosa que el evangelista mismo pudiese idear.

2. *La dinámica de la conversión*. Al escudriñar las Escrituras para encontrar ejemplos de experiencias de conversión, bien pronto las sorprendentes conversiones de personas como Pablo (Hechos 9), el eunuco etíope (Hechos 8) y el carcelero de Filipos (Hechos 16) nos captan la atención. Se hallan entre los acontecimientos más asombrosos del Nuevo Testamento.

Todavía ocurren sensacionales conversiones en nuestros días. Algunos aceptan a Cristo como resultado de sanidades físicas. Otros vienen al Señor porque han sido testigos del poder de Dios que vence las fuerzas espirituales de este mundo. Debido a que acostumbramos destacar estas sorprendentes conversiones como ejemplos del poder de Dios, con mucha facilidad comenzamos a ver la conversión como un acontecimiento. En tanto que el momento de la conversión es, en efecto, una importante experiencia transformadora de vidas, la conversión en sí se parece más a un proceso que a un acontecimiento.

En la figura **6.d** se muestra el proceso de la conversión. La verdadera conversión progresa a lo largo de tres "sendas" o niveles a la vez. Los seres humanos responden a Dios de tres maneras: espiritual, mental y emocionalmente. A causa del pecado el hombre está normalmente incapacitado para responder a Dios espiritualmente. La vida y la obra de Jesucristo en la tierra prepararon el camino para la presencia del Espíritu Santo entre los hombres, y El vino para convencer a los incrédulos de "pecado, de justicia y de juicio" (Juan 16:8). Es el Espíritu Santo el que le habla a la conciencia del hombre para atraerlo a Dios (Juan 6:44). Cuando una persona empieza a responder a Dios, su espíritu es vivificado y aprende a responderle al Espíritu Santo. Cuanto más responde, tanto más aprende a escuchar la dirección espiritual del Espíritu Santo (Romanos 8:14).

El hombre debe responderle a Dios no sólo espiritualmente, sino que también debe estar en una constante búsqueda para aprender más acerca de El. Fuimos hechos con la capacidad de razonar. La utilizamos todo el tiempo. A fin de que todo el hombre se convierta, la mente ha de quedar satisfecha en su búsqueda de Dios. El hombre debe aprender no sólo a comprender a Dios lo suficiente como para servirlo, sino también debe aprender a pensar a la manera de Dios acerca de sí mismo y de la creación divina. La fe no va contra la razón. Está sólo contra las tentativas de la humanidad de razonar sin Dios. La Biblia es el libro fundamental que ayuda al hombre a aprender a razonar como lo hace Dios. Los hombres aprenden a conocer más acerca de Dios mediante un proceso de experiencia y razonamiento.

Los seres humanos deben responderle a Dios emocionalmente también. Esto se refiere a nuestra responsabilidad de escoger opciones. Incluye también la forma en que opinamos respecto de algo, es decir, qué valor le damos. Dios les pidió a Adán y a Eva que optaran por obedecerlo a El, y luego les dio la libertad para desobedecer. En la manera en que se les pidió que optaran por el propósito de Dios, así se nos pide que sigamos optando por seguir el propósito de Dios cada día. A fin de seguir optando por el propósito de Dios, tenemos que estar convencidos de que esto es importante. Debe llegar a ser parte de nuestro sistema de valores. En el proceso de la conversión, tenemos que seguir optando por aprender más acerca del evangelio en cada paso a lo largo del camino hacia la cruz. Hay que desear poder saber más respecto del evangelio. Necesitamos desear obedecer lo que Dios dice a nuestro propio espíritu.

Los tres — la mente, el espíritu y la voluntad — obran de acuerdo para responder a Dios en el proceso de la conversión. El inconverso tiene que responderle a Dios en cada uno de estos "niveles o sendas de crecimiento" para llegar a tomar la decisión de aceptar a Cristo como su Salvador.

El progreso en estos tres niveles puede ser desigual. Una persona puede estar en el paso -1 — cree en la necesidad personal — del nivel espiritual. Pero la misma persona puede estar sólo en el paso -3 del nivel mental y en el paso -2 del nivel emocional, todo ello al mismo tiempo. Esto quiere decir que sólo tendrá algún conocimiento del evangelio, pero el deseo de saber más acerca de la vida cristiana hará de ella un buen candidato para aprender más. Tracemos este proceso un poco más explícitamente.

Entre todos los grupos étnicos no alcanzados en el mundo, hay quienes no tienen ningún conocimiento del evangelio ni deseo alguno de saber nada acerca de Cristo ni de la enseñanza cristiana. Esas personas se encuentran en el paso -4 en los tres niveles: en el espiritual, en el mental y en el emocional.

Consideremos un ejemplo y llamémoslo Raúl. A fin de que Raúl se adelante en el proceso de la conversión, debe pasar al paso -3 en uno de los niveles. Supongamos que avanza al paso -3 en la escala

NIVELES DE CRECIMIENTO	+2	INCORPORACIÓN +1	SALVACIÓN 0	-1	-2	-3	-4
ESPIRITUAL	SANTIFICACIÓN	Fe en que la iglesia es la agencia de Dios en la tierra	Fe en la necesidad en que Dios desea salvar	Fe en la necesidad personal	Fe en la obra de Cristo y en la verdad del evangelio	Fe en Cristo como la solución espiritual a los problemas	Poco o ningún interés en el cristianismo
MENTAL		Decisión de unirse a la iglesia	Decisión de unirse a la iglesia	Percepción de las aplicaciones del evangelio	Comprensión del evangelio	Algún conocimiento bíblico	Ningún conocimiento del evangelio
EMOCIONAL	REPRODUCCIÓN	Deseo de servir a Dios con los demás creyentes	Arrepentimiento genuino por los pecados	Deseo de estar bien con Dios	Deseo de saber más acerca de la vida cristiana	Deseo de recibir ayuda espiritual	Ningún deseo de saber nada acerca de Cristo

NUEVOS NIVELES DE CRECIMIENTO

Decisión de rechazar a Cristo

Figura 6.d: La conversión como un proceso

emocional. Tiene un creciente deseo de recibir ayuda espiritual, aun cuando no tiene ningún conocimiento del evangelio, ni le da valor al cristianismo.

Entonces el evangelista intercultural entra en escena. Comunica el evangelio en una forma eficaz, pero Raúl sólo comprende una parte porque el mensaje es nuevo para él. Como resultado, avanza al paso -3 en el nivel mental.

Más adelante, cuando empieza a observar la vida del evangelista y la de algunos otros creyentes que conoce, Raúl llega a creer que, en efecto, los cristianos pueden hallarle solución a sus problemas. Siente cada vez más respeto por los creyentes y por el cristianismo. Eso lo lleva al paso -2 del nivel emocional. Siente un creciente deseo de aprender más sobre la vida cristiana y la enseñanza bíblica. De modo que Raúl empieza a pasar tiempo en compañía del evangelista y de otros creyentes que conoce. Quizá tan sólo observe la vida de ellos, o tal vez asista a los cultos. Al andar en compañía de creyentes, con frecuencia oye el evangelio y empieza a entenderlo más cabalmente. Eso a su vez lo lleva al paso -2 tanto del nivel mental como del espiritual.

Entonces Raúl empieza a progresar más rápidamente en el nivel mental. Empieza a reconocer las implicaciones del evangelio. Se da cuenta de que el seguir a Jesucristo no es tan sólo cambiar de religión sino que es el camino a una posición correcta para con Dios y a una vida llena de significado aquí en la tierra. Por último, Raúl, con una fe alimentada en Cristo como Salvador y un deseo de estar bien delante de su Creador, comienza a vencer su temor de cambiar de religión. Ahora se encuentra en el paso -1 en los tres niveles.

A medida que su fe en el hecho de que Dios desea redimirlo y perdonar sus pecados aumenta cada vez más, Raúl se va acercando al momento de decidirse a seguir a Cristo. Ora pidiéndole perdón a Dios. Se arrepiente de sus pecados delante de El. Esto bien puede ser una oración hecha a solas con Dios o en una reunión de creyentes. Su fe y su arrepentimiento lo llevan al punto 0, el punto de la conversión. Pero en realidad ha pasado por un proceso en que ha tomado decisiones de saber más de Dios y ha deseado seguirlo más en cada sucesiva etapa del proceso de la conversión. Cada paso llevó al siguiente. Cada paso fue estructurado encima del precedente.

Obsérvense dos pasos más en el proceso de la conversión. Aun cuando la verdadera conversión ocurre en el punto 0 de la escala, Jesucristo nos mandó "hacer discípulos". Como lo analizamos en el Capítulo 2, esto incluye ayudar al nuevo creyente a que se una responsablemente a una congregación local de otros creyentes para el servicio de Dios. Un creyente viene a ser discípulo cuando decide incorporarse a la Iglesia de Cristo y servirlo mediante ese cuerpo.

Gracias a la enseñanza y el estudio de la Palabra de Dios que recibe en la iglesia, Raúl puede aprender a crecer en su fe y su servicio a Dios. Esto se llama "santificación". Es la obra del Espíritu Santo en la vida del creyente para ayudarle a que aprenda a llevar una vida que le agrade más y más a Dios. Es un proceso que debe continuar a lo largo de toda la vida cristiana.

La iglesia también proporciona una vía para servir a Jesucristo. El nuevo creyente da testimonio a los inconversos y les ayuda a pasar también por el proceso de la conversión. Esto a su vez ayuda a la iglesia a reproducirse, como lo hemos analizado en el Capítulo 3. Participar en la "reproducción" de la iglesia de Cristo es el privilegio y la responsabilidad de todo creyente mientras esté aquí en la tierra.

Si en este proceso una persona llega al paso -1 en los tres niveles, se verá obligada a tomar una decisión. O determinará rechazar a Cristo o lo aceptará. Aplazar esa decisión hasta más tarde es realmente rechazar a Cristo y regresar al paso -1 de la escala. Con frecuencia un creyente bien intencionado puede cometer el error de tratar de obligar demasiado pronto a un converso en potencia a tomar una decisión al respecto. La persona puede estar en el paso -2 ó -3 del proceso y verse confrontada con tener que tomar la decisión de aceptar a Cristo. Si lo rechaza entonces, regresará a donde estaba antes de ser confrontada con la demanda de aceptar a Jesucristo, o sea, el paso -2 ó -3.

A veces algunos aceptan a Cristo cuando aún no han pasado por todo el proceso. Pueden sentir una gran necesidad personal, o pueden tener un gran sentido de culpabilidad delante de Dios que los llevan a tomar la decisión de aceptar a Cristo. Aunque Dios honra su decisión, si no han progresado lo suficiente en los tres niveles — el espiritual, el mental y el emocional —, pueden fácilmente volver atrás.

Si una persona, por ejemplo, se siente realmente emocionada y tiene un gran sentido de culpabilidad delante de Dios debido a sus pecados, podría ser persuadida a tomar la decisión de aceptar a Cristo. Esa persona desea tener una posición correcta delante de Dios. Se encuentra en el paso -1 del nivel emocional. Pero si no ha progresado hasta el paso -1 en el nivel mental y en el espiritual, no comprenderá las verdaderas implicaciones de su decisión. El nivel de su fe puede ser también insuficiente. Así que, después de aceptar a Cristo mayormente sólo en un nivel emocional, necesitará adelantar e igualarse en el nivel mental y en el espiritual. De otro modo cuando sus emociones ya no lo impulsen hacia Cristo, no tendrá la fortaleza mental y espiritual para perseverar en su determinación. Es muy probable que retorne a su antigua forma de vida sin haber probado nunca realmente los beneficios de la vida cristiana.

Esta es la razón por la cual tantos vuelven atrás muy pronto después de aceptar a Jesucristo. Aún no han progresado hasta el paso -1 en los tres niveles. Llegan a ser fácil presa para el ataque de Satanás. Su fe, su entendimiento y su decisión no son suficientemente firmes para resistir los embates del enemigo.

Si se considera bien el proceso de la conversión, resulta fácil discernir varios principios de magnitud. En primer lugar, es muy importante no empujar a los oyentes a que tomen la decisión de aceptar a Cristo hasta no estar seguros de que están listos para hacerlo. Habrá una probabilidad mucho mayor de que se aparten de Cristo otra vez si no han progresado hasta la etapa -1 antes de tomar esa decisión.

En segundo lugar, es necesario que nuestros métodos y estrategias de evangelismo ayuden a la gente en los tres niveles. Por ejemplo, perjudicamos a nuestros oyentes si no apelamos a su necesidad de comprensión mental, así como de aumentar su fe y de satisfacer sus deseos emocionales de tener paz con Dios. Tenemos que entrar en consorcio con el Espíritu Santo para acercarlos más a Dios en los tres niveles.

El mirar la conversión como un proceso tiene también una gran importancia al planear estrategias para el evangelismo intercultural. El evangelista intercultural debe estar consciente de dónde, o en qué etapa del proceso de la conversión, se encuentra la mayor parte del pueblo que se desea alcanzar antes de empezar. Su planificación y su estrategia deben estar ideadas para hacerlos pasar por las diferentes etapas del proceso de la conversión.

Digamos, por ejemplo, que la mayor parte de los no cristianos de la propia cultura del evangelista se encuentran en el paso -2 ó -3 del proceso de la conversión. El evangelista puede estar acostumbrado a evangelizar a la gente comenzando en esas etapas. Pero si entra en otra cultura donde la mayoría de la gente se halla en la etapa -4 del proceso, tendrá que usar un método completamente distinto del que usaría en su propia cultura. No podría suponer que los oyentes conocen algo acerca del evangelio. Tendría que empezar desde el principio con ese pueblo. Además, no habría de planear una estrategia que los llevara prontamente al punto 0, pasando por alto algunos de los pasos intermedios. Habría de idear una estrategia que los llevase paso a paso a través del proceso hacia el punto de la decisión.

F. Principios para un evangelismo eficaz

Un equipo de evangelistas interculturales había estado trabajando durante varios años para evangelizar un grupo étnico tribal llamado Dani Occidental en el Irian Occidental, Nueva Guinea. Los danis occidentales eran resistentes y aun hostiles al evangelio y a los evangelistas. Eran una tribu primitiva que vivía en la edad de piedra y que había tenido muy poco contacto con el mundo exterior.

La parte principal de la tribu vive en el valle del río Baliem. Aun cuando se había invertido mucho esfuerzo en evangelizar a este pueblo, durante varios años demostraron una gran resistencia al evangelio. Pero una parte de la tribu Dani Occidental vivía en el valle Llaga que se encuentra a cuatro días de camino al otro lado de un elevado paso de la montaña. Allí, después que los evangelistas comunicaron el evangelio durante un par de años, la totalidad de los casi dos mil danis de ese lugar decidieron quemar sus fetiches y convertirse a Cristo, ¡todos al mismo tiempo! Luego se acordaron de sus familiares y amigos de la misma tribu que vivían en el valle Baliem. Soportaron el peligroso viaje de cuatro días a fin de contarles lo que les había ocurrido a ellos: "Háganse creyentes, como nos hicimos nosotros. Celebren reuniones en las aldeas y resuélvanse a quemar todos sus fetiches. Declárense por Jesucristo. Designen a los que ustedes quieran que sean maestros y pastores. Los evangelistas que vinieron a nosotros les enseñarán. Denles comida de modo que ellos puedan estar libres para enseñar. Dios los bendecirá a ustedes así como nos ha bendecido a nosotros."

Muy poco tiempo después unos ocho mil de los danis occidentales del valle Baliem marcharon a un lugar céntrico y quemaron sus amuletos y fetiches paganos. ¡Declararon su fe y lealtad a Cristo colectivamente como grupo! Los evangelistas apenas sabían qué hacer. Estaban acostumbrados a que la gente se convirtiera individualmente. Pero allí había millares de individuos que habían tomado la decisión de seguir a Cristo, todos al mismo tiempo. Algunos evangelistas argumentaban que la decisión de los danis no podía ser válida puesto que no la habían tomado individualmente. La mayoría llegó a la conclusión de que no importaba cómo la gente se rendía a Cristo, todos se merecían una oportunidad para aprender la vida cristiana y para seguir a Cristo. Aquellos evangelistas comenzaron la tremenda tarea de enseñar la Palabra de Dios a los jefes de los danis.

En la actualidad, más de treinta mil tribeños danis occidentales son creyentes cristianos. Ellos mismos han enviado evangelistas interculturales resultando en que muchos miles de miembros de otras tribus se han convertido también al cristianismo.

1. *La conversión colectiva.* La historia de la tribu Dani Occidental es un ejemplo de lo que se llama un "movimiento étnico". A veces

colectividades enteras de personas pueden aceptar a Cristo en un breve período de tiempo. Los tribeños determinaron quemar los fetiches de su religión pagana y declararse por Cristo todos al mismo tiempo, ilustrando así lo que es la "conversión colectiva". A las culturas que ponen énfasis en la conversión personal a Cristo, como en Latinoamérica, les parece insólito pensar que pueden ocurrir conversiones colectivas. En muchas sociedades en el mundo, la conversión colectiva es la forma más eficaz y significativa de lograr que la gente acepte a Cristo.

Los grupos étnicos que son extremadamente "de orientación colectiva" o "de grupo" (véase la figura **4.d**), están acostumbrados a tomar casi todas sus decisiones colectivamente o como grupo. Con frecuencia este es el caso de algunas sociedades tribales en que los miembros viven en un mismo lugar. En tales grupos las necesidades y deseos de cada individuo están supeditadas a las de la sociedad como un todo. Por consiguiente, toda decisión importante, aun relativa a individuos del grupo, requiere la aprobación de todos. En una sociedad tal, cualquiera de ellos que intente hacerse creyente sin la aprobación del grupo será tenido como un traidor a su pueblo. Cuando se evangeliza a tales grupos étnicos, es un importante principio trabajar con miras a traer a la gente a Cristo en grupos o colectivamente. Esto podría ser varios miles de personas de una vez, o podría ser veinte o treinta personas a la vez. Lo importante es que se estimule a la gente a que tome sus decisiones con respecto a Cristo de la misma manera en que acostumbran tomar decisiones acerca de otros asuntos de magnitud.

Las decisiones colectivas de aceptar a Cristo no son menos válidas que las tomadas individualmente. El hecho es que en realidad son determinaciones individuales múltiples de rendirse a Cristo. Le rinden su lealtad a Cristo sin retirar su lealtad al grupo. En sociedades de orientación colectiva a menudo las decisiones de aceptar a Cristo individualmente resultan un obstáculo al evangelio. Si en tales sociedades algunos individuos se convierten a Cristo, el grupo los considera traidores y proscritos. Debido a esto, con frecuencia los que se convierten son las personas que menos prestigio tienen que perder dentro de su sociedad. A menudo esas personas están al margen de su sociedad y no son respetadas por una razón o por otra. Los del grupo principal consideran traidores a los que se deciden por Cristo. Aun cuando el Señor les habrá de transformar la vida haciéndolos mejores, los demás no los respetarán mucho, ya que no proceden de los estratos dominantes de su sociedad. Eso hará difícil que los tales logren más conversiones con rapidez.

Por otro lado, es posible lograr conversiones colectivas o de grupo cuando se alcanza a los innovadores de una sociedad. Estos disfrutan del respeto del resto del grupo. Pueden o no tener posiciones de liderazgo, pero están entre los estratos dominantes de la sociedad. Son respetados por los líderes y sus seguidores por igual. Sus opiniones son muy respetadas y a la gente le interesa oír sus ideas. El evangelista debe descubrir quiénes son esos individuos, y tener como prioridad ganarse la confianza y el respeto de ellos en primer lugar. Pueden ejercer una gran influencia sobre el resto del grupo en cuanto a tomar la determinación de aceptar a Cristo como Salvador.

Los principios del Modelo Centrípeto de Conversión nos ayudan a comprender la validez de las conversiones colectivas o de grupo. De acuerdo con ese modelo la pregunta principal que se ha de hacer es: "Lo que hago ahora, ¿ayudará a la gente a acercarse más a Cristo o, al contrario, la apartará de El?" Si la gente toma una determinación colectiva de seguir a Cristo, estarán volviéndose hacia la cruz. De acuerdo al modelo centrípeto, su determinación es válida. Dios conoce los corazones y cuándo exactamente esas decisiones individuales de aceptar a Cristo son válidas. Es tarea del evangelista ayudarles continuamente a seguir en su determinación de acercarse más a la cruz de Jesús, enseñando y predicando la Palabra de Dios y viviendo ejemplarmente en medio del pueblo. Dios habrá de confirmar la fe de cada uno de ellos conforme aprenden a caminar con El.

2. *Alcanzar a los que están en transición.* Una buena parte de la población del mundo se halla en un proceso de rápido cambio como no ha habido nunca en ningún otro momento de la historia. Se ha estimado que hasta un 75% de la población mundial vivirá en ciudades al cabo de los próximos veinticinco años. La gente está dejando sus aldeas e invadiendo las ciudades en proporciones récord en todo el mundo. La mayoría de los países del mundo entero tienen zonas urbanas de rápido crecimiento, a las que cientos de miles de personas han llegado últimamente, a fin de mejorar sus oportunidades económicas. Esas personas están en transición. Traen en su corazón los valores de su aldea, pero desean las oportunidades de la vida urbana también. Sus valores y su modo de vida están cambiando rápidamente. Muchas son pobres. Con frecuencia hasta las que no son pobres en la aldea no tienen medios con que pagar los altos costos de las viviendas en la ciudad.

Algunas sí llegan a prosperar en la ciudad, pero todas pasan por el proceso del cambio de la vida rural a la vida urbana. Tal vez todavía vivan en los barrios pobres o barrios de chozas. Quizá hayan podido mudarse a mejores viviendas en mejores circunstancias. Como quiera que sea, esas personas que están en transición son las más maduras o aptas para oír el evangelio y recibirlo. En las zonas urbanas nuestras estrategias deben poner énfasis en alcanzar a esas personas.

3. *Movimientos de red.* En tanto que la conversión colectiva o de grupo es una buena estrategia para las sociedades y tribus de orientación colectiva, los movimientos de red o de relaciones entretejidas proporcionan una buena estrategia para las poblaciones urbanas. La gente que vive en las ciudades no siempre tiene la capacidad de mantener los fuertes nexos de grupo que tenían en su aldea. Los que encuentran una oportunidad de empleo tienen que mudarse más cerca de su trabajo. Aun cuando la lealtad al grupo permanece firme, a menudo la gente se separa de los demás miembros de su grupo étnico cuando viven en las ciudades. Mantienen contacto unos con otros, pero no en forma diaria como lo hacían allá en la aldea.

En esta clase de situación, los nexos familiares y de compadrazgo llegan a ser aún más importantes. Aun cuando no pueden seguir manteniendo contacto con todo el grupo procedente de su medio rural, por lo regular sí mantienen estrechos lazos con sus familiares. Aunque los miembros de una misma familia se encuentren dispersos por distintas partes de la ciudad, por lo general mantendrán un estrecho y regular contacto unos con otros. De ser posible se mudarán más cerca unos de otros. El resultado de esto es toda una red de personas relacionadas unas con otras, directamente o por medio de matrimonios, que se profesan una lealtad especial unas a otras.

La experiencia demuestra que es factible evangelizar en forma eficaz a tales personas siguiendo las líneas de esas texturas o relaciones naturales en las zonas urbanas. Cuando un hombre y su familia se convierten, comparten su experiencia con sus familiares cuando se reúnen durante los fines de semana. Luego aquellos se convierten y hacen lo mismo con sus parientes. Esto sigue así, hasta que cientos o miles de personas pueden llegar a convertirse mediante estas pautas de evangelismo siempre en expansión, que tiene lugar a lo largo de las líneas de las relaciones de parentesco.

Sin embargo, los movimientos de red no tienen que desarrollarse necesariamente a través de las pautas de parentesco, aunque esto es lo más corriente. Pueden resultar también de otras maneras. Depende de los grupos a los cuales la gente profesa su lealtad primaria. Después que la gente ha vivido por largo tiempo en la ciudad, pueden haber aprendido a profesar su lealtad primaria, ajena a la de su hogar, a otras clases de grupos además de sus familiares. Muchos profesionales, como los médicos y abogados, pasan más tiempo con los colegas o miembros de su profesión que entre su parentela. Cuando es así, pueden desarrollarse movimientos de red hacia Cristo por medio de las relaciones que se forman entre las personas por pertenecer a determinados grupos profesionales.

Cualquiera que sea el tipo de las relaciones, el principio de los movimientos de red ha resultado ser una pauta muy eficaz para el evangelismo en las zonas urbanas. Aun cuando se efectúen campañas de evangelismo masivas, los que aceptan a Cristo y permanecen fieles lo hacen gracias a las relaciones especiales que tienen con personas a quienes conocen de la iglesia. Después de una reciente campaña, por ejemplo, se descubrió que el 83% de los que se habían convertido en la campaña, y estaban sirviendo a Dios en la iglesia un año más tarde, se habían decidido a hacerlo mediante la ayuda y el estímulo de algún pariente cercano o un amigo íntimo que estaba también en la iglesia. La planificación de estrategias que utilicen el potencial de los movimientos de red es un importante principio del evangelismo intercultural eficaz.

4. *Los grupos pequeños.* Un principio muy eficaz para el evangelismo urbano es el de las reuniones de grupos pequeños. Debido a que en las ciudades los bienes inmuebles son carísimos, resulta muy difícil comprar un terreno para la iglesia y construir edificios lo suficientemente grandes como para acomodar a todos a la vez. Muchas iglesias tienen servicios múltiples, llenándose su local varias veces cada domingo, a fin de alcanzar un mayor número y así sacar mayor ventaja de la inversión en el bien inmueble del local.

Es muy fácil que uno pierda su identidad en la vida urbana. Por lo regular, uno no es más que otra persona entre muchos en la multitud. La gente se siente sola y anhela tener contacto personal con otros. Las reuniones de pequeños grupos han resultado ser muy eficaces en el evangelismo.

Una típica reunión de grupo pequeño tendrá unas 10 a 40 personas que se congregan en la casa o apartamento de una de ellas. Puede haber adoración, canto, oración, estudio bíblico, predicación, enseñanza, testimonios o cualquier combinación de estas cosas durante la reunión.

Se ha demostrado que estas reuniones son muy eficaces en ganar almas en las zonas urbanas de muchas partes del mundo. En realidad, la mayor iglesia del mundo, la Iglesia Central del Evangelio Completo, de Seúl, Corea del Sur, ha levantado una feligresía de más de 450.000 personas, haciendo uso de las reuniones de grupos pequeños como su principal instrumento evangelístico. El pastor de esta iglesia pentecostal, doctor Paul Yonggi Cho, ha llegado a ser bien conocido en todo el mundo por enseñar a la gente a que ayude a su respectiva iglesia a crecer mediante las reuniones de grupos pequeños.

En este capítulo hemos analizado la importancia de establecer relaciones de confianza entre el evangelista y el pueblo que se pretende alcanzar. El evangelista que toma el tiempo necesario para establecer una mutua aceptación y una confianza interdependiente estará en la mejor posición para comunicar el evangelio de una manera significativa.

A fin de enseñar en forma eficaz la verdad bíblica en otra cultura, el evangelista tiene que adquirir la destreza de saber distinguir entre la verdad supracultural y las formas intraculturales. Debe enseñar principios bíblicos supraculturales, esperando que el Espíritu Santo ayude a los líderes de los creyentes locales a determinar las mejores formas culturales que comuniquen los significados de esos principios. Debe enseñar a los creyentes el modelo centrípeto de conversión para ayudarles a adaptar sus formas de conducta.

Al mirar la conversión como un proceso más bien que un acontecimiento, el evangelista puede planear mejores estrategias para traer a Cristo los pueblos no alcanzados. Las estrategias deben ser planeadas de modo tal que hagan pasar a la gente por cada paso del proceso de la conversión. Con frecuencia los miembros de las sociedades tribales de orientación colectiva pueden ser evangelizados más eficazmente por medio de una estrategia de conversión colectiva.

En las zonas urbanas se debe dar prioridad a las estrategias con que se evangeliza a los que están en transición de la vida rural a la urbana. Asimismo, mediante una estrategia eficaz se debe intentar usar los principios de distintas clases de movimientos de red o de relaciones entretejidas. Semejantes principios han resultado ser muy eficaces cuando se los combina con reuniones de grupos pequeños entre la población urbana. Las reuniones de grupos pequeños han resultado ser también especialmente eficaces en las zonas urbanas.

Bosquejo del capítulo

Cómo ser un evangelista intercultural eficiente

   I. La estrategia que enfoca las necesidades del pueblo receptor
  II. La necesidad de tener mutuo respeto, confianza y aceptación
   A. La confianza demostrada
   B. La aceptación
   C. El acatamiento el uno del otro

Un encuentro con las verdades

1.1 ¿Qué se entiende por evangelismo orientado hacia el receptor?

1.2 ¿Qué recalca este evangelismo?

1.3 ¿De qué manera pone una mayor responsabilidad sobre el evangelista intercultural?

2.1 ¿Cuáles son los cuatro pasos para establecer una relación de confianza con el pueblo de otra cultura?

2.2 ¿Cuál etapa es la más eficaz para el evangelismo intercultural?

2.3 ¿Por qué?

3.1 Describa de qué manera el pueblo de otra cultura juzgará probablemente a un evangelista intercultural cuando entra por primera vez en esa cultura.

3.2 ¿Por qué la actitud de ellos hacia él será probablemente negativa?

3.3 ¿Qué debe hacer él para superar esas actitudes?

4.1 ¿Cuál es la primera pregunta con respecto al evangelista intercultural que los pueblos de otras culturas se hacen y cuya respuesta quieren tener?

4.2 Explique qué significa esa pregunta y dé un ejemplo tomado del relato acerca de la tribu brasileña que permitió que el evangelista y su familia se mudaran al pueblo.

5.1 ¿En qué etapa del establecimiento de una relación de confianza el evangelista intercultural se sentirá libre y sin trabas para proclamar a cabalidad el evangelio?

5.2 ¿Por qué?

5.3 ¿Por qué es tan importante llevar una vida cristiana "encarnacional" para alcanzar esta etapa?

6. Distinga entre la "verdad supracultural" y las "enseñanzas intraculturales". Relacione su respuesta con principios bíblicos y formas culturales.

7. Defienda esta afirmación con sus propias palabras: "No existe ningún código absoluto de normas de conducta que deba ser igual para todos los cristianos de todas las culturas." Use ejemplos bíblicos en su respuesta.

8. Señale por lo menos tres ejemplos más de principios bíblicos y formas culturales tomados de la Biblia, además de los ya enumerados en la figura 6.a.

9. ¿En qué sentido se usan las palabras como formas culturales al traducir las Escrituras de una lengua a otra?

10.1 Enumere tres formas importantes en que el evangelista intercultural debe aprender a distinguir entre principios bíblicos y formas culturales.

10.2 Diga por qué cada una es importante.

11.1 ¿Cuáles son los puntos débiles del modelo de conversión "de comportamiento"?

11.2 Dé ejemplos de algunos problemas que este modelo puede causar.

12.1 ¿Cuáles son los puntos fuertes del modelo centrípeto de conversión?

12.2 Explique por qué es este el mejor modelo para usar en el evangelismo intercultural.

13.1 ¿Por qué es útil mirar la conversión como un proceso más bien que como un acontecimiento?

13.2 ¿En qué tres niveles debe progresar una persona hacia la cruz durante el proceso de conversión?

13.3 Explique la "santificación" y la "reproducción" como resultados finales del proceso de la conversión.

14.1 Explique por qué las estrategias de conversión colectiva son importantes para evangelizar sociedades tribales de orientación de grupo o colectiva.

14.2 ¿Qué ocurrirá probablemente si se pone énfasis en la conversión individual cuando se trata de evangelizar a esas sociedades?

14.3 ¿En qué casos ocurrieron conversiones colectivas en el Nuevo Testamento?

15.1 Explique el significado de "movimiento de red".

15.2 ¿Dónde son estos, por lo general, más eficaces?

15.3 Mencione al menos dos clases de movimientos de red o de relaciones entretejidas.

De la teoría a la práctica

A.1 Analice la acción del evangelista intercultural que aceptó la bebida de yuca que le ofrecieron los hombres de la tribu brasileña.

A.2 ¿Cree usted que su acto podría considerarse un pecado?

A.3 ¿Por qué?

A.4 ¿Qué lección acerca de la confianza nos enseña este relato?

B.1 Analice las etapas del establecimiento de relaciones de confianza. En su propio grupo étnico, ¿con respecto a qué personas ha progresado usted hasta el nivel del respeto mutuo?

B.2 ¿Respecto a cuántas personas ha alcanzado el nivel de una confianza interdependiente?

B.3 ¿Qué le enseña esto acerca de la importancia de la enculturación y del establecimiento de relaciones de confianza al realizar el ministerio intercultural?

C.1 Analice cómo en las diferentes culturas los significados de los principios bíblicos se trasmiten por medio de distintas formas culturales.

C.2 Enumere los principios bíblicos en que se basa la conducta cristiana de su propia cultura.

C.3 ¿Cómo ha cambiado su actitud hacia el comportamiento cristiano de otras culturas desde que estudió este capítulo?

C.4 ¿Ha cambiado algo su actitud respecto de las normas de conducta cristiana de su propia cultura?

C.5 ¿De qué manera?

D.1 Analice la gráfica de "La conversión como un proceso" (figura **6.d**). ¿Puede relacionar los diversos pasos de la gráfica con su propio proceso de conversión?

D.2 ¿Cómo relaciona esta gráfica con personas que usted conoce, que aceptaron a Cristo, pero que más tarde volvieron atrás y dejaron de servir a Dios?

D.3 ¿Qué aplicaciones tiene esta gráfica en la planificación de estrategias para ganar grupos enteros de personas para Cristo?

E.1 Analice, según su eficacia, las estrategias de evangelismo rural y de evangelismo urbano que usted ha podido observar. Incluya en su análisis la conversión colectiva de grupo, el alcance de los que están en transición de la vida rural a la urbana, los movimientos de red y las reuniones de grupos pequeños.

E.2 ¿Qué otras estrategias conoce usted que hayan producido resultados eficaces en el evangelismo rural y urbano?

Capítulo 7

LA PLANIFICACION DE ESTRATEGIAS PARA EL EVANGELISMO INTERCULTURAL

(Primera parte)

Puntos clave de este capítulo

1. Dejar de planificar es lo mismo que planificar para fallar. Igual que cualquier otra empresa grande e importante, la evangelización de los grupos étnicos no alcanzados requiere una eficaz planificación de estrategias.
2. No existe ninguna estrategia específica que sirva para alcanzar a todos los grupos étnicos. Algunas partes de una estrategia dada pueden ser útiles en más de un grupo, pero ninguna parte de una determinada estrategia sirve para alcanzar a todos los grupos étnicos.
3. Para la planificación de buenas estrategias se requiere tener la capacidad de establecer metas de largo alcance y de alcance intermedio.
4. Además de la dirección específica del Espíritu Santo, la receptividad es el factor más importante al escoger cuáles grupos étnicos se ha de evangelizar primero. El Espíritu Santo puede dirigir el evangelismo por medio del razonamiento humano.
5. Es posible medir la receptividad de un grupo étnico al mensaje del evangelio con un grado de exactitud suficiente para ser útil en la planificación.
6. El punto de partida para comprender un pueblo que se desea evangelizar es un análisis de sus necesidades.
7. Los evangelistas interculturales deben ser bien preparados antes de ir a evangelizar a otro pueblo.

8. La selección de los líderes de las iglesias que se establezcan en un pueblo que se desea alcanzar debe ser principalmente la responsabilidad de los creyentes locales.
9. Existe una relación directa entre el nivel de nuestra fe y nuestra disposición de establecer metas para un futuro evangelismo intercultural.
10. La planificación de estrategias es un proceso que continúa desde el principio hasta el fin de nuestra labor de evangelizar a un grupo étnico no alcanzado.

> Si planeas plantar una huerta,
> Podrás cosechar por una temporada.
> Si planeas plantar árboles frutales,
> Podrás cosechar durante una vida entera.
> Si planeas plantar iglesias,
> Podrás cosechar por toda la eternidad.

Vamos a comenzar una sección de tres capítulos, en los que analizaremos diversas formas de planificar y de poner en práctica las estrategias para el evangelismo intercultural. En este capítulo se analizan los principios de planificación, de preparación de estrategias y de establecimiento de metas. Estos principios nos llevarán a un procedimiento en etapas para proyectar nuestras propias estrategias para el evangelismo intercultural.

A. La importancia de una buena estrategia

Todos hacemos planes diariamente. Hacemos planes para realizar el trabajo que tenemos que llevar a cabo cada día. Hacemos planes para ocasiones especiales. Hacemos planes para atender a las necesidades de nuestra familia. Los carpinteros planifican lo que van a construir. Los agricultores hacen planes con relación a lo que siembran y cosechan. Las madres planifican las comidas.

Hacemos muchos de los planes tan sólo en nuestra mente. Por lo general, dichos planes tienen que ver con cosas que podemos hacer en poco tiempo, sin preocuparnos de los detalles.

Pero cuando tenemos que hacer planes a largo plazo, debemos poner por escrito cada una de sus partes. De otra manera nos olvidaremos de algunos detalles. Cuando un carpintero quiere hacer una silla igual a otra que ha hecho antes, ya tiene el plan en la mente. Sabe qué cantidad de madera necesitará, y conoce las herramientas que tendrá que usar. Sabe también qué tiempo le llevará hacerla. De modo que le promete al cliente que podrá tener terminada la silla en un tiempo determinado. Pero si ese carpintero quiere construir un edificio, tendrá que trazar los planos. Tendrá que calcular cuántas piezas de madera necesitará y de qué medidas tienen que ser. Tiene que determinar también qué cantidad de cemento necesitará mezclar. Tal vez usará bloques de hormigón o ladrillos. Habrá toda una lista de cosas que tendrá que anotar. Tendrá que calcular también cuánto tiempo le llevará la obra, y cuánto habrá de cobrar por su trabajo. Necesita hacer un plan a largo plazo para construir el edificio.

Las estrategias son planes a largo plazo. Ya sabemos que lleva años evangelizar en forma eficaz a un grupo étnico. Por lo tanto, necesitamos planes eficaces para guiar nuestra labor y verificar nuestro progreso.

Algunos creen que no es buena idea planificar para realizar la obra cristiana. Dicen que eso podría interferir con la dirección del Espíritu Santo. Es cierto que a veces los planes humanos han interferido con la dirección del Espíritu Santo. Pero se puede evitar ese error haciendo dos cosas: 1) Invitar al Espíritu Santo a que nos ayude a formular nuestros planes; 2) Hacer que nuestros planes sean flexibles, de modo que se puedan modificar cuando se disponga de nueva información y visión espiritual.

A los buenos planes nunca se los funde en hormigón. Se los prepara de una manera tal que se puedan hacer reajustes según sea necesario a medida que se los va poniendo en práctica. El apóstol Pablo hacía planes constantemente durante sus viajes misioneros. Planificaba a dónde iría la siguiente vez, y en qué clases de ministerios se comprometería cuando llegase allá. La mayor parte del tiempo seguía sus planes, porque Dios le había ayudado a hacerlos. Pero algunas veces, como cuando quiso ir a Bitinia, el Espíritu hizo que cambiara de parecer (Hechos 16:6-10). De modo que el Espíritu de Dios puede ayudarnos a hacer buenos planes, y también puede ayudarnos a modificarlos si es necesario, mientras los estamos llevando a cabo.

B. Clases de estrategias

Hay varias maneras de enfocar la planificación de estrategias. Vamos a analizar tres de ellas: la *estrategia de método universal*; la *estrategia "Dios nos ayudará"*; y la *estrategia de método único*. Esas estrategias no son todas igualmente eficaces en el evangelismo intercultural.

1. *La estrategia de método universal*. Esta estrategia se origina en un plan de evangelismo cuidadosamente elaborado, que a su vez es producto de la planificación y verificación hechas en la práctica.

Luego ese plan se aplica a todo país y lugar. Se sabe de un plan, por ejemplo, que tiene como objetivo el colocar al menos una pieza de literatura cristiana en cada hogar de cada país del mundo. En esta estrategia no se toma en cuenta adecuadamente que más del 40% de la población mundial no sabe leer. Asimismo se supone que todos tendrán una adecuada oportunidad de creer en Jesucristo y aceptarlo como su Salvador si tan sólo quedan expuestos a la debida literatura. Esta estrategia es buena solamente para algunos pueblos de algunos lugares.

El Evangelismo a Fondo, que comenzó en Latinoamérica, es otro ejemplo de este tipo de estrategia. Emplea distintas clases de publicidad radial, televisiva e impresa para saturar una ciudad o país con sencillos mensajes evangelísticos. Luego se celebran simultáneamente campañas de evangelismo en iglesias y estadios en todo el país.

Aun cuando este tipo de estrategia ha demostrado tener cierta eficacia en algunas partes del mundo, con ella no se evangeliza en forma eficaz a todos los grupos étnicos de las zonas en que se la usa. Por ejemplo, muchos grupos étnicos tribales prácticamente no fueron afectados por esas campañas cuando ellas tuvieron lugar en distintas partes de la América Latina. En efecto, se ha demostrado por los estudios realizados, que disminuyeron las tasas de crecimiento total en los grupos protestantes evangélicos que participaron en esas campañas en Guatemala, Colombia y la República Dominicana, en los años que siguieron a las campañas. Aun cuando esas tasas aumentaron durante el año de las campañas, disminuyeron en los años subsiguientes más de lo que aumentaban en los años anteriores a las campañas.

Si bien una determinada estrategia puede resultar muy eficaz en un lugar dado entre ciertos grupos étnicos, por regla general es un error tratar de exportar esa estrategia a otros grupos étnicos de otras partes del mundo. Por lo regular, tales estrategias tienen su origen en una cultura. Cuanto mayor sea la distancia cultural entre esa cultura y las otras culturas en que se aplique esa estrategia, tanto menor será la probabilidad de buen éxito.

2. *La estrategia de "Dios nos ayudará".* Esta estrategia se basa en el concepto de que no es necesaria más que alguna — o ninguna — planificación para hacer bien la obra de Dios. Puede concretarse a la necesaria planificación para dar comienzo a una obra: determinar a dónde se ha de ir, quién ha de ir y cómo se va a sostener a los que vayan. Pero no pone más que poco, o ningún, énfasis en la planificación subsiguiente. El resto "se deja a Dios". Los que usan este tipo de planificación de estrategias por lo general creen que la

planificación a largo plazo es responsabilidad de Dios. Muchísimos siguen este tipo de planificación porque es seguro. La probabilidad de fallar es poca, puesto que son contadas las metas a largo plazo. Las metas se concretan únicamente a dar inicio a la obra, no a llevar a cabo propósitos específicos. Por ello, casi todo resultado puede clasificarse como "buen éxito" con este tipo de estrategia.

Pero Cristo nos enseñó que ser discípulos suyos conlleva riesgos. También nos indicó el valor de la planificación a largo plazo. Nos dio ejemplos de un hombre que edifica una torre, y otro que va a la guerra (Lucas 14:28-33). Antes de hacer una cosa o la otra, dijo El, es necesario planificar y tener los recursos apropiados para terminar la obra. Si es necesario planificar bien para hacer obras terrenales, ¡cuánto más necesario es para hacer obras espirituales! Por lo común, los que planifican poco, logran poco. Como expresa un dicho: "¡Los que no se proponen nada, generalmente aciertan!"

Dios quiere ayudarnos a terminar nuestra obra para El. Pero quiere hacerla por medio de nosotros, no a pesar de nosotros. El quiere que tengamos el gozo de la plena participación en lo que El hace. Quiere bendecir nuestra planificación así como habrá de bendecir el resultado de esa planificación.

3. *La estrategia de método único.* En esta estrategia se sobreentiende que cada situación es diferente y requiere una estrategia particular, planificada especialmente para esa situación. En ella se da por sentado que no hay método universal alguno mediante el cual se pueda evangelizar eficazmente a todos los pueblos en todas partes. También se da por sentado que para lograr un evangelismo eficaz es importante y necesario planificar una estrategia particular para cada situación.

Este es el principio fundamental más eficaz en la planificación de estrategias para el evangelismo intercultural. Se pone énfasis en las estrategias que respondan a las necesidades específicas de cada grupo étnico. El objetivo fundamental de evangelizar a cada pueblo no cambia, pero la planificación para alcanzar a cada pueblo varía grandemente.

En esta estrategia también se da por sentado que Dios habrá de guiar a los que planifican, así como a los que llevan a cabo esos planes, a que descubran las llaves especiales que han de abrir la puerta de acceso a los corazones de cada grupo étnico. Los principios fundamentales de planificación y evangelización serán los mismos respecto a todos los grupos étnicos, pero los métodos han de ser trazados específicamente para satisfacer las necesidades de cada grupo.

C. Cómo establecer buenas metas

Para poder planear buenas estrategias es indispensable adquirir la capacidad de fijar buenas metas. El establecimiento de buenas metas no sólo ejerce un poderoso impacto sobre la calidad de la planificación estratégica, sino que tiene un maravilloso efecto en la vida de los que lo hacen. Algunos pueblos viven en culturas más orientadas hacia el pasado y el presente que hacia el futuro. La mayor parte de las culturas africanas, por ejemplo, manifiestan tal tendencia más que las culturas latinoamericanas hispanohablantes. No obstante, los latinoamericanos tienden a estar menos orientados hacia el futuro que la mayor parte de las culturas norteamericanas y europeas. Cuanto menos orientada hacia el futuro sea nuestra cultura, tanto menos probable será que nos fijemos metas (ver figura **4.d**).

Es necesario que veamos que la Biblia es de orientación hacia el futuro. En ella se notan referencias a metas. Desde el principio, Dios tuvo como su objetivo principal redimir al género humano del castigo del pecado y de los efectos del pecado. Jesucristo murió y resucitó para que todos los que lo recibieran en el *futuro* fueran salvos.

Las enseñanzas de Cristo revelan también una orientación hacia metas. Considere la parábola de los talentos, la de las vírgenes prudentes y las insensatas, la de las ovejas y los cabritos (Mateo 25). Jesús les fijó metas específicas a sus discípulos. Les dijo que hicieran "discípulos a todas las naciones [pueblos]" (Mateo 28:19). También les dijo dónde tenían que hacer eso (Hechos 1:8).

El apóstol Pablo comprendió la orientación hacia el futuro que tenía la vida cristiana y el poder que encerraba el establecer metas específicas. Dijo: "Olvidando ciertamente lo que queda atrás, y extendiéndome a lo que está delante, prosigo a *la meta*, al supremo llamamiento de Dios en Cristo Jesús" (Filipenses 3:13, 14, cursivas del autor).

A lo largo de los siglos, los seguidores de Cristo han estado dispuestos a soportar sufrimientos e incluso el martirio con el fin de alcanzar las metas de Dios para su vida y los galardones eternos en el cielo. A veces sus metas sólo estaban escritas en su corazón, pero ellos estuvieron dispuestos a renunciar a lo que no podían conservar, ¡a fin de ganar lo que no podían perder! Para ser eficientes, los evangelistas interculturales deben tener la misma clase de dedicación y orientación hasta el logro de las metas del reino de Dios.

1. *Las metas deben ser claras y precisas.* Cuanto mayor sea la claridad y precisión con que una meta esté formulada, tanto mejor será la probabilidad de alcanzarla. Jesús sabía esto. Por eso no sólo nos dijo que predicáramos "el evangelio a toda criatura" (Marcos

16:15), sino que nos dijo qué significa eso en Mateo 28:19: "Por tanto, id, y *haced discípulos a todas las naciones*" (cursivas del autor). El Comité (internacional) de Lausana sobre Evangelismo Mundial nos ha ayudado definiendo el término "hacer discípulos" como: "Persuadir a hombres y mujeres a que acepten a Jesucristo como Señor y Salvador, y lo sirvan en la confraternidad de su iglesia." Esta definición nos ayuda a comprender las palabras de Jesús aún más claramente. Si hemos de obedecer su mandamiento, debemos preparar estrategias y planes que demuestren ser eficaces en persuadir a hombres y mujeres de todos los grupos étnicos de la tierra a que acepten a Cristo como Salvador y Señor, y lo sirvan en la iglesia local.

Como lo hemos analizado en el Capítulo 3, esta ha de ser la principal función de doble ministerio de la iglesia. Por ello, viene a ser el principal propósito general del evangelismo intercultural. Es una meta clara y precisa. Todo lo que hacemos en el evangelismo intercultural, tanto la estrategia como la puesta en práctica de la estrategia, debe coadyuvar directamente a la realización de esa meta.

Se requiere alguna práctica para hacer metas claras y precisas. Si decimos que nuestra meta es alcanzar con el evangelio al pueblo Kekchí de Guatemala, no es una meta suficientemente clara. Podríamos difundir programas de radio en el idioma de ellos y decir que los alcanzamos. Aun cuando sólo algunos de ellos tuviesen radiorreceptores, podríamos decir eso. Podríamos colocar un tratado evangélico en cada hogar y decir que los vamos alcanzando, aunque la mayoría de ellos no sepan leer. Hasta podríamos enviarles evangelistas y decir que los estamos alcanzando, aun cuando no haya conversiones. Aunque esto suena ridículo, no está muy lejos del tipo de acción que emprenden algunos evangelistas interculturales.

Por otro lado, si decimos que nuestra meta es persuadir al pueblo Kekchí a que acepte a Cristo como su Salvador y Señor, y se determinen a servirlo en iglesias autóctonas, entonces la meta es más clara y precisa. Conforme vamos llevando a cabo nuestros planes para alcanzar esta meta, debemos ir preguntándonos si algunos de los kekchíes han aceptado a Cristo. Si es así, debemos preguntarnos también si lo sirven en sus propias iglesias locales.

2. *Las metas deben ser mensurables.* Las buenas metas son mensurables en términos de cantidad y tiempo. Nuestra meta antes mencionada puede mejorarse aun más, haciéndola mensurable en términos de cantidad: "Nuestra meta es persuadir al 20% del pueblo Kekchí a que acepte a Cristo como su Salvador y Señor, y lo sirva en iglesias autóctonas." Si tenemos fe en que los creyentes de ese

pueblo podrán evangelizar al resto de su tribu, después que su número alcance el 20%, entonces esa es una buena meta. Ella nos dice cuándo nuestra tarea estará terminada. Entonces podremos pasar a evangelizar otro grupo étnico no alcanzado. Esto es importante. Algunos evangelistas interculturales se quedan demasiado tiempo en medio de un mismo grupo étnico. El establecer metas que sean mensurables nos ayuda a verificar nuestro progreso según realizamos la obra, y nos ayuda a saber cuándo nuestra tarea queda concluida.

Es muy importante también hacer que las metas sean mensurables en términos de tiempo. Podemos mejorar más todavía nuestro ejemplo expresándolo de esta manera: "Nuestra meta es persuadir al 20% del pueblo Kekchí a que acepte a Cristo como su Salvador y Señor, y lo sirva en iglesias autóctonas, en un plazo de nueve años." Esto nos obligará a verificar en forma periódica nuestro progreso, para ver si necesitamos incrementar nuestros recursos o reajustar nuestras metas. El hacer que las metas sean mensurables nos ayuda en gran manera a dirigir nuestra labor a medida que la llevemos a cabo.

3. *Las metas de alcance intermedio.* Lo que acabamos de describir es realmente una meta a largo plazo, a veces llamada nuestra *meta total.* Considerando la meta, resulta obvio que tenemos que establecer metas más pequeñas, que habrán de llevar al cumplimiento de la meta a largo plazo. Usando nuestro ejemplo, podríamos establecer metas intermedias como estas:

1. Preparar y equipar a seis evangelistas interculturales que habrán de ser enviados a evangelizar al pueblo Kekchí en un plazo de dos años, y levantar fondos para su sostenimiento.
2. Ayudar a todo el equipo de evangelistas a enculturarse, a hablar fluidamente la lengua del pueblo y a establecer relaciones de confianza positivas en medio del pueblo Kekchí en un plazo de tres años más.
3. Hacer discípulos a un 7% del pueblo Kekchí, con siete iglesias autóctonas establecidas en dos años más. Comenzar en este punto un curso de instituto bíblico para la preparación de líderes.
4. Hacer discípulos a un 15% de los miembros del grupo, que sirvan a Dios en por lo menos veinte iglesias autóctonas, para el octavo año del proyecto.
5. Hacer discípulos a cuando menos un 20% de los kekchíes que sirvan a Dios en treinta o más iglesias autóctonas hacia el final del noveno año del proyecto.
6. A comienzos del décimo año, el equipo evangelístico intercul-

tural debe ser transferido para trabajar en medio de otro grupo étnico. El instituto bíblico debe ser autóctono, y debe seguir funcionando enteramente con un liderazgo y financiamiento locales.

Si pueden alcanzarse estas metas intermedias, se alcanzará la meta a largo plazo. Obsérvese cómo el establecer buenas metas de largo alcance y de alcance intermedio ayuda en la planificación de estrategias. Incluso con nuestra buena meta a largo plazo a veces resulta difícil determinar cómo alcanzar esa meta. Se podría simplemente enviar dos evangelistas interculturales al pueblo Kekchí, y luego esperar que Dios produzca buenos resultados. Pero eso sería seguir la estrategia de "Dios nos ayudará". Es mucho mejor esperar que Dios nos ayude a establecer buenas metas y una buena estrategia para llevar hasta el fin esas metas.

Al mirar los ejemplos de las posibles metas intermedias, es fácil ver que la evangelización del pueblo Kekchí requerirá mucha planificación y esfuerzo. Seis experimentados evangelistas tendrían que oír el llamado de Dios al ministerio intercultural. Necesitarían una buena preparación. Sus iglesias y amigos tendrían que orar y dar el suficiente apoyo económico para enviarlos a los kekchíes, y tendrían que sostenerlos mientras trabajen allí en la obra.

Tendrían que dedicarse a aprender la lengua y la cultura, y a establecer relaciones de confianza con el pueblo Kekchí durante la mayor parte de los primeros tres años. Cuando se ganasen la confianza del pueblo Kekchí, tendrían que convenir en la estrategia a seguir para comunicar el evangelio. Tendrían que evaluar continuamente su progreso, para ver si progresaban de acuerdo a los planes. Si no, podrían necesitar reajustar el tiempo para la realización de sus metas intermedias. Habría un continuo proceso de hacer planes y estrategias a lo largo de la vía hacia la meta a largo plazo. Habría que hacer ajustes conforme se hicieran necesarios, pero sólo si fueran de ayuda para alcanzar la meta de largo alcance.

La meta a largo plazo lleva a metas intermedias. Las metas de alcance intermedio llevan a la planificación de estrategias, al comienzo y a cada paso de la vía.

En el resto de este capítulo, así como en los Capítulos 8 y 9, expondremos principios y métodos para planificar estrategias.

D. La combinación de la fe y la razón

La planificación de estrategias para el evangelismo intercultural es un acto de fe. Es mirar el futuro con los ojos de la fe. Es la fe y la razón en acción recíproca con el futuro. Cuando un agricultor efectúa una siembra, su fe y su razón obran recíprocamente con el futuro. La fe y la esperanza le dicen que sus tierras producirán una abundante cosecha. La razón le dice que para ver realizada su fe, es necesario que planifique la siembra adecuada, que prepare la tierra, siembre o plante correctamente y atienda el cultivo según va creciendo.

Ocurre lo mismo para obtener una cosecha espiritual. Si estamos convencidos de que Dios quiere que evangelicemos un pueblo no alcanzado, debemos hacer uso de nuestra capacidad de razonar dada por Dios para planear una estrategia de cosecha. Tenemos que conocer la condición del terreno: el pueblo que pretendemos evangelizar. Hay que determinar quién podrá efectuar mejor la siembra y la siega. Es necesario calcular el costo de la siembra del cultivo. ¿Estamos dispuestos a invertir dinero, tiempo y recursos a fin de recoger una cosecha en medio de ese pueblo? Debemos planear cuidadosamente cómo y dónde hemos de usar nuestros recursos, con el fin de recoger la más grande cosecha espiritual.

Hacen falta fe y razón a fin de planificar para el evangelismo intercultural. La capacidad de razonar que tiene el ser humano es un poderosísimo don de Dios. Cuando se lo combina con la fe y la visión dadas por Dios, el razonamiento humano dirigido por el Espíritu Santo tiene un maravilloso potencial para recoger abundantes cosechas para el reino de Dios.

La planificación de estrategias es un instrumento que nos ayuda a llegar de donde estamos a donde queremos estar. Sirve para descomponer la tarea en pasos individuales hacia nuestras metas. Si bien las instituciones seculares — como los gobiernos y los ejércitos — invierten enormes esfuerzos en planificar estrategias, esto no es tan sólo una actividad secular o humana. ¡Cristo tiene una estrategia para alcanzar a cada pueblo de la tierra! A El le place revelar su estrategia a los que toman en serio el unirse en el esfuerzo de alcanzar a todos los pueblos.

Ninguna estrategia en particular servirá para todos los grupos étnicos. Por haber demasiadas clases de pueblos de distintas culturas con diferentes tipos de necesidades, se hace imposible que una sola estrategia funcione entre todos los pueblos. Cada grupo étnico debe ser evangelizado con una estrategia delineada específicamente para alcanzar a ese grupo. En una tal estrategia, puede ser que se usen algunos métodos que se hayan usado entre otros grupos étnicos, pero siempre se requerirán algunos elementos diferentes.

Aun cuando ninguna estrategia en particular servirá para todos los pueblos, *es posible idear un sistema de planear estrategias que nos habrá de ayudar a alcanzar a todos los pueblos.* Un sistema tal nos ayudará a saber qué clases de información necesitamos, qué preguntas debemos hacer, qué pasos debemos dar y qué errores debemos evitar al planificar una estrategia para un grupo étnico específico. No nos dirá qué debemos hacer a fin de alcanzar un grupo étnico. Nos indicará más bien cómo determinar lo que debemos hacer. No dejará lugar a que se desarrolle una "estrategia de método universal". Será de estímulo para que surja una estrategia en que se tomen en consideración las diferencias de idioma, las diferencias culturales, las necesidades básicas, la sensibilidad al evangelio y la ubicación del grupo que se desea alcanzar. Aunque no debe haber una estrategia de método universal, puede haber un sistema universalizado de planificar una estrategia para alcanzar a cada pueblo.

E. Modelo de planificación de estrategias

Un sistema de planificación de estrategias nos ha de ayudar a hacer planes y tomar decisiones con respecto a varios asuntos importantes. Tenemos que determinar a qué pueblo se va a evangelizar. Hay que decidir quiénes podrán llevar a cabo mejor las distintas fases de la obra. Debemos determinar el costo y planear medios de obtener los fondos necesarios. Hace falta trazar un plan de acción que avance paso a paso. Luego debemos llevar a cabo en forma eficaz esos planes. Estos son los pasos fundamentales de la planificación de una estrategia de evangelismo. Están ilustrados en la figura 7.a. A fin de comprender en qué forma están relacionados los distintos pasos unos con otros, veamos la dinámica de este modelo.

1. *La selección del grupo que se ha de evangelizar.* Este es el primer nivel de la planificación de estrategias. Comprende dos importantes etapas de la planificación. En primer lugar, el pueblo que se ha de evangelizar debe ser seleccionado de entre otros grupos étnicos no alcanzados, siguiendo algunos principios importantes. En segundo lugar, es sumamente necesario comprender el pueblo que haya sido seleccionado. Un análisis de su sociedad, de su cultura y de sus necesidades ayudará en gran manera a los planificadores a trazar una estrategia específica para alcanzar a ese pueblo.

2. *La selección del personal de evangelismo.* Cuando se tiene suficiente información acerca del pueblo que se va a evangelizar, se puede llegar a algunas conclusiones tentativas en cuanto a las clases de ministerios que habrán de resultar muy eficaces al evangelizar a ese pueblo. Se debe escoger, preparar y equipar a los evangelistas interculturales que vayan a evangelizar al grupo étnico seleccionado. Se los debe escoger de acuerdo a los ministerios que parezcan ser los más convenientes. Pero ellos no serán los únicos que tomarán parte

activa en la evangelización del pueblo seleccionado. A medida que los miembros del grupo étnico vayan aceptando a Cristo como su Salvador, muchos de ellos también pasarán a tomar parte activa en la evangelización de su propio pueblo. Una buena planificación debe incluir una estrategia para la selección y preparación de ellos.

3. *La determinación de métodos.* Después que se han seleccionado al pueblo que se ha de alcanzar y el equipo de evangelismo intercultural, se debe comenzar el proceso de determinar con qué métodos se pueden alcanzar mejor las metas para cada etapa del esfuerzo evangelístico. Por un lado, se tienen que determinar métodos específicos para inspirar e involucrar a las iglesias misioneras. Hay que levantar fondos, se deben establecer líneas de autoridad y hará falta preparar a los evangelistas en la dinámica del ministerio intercultural.

Por otro lado, la información que se tenga acerca del pueblo que se ha de alcanzar debe llevar a decisiones con respecto a los métodos específicos para procurar evangelizarlos. Esos métodos deben ser analizados por líderes experimentados en el evangelismo intercultural, así como por los evangelistas escogidos para ir al pueblo seleccionado. El proceso puede tomar algún tiempo y debe continuar durante todo el lapso de la preparación de los evangelistas y de la reunión de fondos. En realidad, este proceso continúa incluso durante todo el proceso del esfuerzo evangelístico.

Cuando, en espíritu de oración, se llega a un acuerdo respecto de los métodos, se los debe clasificar en cuanto a prioridades, unos con relación a otros. Se los considerará experimentales y sujetos a cambios, según los informes y la experiencia demuestren que deben ser modificados. Al convenir respecto a los métodos y sus prioridades, se les dará un uso más eficaz a los recursos humanos, económicos y de tiempo de los que están involucrados en el plan.

4. *La fijación de metas.* Esta es la etapa en que se determinan las metas específicas y mensurables para cada paso del proceso del evangelismo intercultural. Como se analizó en la sección del establecimiento de metas en páginas anteriores, cada actividad necesaria se expresa como una meta, junto con las necesarias metas intermedias para llevar a cabo esa parte de la estrategia. Se hace un estimado del tiempo necesario para cada paso y se lo proyecta por fe como parte de cada meta. Los planes específicos en cuanto a quién es el responsable de llevar a cabo cada meta y cómo ha de hacerlo quedan incorporados en una declaración por escrito de estrategia. En dicho documento se incluyen también los acuerdos sobre el plan de acción y las líneas organizacionales de control. La declaración debe ser suficientemente general como para permitir que los métodos

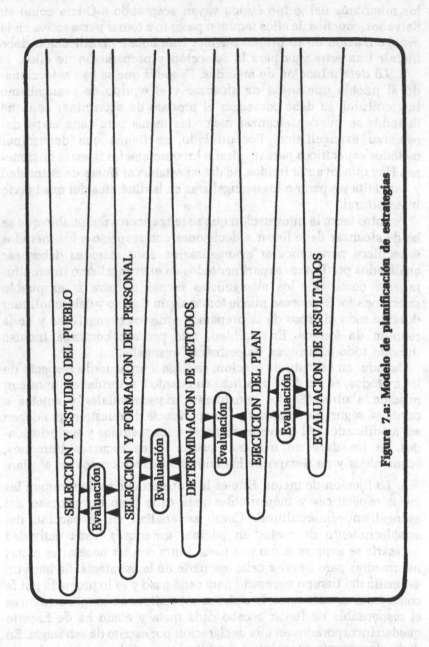

Figura 7.a: Modelo de planificación de estrategias

cambien en el terreno según la necesidad se haga patente. Pero también debe ser lo suficientemente específico como para que todos sepan cuáles son sus responsabilidades y tengan pautas para llevar a cabo su responsabilidad.

5. *La implementación de la estrategia planificada.* En un sentido, la ejecución de la estrategia comienza tan pronto se escogen los evangelistas, pero comienza realmente cuando los evangelistas parten para entrar al pueblo escogido. Los métodos y actividades diferirán de acuerdo con la estrategia preparada para ese grupo étnico.

La planificación de estrategias continúa aún durante la ejecución de la estrategia. En una buena planificación de estrategias se tiene en cuenta que aquellos que en realidad están llevando a la práctica la estrategia pueden hacer cambios cuando haya acuerdo en que son necesarios.

6. *La evaluación de resultados.* Es esencial que durante y después del proceso de evangelización se pueda evaluar y medir el progreso. Esto no sólo es útil para ajustar la estrategia al alcanzar a un grupo étnico, sino que también es de valor en la planificación de estrategias para evangelizar otros grupos étnicos. Este es un paso importante para comparar el progreso de un esfuerzo evangelístico con las metas que fueron establecidas en la planificación de estrategias.

Una evaluación periódica nos dirá si necesitamos alterar o ajustar nuestras metas, o el tiempo que debe tomar el alcanzar esas metas. Esa información es importante para planear respecto a las necesidades de ese esfuerzo durante la etapa de la ejecución del plan. Hay formas universales de medir el crecimiento de la iglesia, las cuales son muy útiles para evaluar los resultados.

Obsérvese en la figura 7.a cómo cada paso en el *modelo de planificación* está escalonado debajo y hacia la derecha del paso que está encima. Esto se debe a que cada paso sucesivo comienza después del paso de arriba. Pero fíjese también que cada paso continúa a lo largo del proceso, aun cuando hayan comenzado otros pasos. Esto muestra que cada paso debe continuar a niveles de desarrollo continuamente progresivos, al mismo tiempo que otros pasos estén comenzando. Hay que hacer esfuerzos todavía para aprender más acerca del pueblo elegido, aun durante la etapa de la ejecución del plan. Quiere decir que el personal de evangelismo puede recibir todavía preparación o desarrollar métodos autóctonos mientras delinea la estrategia. Ningún paso sucesivo elimina al anterior.

Un constante proceso de evaluación se lleva a cabo durante toda la ejecución del plan. Por eso "evaluación" aparece entre cada etapa en el modelo de planificación. Antes de pasar a la etapa siguiente se deben considerar la información o las determinaciones de la etapa previa. Por ejemplo, la información obtenida acerca del pueblo seleccionado en la primera etapa será muy útil en las decisiones que se hayan de tomar con respecto al personal de evangelismo en la segunda etapa.

La información puede fluir en la dirección opuesta también. Por ejemplo, los planificadores pueden estar considerando un método evangelístico en particular que ellos creen que sea eficaz en alcanzar al pueblo escogido. Pero necesitan más información para estar seguros. Por lo tanto, piden que aquellos que siguen con el procedimiento de investigar al pueblo seleccionado hallen la información que les habrá de ayudar a tomar una determinación con respecto a ese método.

De modo que hay un flujo de actividad de evaluación en dos direcciones, que obra recíprocamente entre las distintas etapas del modelo de planificación. Los responsables de los diferentes pasos del proceso de planificación se comunican regularmente entre sí. Los datos y las sugerencias fluyen libremente de persona a persona en ambas direcciones en el modelo de planificación. Esto hace muy eficaz la resultante estrategia de evangelismo.

F. Factores en la elección del pueblo que se desea evangelizar

Dios nos llama al evangelismo intercultural de dos maneras. Algunos son llamados a un determinado país o grupo étnico. Otros simplemente sienten un llamado al evangelismo intercultural. Saben que su llamado puede llevarlos a trabajar entre diferentes grupos étnicos en distintas épocas de su ministerio. Este fue el llamado que sintió el apóstol Pablo. Su misión era evangelizar muchos grupos étnicos diferentes entre "los gentiles".

A menos que un evangelista intercultural sea llamado a un pueblo en particular en un lugar determinado, de inmediato se enfrenta con una importante pregunta: "¿Qué grupo étnico debo tener como objetivo en mi ministerio?" Aun si uno es llamado a un país determinado, tiene que escoger sobre qué grupo étnico ha de concentrar sus esfuerzos. Cada país tiene muchos grupos étnicos diferentes, como lo analizamos en el Capítulo 2. El evangelista tiene que preguntarse cuál de esos grupos étnicos debe evangelizar primero. La misma pregunta la encaran los líderes de iglesias que desean enviar evangelistas interculturales. ¿A cuál de los 16.750 grupos étnicos no alcanzados debemos enviar nuestros evangelistas interculturales?

El principio de la cosecha. Un rico agricultor tenía tres grandes naranjales. Al comienzo de la temporada de la recogida, fue a la ciudad para contratar obreros que recogieran la cosecha de naranjas. Ese día contrató a 45 hombres. Envió a 15 hombres a cada uno de sus naranjales para que comenzaran la recogida de naranjas.

Después de la primera hora de trabajo, el capataz le informó que los hombres del primer naranjal sólo habían podido recoger un cesto de naranjas durante la primera hora. Las naranjas estaban verdes todavía y las pocas maduras estaban desparramadas en los árboles. Los hombres del segundo naranjal tuvieron más éxito. Aun cuando gran parte de las frutas aún no estaban maduras, pudieron recoger cinco cestos durante la primera hora. Pero los hombres del tercer naranjal encontraron las naranjas bien maduras y casi a punto de caerse de los árboles. Recogieron 60 cestos de ellas durante la primera hora. Entonces el granjero le dijo a su capataz que sacara a 14 hombres del primer naranjal y 10 del segundo, y que los enviase a ayudar a recoger en el tercer naranjal. De modo que ese día en el primer naranjal trabajó un solo hombre, cinco hombres en el segundo y 39 en el tercero.

El agricultor aplicaba el sentido común. Sabía que las naranjas del tercer campo que estaban completamente maduras se echarían a perder si no ponía la mayor parte de los hombres a recoger allí. Más tarde, cuando la fruta madurara en los otros naranjales, él pasaría a más trabajadores a ellas.

Este es el mismo principio que Jesús nos enseñó cuando dijo: "A la verdad la mies es mucha, mas los obreros pocos. Rogad, pues, al Señor de la mies, que envíe obreros a su mies" (Mateo 9:37, 38). Jesús nos enseña que concentremos nuestra atención en los campos que están "blancos para la siega" (Juan 4:35). El comprendió la importancia de enviar obreros a cosechar almas cuando estuviesen listas para escuchar. Esta es la base del *principio de la cosecha: Concentrar los esfuerzos evangelísticos en alcanzar a los pueblos más receptivos primero mientras todavía son sensibles al evangelio.*

Lo anterior no quiere decir que debemos dejar de enviar evangelistas a los grupos étnicos que no parecen ser sensibles al evangelio. Pero debemos concentrar nuestro personal y nuestros recursos en aquellos grupos que están "maduros para la siega". Tenemos que ganar a los que tienen la mente abierta al evangelio mientras aún son receptivos. Haciendo así habrá más creyentes que ayuden a evangelizar a los otros grupos a medida que se vuelven más sensibles al evangelio.

Los diversos grupos étnicos tienen diferentes niveles de receptividad al mensaje del evangelio. Aun cuando el evangelio sea comunicado en forma eficaz mediante buenos principios y métodos de evangelismo intercultural, se evidenciará que algunos grupos son más receptivos que otros. El principio de la cosecha dice que debemos evangelizar primero a los grupos más receptivos. Esto quiere decir que necesitamos un método eficaz para determinar cuáles grupos son los más receptivos.

Un método que se ha sugerido consiste en enviar evangelistas interculturales a todos los grupos étnicos no alcanzados y luego enviar más obreros a aquellos grupos en que haya una buena receptividad. Este es un excelente punto inicial, pero no es apropiado porque se depende demasiado de la capacidad del evangelista intercultural para determinar la receptividad de cada grupo étnico. Debido a la falta de preparación, a la falta de experiencia, a las condiciones espirituales o al hecho de no usar buenos principios de evangelismo intercultural, es posible que el obrero no tenga buen éxito en medio de un grupo étnico receptivo. Las iglesias que enviaron al obrero pueden decidir que aquél no es un grupo receptivo, y enviar a sus otros obreros a otros grupos menos receptivos. Esto puede resultar en que muchos campos maduros para la siega sean desatendidos. Además de esto, algunas iglesias querrán enviar a varios obreros en una misma época. No pueden enviar un evangelista a todos los pueblos no alcanzados, ni pueden esperar varios años para determinar cuáles grupos son los más receptivos antes de enviar a sus obreros. Necesitan un método para determinar cuáles grupos son probablemente los más receptivos antes de enviar obreros de tiempo completo.

1. *Cómo medir la receptividad de los grupos étnicos.* El primer paso para medir la receptividad de un grupo étnico al mensaje del evangelio consiste en definir claramente quiénes constituyen ese pueblo (véase el Capítulo 2). Por ejemplo, el pueblo seleccionado puede ser los Tarahumara del norte de México, o el pueblo Otomí que se encuentra al noroeste de la Ciudad de México. Pudieran ser también los mestizos hispanohablantes de las zonas urbanas de Bolivia, o los tribeños Fulani del norte del Alto Volta, en el Africa Occidental. El pueblo escogido debe ser descrito en forma suficientemente específica de modo que resulte obvio quiénes forman parte del grupo.

Una vez que el grupo étnico queda claramente identificado, se puede hacer un cálculo de su receptividad al evangelio usando algunos principios sociológicos y antropológicos. La siguiente técnica de apreciación está ideada en forma tal que casi cualquiera puede investigar la receptividad de un grupo étnico específico. Consta de tres partes: (1) Apreciación de la distancia cultural; (2) Apreciación del grado de cambio; y (3) Apreciación de la validez de la religión. Los resultados combinados de cada una de estas escalas de apreciación producen un *Indice de Receptividad*, como se explica a continuación.

2. *La apreciación de la distancia cultural (ADC)*. Una forma importante de decir anticipadamente cuán receptivo al evangelio habrá de ser un grupo étnico es medir la distancia cultural entre ellos y los que les llevan el evangelio. Hablando en sentido general, cuanto mayor sea la distancia cultural entre el evangelista y el pueblo seleccionado, tanto mayor será la resistencia que ese pueblo presentará al mensaje del evangelio.

Este no es el único factor que determina la receptividad, pero tiene importancia. El mensajero forma parte del mensaje, como lo analizamos en el Capítulo 4. Será más probable que ese pueblo vea el evangelio como una religión extranjera sin importancia si el mensajero proviene de una cultura que es muy distinta a la de ellos. Más importante tal vez es que con mucha mayor probabilidad el pueblo pensará que tendrán que cambiar su propia cultura a fin de hacerse cristianos cuando la cultura del evangelista es muy diferente de la de ellos.

Cuando hablamos de la distancia cultural, no nos referimos a la distancia geográfica. Puede haber grupos étnicos que estén muy cerca de nosotros en cuanto a la distancia geográfica, pero que estén muy lejos en lo que concierne a la distancia cultural. Por ejemplo, los 25.000 chinos que viven en Panamá son culturalmente muy diferentes de los latinoamericanos hispanohablantes de ese país.

En la figura 7.b se muestra la *Escala de Apreciación de la Distancia Cultural*. Los siete aspectos que se aprecian son los que analizamos en el Capítulo 4 como las principales categorías de diferencias interculturales. El propósito que se persigue es estimar cuán diferente es la cultura que se desea alcanzar de la cultura del evangelista en cada una de las siete categorías. Una forma de hacer eso es informarse con personas procedentes de esa cultura, o al menos con alguien que haya pasado varios años en esa cultura. La mejor manera sería pasar uno mismo algunos años en medio de ese pueblo. Pero eso no es posible cuando se procura averiguar la receptividad de ese grupo étnico, a fin de planificar una estrategia.

Otra forma de obtener información acerca de un grupo étnico es ir a la sección de antropología de las bibliotecas de algunas de las principales universidades. Muchas de las universidades latinoamericanas tienen buen material de referencia sobre los distintos grupos étnicos del mundo. Por lo regular, esa información puede ser localizada bajo títulos tales como "estudios etnológicos" o "grupos

CATEGORIA	Muchas diferencias extremas 1	Muchas diferencias 2	Número moderado de diferencias 3	Número mínimo de diferencias 4	Culturas mayormente iguales 5
Cosmovisión					
Sistema de valores					
Normas de conducta					
Formas lingüísticas					
Estructura social					
Formas de comunicación					
Procesos cognoscitivos					

Para hallar la Apreciación de la Distancia Cultural: (1) Ponga una "X" en el espacio que mejor describa al grupo étnico en cada categoría.
(2) Sume los valores de todas las categorías que ha marcado, usando los números que hay encima de las columnas, para dar valor a cada "X".
(3) Divida el total entre *siete*. El resultado es la ADC para ese grupo.

Puntuación de la ADC: _____

Figura 7.b: Escala de Apreciación de la Distancia Cultural

étnicos". Los antropólogos han catalogado mucha información acerca de miles de grupos étnicos. En algunos países el ministerio encargado de asuntos étnicos puede proporcionar estudios provechosos sobre los grupos del país.

Aun cuando no se tenga disponible ninguna información detallada, por lo general ha de haber suficiente información como para que se puedan hacer buenas apreciaciones del grado de las diferencias culturales en la escala. Simplemente hágase lo mejor que se pueda. Pero téngase en mente que cuanto más se pueda saber acerca de la cultura del pueblo seleccionado, tanto más exacta podrá ser la apreciación de su receptividad.

Una vez que se haya hecho la apreciación de la distancia cultural entre la cultura del evangelista y la del pueblo seleccionado en cada categoría, súmese el número total de puntos de las siete categorías. Divídase el total entre siete, y el resultado será la *Apreciación de la Distancia Cultural*. Esta se habrá de combinar con otras apreciaciones, como veremos a continuación.

3. *La apreciación del grado de cambio (AGC).* Un factor muy importante al determinar la receptividad de un grupo étnico es la cuantía del cambio que ocurre en su sociedad. Aquellos grupos étnicos que experimentan rápidas transiciones de una clase de vida a otra distinta son casi siempre más receptivos. El grado de cambio en los grupos étnicos puede variar desde ser muy tradicionales y rígidos en su oposición a los cambios hasta estar verdaderamente deseosos de tener cambios, hallándose su pueblo en medio de un rápido cambio de su manera de vivir. Cuanto más rápido y más altamente valorado sea el cambio, tanto más receptivo será probablemente ese pueblo.

Ejemplos de grupos que están muy abiertos a los cambios son: 1) Grupos de personas que se han pasado recientemente a una ciudad procedentes de una aldea; 2) Grupos de personas que han quedado desposeídas de sus tierras a causa de una guerra o un desastre natural; 3) Personas que son pobres por cualquier razón y que buscan cambios de condiciones de trabajo o de vida; 4) Estudiantes universitarios que objetan los valores tradicionales y están abiertos a los cambios.

La asimilación de otra cultura (aculturación) y la movilidad son importantes indicios de cambio en un grupo étnico. Si la gente viaja mucho yendo y viniendo entre los suyos, y las zonas en que viven otros grupos, su movilidad es alta. Cuando tienen mucho contacto con miembros de otros grupos étnicos, es indicio de que ocurre una asimilación de cultura o sea, aculturación, entre los dos pueblos. Algunos grupos étnicos se oponen a tener contacto con otras culturas. Son sociedades más tradicionales. Por lo general, su nivel de movilidad es mucho menor y se nota poca aculturación entre ellos y otros. Los grupos étnicos que tienen una mayor movilidad y aculturación son, por lo regular, los más abiertos para un cambio.

En la figura 7.c se muestra la *Escala de Apreciación del Grado de Cambio*. Con respecto a cada grupo étnico que se desee evaluar, póngase una "X" junto al número de la afirmación que mejor describa a ese grupo étnico.

4. *La apreciación de la validez de la religión (AVR).* Ningún grupo étnico vive en completo vacío religioso. Todo grupo practica alguna clase de religión. Aun los que dicen que no creen en Dios se

1	2	3	4	5
Orientados por las tradiciones	Poca tolerancia a los cambios	Moderada tolerancia a los cambios	Moderado deseo de cambios	Deseo muy grande de cambios

_____ 1. *Orientados por las tradiciones.* La sociedad observa rígidamente las normas de vida tradicionales. Se oponen grandemente a los cambios. Se nota una mínima movilidad o aculturación.

_____ 2. *Poca tolerancia a los cambios.* Existe un pequeño grado de movilidad y de aculturación. Todos — salvo unos pocos que no son líderes — se oponen a los cambios. Las normas de vida tradicionales no están seriamente amenazadas.

_____ 3. *Moderada tolerancia a los cambios.* La movilidad y la aculturación son comunes entre una minoría del grupo étnico. El grupo, como un todo, tolera algunos cambios, pero los líderes se oponen abiertamente a ellos.

_____ 4. *Moderado deseo de cambios.* La movilidad y la aculturación son comunes entre la mayor parte del grupo étnico. Los líderes toleran los cambios, pero la mayoría del pueblo valora la necesidad de cambios.

_____ 5. *Deseo muy grande de cambios.* La movilidad y la aculturación son muy grandes. Se nota un descontento general en cuanto a las normas de vida y los valores tradicionales. Tanto los líderes como todo el grupo ven la necesidad de cambios.

Puntuación de AGC: _____

Figura 7.c: Escala de Apreciación del Grado de Cambio

adhieren a algún sistema básico de creencias que guía su vida. Por lo general, tales personas hacen de sus apetitos su dios, aun cuando no profesan pertenecer a religión alguna (Filipenses 3:19). Cualquiera que sea la religión predominante de un grupo étnico dado, es esencial conocer hasta qué punto estima ese pueblo su religión. ¿Les ayuda su religión a satisfacer sus necesidades diarias, o mayormente consiste tan sólo en prácticas tradicionales que tienen poco valor para la vida diaria? ¿Penetra su religión hasta el nivel de su cosmovisión y su sistema de valores? ¿Tienen significado sus prácticas religiosas, evidenciándose que la gente pone gran fe en ellas, o son mayormente tradiciones que la gente sigue por temor o por costumbre? ¿En qué alta estima se tiene a los líderes religiosos de la sociedad? Todos estos son indicios importantes en lo que respecta a la validez de la religión que un grupo étnico sigue. Cuanto más altamente valore un pueblo su religión, tanto más resistencia ofrecerá al evangelio.

En la figura **7.d** se muestra la *Escala de Apreciación de la Validez* de *la* Religión. Póngase una "X" junto al número de la afirmación que mejor describa al grupo étnico que se está estudiando.

1	2	3	4	5
La religión en alta estima	La religión en moderada estima	La religión en alguna estima	La religión en escasa estima	La religión ya no más en estima

Puntuación de AVR: _____
Puntuación de promedio (x 20): _____
Indice de receptividad: _____

_____ 1. *La religión en alta estima.* Las actividades religiosas son muy significativas, y en ellas participan regularmente casi todos los miembros del grupo étnico. Los líderes religiosos son los miembros más altamente respetados de la sociedad. La religión ha penetrado al nivel más profundo de su cosmovisión y de su sistema de valores. La gente está convencida de que las prácticas religiosas son absolutamente necesarias para satisfacer las necesidades de su vida diaria.

_____ 2. *La religión en moderada estima.* La mayor parte de las actividades religiosas son significativas para la gente, y la mayoría del pueblo participa en ellas regularmente. Los líderes religiosos están entre los miembros más altamente respetados de la comunidad. La cosmovisión y el sistema de valores del grupo son mayormente el resultado de las enseñanzas de su religión. La mayor parte de la gente está consciente de que sus prácticas religiosas son necesarias para satisfacer las necesidades de la vida diaria.

_____ 3. *La religión en alguna estima.* Varias de las actividades religiosas son significativas para la gente, pero algunas de ellas se han vuelto rituales que practican por un sentido de deber más que por una fe en su valor. Algunos no participan sino muy rara vez en las actividades religiosas. Se respeta bastante a los líderes religiosos, pero por lo regular no tanto como a otros líderes de la comunidad. El efecto de la religión sobre la cosmovisión y sobre el sistema de valores es variado. La gente no está muy segura de la importancia de algunas de sus tradiciones. Resulta obvio para el pueblo que sus prácticas religiosas no satisfacen todas las necesidades de su vida diaria.

_____ 4. *La religión en escasa estima.* La gente considera la mayor parte de las actividades religiosas como un ritual que se efectúa mayormente por un sentido del deber. Menos de la mitad de la gente participa regularmente en las actividades religiosas. Se respeta a los líderes religiosos poco más que a los otros miembros de la comunidad. La religión sólo ha penetrado parcialmente la cosmovisión y el sistema de valores de la comunidad. La gente sigue muchas prácticas y valores que contradicen las enseñanzas de su religión. Muchas de las necesidades básicas del pueblo no quedan satisfechas por las actividades de su religión.

_____ 5. *La religión en ninguna estima.* Sólo una pequeña minoría del pueblo le da importancia aún a las prácticas de su religión. Se mantienen las tradiciones religiosas mayormente para tener algún contacto con las costumbres del pasado. Los líderes religiosos son considerados unos codiciosos farsantes que no tienen poder real. A los tales la mayoría de la gente no querría dar a su hija en matrimonio. La cosmovisión y el sistema de valores del pueblo están cambiando rápidamente. Muy pocos creen todavía las enseñanzas básicas de su religión. Se percibe un fuerte sentir de que la vieja religión no ayuda a la gente tanto cuanto la perjudica.

Figura 7.d: Escala de Apreciación de la Validez de la Religión

Escala de Apreciación de la Distancia Cultural

1	2	3	4	5
Muchas diferencias extremas	Muchas diferencias	Número moderado de diferencias	Número mínimo de diferencias	Culturas mayormente iguales

Puntuación de ADC: _____

Escala de Apreciación del Grado de Cambio

1	2	3	4	5
Orientados por las tradiciones	Poca tolerancia a los cambios	Moderada tolerancia a los cambios	Moderado deseo de cambios	Deseo muy grande de cambios

Puntuación de AGC: _____

Escala de Apreciación de la Validez de la Religión

1	2	3	4	5
La religión en alta estima	La religión en moderada estima	La religión en alguna estima	La religión en escasa estima	La religión ya no más en estima

Puntuación de AVR: _____
Puntuación promedio (x 20): _____
Indice de receptividad: _____

Figura 7.e: Indice de receptividad

Los resultados de estas tres escalas pueden ser combinados para producir el *Indice de receptividad*, como se muestra en la figura 7.e. Para obtener este índice, seleccione primero los valores más apropiados para cada categoría en las tres escalas. A continuación, halle la Apreciación de la distancia cultural (ADC) de acuerdo con las instrucciones de la figura 7.b. Sume la ADC y los valores numéricos (puntuaciones) de la AGC y la AVR. Divida el resultado entre tres. Esto le dará la apreciación promedio de las tres escalas conjuntamente. Por último, para facilitar las comparaciones, multiplique ese promedio por veinte (x 20). Esto a su vez le dará el *Indice de receptividad*, que se expresa como un porcentaje de 100. Con esta cifra será fácil comparar la receptividad de diferentes grupos étnicos.

Por ejemplo, supongamos que un grupo de iglesias de Chile quiere enviar un equipo de evangelistas a evangelizar un grupo étnico no alcanzado que es receptivo. Están indecisos en cuanto a si enviarlos a la tribu Lampung de la isla de Sumatra en la Indonesia, o a la tribu Maguindano de la isla de Mindanao en las Filipinas. Ambas tribus son en parte animistas, pero se llaman musulmanes. Las dos han sido evangelizadas en menos de un uno por ciento. Los Lampung son un pueblo de las montañas. Los Maguindano viven en la vasta cuenca de un río en Mindanao. Los Lampung son aproximadamente 1.500.000. Los Maguindano llegan a contar alrededor de 700.000.

Al no tener mucha información acerca de ninguno de estos dos grupos étnicos, los líderes de esas iglesias chilenas nombran a uno de sus evangelistas interculturales para que realice estudios respecto de ambas tribus a fin de determinar su receptividad al evangelio. Una vez concluida la investigación, las puntuaciones de apreciación de la receptividad pudieran aparecer como sigue:

CATEGORIA	LAMPUNG	MAGUINDANO
Cosmovisión	2	1
Sistema de valores	3	2
Normas de conducta	2	1
Formas lingüísticas	2	2
Estructura social	2	3
Formas de comunicación	3	2
Procesos cognoscitivos	2	2
TOTALES	16	13
Divídase entre 7	16 / 7	13 / 7
Apreciación de la distancia cultural:	2.29	1.86
Apreciación del grado de cambio:	3	2

Apreciación de la validez
      de la religión: 2   1

VALOR TOTAL DE		
LAS APRECIACIONES:	7.29	4.86
Divídase entre 3:	7.29 / 3	4.86 / 3
Apreciación promedio:	2.43	1.62
Multiplíquese por 20:	x 20	x 20

INDICE DE RECEPTIVIDAD: 48.60   32.40

Buscando cuidadosamente la información y anotando debidamente las puntuaciones de las tres escalas de apreciación de receptividad, y luego calculando los totales, será fácil estimar cuál grupo étnico será el más receptivo al evangelio. Esto no quiere decir que los líderes de esas iglesias deben decidir necesariamente enviar a todos sus evangelistas a la tribu Lampung. Tal vez desearan enviar a uno o dos de ellos a los Maguindano también, orando por que llegue el día en que se vean evidencias de ser más receptivos. Entonces se podrían enviar más evangelistas interculturales a ellos también.

Debido a que tantos grupos étnicos no son alcanzados, es necesario hacer el esfuerzo de descubrir cuáles son los más receptivos. Cada vez son más los líderes e investigadores que ponen atención a este asunto. Experimentados evangelistas interculturales y misionólogos investigan los diferentes grupos étnicos no alcanzados de todo el mundo. Mucha de esa información se publica en inglés en forma de una serie de libros que se editan cada año. Además de estudiar los materiales antropológicos en universidades, el interesado verá que estos libros pueden ser una valiosa ayuda para reunir la información necesaria para hallar el índice de receptividad de grupos étnicos específicos.

Es muy importante efectuar la necesaria investigación antes de seleccionar un pueblo para la evangelización. El *principio de la cosecha* requiere que hagamos el esfuerzo. La eficacia de nuestros esfuerzos de evangelismo intercultural dependerá de ello grandemente.

G. Análisis de las necesidades del pueblo elegido

Una vez que se ha escogido un grupo étnico, es necesario efectuar un estudio adicional para ayudar a planear la mejor estrategia de evangelismo. Es muy importante hacer un análisis a corto plazo y otro a largo plazo de las necesidades básicas de ese pueblo. El análisis de las necesidades habrá de incluir diferentes niveles de las

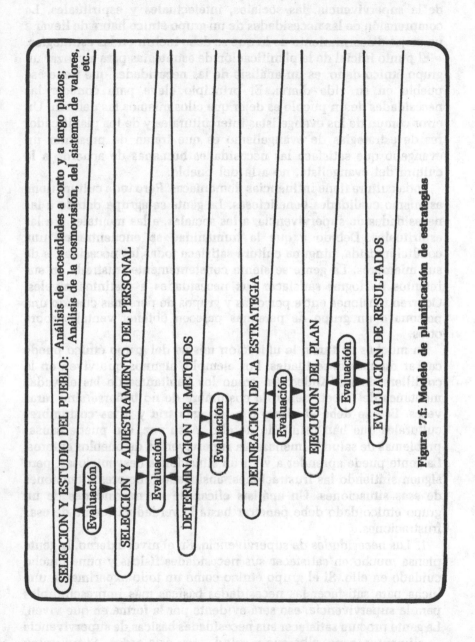

Figura 7.f: Modelo de planificación de estrategias

necesidades básicas de la gente. Se deben investigar las necesidades de la supervivencia, las sociales, intelectuales y espirituales. La comprensión de las necesidades de un grupo étnico habrá de llevar a un mejor discernimiento de lo que se debe incluir en las estrategias.

El punto inicial de la planificación de estrategias para alcanzar un grupo étnico dado, es un análisis de las necesidades que tiene ese pueblo en su vida diaria. El principio clave para conocer las necesidades de un pueblo es dejar que ellos mismos las definan. Un error común de los evangelistas interculturales y de los planificadores de estrategias de evangelismo es que tratan de presentar un evangelio que satisface las necesidades humanas de acuerdo a la cultura del evangelista, no a la del pueblo.

Toda cultura tiene influencias demoníacas. Pero toda cultura tiene asimismo cualidades beneficiosas. La gente se agrupa debido a las necesidades de supervivencia, a las sociales, a las mentales y a las espirituales. Debido a que la humanidad se encuentra en una condición caída, ninguna cultura satisface todas las necesidades de sus miembros. La gente se siente constantemente frustrada en sus intentos de lograr satisfacer sus necesidades a distintos niveles. Ocurren tensiones entre personas y grupos de personas cuando una persona o un grupo de personas parecen obtener ventajas sobre otros.

En muchas culturas, la ubicación misma del grupo étnico puede causar muchas necesidades. Por ejemplo, algunos que viven en la cordillera de los Andes, así como los habitantes de las elevadas montañas del Tibet, tienen la costumbre de no bañarse sino raras veces. Eso se debe al clima frío, al agua fría y a las costumbres culturales que han resultado de ello. A su vez, eso puede causar problemas de salud y amenazar la supervivencia de pueblos enteros. La gente puede aprender a vivir en situaciones desventajosas, pero siguen sintiendo las frustraciones, ansiedades, temores y tensiones de esas situaciones. Un análisis eficaz de las necesidades de un grupo étnico dado debe penetrar hasta la verdadera fuente de esas frustraciones.

1. *Las necesidades de supervivencia.* En el nivel externo, la gente piensa mucho en satisfacer sus necesidades físicas y pone mucho cuidado en ello. Si el grupo étnico como un todo experimenta una lucha para satisfacer las necesidades básicas más imprescindibles para la supervivencia, eso será evidente por la forma en que viven. La gente procura satisfacer sus necesidades básicas de supervivencia — alimentos, ropa, albergue y salud — en este orden. Si un grupo étnico tiene dificultades, como un todo, para satisfacer esas necesidades, sentirán una frustración íntima muy honda en su vida. En tal

caso una buena estrategia de evangelismo ha de incluir medios de ayudarles a satisfacer mejor sus necesidades de supervivencia. Sin embargo, es necesario tener en cuenta que aun después de tener satisfechas esas necesidades humanas básicas, la gente seguirá procurando tener más posesiones materiales.

Más de una estrategia de evangelismo ha fallado debido a que incluía la provisión de materiales de emergencia para ayudar a la gente cuyas necesidades de supervivencia ya estaban satisfechas. Con mucha frecuencia eso engendra codicia y corrupción, una base muy malsana para satisfacer necesidades espirituales. Por lo común, eso ocurre cuando los evangelistas confunden el nivel de las necesidades de supervivencia de su propia cultura con las de otra cultura (que pueden ser menores). Con todo, el Señor nos mandó expresamente ayudar a la gente en sus necesidades materiales cuando esté en nuestro poder hacerlo así (Mateo 25:31-46). Estas clases de necesidades no se han de dejar fuera de nuestra planificación de estrategias.

2. *Las necesidades sociales.* La gente tiene necesidades sociales a diferentes niveles. Todo el mundo tiene necesidad de ser amado, apreciado y aceptado por otros. La manera en que se satisfacen esas necesidades está determinada enteramente por la cultura del grupo étnico. Algunas culturas frustran en gran manera esas necesidades.

Una esfera común de necesidades sumamente sentidas en muchas culturas es la condición y función de las mujeres. Algunos grupos étnicos simplemente no les conceden a las mujeres el respeto y la posición relativa mandados en el Nuevo Testamento. Por ejemplo, antes de introducirse el cristianismo entre diversos grupos tribales de Indonesia, las mujeres tenían una posición relativa muy baja en la sociedad. Eran utilizadas principalmente para producir alimentos y tener bebés. Si un hombre moría o perdía la vida en una guerra, se creía comúnmente que ello se debía a que alguna mujer que los conocía se había "comido su espíritu". Así que, en medio de su dolor de haber perdido a un ser querido, muchas veces los hombres ¡acometían y mataban a alguna mujer, como castigo por haber sido la "bruja" que se había comido el alma del difunto! Esas eran ocasiones en que la necesidad de un incremento en la condición social era tan grande que la supervivencia misma de las mujeres estaba también amenazada. Gracias a Dios que ha habido una transformación espiritual entre esas tribus. Decenas de miles de sus miembros se han hecho creyentes en Cristo. Ya no cazan y matan "brujas" cuando se muere un hombre. ¡Se regocijan porque está en el cielo!

La necesidad de interacción social y de compañerismo es un impulso muy fuerte en todos los pueblos. No debe ser pasada por alto cuando se planifican estrategias. Con frecuencia la gente tiene problemas al obrar recíprocamente con otros de su propia cultura debido a que baja el nivel de confianza entre los miembros del grupo, o porque cambian las circunstancias que afectan al grupo. Cuando esto sucede en un marcado grado, la gente tiende a apartarse. Confían tan sólo en los parientes más cercanos o los amigos más íntimos. Es bien sabido que el evangelio arraigado en la vida de los hombres tiene la capacidad de alzar el nivel de confianza. En una buena estrategia se procurará demostrar confianza exactamente en las mismas formas en que ha faltado en medio del grupo.

La confianza es una necesidad social básica. El evangelio es suficientemente poderoso para cambiar rápidamente a grupos étnicos enteros cuando la estrategia se centra en ayudar a los primeros convertidos a demostrar su confiabilidad social.

3. *Las necesidades mentales.* Es universal la necesidad humana de comprender la realidad. El hombre tiene un profundo sentido de la necesidad de obtener más conocimiento acerca de su mundo y de las fuerzas que controlan al mundo y a él mismo. El hecho de que cada cultura ha desarrollado una cosmovisión — una manera de explicar la realidad — es suficiente evidencia de esta necesidad humana.

En vista de que para ser eficaz el evangelismo intercultural debe penetrar hasta el nivel de la cosmovisión, nuestras estrategias de presentar el evangelio deben satisfacer la capacidad de razonar que tiene el hombre. Cualquiera que sea la clase de sistema de razonamiento que use un pueblo, el evangelio debe invadir esa esfera a un nivel profundo. Todos los pueblos encuentran difícil definir, con su cosmovisión, las respuestas a todas las preguntas que tiene la gente. Pero es necesario comprender que las diversas formas de ver el mundo hacen que la gente busque las respuestas a distintas preguntas. Ciertamente la Biblia contiene esas respuestas, pero en una buena estrategia se procurará dar a la gente respuestas a las preguntas que se están haciendo realmente en su corazón.

A Baht Singh, famoso evangelista de la India, se le hizo una vez una entrevista con respecto al mensaje cristiano que predicaba. Se le preguntó: — ¿Habla usted sobre la ira de Dios?

El replicó: — No; todos los dioses de la India están airados.

La siguiente pregunta fue: — ¿Habla acerca del amor?

— No — contestó Singh —; la gente de la India relaciona la palabra amor mayormente con el tema del sexo.

Entonces se le preguntó:

— ¿Habla usted acerca de la muerte de Cristo?

— No — replicó Singh —; mi pueblo tiene ya muchos mártires.

— Bueno, pues. . .¿habla sobre la vida eterna?

— A menudo no —contestó él—. El concepto hindú de la eternidad es cíclico. La vida eterna no es algo deseable según se lo entiende aquí. Es algo que se ha de soportar.

— Bueno, entonces ¿qué destaca usted en su predicación? —fue la pregunta final.

— Ponemos énfasis en el perdón de los pecados, en la paz y serenidad íntima. Es esto lo que más buscan los hindúes. Es allí donde Dios se encuentra con ellos primero.

Baht Singh realizó un poderoso ministerio en la India, gracias a lo cual decenas de miles de personas aceptaron a Cristo. Tuvo la suficiente sabiduría como para usar una estrategia cuyo objetivo era predicar aquellas doctrinas del evangelio que satisfacían las necesidades que la gente sentía en la mente y el corazón. Esto no quiere decir que él no predicaba todo el evangelio. Enseñaba las demás verdades bíblicas luego que los oyentes se convertían y eran creyentes. Pero para evangelizarlos, destacaba aquellos temas del evangelio que le daban a la gente las respuestas a las necesidades que tenían.

4. *Las necesidades espirituales.* Existen muchas y distintas clases de necesidades espirituales. Para descubrir cuáles son las que más se sienten en un grupo, hay que averiguar cuáles son las necesidades que tienen que ver con los sentimientos de la gente. ¿Qué es lo que más hace que todos se sientan culpables, o mal, con respecto a sí mismos? Virtualmente toda sociedad dedica tiempo y energía para tratar de satisfacer sus necesidades espirituales, aun cuando esto no siempre sea evidente para los extraños. La planificación de una buena estrategia requiere que se adquiera comprensión de las necesidades espirituales que más agudamente siente un grupo étnico.

Tal vez la forma más eficaz y rápida de adquirir comprensión de las necesidades espirituales que un pueblo tiene es por medio del estudio de su ritual. Cualquiera que sea la religión de un pueblo, algunas ceremonias o ritual efectúan ellos para satisfacer sus necesidades espirituales. Los antropólogos saben que, por lo general, la gente dedicará mucho tiempo y energía a efectuar ritos, ceremonias o magia, en aquellos aspectos de su vida en que sientan que necesitan la mayor ayuda.

En las sociedades donde la gente puede usar maquinaria y tecnología moderna, no se efectúan tantos ritos para hacer llover, tener buenas cosechas o para evitar acontecimientos perjudiciales. Pero en las sociedades en que la tecnología no es fácilmente asequible, semejantes rituales son muy comunes. Esto es cierto aun en las grandes zonas urbanas. Y es fácil de ver en muchas sociedades.

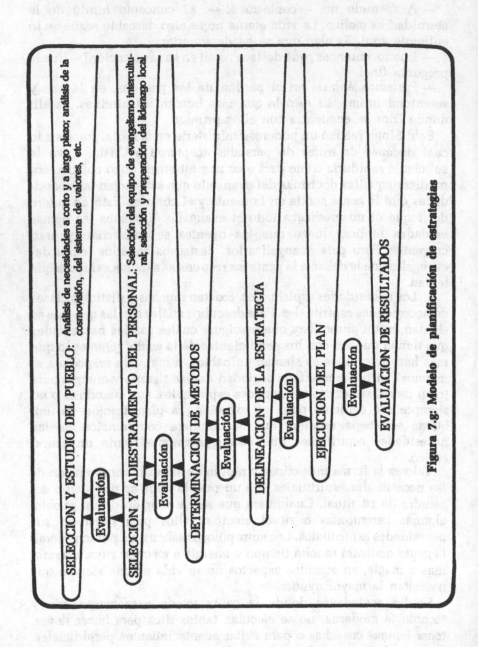

SELECCION Y ESTUDIO DEL PUEBLO: Análisis de necesidades a corto y a largo plazo; análisis de la cosmovisión, del sistema de valores, etc.

Evaluación

SELECCION Y ADIESTRAMIENTO DEL PERSONAL: Selección del equipo de evangelismo intercultural; selección y preparación del liderazgo local

Evaluación

DETERMINACION DE METODOS

Evaluación

DELINEACION DE LA ESTRATEGIA

Evaluación

EJECUCION DEL PLAN

Evaluación

EVALUACION DE RESULTADOS

Figura 7.g: Modelo de planificación de estrategias

Por ejemplo, si la gente dedica mucho tiempo a rituales de curaciones (ya sea en un hospital o en una choza de paja), su temor de la muerte o su deseo de tener buena salud, o ambas cosas, son problemas que sienten muy intensamente. Con respecto a un pueblo tal, el mensaje del poder sanador de Dios mediante Cristo debe ser una parte importante de la planificación de estrategias.

En algunas sociedades la gente dedica mucho esfuerzo y energía para tratar de controlar las fuerzas espirituales, sea para bien o para mal. Por supuesto, en esas sociedades son muchos los que caen bajo la influencia, el control y la atadura de espíritus malos. Al planificar la estrategia para alcanzar a tal pueblo, se debe poner énfasis en confrontar expresamente las fuerzas espirituales malignas que controlan la vida de la gente.

Esta ha sido la clave del rápido crecimiento de la iglesia pentecostal en el Brasil. El espiritismo se practica tan extensamente en el Brasil que muchas personas necesitan liberación del control de los espíritus malignos. Los pentecostales han confrontado a esas fuerzas con el poder de Cristo. Esta fue, sin duda alguna, la clave del ministerio de Baht Singh en la India.

5. *Análisis a largo y corto plazos.* A fin de planear estrategias antes de enviar un equipo de evangelismo intercultural, un análisis preliminar de las necesidades del grupo étnico seleccionado puede entrañar una visita de poca duración de uno de los planificadores a ese grupo étnico. Sin duda debe incluir también un esfuerzo para hallar materiales escritos acerca del grupo. Pero este primer análisis de las necesidades ha de ser a corto plazo y preliminar. Las conclusiones a que se llegue serán una ayuda importante al trazar la primera estrategia para alcanzar el grupo étnico del caso.

Cuando se ha terminado el análisis preliminar de las necesidades, es tiempo de comenzar el paso dos del modelo de planificación: selección del personal de evangelismo. Pero esto no quiere decir que el proceso de descubrir las necesidades básicas del pueblo haya terminado. En realidad, sólo ha comenzado. Habrá necesidad de seguir estudiando la cultura del pueblo seleccionado.

Cuando se escoge y adiestra al equipo de evangelismo, una de sus más importantes esferas de responsabilidad será continuar estudiando al pueblo escogido más de cerca. A medida que pasa el tiempo será necesario entender claramente su cosmovisión, su sistema de valores, sus normas de conducta, sus instituciones, sus nexos sociales y muchas otras cosas. El estudio e investigación a largo plazo en este respecto, tanto antes de ir como después de llegar al pueblo objetivo, serán de importancia para mejorar la estrategia. Igual que los otros pasos del modelo, el análisis de las necesidades debe ser un proceso continuo a todo lo largo de la planificación y de la ejecución de la estrategia.

H. La selección del personal de evangelismo

Una vez que el análisis preliminar de necesidades del grupo étnico escogido está disponible para los planificadores de la estrategia, es necesario empezar a seleccionar a los que vendrán a ser los miembros del equipo de evangelismo intercultural. En este punto deben tomar parte en la planificación de estrategias los líderes más experimentados disponibles. El análisis preliminar de necesidades debe proporcionar a los planificadores una idea de las clases de personas que se necesitan para formar el equipo. Su principio fundamental para seleccionar a los miembros del grupo debe ser: hallar personas que tengan la mejor capacidad de ministrar a las necesidades básicas que hayan sido reveladas en el análisis de necesidades, o que puedan ser adiestradas.

Si la supervivencia económica del grupo étnico está amenazada, se podrá escoger a una persona que tenga preparación o experiencia en el desarrollo económico. Si la gente padece frecuentemente serias enfermedades, podría ser miembro del equipo un obrero de salubridad experimentado, una partera, o un enfermero. Si la gente vive en un constante temor debido a los espíritus malignos, un evangelista que tenga probados dones y experiencia en confrontar esas fuerzas con el poder del evangelio, debe formar parte del equipo.

1. *Cualidades que han de tener los evangelistas interculturales.* Al escoger a los evangelistas interculturales, el principio más fundamental que se ha de recordar es que es Dios quien hace la selección (Juan 15:16). El Espíritu Santo habrá de poner una carga por el ministerio intercultural sobre aquellos que El llame a esta clase de servicio.

El personal no ha de ser novato en el evangelismo ni en el servicio de Dios. Deben demostrar los dones y ministerios que tienen antes de ser seleccionados para el evangelismo intercultural. Así como hicieron los líderes de la iglesia de Antioquía (Hechos 13:1-3), los planificadores de estrategias y los líderes de la iglesia deben aprender a reconocer el llamamiento de Dios a ese ministerio.

Debemos hacer todo lo que esté a nuestro alcance para realizar la visión del evangelismo intercultural en la mente de los oyentes de todas nuestras iglesias. Pero cuando escogemos a los evangelistas interculturales, debemos reconocer también humildemente que en realidad sólo ratificamos lo que Dios ha hecho ya en la vida de aquellos que El ha escogido.

Hay algunas cualidades fundamentales que son comunes en los

buenos evangelistas interculturales, las cuales debiéramos aprender a reconocer. El conocerlas nos habrá de ayudar a distinguir el llamamiento de Dios a esta importante clase de labor en la vida de los creyentes. Asimismo, puede ayudarnos a reconocer un tal llamamiento en nuestra propia vida.

2. *Visión espiritual y experiencia.* El evangelismo intercultural es una empresa espiritual para llevar a cabo una labor espiritual con medios y métodos espirituales. Requiere que se consigne solamente a personas genuinamente espirituales para realizar dicha labor. Para el servicio intercultural sólo se debe tomar en cuenta a personas que hayan experimentado verdaderamente el nuevo nacimiento, tengan un buen conocimiento de las Escrituras y experiencia en el ministerio. Esto no quiere decir que se tenga que alcanzar cierta edad mínima. La historia demuestra que, por lo regular, los que comenzaron a una edad razonablemente joven han sido los obreros interculturales más eficientes. Tampoco quiere decir que se tiene que poseer una determinada preparación académica específica, aun cuando la misma puede ser muy provechosa. Sí quiere decir que los candidatos para el servicio intercultural deben tener un probado ministerio en su propia cultura a fin de ser aptos para servir en otra cultura.

Los candidatos deben tener motivos puros. Su vida debe demostrar que su principal propósito en la vida es ver que el reino de Dios en la tierra se extienda tanto en número como en cuanto al impacto espiritual. No deben procurar dedicarse al ministerio intercultural con el fin de escapar de sus presentes problemas o responsabilidades. No han de desear trabajar en alguna otra parte del mundo para obtener alguna ventaja personal en lo económico, ni en ninguna otra forma. Tienen que haber demostrado un amor y dedicación a la obra de Dios por encima de sus propios intereses personales.

Tener fe y visión son también requisitos previos para ser candidato para el servicio intercultural. La fe es un don espiritual que viene de Dios (Efesios 2:8, 9). La fe es una forma de pensar como Dios piensa. La fe abre todo un nuevo horizonte de conceptos y de facultad creativa en la vida de una persona. Hace que uno no se sienta satisfecho con las cosas como están por tener un conocimiento fundamental de que Dios habrá de ayudar a cualquiera que tenga el valor de trabajar a fin de cambiarlas para Dios.

Cierta vez Jesús les mandó a sus discípulos que echaran su red al agua por el otro lado de su barca de pesca. Cuando lo hicieron, encerraron gran cantidad de peces. Como pescadores de hombres en la tierra designados por Dios, hemos de tener la fe necesaria para echar nuestras redes más allá de nuestro propio pueblo a fin de llevar la gracia de Dios a los muchos grupos étnicos no alcanzados en el mundo. Para llevar a cabo la obra de Dios, necesitamos tener una visión de lo que Dios quiere. Luego debemos tener fe en Dios para avanzar con tesón hacia las metas de esa visión. Esta clase de fe y de visión debe quedar demostrada en la vida de aquellos escogidos para el servicio intercultural.

El candidato para el servicio intercultural debe ser de modo especial una persona autodisciplinada. Ha de tener una intensa dedicación personal a Dios. La tensión y el esfuerzo de trabajar en medio de otro grupo étnico, la separación de la propia cultura y del propio pueblo durante años, requieren una sólida relación personal con el Señor. A menudo los obreros interculturales no pueden depender de otros para que les ayuden a tomar decisiones o a crecer espiritualmente. Tienen que proporcionar constantemente a otros la fuerza espiritual que necesitan. Deben saber cómo obtener esa fortaleza y fe de Dios. Tienen que permanecer al pie de la cruz.

Lo más importante es que el candidato para el servicio intercultural tenga una convicción personal del llamamiento de Dios a los pueblos del mundo no alcanzados. Cuando surjan problemas y circunstancias adversas en su ministerio, deberá saber que Dios lo ha llamado y El lo ayudará a salir de las dificultades. De otra manera, se dará por vencido en cuanto la tarea se ponga difícil. Si el apóstol Pablo se hubiese dado por vencido cuando fue apedreado y dejado por muerto en Listra (Hechos 14:19-22), ¡no tendríamos la mayor parte de las epístolas del Nuevo Testamento! Pablo no se rindió porque sabía que Dios lo había llamado. Tenía que obedecer el llamado aun cuando le costase la vida. Esa misma determinación de obedecer el llamamiento de Dios es un requisito espiritual fundamental para el servicio intercultural.

3. *Requisitos personales*. Los candidatos para el servicio intercultural deben reunir también varios requisitos en lo personal. En primer lugar, es esencial que los candidatos (esposo y esposa), tengan una *buena salud física*. Un examen físico y el historial médico deben formar parte del proceso de selección de los evangelistas interculturales. Esta clase de labor requiere vigor físico y buena salud.

Los candidatos al evangelismo intercultural deben ser también creyentes cuyos *rasgos de personalidad* sean lo suficientemente maduros como para trabajar bien con otras personas en medio de la presión de un ambiente intercultural. Esto implica mucho más que simplemente ser una persona amable en su propia cultura. Los problemas que surgen en las relaciones con los compañeros de trabajo en la obra constituyen uno de los medios específicos más eficaces que Satanás usa para obstaculizar el evangelismo intercultural. Una pequeña debilidad en la personalidad de uno en su hogar puede llegar a ser en poco tiempo un problema mayor cuando esa persona trabaja en otra cultura. Eso puede llevar rápidamente a una disensión, lo cual, a su vez, puede provocar que ese obrero descargue sobre sus colegas todas las frustraciones que siente en esa otra cultura. Y eso resulta desastroso para una buena estrategia y eficiencia de trabajo en la obra. El obrero debe haber demostrado su capacidad de trabajar con otras personas mucho antes de ser aceptado como candidato para el ministerio intercultural. La disposición para trabajar, planificar, analizar y colaborar con otros en un espíritu de amor y tolerancia es una de las cualidades más importantes que un candidato debe poseer.

La flexibilidad es también otra cualidad personal importante. Muchos problemas imprevistos surgen en la obra intercultural. El obrero tiene que saber hacer rápidos ajustes y enfrentar cada nueva situación sin sentirse personalmente amenazado, ni enojado, ni frustrado. Es necesario aprovechar las oportunidades. Los problemas deben ser superados. La habilidad de ser flexible y de tener una actitud positiva les será de gran ayuda a los obreros interculturales.

En fin de cuentas "amor, gozo, paz, paciencia, benignidad, bondad, fe [fidelidad], mansedumbre y templanza" (Gálatas 5:22, 23), debe ser la lista fundamental de cualidades personales de los evangelistas interculturales. Son las mejores cualidades personales para trabajar en medio de otros grupos étnicos.

4. *La preparación (adiestramiento) intercultural.* Una vez que se haya seleccionado a los candidatos para el equipo de evangelismo intercultural, se les debe dar la oportunidad de recibir una adecuada preparación o adiestramiento. Es también en este punto que se debe comenzar a trabajar en el tercer paso del modelo de planificación: la determinación de métodos (véase el Capítulo 8). En cuanto comiencen el adiestramiento y la preparación del equipo, se deben empezar el análisis y la planificación con respecto a cuáles métodos habrán de servir para evangelizar mejor al pueblo seleccionado. Se debe incluir a los miembros del equipo en porciones clave de la planificación.

El adiestramiento del equipo debe ser intensivo, por lo menos durante tres meses. Como mínimo hay que llevar a cabo estudios y trabajos en las asignaturas siguientes: teología bíblica de misiones; comunicación intercultural y estrategia de enculturación; principios y prácticas en el aprendizaje de lenguas; establecimiento de iglesias autóctonas; relaciones entre organizaciones en el ministerio intercultural. El equipo debe aprender en forma teórica y práctica. Por ejemplo, en el aprendizaje de otra lengua se les debe dar oportunidad de practicar realmente esa lengua, siguiendo los principios y métodos expuestos en el Capítulo 5.

La presente obra puede constituir el libro de texto básico para el adiestramiento del equipo de evangelismo intercultural. Pero se deben usar otros materiales también para complementar lo que contiene este libro. Pueden ser de ayuda los materiales procedentes de estudios culturales y de departamentos de antropología de universidades locales. Hay una verdadera necesidad de producir más de estos materiales en castellano. Es muy razonable esperar que los líderes de diversas iglesias de varias regiones y países pudieran trabajar juntos para preparar materiales de adiestramiento de acuerdo con sus necesidades y las pautas que estamos sugiriendo aquí.

Tal vez el factor más importante en el adiestramiento de los evangelistas interculturales sea los encargados que en realidad dirigen la preparación o adiestramiento. Ese personal debe tener varios años de experiencia de labor intercultural. Deben tener también el don de la enseñanza y un intenso deseo de multiplicarse mediante el adiestramiento de otros. Por último, deben estar bien preparados en la teoría y la práctica de las comunicaciones transculturales.

Es difícil hallar pronto personas como éstas. Los creyentes de Latinoamérica comienzan a adquirir una visión en lo que concierne al evangelismo intercultural y a alcanzar a pueblos no evangelizados, empiezan a enviar obreros a través de las fronteras culturales. Hacen falta millares de obreros. Pero hay que adiestrar a algunos experimentados lo suficientemente bien como para que ellos a su vez puedan enseñar a otros para un evangelismo intercultural eficaz.

A este autor le resulta imposible pensar en mucha participación eficaz a largo plazo en el evangelismo intercultural a menos que se desarrollen adecuadas oportunidades para la preparación y adiestramiento. Cada instituto bíblico regional debe tener una División de Ministerios Interculturales. Toda escuela de adiestramiento avanzado debe formar a obreros interculturales. Es la única forma en que podemos tener la esperanza de evangelizar los 16.750 grupos étnicos no alcanzados antes del retorno de Jesucristo.

I. El valor de trabajar en equipo

En la capital de un país latinoamericano trabajan varios evangelistas interculturales de otro país. Aun cuando todos ellos son de la misma denominación, país y cultura, no trabajan juntamente. Casi nunca se ven uno al otro. Creen las mismas doctrinas, pero fueron enviados por distintos grupos de iglesias. No han aprendido a trabajar juntamente en absoluto. Las iglesias de su propia denominación que ya han sido establecidas en esa ciudad no pueden comprender esa incapacidad de trabajar juntamente. Aquello ha causado serios problemas y ha hecho que la labor de esos evangelistas sea mucho menos eficaz.

En Latinoamérica se acostumbra ver que una persona decida en qué forma una organización va a marchar. No es raro que una persona tenga autoridad para tomar decisiones y para dirigir a los miembros de la entidad. Es así en muchas iglesias locales. Los pastores están acostumbrados a ejercer autoridad, y toman la mayor parte de las decisiones sin consultar mucho con los demás. Esta característica cultural no es mala. Puede ser muy eficaz en la propia cultura latinoamericana. Pero, al realizar un evangelismo intercultural, más vale desarrollar un concepto de trabajo en equipo.

Cuando estamos trabajando en medio de nuestro propio pueblo, somos responsables ante ese pueblo. Sabemos lo que podemos hacer y lo que no. Sabemos también cómo hacerlo. Trabajar individualmente en otras culturas es mucho más difícil. Para aprender las normas de conducta culturales hacen falta por lo menos dos años. Los evangelistas interculturales necesitan la confraternización y la oportunidad de beneficiarse del aprendizaje de otros de su grupo. La mejor manera de ver que esas necesidades queden satisfechas es trabajar juntos en equipo. Esto da oportunidad a que los evangelistas analicen sus ministerios entre sí y reciban valiosas sugerencias y consejos.

1. *La planificación cooperativa.* Una razón importante para realizar una labor de equipo es que sin ella es realmente imposible hacer una eficaz planificación de estrategias. La planificación de estrategias debe continuar aun durante la etapa de la ejecución del plan. Los métodos de planificación de estrategias que se sugieren en este libro exigen una continua investigación y consulta de grupo aun mientras los evangelistas realizan su ministerio. La labor de equipo permite que esto suceda en forma eficaz. Uno de los miembros del equipo puede convenir en investigar la cosmovisión y el sistema de valores del pueblo seleccionado.Otro puede convenir en investigar los sitios clave para establecer iglesias o ubicar a los miembros del equipo. Asimismo, uno de ellos puede estar encargado de atender los asuntos económicos o de negocios del grupo.

Puede ser que el grupo tenga que trabajar juntamente para organizar un tipo especial de ministerio, el cual sea una tarea demasiado grande para que una sola persona la realice. Pueden reunirse todos en sesiones en las que cada uno aporte algo de información que haya obtenido aun fuera de su propia esfera asignada. Hay muchos beneficios que derivan de planificar y trabajar juntamente en equipo para llevar a efecto el proyecto.

2. *La rendición de cuentas.* Dado que gran parte de la planificación de distintas tareas específicas tiene que ser hecha en el terreno, en medio del pueblo que se desea alcanzar, el éxito de esos planes debe ser medido y evaluado en el terreno. Si bien todos tenemos que rendir cuentas delante de Dios por lo que hacemos en la tierra, también hemos de ser responsables delante de los que nos ayudan en nuestra labor.

Los evangelistas interculturales pueden beneficiarse grandemente sometiendo unos a otros sus planes concernientes al ministerio y dando informes del trabajo realizado en busca de consejo y aprobación. En verdad, hay sabiduría "en la multitud de consejos" (Proverbios 15:22). Consultar unos a otros proporciona un cierto grado de seguridad al planificar y efectuar nuestra labor (Proverbios 24:6).

El superindividualismo está fuera de lugar en el evangelismo intercultural. Cuando todos rinden informes unos a otros en busca de consejo y aprobación, el ministerio de cada uno será mejor de lo que habría sido sin la ayuda del equipo. Esto no quiere decir que los miembros del equipo tienen que pasar todo su tiempo unos alrededor de los otros. Como vimos en el Capítulo 5, eso obstaculizaría el proceso de la enculturación. Sí quiere decir que el equipo debe reunirse, planificar estrategias y confraternizar unos con otros regularmente para superarse en el trabajo.

3. *Principios de la selección de líderes locales.* Ninguna estrategia de evangelización podrá jamás tener realmente buen éxito si los únicos que realizan el evangelismo son los miembros del equipo intercultural. Reconociendo esto, el apóstol Pablo le dijo a Timoteo que enseñara "a hombres fieles" que aprendieran a "enseñar también a otros" (2 Timoteo 2:2). A medida que la gente cree y acepta a Cristo en la cultura escogida, los evangelistas deben darle prioridad a la selección y preparación de líderes de entre esos creyentes. Conforme van aprendiendo a realizar una labor de evangelismo, deben ser capacitados para enseñar a otros a hacer lo mismo que ellos hacen. La mayor parte de los miembros de la cultura escogida tendrán que ser ganados para Cristo y enseñados a ser discípulos por sus compatriotas. Esto quiere decir que la preparación y selección de los líderes ha de ser esencial en la planificación de estrategias desde el comienzo mismo.

Algunos principios bíblicos importantes se deben observar en la selección de los líderes, la cual ocurre a distintos niveles conforme se van estableciendo iglesias y su ministerio se va extendiendo. Existe mucho material disponible en idioma castellano para la preparación de líderes. No es nuestro propósito analizar los principios que pueden hallarse en numerosos libros. Los principios bíblicos para escoger y formar a los líderes de la iglesia se hallan en 1 Timoteo 3:2-7 y Tito 1:6-9. Estos deben ser una guía para la selección de los líderes en todos los niveles de la iglesia en todas las culturas.

Nuestro propósito aquí es analizar algunos principios que normalmente no están disponibles en otros materiales de estudio y que son específicamente aplicables a la selección de líderes en una situación de evangelismo intercultural.

El principio piramidal. Los expertos en el estudio de iglecrecimiento nos han dado un importante principio que muestra la necesidad de escoger y formar líderes. El principio piramidal expresa que *"Una iglesia no puede crecer ni espiritual ni numéricamente más allá de la medida de su base de liderazgo"* (véase la figura 7.h). Una pirámide como las que las antiguas civilizaciones construyeron en algunas partes de Latinoamérica requiere una base suficientemente grande para sostener el peso de la estructura. Cuanto más alta sea la pirámide, tanto más grande y ancha tiene que ser la base.

En forma similar, conforme la iglesia crece en número, tiene que haber cada vez más líderes que hagan evangelismo y ayuden a enseñar a los nuevos creyentes. De lo contrario, el crecimiento menguará o se detendrá. Por eso Pablo le dio a Timoteo las instrucciones que hemos mencionado. El sabía que la base de liderazgo tiene que estar dilatándose continuamente. Sabía también que la única forma en que eso ocurre es cuando cada creyente que recibe una responsabilidad y preparación de liderazgo guía a su vez a otros en el aprendizaje, así como él mismo aprendió. Una buena estrategia de evangelismo intercultural ha de incluir planes de preparación eficaz de líderes tan pronto como la gente empiece a creer y a aceptar a Cristo.

¿Quién debe hacer la selección? En casi ninguna situación deben ser los evangelistas interculturales los que realmente escojan a los líderes de las iglesias que inician. Esto es válido tanto para escoger a los líderes que han de gobernar a las iglesias como para escoger a los creyentes que hayan de recibir preparación para el liderazgo. Siempre que sea posible, el evangelista debe pedir al grupo de nuevos creyentes que hagan las selecciones. Les puede mostrar las Escrituras y les puede enseñar los principios de escoger a los líderes, pero ellos deben hacer la selección eficaz. Si en su corazón sienten una verdadera disposición a la obediencia a Dios, el Espíritu Santo les ayudará a escoger a los que sean los más idóneos.

Es necesario que los creyentes locales hagan la selección, al menos por dos razones. En primer lugar, necesitan sentir que la iglesia en crecimiento es enteramente de ellos, no algo establecido por extranjeros. Si los misioneros extranjeros escogen a los líderes, los escogidos y el grupo como un todo sentirán probablemente como que deben responder a los extranjeros. Pero ellos deben sentirse obligados para con los creyentes de la iglesia a quienes ellos dirigen más bien que para con el evangelista.

En segundo lugar, la población local sabrá mejor que nadie las verdaderas motivaciones de la gente de su grupo. Sabrán si los creyentes llevan realmente una vida cristiana. Sabrán si alguno no está capacitado para el liderazgo mucho mejor que el evangelista.

Las pautas locales de liderazgo deben ser respetadas. Es necesario escoger a los líderes de un modo que esté acorde con las formas locales de liderazgo. Esto es aplicable al método de escoger a los líderes, a las clases de líderes que se escogen y a la forma en que los líderes dirigen. Al escogerse los líderes, el evangelista no debe decirle nada a la gente respecto de cómo se escogen los líderes en la cultura de donde procede él. Simplemente debe hablarles acerca de la necesidad de líderes. Debe preguntarles qué clases de líderes podrían llenar mejor esa necesidad. Debe analizar con ellos los ejemplos bíblicos y luego dejarlos que escojan a los creyentes que hayan de dirigir en cada nivel.

No es prudente elevar demasiado pronto a los líderes a posiciones demasiado altas. Sería mejor estimular a los creyentes a que establezcan distintos niveles de liderazgo que les parezcan bien y ayudarles a establecer sus propias reglas para la habilitación, preparación y nombramiento de líderes. Se les debe enseñar los principios bíblicos y pedir que decidan ellos cómo deben ser habilitados y nombrados los evangelistas, maestros, pastores, ancianos y otros.

Los creyentes deben basar su selección de líderes en las necesidades que deseen satisfacer y en la aptitud de esos candidatos. El evangelista no debe permitir que el proceso de selección se base únicamente en la posición de la persona dada en la sociedad sino en sus cualidades espirituales. La promoción en el liderazgo debe estar basada en el grado de éxito alcanzado en el desempeño de una función en el liderazgo.

Es esencial que en la preparación de líderes para hacer la obra de Dios, el evangelista ponga énfasis en lo que constituyen las responsabilidades de ellos, no en *cómo* llevar a cabo sus deberes. Eso tiene especial importancia durante el comienzo de la preparación de líderes. Ellos conocen las mejores formas de comunicarse con su propio pueblo. Sabrán contar mejor las historias bíblicas y dar mejores ilustraciones de la vida diaria que como lo haría el evangelista al principio.

El Espíritu Santo les habrá de ayudar a comunicar las verdades bíblicas y a dirigir a su pueblo en la forma más eficaz para su cultura. Después que el evangelista aprenda las formas del liderazgo observando cómo lo hacen, podrá luego empezar a poner más énfasis en la manera de llevar a cabo sus deberes. Esto habrá de ayudar a establecer pautas de liderazgo autóctonas que deberán ser eficaces durante generaciones enteras.

4. *Principios de formación de líderes.* Las limitaciones de espacio en esta obra no nos permiten tratar todos los importantes principios de la preparación y adiestramiento de líderes de la iglesia. Nos limitaremos a examinar tres principios básicos que deben ser destacados.

La formación debe ser práctica. La inmensa mayoría de las instituciones educacionales de este mundo han concentrado su esfuerzo simplemente en enseñar conocimientos. Pero un conocimiento de la teoría no da garantía que será bien aplicado a la realidad de la vida. A demasiadas personas se les ha proporcionado un gran caudal de conocimiento pero no se les ha enseñado cómo usar ese conocimiento. La mejor preparación es la que combina el aprendizaje cognoscitivo con el adiestramiento práctico. Esto es especialmente válido en la educación cristiana. No podemos permitirnos el lujo de simplemente estimular la mente de nuestros estudiantes. Deben ser motivados a usar lo que aprenden para desafiar al mundo con el conocimiento de Dios. Esto quiere decir que en el evangelismo intercultural el aprendizaje práctico ha de ser parte integral de cada fase del adiestramiento.

Jesús formó a sus discípulos en el ministerio práctico. Los reunía para sesiones de formación y enseñanza. Luego los enviaba a ministrar la Palabra de Dios poniendo en práctica los principios que habían aprendido. Alternaban entre recibir conocimiento y salir para usarlos en la obra práctica. (Mateo 10). Este es el mejor principio de adiestramiento en una situación intercultural.

Cualquiera que sea el nivel de preparación que se esté dando, altérnese el mismo entre aprender y hacer, entre adquirir conocimiento y usar ese conocimiento. Cuando se está preparando a un grupo de creyentes para evangelizar, envíeselos periódicamente a poner en práctica lo que están aprendiendo. Si se prepara a algunos para que enseñen clases bíblicas, permítase que en efecto enseñen, como parte de su aprendizaje. Si se prepara a unos creyentes para ser pastores, se los ha de ayudar a que aprendan a iniciar iglesias y a pastorearlas mientras estudian. Cuanto más se pueda combinar el aprendizaje con el aspecto práctico, tanto más eficaz habrá de ser el adiestramiento.

El maestro debe seguir los mismos principios cuando evalúa el progreso de los que adiestra. No debe simplemente comprobar el conocimiento teórico de ellos, sino también su habilidad de usar ese conocimiento en el ministerio. El éxito que tengan en su preparación debe ser medido considerando qué bien pueden demostrar en forma práctica y provechosa su aprendizaje. Si les enseña a unos maestros cómo enseñar, examínelos evaluando su enseñanza eficaz. Si enseña a unos evangelistas a establecer iglesias, no les debe dejar que completen su adiestramiento hasta que hayan ayudado realmente a establecer una iglesia. Si incorpora este principio desde el comienzo mismo en todos los niveles del adiestramiento, habrá de beneficiar grandemente el poder y la eficiencia de las iglesias en los grupos étnicos objetivos en muchos años por venir.

Otro beneficio de usar este principio es que éste ayuda a mantener el adiestramiento a un nivel correcto. Cuando prepara a estudiantes que serán probados muy pronto en la práctica, la enseñanza estará al nivel correcto. No estará "fuera del alcance" de los estudiantes porque al saber que pronto van a usar ese conocimiento, estarán motivados a aprender bien. Sus preguntas e ideas serán prácticas y llevarán a una provechosa información. No dejarán que el maestro se desvíe demasiado del adiestramiento práctico. Aprenderán al nivel en que pongan en práctica el adiestramiento.

El adiestramiento debe ser equilibrado. En el Capítulo 3 se analizó la función de doble ministerio fundamental de la iglesia: hacer discípulos y enseñarles a obedecer los mandamientos de Cristo. Se presentó cómo todo lo que las iglesias hacen al ministrar puede ser catalogado bajo uno de estos dos ministerios como función. Asimismo se expuso la necesidad de que haya un equilibrio entre los dos. Una iglesia que pone énfasis en la enseñanza pero no en hacer discípulos, pronto dejará de crecer. Una iglesia que pone énfasis en hacer discípulos pero no en enseñarlos, tampoco crecerá en forma eficaz. Muchos reincidirán y volverán a su vida antigua porque no han sido establecidos en su fe.

Cuando se inician iglesias en el ministerio intercultural, hay que equilibrar desde el comienzo mismo las clases de adiestramiento. Los expertos en iglecrecimiento han clasificado como "obreros de Clase II" a aquellos cuya labor para el Señor es principalmente hacer discípulos. Aquellos cuya labor es principalmente enseñar a los creyentes en la iglesia son llamados "obreros de Clase I". Esto no quiere decir que una clase de trabajo sea más importante que otra.

Ambos trabajos son igualmente importantes. Es una forma útil para clasificar a los obreros porque muestra la necesidad de tener ambas clases de obreros en todas las iglesias.

Puesto que las iglesias que tienen ministerios equilibrados son las más saludables y las que crecen con mayor rapidez, no se debe dejar de proporcionar adiestramiento desde el principio tanto para obreros de la clase I como de la clase II. No se debe tan sólo preparar a los nuevos creyentes para que enseñen clases bíblicas. Hay que prepararlos también para que evangelicen su comunidad. Cuando se planifican estrategias para los programas de adiestramiento, esos planes deben equilibrar la necesidad de obreros en ambas esferas fundamentales de este doble ministerio.

Hay que formar líderes que sean infinitamente reproducibles. Recuérdese que en el Capítulo 3 se analizó una escala para evaluar la reproductibilidad de las iglesias. Se estableció la importancia de asegurarse de que todo lo que se hace al iniciar iglesias autóctonas sea reproducible. Esto es de modo especial válido al preparar líderes. Asimismo se citaron las instrucciones que el apóstol Pablo le dio a Timoteo. (2 Timoteo 2:2). Este versículo abarca cuatro generaciones de adiestramiento:

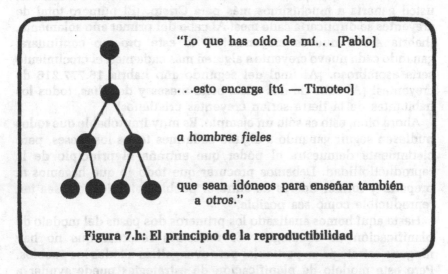

"Lo que has oído de mí. . . [Pablo]

. . .esto encarga [tú — Timoteo]

a hombres fieles

que sean idóneos para enseñar también a otros."

Figura 7.h: El principio de la reproductibilidad

Este pasaje muestra el poder de la reproductibilidad. Pablo no le dijo a Timoteo simplemente que enseñara a otros lo que había aprendido de él. Pablo le dijo que enseñara aquello de una manera tal que ellos a su vez fueran "idóneos para enseñar también a otros". No sólo debemos hacer que el adiestramiento sea práctico, ¡tenemos que hacerlo reproducible! No sólo debemos enseñar a la gente a conocer y hacer la obra de Dios. Hay que enseñarles también que enseñen a otros a conocer y hacer la obra de Dios. Este principio debe ser incorporado en los programas de adiestramiento en todos los niveles. Al enseñar a los creyentes a enseñar clases bíblicas, debemos enseñarles también cómo preparar a otros para que hagan igual. Al instruir a los creyentes cómo hacer discípulos, debemos enseñarles también a preparar a otros a que hagan discípulos.

Resulta imposible exagerar el poder de este principio. Si se sigue en todos los niveles del adiestramiento, se multiplicará grandemente el poder de las iglesias establecidas. Crecerán espiritual y numéricamente en forma mucho más rápida.

Para dar una idea del poder de este principio, vamos a aplicarlo a la tarea de hacer discípulos. Si usted se dedicara a hacer un discípulo cada mes durante el resto de su vida, podría ganar a doce personas para el Señor cada año. Eso sería magnífico. Pero sería muchísimo mejor si usted se determinara no sólo a hacer un nuevo discípulo para Cristo cada mes, sino que también le enseñara a hacer lo mismo que hace usted cada mes por el resto de su vida.

Si cada discípulo sucesivo se mantuviera haciendo lo mismo y les enseñase a los que ganase a hacer también un discípulo cada mes, usted ganaría a muchísimos más para Cristo. ¡El número total de creyentes se duplicaría cada mes! Al cabo del primer año solamente, ¡habría 4.096 nuevos creyentes! Y si este proceso continuara, ganando cada nuevo creyente a alguien más cada mes, el crecimiento sería asombroso. ¡Al final del segundo año habría 16.777.216 de creyentes! ¡Al cabo de dos años, ocho meses y dos días, todos los habitantes de la tierra serían creyentes cristianos!

Ahora bien, esto es sólo un ejemplo. Es muy improbable que todos pudiesen seguir ganando a alguno cada mes todos los meses, pero ciertamente demuestra el poder que entraña el principio de la reproductibilidad. Debemos procurar que todo lo que hagamos al preparar y formar líderes de entre el pueblo seleccionado, sea tan reproducible como sea posible.

Hasta aquí hemos analizado los primeros dos pasos del modelo de planificación de estrategias. Es necesario recordar que no hay ninguna estrategia en particular para evangelizar a todos los pueblos. Pero este modelo de planificación de estrategias puede ayudar a planear estrategias para alcanzar a cualquier grupo étnico.

Seleccionar el pueblo objetivo es el primer paso de la planificación de estrategias. Ello requiere una penetrante investigación a breve y largo plazos de las necesidades de la gente. Una vez que se ha escogido el pueblo que se va a evangelizar, es tiempo de comenzar el segundo paso del modelo de planificación: seleccionar el personal de evangelismo. Esto incluye el equipo de evangelismo intercultural. Se deben escoger primero sus componentes, antes de pasar al siguiente paso de la planificación. Pero aun después que hayan sido seleccionados y estén trabajando en medio del pueblo escogido, deben seguir usando buenos principios para seleccionar y adiestrar a los líderes entre el mismo pueblo. En el capítulo siguiente analizaremos los dos pasos siguientes del modelo de planificación.

Bosquejo del capítulo

La formación del proyecto de la trasmisión del mensaje a otras culturas

I. La necesidad de tener una estrategia
II. Distintos tipos de métodos
   A. Usar el mismo plan de evangelismo intercultural en todo lugar
   B. La estrategia que no formula planes, sino que espera que Dios lo haga todo
   C. Un plan singular para cada situación
III. Establecer fines
   A. Entendibles y específicos
   B. Que se puedan medir
   C. Algunos diseños que se alcancen antes del fin total
IV. Usar nuestras habilidades mentales junto con la determinación y la fe en Dios
V. Un modelo de la formación del proyecto de evangelismo intercultural
   A. La selección de las personas que se han de alcanzar
   B. La selección de evangelistas y sus colaboradores
   C. La selección de métodos
   D. El establecimiento de fines para alcanzar
   E. La ejecución del plan
   F. La determinación de la eficacia de la estrategia
VI. Lo que se debe considerar en la selección del grupo que se ha de evangelizar
   A. La sensibilidad del pueblo al mensaje
   B. La distancia cultural entre el pueblo y el evangelista
   C. El grado de cambio
   D. La importancia que tiene la religión en la cultura
VII. El estudio de las necesidades del grupo seleccionado
   A. La supervivencia
   B. Las necesidades sociales
   C. Las necesidades que tienen que ver con el razonamiento humano

D. Las necesidades del ser espiritual
E. El estudio a largo y corto plazo
VIII. La selección del evangelista intercultural y sus colaboradores
A. Requisitos
B. Un deseo de evangelizar a grupos no alcanzados
C. Características personales
D. El adiestramiento del personal en el evangelismo intercultural
IX. La importancia de trabajar como equipo
A. Hacer planes en grupo
B. Lo importante de rendir cuentas unos a otros
C. El nombramiento de líderes en las iglesias locales
D. El adiestramiento de los líderes

Un encuentro con las verdades

1.1 Según este capítulo, ¿por qué necesitamos buenas estrategias para evangelizar a los grupos étnicos no alcanzados?

1.2 Mencione dos cosas que podemos hacer para que nuestra planificación humana se mantenga sensible a la dirección del Espíritu Santo.

2.1 Señale las debilidades de la "Estrategia de método universal" y de la "Estrategia 'Dios nos ayudará' ".

2.2 ¿Por qué no existe ninguna estrategia en particular que sea eficaz para alcanzar a todos los grupos étnicos?

3.1 Diga lo que está mal en esta declaración como meta: "Trataremos de alcanzar con el evangelio al pueblo de la ciudad de Río Nuevo."

3.2 Dé un ejemplo de cómo se podría redactar bien esta meta.

4.1 Mencione dos formas importantes en que las buenas metas son mensurables.

4.2 ¿Qué ventajas tiene el hecho de que las metas sean mensurables?

5.1 Explique la relación entre las metas a largo plazo y las de alcance intermedio.

5.2 ¿Por qué son necesarias las metas de alcance intermedio?

5.3 ¿De qué manera nos son de ayuda para planear tareas específicas al preparar una estrategia para alcanzar nuestras metas?

6.1 De acuerdo al "Modelo de planificación de estrategias", enumere seis pasos importantes en la planificación de estrategias.

6.2 Explique en forma breve el propósito de cada paso.

7.1 Explique el proceso necesario para seleccionar el grupo étnico que se ha de evangelizar.

7.2 ¿Cuándo debe comenzar el segundo paso del modelo de planificación?

7.3 ¿Cuánto dura cada paso?

7.4 ¿Por qué?

8.1 ¿Por qué aparece la palabra "Evaluación" entre un paso y el otro en el modelo de planificación?

8.2 ¿Por qué las flechas señalan en dos direcciones?

9.1 Defina el "Principio de la cosecha".

9.2 ¿Por qué es importante?

9.3 ¿Qué significa para el evangelismo intercultural?

10.1 Explique el proceso para obtener el "Indice de receptividad" respecto de un grupo étnico.

10.2 ¿Cuáles son las tres escalas de apreciación pertinentes al mismo?

10.3 ¿Cómo se han de combinar los resultados de las escalas para obtener el Indice de receptividad?

11.1 ¿Por qué vale la pena medir el grado de cambio que ocurre en una sociedad?

11.2 Dé algunos ejemplos de tipos de grupos étnicos en los que es probable que ocurran rápidos cambios.

11.3 Describa un grupo étnico que obtiene un "4" en la escala de AGC.

12.1 ¿Cuáles son las cuatro clases de necesidades que se deben investigar cuando se trata de descubrir las necesidades básicas de un grupo étnico?

12.2 Explique brevemente el significado de cada una.

12.3 Explique la diferencia entre un análisis de necesidades que sea de larga duración y uno de breve duración.

12.4 ¿Por qué son necesarios los dos?

13.1 Enumere seis asignaturas que los evangelistas intercultura- les deben estudiar antes de entrar en otra cultura.

13.2 ¿Cuáles son las cualidades que han de tener aquellos que deben adiestrarlos?

13.3 ¿En qué concierne esto a los institutos bíblicos?

14.1 ¿Qué es el "Principio piramidal"?

14.2 ¿Qué significado tiene para la formación de líderes de las iglesias de otras culturas?

15.1 Nombre tres importantes principios relativos a la formación de líderes en otra cultura.

15.2 Explique brevemente por qué es importante cada uno de ellos.

De la teoría a la práctica

A.1 Analice la relación que hay entre la fe, el futuro y el fijar metas. Use ejemplos bíblicos en su análisis.

A.2 ¿Cree usted que la Biblia es de orientación hacia el futuro?

A.3 ¿En qué se basa su respuesta?

B.1 Analice los principios para fijar metas claras, precisas y mensurables.

B.2 Determine, junto con algunos colegas, una meta sencilla que a ustedes les gustaría alcanzar juntos. Establezcan la meta correctamente y formulen metas intermedias que ayuden a alcanzar la meta principal.

B.3 Analicen todas las partes de las metas juntamente, conforme las van estableciendo.

C.1 Analice al pueblo inconverso de su propia cultura. Usando los principios que se dan en este capítulo, determine la ADC, la AGC y la AVR concernientes a su propio grupo étnico.

C.2 Use esa información para calcular el Indice de receptividad relativo a su propio grupo étnico.

D.1 Analice a los miembros de otro grupo étnico que vivan cerca de usted. Aplicando los principios de este capítulo, analice las necesidades básicas de ese grupo.

D.2 ¿Qué ideas le proporcionan esas necesidades en cuanto a planear métodos para evangelizar a ese grupo étnico?

E.1 Analice la labor de equipo en el evangelismo intercultural.

E.2 ¿Qué le parece este método?

E.3 ¿Se ajusta a su cultura?

E.4 ¿Cree usted que es un método atinado?

E.5 ¿Por qué?

E.6 ¿Qué ejemplos puede encontrar en la Biblia, en los cuales se usó el método de trabajo en equipo?

---

[1] Se publica anualmente un volumen con el título de "Unreached Peoples Registry" (Registro de pueblos no alcanzados). Se pueden obtenere, comenzando con la edición de 1979, en el Missions Advanced Research Center (Centro de Investigación Avanzada de Misiones), Monrovia, California, EE. UU. de América.

Capítulo 8

LA PLANIFICACION DE ESTRATEGIAS PARA EL EVANGELISMO INTERCULTURAL

(Segunda parte)

Puntos clave de este capítulo

1. La selección de buenos métodos de evangelismo intercultural no garantiza el buen éxito en este evangelismo, pero al propio tiempo, la selección de métodos pobres limitará la magnitud del buen éxito posible.

2. Los métodos son maneras de aplicar el conocimiento práctico a la realización de metas específicas. Constituyen la parte de "cómo hacerlo" de la planificación de estrategias.

3. El Espíritu Santo es creativo; usa distintos métodos para diferentes culturas. Los métodos desempeñan un importante papel en la realización de las metas del Espíritu Santo para la evangelización de grupos étnicos no alcanzados. Es posible medir hasta qué punto sería recomendable emplear algún método específico en una cultura determinada.

4. Podemos aprender mucho respecto de los métodos que debemos usar del mismo pueblo que deseamos evangelizar.

5. Los planificadores de estrategias confían en que Dios tiene una estrategia especial para cada grupo étnico. Consideran que su tarea es descubrir esa estrategia y asociarse con Dios para llevarla a cabo.

6. Las buenas estrategias son de orientación hacia la meta y hacia el proceso. En ellas se usan metas específicas y mensurables, pero que son flexibles y variables conforme se va poniendo en práctica la estrategia.

7. Las buenas estrategias están orientadas hacia las necesidades del pueblo que se desea evangelizar. Al mismo tiempo, están equilibradas en el esfuerzo por satisfacer esas necesidades.

8. Las buenas estrategias están orientadas hacia la transformación del grupo. En ellas se pone énfasis en la conversión individual, pero también se insiste en llevar la sociedad entera más cerca de Cristo.

A. La determinación de métodos

En los Capítulos 4 y 6 analizamos la diferencia entre los principios bíblicos y los métodos culturales. Los principios son aplicables a todas las culturas; los métodos han de variar para comunicar correctamente las mismas verdades en una forma autóctona a cada grupo étnico. Esto requiere que aprendamos las características e importancia de los buenos métodos. Asimismo, tenemos que comprender cómo usarlos como parte del modelo de planificación.

1. *La importancia de los buenos métodos.* Aprender buenos métodos es cómo aprende el agricultor a cultivar una nueva tierra. Tiene que saber qué tipo de suelo tiene ese campo antes de saber qué será lo mejor para sembrar en él. Luego, de acuerdo a lo que se va a sembrar, ha de decidir a qué profundidad debe arar la tierra y qué tipo de equipo agrícola puede usar. Tiene que decidir cómo ha de preparar la tierra y a qué profundidad ha de plantar la semilla. Tiene que pensar si habrá suficiente agua de lluvia, o si habrá que regar el campo mediante algún método. Tal vez tenga que determinar cuál es la mejor manera de acabar con las malas hierbas o con las plagas de insectos a medida que el sembrado crece. Tendrá que resolver cómo y cuándo recoger la cosecha. Tendrá que decidir también cuál haya de ser la mejor manera de vender esa cosecha.

Tomar todas esas decisiones requiere conocimiento y experiencia. A veces el granjero simplemente no sabe las respuestas a sus preguntas. Necesita encontrar otros granjeros que sean experimentados en cultivar tierras como la suya. Al aprender de la experiencia de otros así como de su propia experiencia, el agricultor tendrá mucho más éxito en lograr una buena cosecha.

Decidir qué métodos usar en el evangelismo intercultural es muy parecido a cultivar la tierra. Es un proceso de decidir muchas cosas. ¿Qué tipo de terreno representa cada grupo étnico? ¿Qué métodos se pueden usar mejor para sembrar la simiente del evangelio en los corazones de modo que brote y crezca? ¿Cuáles son los mejores métodos y cuánto tiempo habrá que esperar para ver crecer esa simiente hasta que haya una cosecha espiritual lista para recoger?

Igual que el cultivo de la tierra, la selección de métodos requiere experiencia propia lo mismo que aprender de los demás. Es un proceso que se puede superar grandemente, conforme los evangelis-

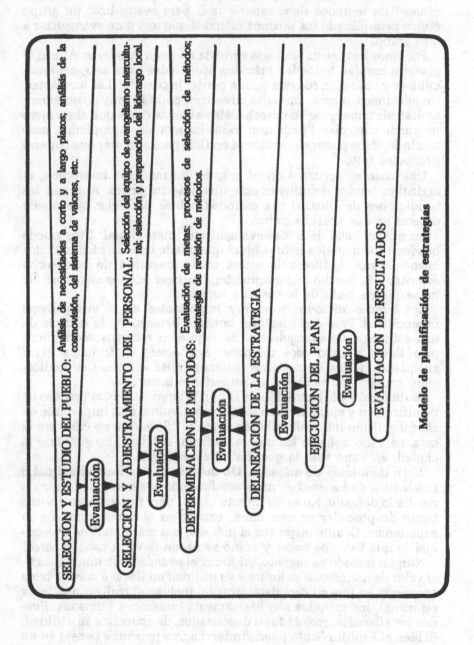

SELECCION Y ESTUDIO DEL PUEBLO: Análisis de necesidades a corto y a largo plazos; análisis de la cosmovisión, del sistema de valores, etc.

Evaluación

SELECCION Y ADIESTRAMIENTO DEL PERSONAL: Selección del equipo de evangelismo intercultural; selección y preparación del liderazgo local

Evaluación

DETERMINACION DE METODOS: Evaluación de metas: procesos de selección de métodos; estrategia de revisión de métodos.

Evaluación

DELINEACION DE LA ESTRATEGIA

Evaluación

EJECUCION DEL PLAN

Evaluación

EVALUACION DE RESULTADOS

Modelo de planificación de estrategias

tas adquieren más experiencia en escoger los métodos más apropiados. De la misma manera que un agricultor nunca usaría para cultivar maíz los mismos métodos que usaría para cultivar arroz, el evangelista tampoco debe esperar usar para evangelizar un grupo étnico determinado los mismos métodos que usó para evangelizar a otro grupo.

Podemos llevar esta analogía agrícola un poco más lejos. Aun si el granjero emplea todos los métodos apropiados para arar, sembrar, cultivar y cosechar, todavía puede perder la cosecha. Las tormentas, inundaciones, plagas, animales silvestres, podrían muy posiblemente destruir o menguar su cosecha. Hay algunas cosas que el granjero no puede controlar. Puede usar todos los métodos apropiados, pero con todo, debe poner su confianza en Dios para asegurar que la tierra producirá fruto.

Una cosa es segura. Con el empleo de métodos impropios, el agricultor tendrá definitivamente una cosecha pobre. Aun con las bendiciones de Dios, si usa métodos pobres, lo mejor que puede esperar es una cosecha pobre.

Lo mismo cabe decir del evangelismo intercultural. Dios puede bendecir los métodos pobres igual que puede bendecir los métodos buenos. Pero la diferencia estará en la magnitud de la cosecha espiritual. Es mucho mejor aprender a escoger buenos métodos. Así no se pierde nada de la cosecha espiritual.

Los buenos métodos son muy importantes en el evangelismo intercultural. Pero otros factores también determinan la eficacia de una estrategia de evangelismo. Se requieren recursos económicos para llevar a cabo esos métodos. Los dones espirituales y las cualidades de los evangelistas interculturales así como su dedicación, constituyen también un importante factor.

La dirección y la bendición de Dios a lo largo de todo el proceso de planificación y ejecución son el factor individual más importante en el evangelismo intercultural bien logrado. "Si Jehová no edificare la casa, en vano trabajan los que la edifican; si Jehová no guardare la ciudad, en vano vela la guardia" (Salmo 127:1).

2. *La definición de métodos.* Un método es una forma habitual o sistemática de hacer algo, un procedimiento ordenado de lograr un resultado deseado. No es un intento casual para realizar algo. Es una forma de proceder en una tarea, basada en el conocimiento y la experiencia. Cuanto mejor sea el método, con más exactitud prescribirá lo que hay que hacer y cómo se ha de llevar a cabo la tarea.

Ningún método es sagrado. Al hacer el evangelismo intercultural, el valor de un método se limita a su utilidad en llevar a cabo la tarea propuesta en una cultura determinada. Incluso al realizar una labor espiritual, los métodos son básicamente creaciones humanas. Pueden ser alterados, mejorados o descartados, de acuerdo a su utilidad. Si bien el Espíritu Santo puede inducir a una persona a pensar en un determinado método para una situación en particular, eso no quiere decir que ese mismo método deba ser usado en cualquier otro lugar.

Los métodos son un conjunto de procedimientos para realizar una tarea. Al cultivar su tierra, el agricultor antes mencionado tuvo que realizar varias tareas. Una de ellas fue sembrar la semilla.

Podía escoger uno de varios métodos de efectuar la siembra. ¿Cuál es la mejor semilla para sembrar? ¿A qué profundidad se la debe sembrar? ¿Qué humedad debe tener el suelo? ¿Cuándo se debe realizar la siembra? Las mejores respuestas a estas preguntas darían, en conjunto, el mejor método de sembrar ese tipo de cultivo en ese campo.

De modo similar, al realizar el evangelismo intercultural es necesario llevar a cabo diversas tareas. Hace falta desarrollar un método de llevar a cabo cada tarea de la mejor manera posible en medio del grupo étnico que se propone evangelizar. Por ejemplo, una de las tareas importantes de un equipo de evangelistas interculturales es aprender a comunicarse bien en la lengua materna del pueblo escogido. En el capítulo cinco se enseñan métodos de hacer esto. Pasar la mayor parte del tiempo con ese pueblo, usar el ciclo de aprendizaje diario y emplear el enfoque de aprendedor-servidor-narrador. Todos estos son métodos para aprender bien el nuevo idioma.

Estos métodos, sin embargo, no sólo nos ayudan a alcanzar nuestra meta de comunicarnos bien en la lengua del pueblo, sino que al mismo tiempo nos ayudan a aprender su cultura y a ministrarle a la gente. Este es un ejemplo de cómo algunos métodos que se usan para alcanzar una meta también nos ayudan a lograr otros objetivos al mismo tiempo.

A continuación se presentan algunos ejemplos de métodos que se han usado para alcanzar objetivos evangelísticos entre algunos grupos étnicos:

Vivir en un hogar del pueblo de la localidad
Dar testimonio casa por casa
Programación televisada
Centros de retiro cristianos
Evangelizar primero a los jefes de familias
Reuniones evangelísticas al aire libre
Reuniones de campañas de evangelismo
Cursos bíblicos por correspondencia
Distribución de tratados evangelísticos
Grabaciones en cintas magnetofónicas
Centros de asesoramiento para personas en crisis
Conciertos de música cristiana
Anuncios publicitarios en periódicos
Evangelismo familiar
Estudios bíblicos en hogares
Clínicas médicas
Reuniones de oración en fábricas

Iglesias pequeñas en hogares
Escuelas cristianas
Traducción de la Biblia
Presentación de dramas
Programación radial
Reuniones de hombres de negocio cristianos
Películas de evangelismo
Estudios bíblicos para profesionales
Reuniones separadas para hombres y para mujeres
Estudios bíblicos en grupos

Al usar el modelo de planificación será necesario seleccionar buenos métodos para cada paso a lo largo del proceso. Esto quiere decir que habrá que determinar cuál es el mejor método para escoger el pueblo que se ha de evangelizar, para seleccionar el personal evangelístico y para todas las demás tareas. Por esto concentramos nuestra atención en los principios con respecto a cada paso del modelo de planificación.

Aun cuando se dan algunas sugerencias como ejemplo, los más calificados para escoger buenos métodos serán los que en realidad sigan los pasos del ciclo de planificación. Ellos tendrán que determinar cosas tales como: 1) un método para recopilar la necesaria información acerca de los grupos étnicos no alcanzados; 2) un método para seleccionar a los candidatos entre los cuales se han de escoger los miembros del equipo; 3) métodos para adiestrar a los miembros del equipo; 4) métodos para determinar qué metas seguir en la estrategia total; 5) métodos de enculturación; 6) métodos para iniciar la primera iglesia; 7) métodos para preparar líderes de entre los convertidos. Estos son sólo ejemplos de muchos métodos que será necesario escoger para proporcionar una buena estrategia de evangelismo intercultural.

3. *Principios para escoger buenos métodos.* Los métodos son los instrumentos que usamos para alcanzar las metas escogidas. Son un conjunto específico de actividades normadas, ideado para llevar a cabo tareas en particular. Un carpintero tendrá que estar equipado con las herramientas apropiadas para cumplir con un encargo. Cuando tenga que cortar una tabla, no tratará de usar su martillo. Cuando tenga que clavar un palo, ¡no usará su lápiz! Tiene que seleccionar las herramientas adecuadas para realizar tareas específicas. De modo similar, cuando los planificadores escogen los métodos que van a incluir en su estrategia para el evangelismo intercultural, tienen que saber seleccionar los métodos adecuados para alcanzar sus objetivos específicos.

a. *Dentro de los límites bíblicos.* El primer principio para seleccionar métodos adecuados es determinar si éstos están en armonía con los principios bíblicos. Los métodos que en forma clara violan principios bíblicos no pueden ser considerados para formar parte de nuestra estrategia. Por ejemplo, en algunas partes del mundo (como en los países musulmanes) una fuerte opinión social surge en contra de los que se convierten a otras religiones. En tales situaciones pueden llegar a golpear e incluso a darles muerte a los convertidos. En esos lugares sería un método erróneo que, para ayudar a los nuevos convertidos, todos los cristianos tomaran armas para defender a los que se hacen creyentes. Aun cuando no está bien hacerle daño a la gente que cambia de religión, también está contra los principios bíblicos tomar represalias contra los que nos persiguen a causa de nuestra fe (Mateo 5:11).

Los métodos que fueron usados en las culturas de la Biblia no son necesariamente los mejores para alcanzar un grupo étnico en particular. Cuando nos referimos a un método diciendo que es bíblico, queremos decir que ese método está en armonía con los principios bíblicos, no con los métodos bíblicos. (Véase el análisis de "Principios frente a métodos" en el Capítulo 3.) Muchos métodos eficaces que se usan hoy día en el evangelismo nunca se emplearon en la Biblia. Muchos de ellos, como la radio, la televisión y la literatura impresa, ni siquiera eran posibles entonces.

Si bien los métodos que se usaron en la Biblia pueden ser buenos ejemplos basados en importantes principios, hoy no son más apropiados para evangelizar que cualquier otro método pudiera serlo. No hay nada de sagrado en cuanto a ningún método. Mientras un método esté en armonía con los principios bíblicos, debe ser evaluado de acuerdo con sus propios méritos como método. Si no es opuesto a los principios bíblicos, cualquier método debe ser una posibilidad para ser usado en el evangelismo intercultural.

Los planificadores deben determinar no sólo si un método está o no en armonía con las Escrituras, sino si también está a la altura de otras normas necesarias. Sin ellas, no podrían ponerse de acuerdo respecto de cuáles métodos son los mejores. Uno de ellos puede sugerir un método que él mismo ha usado. Por sus propias razones, otro de los planificadores puede proponer un método diferente. Los planificadores necesitan tener una base sobre la cual determinar los mejores métodos sin depender tanto de su propia experiencia u opiniones.

En la figura 8.a se muestra la Escala de Selección de Métodos. En la gráfica se ven siete diferentes normas que sirven para determinar cuán correcto o apropiado es un método en particular. Para usar la escala, sólo hay que trazar un círculo alrededor de uno de los números que están a la derecha de cada norma enumerada, de acuerdo a lo que se sepa respecto del método bajo consideración. Esto se debe hacer con cada método que proponga el grupo de planificaciones de estrategias. Después de encerrar en un círculo el número más apropiado en cada categoría, simplemente súmense todos los números marcados (uno en cada categoría).

El resultado será un número que se podrá comparar con las

puntuaciones de los demás métodos bajo consideración. Esta puntuación final se llama *Indice de Selección de Métodos* (ISM). Comparando el ISM de un método con el de otro método, será fácil ver cuál de ellos habrá de ser el más apropiado para alcanzar los objetivos establecidos.

NORMA	Poco	Regular	Mucho
Alcanza los objetivos establecidos	1 2 3	4 5 6 7	8 9 10
Se compagina con la cultura	1 2 3	4 5 6 7	8 9 10
Sigue principios autóctonos	1 2 3	4 5 6 7	8 9 10
Estimula la participación del laicado	1 2 3	4 5 6 7	8 9 10
Es apropiado económicamente	1 2 3	4 5 6 7	8 9 10
Es tecnológicamente apropiado	1 2 3	4 5 6 7	8 9 10
Es el momento oportuno para emplearlo	1 2 3	4 5 6 7	8 9 10

La suma de todas las puntuaciones es igual al
Indice de Selección de Métodos: _____

Figura 8.a: Escala de selección de métodos

Hay distintas maneras de marcar la Escala de Selección de Métodos. Tal vez se prefiera que varias personas marquen los valores de la escala respecto de cada uno de los distintos métodos propuestos. Entonces la puntuación promedio de cada método se puede calcular sumando todos los resultados de su ISM, y dividiendo luego esa suma entre el número de personas que hayan participado.

Otra manera de usar la escala es que los planificadores simplemente se sienten y analizan en conjunto qué puntuación se le ha de dar a cada categoría de cada método. Una vez que se llegue a un acuerdo con respecto a cada puntuación, se debe marcar ésta en la escala. De esta manera, sólo se completará una escala para cada método bajo consideración. El ISM final de cada método será el resultado de un acuerdo mutuo alcanzado por todo el grupo de planificación. Cualquiera que sea el modo que se emplee para completarla, es un instrumento útil esta escala para ayudar a determinar los mejores métodos para alcanzar los objetivos de la estrategia.

A continuación se explican las normas de la escala con el fin de ayudar al planificador a decidir cómo marcar cada categoría. Hay que tener presente que estas normas, junto con los límites bíblicos, constituyen los principios para escoger buenos métodos.

b. *Alcanza los objetivos establecidos.* Los métodos deben estar directamente vinculados al logro de los objetivos establecidos en la estrategia. Aun cuando esta no puede ser la única norma para seleccionar los métodos, es una de las más importantes. Los métodos deben resultar de las metas de alcance largo e intermedio bien establecidas.

Cuanto más alta sea la posibilidad de que un método habrá de ser

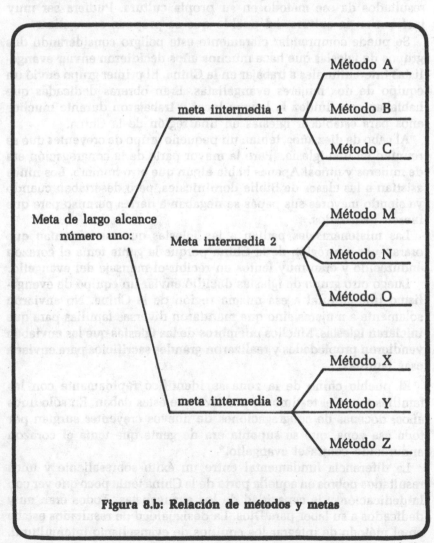

Figura 8.b: Relación de métodos y metas

eficaz en alcanzar una meta, tanto más alta será la puntuación de ese método en la escala. Como se analizó en el Capítulo 7, las metas intermedias están ideadas para alcanzar metas de largo alcance. Los métodos ayudan a alcanzar las metas intermedias. (Véase la figura **8.b.**)

c. *Se compagina con la cultura.* El método puesto en consideración debe ser evaluado en cuanto a su compatibilidad con la cultura del pueblo seleccionado. Un método puede parecer muy eficaz y apropiado a los ojos de los planificadores de estrategia, pero tienen que tener cuidado de no juzgar su eficacia de acuerdo a los resultados da ese método en su propia cultura. Pudiera ser muy ineficaz en la cultura del pueblo que se propone evangelizar.

Se puede comprender claramente este peligro considerando dos grupos de iglesias que hace muchos años decidieron enviar evangelistas interculturales a trabajar en la China. El primer grupo envió un equipo de dos mujeres evangelistas. Eran obreras dedicadas que hablaban con fluidez la lengua local y trabajaron durante muchos años para establecer iglesias en una región de la China.

Al cabo de diez años, tenían un pequeño grupo de creyentes que se reunían en una iglesia. ¡Pero la mayor parte de la congregación era de mujeres y niños! Apenas había algún que otro hombre. Los niños asistían a las clases de Biblia dominicales, pero desertaban cuando ya siendo mayores sus papás se negaban a darles permiso para que fuesen bautizados.

Las misioneras les pedían a las iglesias que las sostenían que oraran por esa región de la China porque la gente tenía el corazón endurecido y eran muy lentos en recibir el mensaje del evangelio.

Luego otro grupo de iglesias decidió enviar un equipo de evangelismo intercultural a esa misma región de la China. No enviaron solamente a mujeres sino que mandaron diversas familias para que iniciaran iglesias. Muchos miembros de las iglesias que las enviaban vendieron propiedades y realizaron grandes sacrificios para enviar a esas familias.

El pueblo chino de la zona se identificó rápidamente con las familias y con el testimonio positivo que éstas daban. En sólo unos años, docenas de congregaciones de nuevos creyentes surgían por toda esa zona, que se suponía era de gente que tenía el corazón endurecido contra el evangelio.*

La diferencia fundamental entre un éxito sobresaliente y unos resultados pobres en aquella parte de la China tenía poco que ver con la dedicación y la capacidad de los evangelistas. Todos eran muy dedicados a su labor para Dios. La desigualdad de resultados estaba en el método de integrar los equipos de evangelismo intercultural.

En esa región los hombres regían los procesos de toma de decisiones en asuntos de la sociedad. De acuerdo a su cultura, no era apropiado que los hombres recibiesen enseñanza de las mujeres. Por tanto, se veían pocos resultados hasta que el evangelio vino a ser representado por esas familias dedicadas.

Aquella cultura estaba muy orientada hacia la familia. Las familias de evangelistas estaban relacionadas unas con otras por parentesco. Los chinos podían relacionarse con la dedicación de esos evangelistas a Dios como familias. Aquello condujo a la conversión de muchos chinos de esa región. La diferencia fundamental estaba en el método de escoger a los miembros de los equipos evangelísticos. Seleccionar a mujeres solteras para formar el equipo era culturalmente inadecuado para el pueblo que iba a ser evangelizado.

Muchas veces se puede saber cuál es el método culturalmente más apropiado estudiando primero al pueblo seleccionado. Supongamos que procuramos hallar el mejor método de comunicar en forma eficaz el evangelio a cierto grupo étnico por primera vez. Seleccionar el mejor método habrá de ser muy importante para el buen éxito de todo el esfuerzo evangelístico. Un método inadecuado puede dar lugar a una reacción negativa en la gente. Luego el evangelista demoraría años para superar una tal visión negativa del evangelio.

Por lo tanto, al escoger un método para esa primera comunicación del evangelio, los planificadores deben hacerse preguntas tales como: ¿Quiénes deben oír primeramente el mensaje? ¿Cuándo y dónde se debe comunicar primero el mensaje? ¿Qué clase de relaciones de confianza positivas tienen que establecerse primero? ¿Qué formas de comunicación serían mejores para esa comunicación?

Estas preguntas se pueden contestar mejor aprendiendo de qué manera comunica el pueblo objetivo sus mensajes más importantes. Si el mensaje debe ser comunicado primero a un jefe tribal por medio de cierto tipo de ceremonia u ocasión, entonces esos elementos deben formar parte del método seleccionado. Cuanto más se conforme un método al comportamiento y a los valores del pueblo que se propone evangelizar, tanto mayor será su potencial de tener éxito.

d. *Sigue principios autóctonos.* Cada método debe ser examinado también para determinar hasta qué punto está en armonía con los principios de autoctoneidad. Un método en particular puede tener cierto potencial para alcanzar los objetivos establecidos y puede ser culturalmente apropiado, pero tal vez no se ajuste a algunos de los principios que rigen la fundación de iglesias autóctonas.

En una ocasión se envió un equipo de evangelistas interculturales para evangelizar a un grupo étnico de México. Habían recibido una preparación y un adiestramiento muy buenos. Estaban dedicados a su labor y amaban al pueblo escogido. Usaban, en su mayor parte, buenos métodos para el evangelismo intercultural.

Pero cometieron el error de seguir un método que usaban en su propia cultura. En la cultura de esos evangelistas sólo se permitía que los ministros ordenados bautizaran a la gente y oficiaran en la ceremonia de la Santa Cena. Y se requerían muchos años de experiencia y de preparación para llegar a la ordenación.

Al principio el equipo obtuvo muy buenos resultados en iniciar iglesias. Pero después de fundar alrededor de una docena de iglesias, el crecimiento empezó a menguar rápidamente. Cada iglesia tenía sus líderes locales y un pastor licenciado. Pero al pastor no se le permitía bautizar ni celebrar la Santa Cena. Ese proceder era culturalmente aceptado debido a la función tradicional que desempeñaban los sacerdotes bíblicos.

De modo que cada vez que había que bautizar a nuevos creyentes o había que celebrar un culto de Santa Cena, se llamaba a los evangelistas interculturales que, por tal razón, tenían que trasladarse a todas las iglesias para dirigir tales servicios. Aquellos tenían tan ocupados a los evangelistas que les quedaba poco tiempo para trabajar con miras a iniciar otras iglesias. Asimismo, desalentaba a los pastores licenciados de tomar alguna iniciativa personal, ya que se sentían como ministros de segunda clase.

Este caso es un ejemplo de usar un método que era contrario al "Principio de reproductibilidad infinita". Al principio parecía que la labor de esos evangelistas interculturales tendría mucho éxito. Usaron buenos principios para iniciar iglesias. Adiestraron a los creyentes para hacer obra de evangelismo. Pero su método de preparar líderes no era *infinitamente reproducible*. No era posible habilitar bastantes líderes para la ordenación con la necesaria rapidez para mantener el paso con el crecimiento de las iglesias. Los evangelistas interculturales debían haber enseñado a los líderes de las iglesias locales a examinar a los candidatos y a bautizarlos. Debían haberles enseñado también a celebrar sus propios cultos de Santa Cena siempre que el Espíritu Santo los guiara a hacerlo.

El autor de este libro realizó un viaje a la zona en que están esas iglesias para hacer una gira evangelística. Pero los pastores ordenados rogaban que se trasladara a las iglesias distantes para celebrar cultos de Santa Cena. Sabiendo que el sistema no podía ser cambiado de la noche a la mañana, el autor tuvo que acceder a la solicitud. Se celebraron tantos cultos de Santa Cena ¡que quedó poco tiempo para hacer evangelismo!

Los fundadores de esa obra habían confundido sus formas culturales con los principios bíblicos. No hay ningún principio bíblico que requiera que el bautismo y la Santa Cena tengan que ser administrados solamente por los líderes eclesiásticos de más alto nivel. Cualquier método que no se conforma a todos los principios de establecimiento de iglesias autóctonas será menos eficaz y debe recibir una puntuación más baja en la escala.

e. *Estimula la participación del laicado.* Tanto en la cultura del pueblo que se propone alcanzar como en la propia cultura del evangelista, los métodos que estimulan la participación de obreros no remunerados son los más reproducibles y eficaces. Es importante recordar que los pastores, maestros, evangelistas, profetas y apóstoles son dones de ministerio dados por el Señor a la Iglesia. Su responsabilidad principal es "perfeccionar a los santos para la obra del ministerio" (Efesios 4:11, 12). Esto quiere decir que los miembros laicos de la iglesia no remunerados deben estar activamente involucrados en todas las fases de la obra de la iglesia. Al planificar estrategias para el evangelismo intercultural, se les debe dar más alta prioridad a los métodos que involucran a obreros laicos que a aquellos que dependen más de los obreros de tiempo completo.

El recaudar fondos para el evangelismo intercultural entre las iglesias que envían a los evangelistas es un buen ejemplo de lo dicho. La experiencia enseña que los métodos de levantar fondos que dependen de que los miembros laicos efectúen la mayor parte de esa labor como líderes son más eficientes que los que dependen más de los ministros de tiempo completo. El laicado que se involucra y hace sacrificios personales por el evangelismo intercultural inspira a los demás a hacer lo mismo. Este es un importante principio que se debe recordar cuando se escogen métodos para levantar fondos en las iglesias que envían a los evangelistas.

Igualmente es muy importante escoger métodos que involucren al laicado en la cultura que se va a evangelizar. Se debe evitar tanto como sea posible todo método que separe de los demás creyentes a los miembros escogidos para el liderazgo. Los miembros laicos deben participar, dentro de formas culturalmente apropiadas, en tomar decisiones, planear y llevar a cabo un evangelismo eficaz, construir edificios anexos a la iglesia y sostener la obra de Dios. Se les debe dar una más alta prioridad a los métodos que estimulan una amplia participación de todos los creyentes locales que a los que no hacen esto.

f. *Es apropiado económicamente.* Los métodos deben ser evaluados también en términos de la inversión de dinero que exigirán. El elemento clave para determinar si es apropiado o no en cuanto a las finanzas, es el equilibrio. Algunos métodos son más importantes que otros porque tienen un mayor potencial para alcanzar objetivos importantes. Un determinado método puede parecer muy eficaz cuando se lo juzga por sí mismo. Pero si requiere la mayor parte del dinero fijado en el presupuesto para poner en práctica todo el proyecto, probablemente eso será indicio de que tal método no debe usarse. Sustraería demasiado dinero de otras tareas importantes.

Por ejemplo, supongamos que un equipo de evangelistas entra en medio de un grupo étnico no evangelizado. Dicho grupo está muy consciente de la interacción y muy orientado por los acontecimientos. Los miembros del equipo quieren planear el mejor método de usar una cierta cantidad de dinero que tienen disponible para el evangelismo. Ven que tienen que desembolsar dinero para tres necesidades: 1) literatura evangelística; 2) fondos para ayudar a pagar los gastos de viajes de los creyentes locales que desean ir a evangelizar a sus parientes en una zona distante; y 3) la compra de un pequeño sistema de altoparlantes para las grandes reuniones de evangelismo.

Quieren determinar entre tres métodos de distribución de literatura cuál será el más aconsejable: 1) Imprimir decenas de miles de ejemplares de varios tratados evangelísticos y dejarlos caer sobre las aldeas desde una avioneta. Esto costaría todo el dinero que tienen para evangelismo. 2) Imprimir decenas de miles de ejemplares de uno de los tratados y repartirlos pronto, dejando un ejemplar en cada casa. Esto costaría solamente el diez por ciento del dinero que tienen disponible. 3) Imprimir menos ejemplares de varios tratados, para satisfacer distintas clases de necesidades, e incluir una porción bíblica en ese conjunto de literatura. Esto también costaría sólo el diez por ciento del dinero disponible. Se tendrían esos "paquetes" para que los creyentes locales los usaran al visitar a sus amistades y parientes por las noches.

¿Cuál método cree usted que sería el más apropiado desde el punto de vista de los recursos económicos disponibles? En una cultura consciente de la interacción, esa literatura sería más altamente apreciada por quienes la recibiesen, si la recibieran de manos de amigos o parientes. Los primeros dos métodos serían culturalmente menos apropiados. Además, el primer método costaría demasiado, y agotaría todos los fondos disponibles.

Con el tercer método, la distribución de literatura será probablemente la más eficaz. Los que reciban la literatura la apreciarán más, y la cantidad de dinero empleada estará balanceada con los gastos de viajes y la compra del equipo de sonido.

Este es un ejemplo de cómo conceptuar cuán apropiado sea un

método específico desde el punto de vista de las finanzas. El costo de un método de alcanzar un objetivo debe ser comparado con el costo de emplear cualesquiera métodos para alcanzar otros objetivos necesarios.

g. *Es tecnológicamente apropiado.* Toda cultura tiene su propio tipo de tecnología, es decir, la forma en que la gente se vale de utensilios para atender a sus necesidades diarias. En los países industrializados la tecnología se basa en máquinas altamente desarrolladas, como automóviles, aviones, aparatos eléctricos e incluso máquinas computadoras.

En países menos desarrollados por lo regular la gente se vale de una tecnología diferente. Utilizan más la labor de seres humanos que la de máquinas. Quizás aren sus campos con animales, lleven a cuestas el agua a su casa y realicen sus quehaceres diarios sin usar máquinas altamente desarrolladas. El peligro en el evangelismo intercultural se halla en usar métodos que ponen énfasis en el uso de una tecnología demasiado extranjera para el pueblo que se propone alcanzar.

Un evangelista procedente de Norteamérica procuraba ganar almas en un país pobre de Asia. Un día lo invitaron a que fuera a predicarle a la gente de tres aldeas del interior del país. El evangelista había comprado uno de esos relojes de pulsera moderno. Asimismo, tenía una lancha de carreras con motor fuera de borda para trasladarse a los numerosos sitios de ese país que sólo podían alcanzarse por vías acuáticas.

Cuando recibió la invitación de ir a predicarle a la gente de esas tres aldeas, se acordó de que quedaban a orillas de una pequeña vía fluvial. Partió, pues, en su lancha para ir a ese lugar. La gente de allí nunca había visto un bote semejante, ni había oído un motor tan ruidoso. El espanto que pasaron fue solamente un poco menor que el de su ganado, el cual salió corriendo atemorizado por el rugido del motor.

El evangelista le predicó por más de dos horas a esa gente. Parecía que sus oyentes estaban muy atentos a lo que les decía. Finalmente, le preguntó a la multitud si tenían preguntas que hacerle. Al principio nadie dijo nada. Por último, un anciano le hizo las dos preguntas que más ocupaban la mente de todos: — ¿Cuánto costó esa lancha que corre tan velozmente? ¿Qué pagó usted por su reloj de pulsera?

El evangelista quedó muy sorprendido. Pareció como que la gente hubiese oído muy poco del mensaje que había predicado. Lentamente comenzó a darse cuenta de que su tecnología norteamericana producía "ruido" en el proceso de comunicación. De allí en adelante, cuando viajaba para evangelizar en una nueva zona, dejaba en casa su reloj y su lancha. Comenzó a usar los métodos de transporte locales. Se enteraba de la hora como los demás de la región. Su labor fue mucho más eficaz.

Muchos evangelistas latinoamericanos serán llamados a evangelizar grupos étnicos cuya tecnología es menos desarrollada que la suya propia. Es muy importante emplear métodos que sean compatibles con la tecnología que se usa en la cultura del grupo que se desea evangelizar.

h. *El momento oportuno para emplear los métodos.* Los métodos deben tener una correcta sincronía de dos maneras. En primer lugar, deben ser incluidos en la estrategia total en el momento adecuado con relación a los demás métodos. Para expresarlo de otra manera, deben alcanzar las metas que se hayan incluido en el mejor orden cronológico en la planificación de la estrategia. No deben ser ni demasiado tempranos ni demasiado tardíos. Hasta donde sea posible, deben ser planificados con suficiente antelación para usarlos en el tiempo apropiado durante la puesta en práctica de la estrategia. Cuando los planificadores concuerdan con respecto a las metas, el orden y la sincronía de las mismas pueden parecerles apropiados.Pero al comenzar a examinar los mejores métodos para alcanzar esas metas, pueden llegar a darse cuenta de que deben cambiar el orden de algunos de sus objetivos y métodos.

La otra forma en que la sincronía de un método debe ser correcta, es en el tiempo que se demora para ponerlo en práctica. Si una meta ha de ser alcanzada antes de empezar a avanzar hacia otra meta, será importante estimar el tiempo total que requerirán distintos métodos para ayudar a completar esa meta. Si el tiempo necesario es demasiado largo, no se deberá usar el método, o se tendrá que cambiar la sincronía de esa meta. El tiempo que se requiere para llevar a cabo determinados métodos debe estar en armonía con la sincronía de los pasos y las metas de la planificación de la estrategia. Cuanto más compatible sea el tiempo que se necesita para un método, tanto más alta debe ser la puntuación que se le dé en esta categoría de la escala.

La Escala de Selección de Métodos puede ser un instrumento muy útil en las manos de los planificadores de estrategias. Les ayuda a examinar con cuidado el valor y los beneficios de diferentes métodos, comparándolos unos con otros. Les ayuda a seleccionar los métodos que sean más adecuados para usarlos en la evangelización de un grupo étnico específico. También les sirve de ayuda para organizar la jerarquización y la sincronía de sus objetivos y métodos.

No será siempre necesario usar este sistema para seleccionar los métodos. Pero incluso cuando se usen métodos que todos pueden fácilmente convenir en seleccionar, esta escala proporciona una manera de comprobación de las decisiones hechas. Y cuando resulta más difícil tomar las decisiones, la escala puede llegar a ser una parte muy importante de la planificación de estrategias.

Una cosa que no puede hacer esta escala es proporcionar ideas para posibles métodos. Puede servirles de ayuda a los planificadores el comparar los métodos unos con otros, pero es necesario que el Espíritu Santo ayude a los planificadores a considerar los diferentes métodos. La escala puede ser de ayuda para refinar los métodos y mejorarlos, pero Aquel a quien Jesús envió para que nos enseñara "todas las cosas", es de quien debemos depender en lo que respecta a ideas creativas para métodos útiles. Al usar la escala para examinar esas ideas, aprenderemos cuáles podemos usar mejor para alcanzar a cada grupo étnico.

B. La delineación de la estrategia

La delineación de la estrategia es una etapa decisiva del modelo de planificación. Es la etapa en que la percepción espiritual, las ideas, la investigación, las metas y la fe de todo el grupo de planificación de estrategias concurren para formar una delineación de la estrategia. Esta delineación será por muchos años una guía para todos los que estén involucrados en el esfuerzo de alcanzar un determinado grupo étnico. En esta sección analizaremos primero las características de una buena planificación de estrategias. Luego analizaremos los niveles de la planificación de estrategias. Por último, usaremos el estudio de un caso real para planear una estrategia para alcanzar un pueblo no alcanzado.

1. *Características de una buena estrategia.* Hemos venido analizando las necesidades y los beneficios de la planificación de estrategias a lo largo de los Capítulos 7 y 8. Pero antes de entrar en los detalles de cómo delinear eficazmente una estrategia, resulta valioso resumir la naturaleza y las características de una buena estrategia para guiarnos en nuestra tarea. A continuación se enumeran y explican cinco características de una buena estrategia.

a. *Orientación hacia el receptor.* En el Capítulo 6 analizamos la necesidad de que todas las fases del evangelismo intercultural estén orientadas hacia el receptor. Los objetivos y los métodos deben encajar en el sistema de valores y en las normas de conducta de la cultura del pueblo que se propone alcanzar. El evangelio debe ser comunicado al pueblo en su propia lengua materna, usando sus propias formas de comunicación. Se debe enseñar a los evangelistas y a los convertidos a que no desorganicen el sistema social, excepto para introducir cambios que sean positivos a los ojos de la mayoría

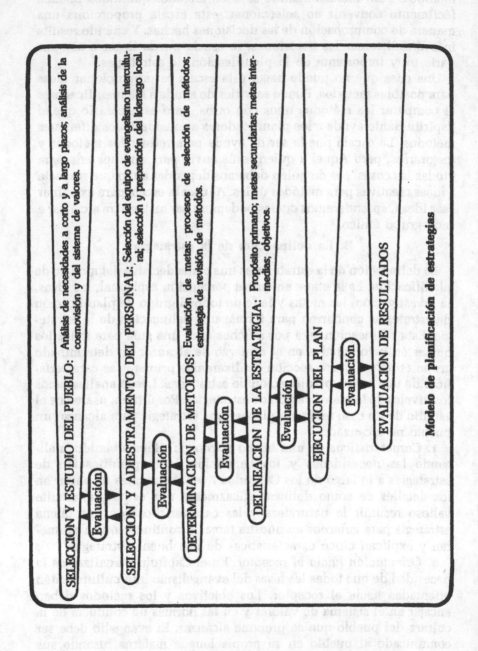

SELECCION Y ESTUDIO DEL PUEBLO: Análisis de necesidades a corto y a largo plazos; análisis de la cosmovisión y del sistema de valores.

Evaluación

SELECCION Y ADIESTRAMIENTO DEL PERSONAL: Selección del equipo de evangelismo intercultural; selección y preparación del liderazgo local.

Evaluación

DETERMINACION DE METODOS: Evaluación de metas: procesos de selección de métodos; estrategia de revisión de métodos.

Evaluación

DELINEACION DE LA ESTRATEGIA: Propósito primario; metas secundarias; metas intermedias; objetivos.

Evaluación

EJECUCION DEL PLAN

Evaluación

EVALUACION DE RESULTADOS

Modelo de planificación de estrategias

de la gente. Tales cambios sociales deben venir sólo como resultado de una creciente comprensión que los conversos tengan de los principios bíblicos y de las necesidades de su sociedad.

Los objetivos y métodos de la estrategia deben ser delineados en forma tal que induzcan a la gente a tomar la decisión de aceptar a Cristo según los procesos autóctonos de tomar decisiones. La estrategia entera debe ser delineada de tal modo que le sirva de ayuda al pueblo objetivo a tomar la profunda y transformadora decisión de aceptar a Cristo como su Salvador. Debe estar orientada hacia el receptor usando las formas organizacionales de las iglesias nuevas. Debe ser de orientación hacia el receptor en términos de enseñar a los creyentes a formarse una imagen positiva de sí mismos y del evangelio en toda la sociedad. Las determinaciones relativas a los objetivos y métodos deben estar orientadas siempre hacia la cultura en la cual se va a presentar el evangelio.

b. *Enfoque en las necesidades.* Las metas de las buenas estrategias han de estar basadas en las necesidades del pueblo que se propone evangelizar. Todo grupo étnico no alcanzado tiene una gran necesidad espiritual de que Jesucristo llegue a ser real en su vida. Sus miembros necesitan tener la oportunidad de poder ver cómo el Señor satisface sus necesidades por medio de la oración y siguiendo los principios bíblicos relativos a la subsistencia. Esta necesidad debe considerarse primaria al delinear las estrategias.

Con frecuencia, los objetivos y métodos ideados para satisfacer necesidades espirituales conducen a oportunidades de satisfacer necesidades sociales. A medida que la gente comienza a aceptar a Cristo como su Salvador, se le debe estimular a que no le vuelva la espalda a su comunidad. El Señor espera que sus seguidores hagan un impacto en su sociedad (Mateo 5:13-15; Juan 17:14-16). Si las investigaciones revelan evidentes necesidades sociales entre el pueblo, la estrategia debe incluir metas que les sirvan de ayuda a los creyentes locales para transformar su comunidad en lo que respecta a esas necesidades.

Cuando los pueblos tribales de las montañas de Indonesia oriental se hicieron cristianos, uno de los cambios que esos creyentes introdujeron en su sociedad fue dejar de matar a las mujeres como "brujas" después que un hombre moría. Este es un buen ejemplo de cómo los creyentes pueden superar la sociedad en que viven. Las buenas estrategias señalan con precisión aquellos aspectos en que más urge un cambio. Luego incluyen esos cambios como parte de los objetivos.

En las buenas estrategias de evangelismo también se presta una cuidadosa atención a las necesidades de supervivencia. Si grandes porciones del pueblo a alcanzar no pueden satisfacer sus necesidades de alimento, ropa, albergue o ayuda médica, ello debe ser un tema importante en la planificación de estrategias. Jesucristo nos mandó ayudar a satisfacer sus necesidades (Mateo 25:31-46).

En la estrategia se debe tratar de satisfacer las necesidades de supervivencia, pero se debe equilibrar los recursos entre satisfacer esas necesidades y las demás necesidades del pueblo. La necesidad de evangelismo ha de seguir siendo primordial. El número de personas que experimentan necesidades de supervivencia, el total de la ayuda que esa gente recibe de otras organizaciones y la cantidad de dinero disponible para poner en práctica la estrategia entera son factores que han de ser considerados al determinar cómo incluir la satisfacción de necesidades de supervivencia en una estrategia.

Por regla general, es mejor no iniciar instituciones permanentes, tales como hospitales y clínicas, para satisfacer esas necesidades. Semejantes instituciones requieren una gran cantidad de fondos y un personal numeroso, además de un compromiso a largo plazo de continuar proporcionando esos recursos. Por un cierto período de tiempo, tales instituciones requieren un cada vez mayor porcentaje de fondos y de personal, sustrayendo de los recursos disponibles para otros objetivos en la estrategia. Eso desequilibraría el esfuerzo evangelístico total.

Por lo regular, es mejor concretarse a satisfacer necesidades de supervivencia que tengan carácter de emergencia o de desarrollo, o ambos. El desarrollo se refiere a los métodos de ayudar a la gente a suplir sus propias necesidades, introduciendo métodos nuevos o mejorados de ganar dinero. Podrían ser ejemplos de esto el mejoramiento de los métodos de agricultura, de pesca o de cría de animales. Los objetivos y métodos de las buenas estrategias equilibran los recursos disponibles para ayudar a satisfacer las necesidades espirituales y sociales del pueblo objetivo así como sus necesidades de supervivencia.

c. *Orientación hacia el proceso.* Las buenas estrategias no son estáticas. No se debe establecer las metas y los métodos una vez, y luego considerarlos inalterables. Las buenas estrategias emergen a través de un proceso durante cierto período de tiempo. En cada nivel y cada paso del proceso de planificación, se llega a disponer de nuevos e importantes conocimientos y percepciones. Se deben mantener suficientemente flexibles las estrategias como para permitir cambios conforme progresa la planificación y la puesta en práctica del plan.

Por ejemplo, supongamos que ya se ha convenido en una estrategia para evangelizar a cierto pueblo. Se han analizado sus necesidades, se ha seleccionado y preparado el equipo de evangelismo intercultural. La estrategia es apropiada y se ha enviado el equipo a la misión para que entre en la cultura escogida.

Después de llegar, el equipo comienza a notar en seguida a algunas personas sin albergue y sin ropa. Pronto se enteran de la devastadora inundación que sufrieron un mes antes, que destruyó una gran parte de las cosechas, se llevó numerosas viviendas y anegó las provisiones de alimentos. Ya se empiezan a ver las señales de desnutrición en la gente.

En las sesiones de planificación de estrategias los participantes no establecieron metas con miras a satisfacer necesidades de supervivencia, pero los evangelistas prontamente informan a los líderes de la sede en su país acerca de la situación, y rápidamente se establecen metas más adecuadas para satisfacer las necesidades de supervivencia. Se transfieren temporalmente algunos recursos destinados a otros objetivos para alcanzar esas metas de supervivencia debido a su carácter de emergencia. Este es un ejemplo de la flexibilidad requerida a lo largo del proceso de planificación y puesta en práctica de las estrategias de evangelismo.

Las mejores estrategias se preparan teniendo en cuenta que surgirán circunstancias y necesidades imprevistas durante la puesta en práctica de la estrategia. Se espera, por consiguiente, que la organización directiva y ejecutiva de la misión y de su sede en su país hagan los cambios necesarios en forma tranquila y sabia. Dado que en una estrategia se requiere una constante evaluación de los resultados planeados, y puesto que siempre habrá circunstancias imprevistas, las buenas estrategias han de estar orientadas hacia el proceso. Han de ser lo bastante flexibles como para permitir cambios rápidos y apropiados según se necesiten.

d. *Orientación hacia cambios en el grupo que se va a evangelizar.* Las buenas estrategias tienen como mira la conversión de toda la sociedad, no sólo la de individuos. Las estrategias en que se subraya demasiado la naturaleza individual de la conversión, con frecuencia producen el desarrollo de métodos que sólo son eficaces para alcanzar un pequeño porcentaje del pueblo que se va a evangelizar. Ellas deben incluir objetivos y métodos ideados para acercar más y más el grueso del pueblo escogido a la aceptación del evangelio.

La gráfica *La conversión como un proceso* (figura 6.d) es un buen instrumento para trazar metas y métodos en forma apropiada al delinear estrategias orientadas hacia el grupo. En parte de la investigación en torno al grupo seleccionado, se debe usar la gráfica "La conversión como un proceso" para ver dónde encaja la mayoría del pueblo que se propone alcanzar. Por ejemplo, la investigación puede mostrar que el grueso de la sociedad del pueblo escogido encaja en el paso "-4" de los niveles *espiritual* y *emocional* de la gráfica, y en el paso "-3" del nivel *mental*. Eso significa que como pueblo tendrán algún conocimiento del evangelio, pero poco interés en conocer más acerca del cristianismo. Con una evaluación tal, los planificadores de estrategia deberán incluir objetivos y métodos trazados con miras a mover a tanta gente como sea posible hacia la derecha de la gráfica. Debe hacérselos adelantar en el proceso de la conversión, del paso -4 al -3 al -2 al -1, sucesivamente.

Algunos de esos objetivos y métodos estarán muy estrechamente vinculados con los objetivos y métodos necesarios para iniciar la primera iglesia. Pero estarán trazados en forma tal que les sirvan de ayuda a los nuevos creyentes a hacerse muy inclusivos en su actitud hacia procurar alcanzar a la mayoría de su sociedad. El propósito será ayudar a evangelistas y creyentes a ejercer una continua influencia sobre su sociedad a fin de lograr que ésta muestre una actitud positiva hacia el cristianismo. Lograrán esto haciendo cosas tales como ayudar a satisfacer las necesidades de la comunidad e identificarse activamente con la comunidad como un todo. Hemos analizado estas ideas en el Capítulo 3. A medida que crece el testimonio de los evangelistas y creyentes, eso mantendrá al grueso de la sociedad en contacto con el testimonio dinámico y positivo del evangelio.

d. *Orientación hacia metas.* En las estrategias más eficaces se usan metas específicas para guiar la dirección y el progreso de todo el esfuerzo evangelístico intercultural. Las metas bien establecidas y bien realizadas constituyen el centro mismo de los verdaderos beneficios de la planificación de estrategias. Por lo regular, cuanto mejores sean las metas y los métodos, tanto mejor será la cosecha de almas. Las buenas metas ayudan a orientar a la gente hacia necesidades y tareas específicas. Exigen una acción positiva de los involucrados en ellas. Cuando todos convienen en una meta, se comprometen a actuar con miras al cumplimiento de esa meta.

Las buenas metas también proporcionan una excelente base para verificar el progreso de la obra. Les sirven de ayuda a los coordinadores para saber con exactitud qué clases de labor deberán realizar en cada etapa y por qué. El progreso puede ser confrontado con las metas.

Supongamos, por ejemplo, que una de las metas en una estrategia es preparar a seis líderes locales como pastores, capaces de dirigir sus iglesias sin necesidad de supervisión externa. El tiempo fijado para alcanzar la meta es de dos años, a contar desde que la primera iglesia escoge a su pastor. Quienquiera que asuma la responsabilidad de alcanzar esa meta sabe que debe tener un sistema de adiestramiento en marcha muy pronto después que el primer grupo de creyentes comience a reunirse regularmente.

Se necesitarán por lo menos esos seis líderes para ayudar a iniciar nuevas iglesias. Será necesario adiestrarlos en cómo iniciar iglesias, así como en la manera de pastorearlas. Si se requieren dos años para formar esos pastores, el programa de adiestramiento debe ser preparado con anticipación. Si el programa de formación requiere sólo un año, el evangelista sabe que puede planear el programa y comenzar el adiestramiento después que se forme la primera iglesia.

Las metas que son específicas y están orientadas por el tiempo nos guían directamente en la planificación de nuestra labor. Asimismo, proporcionan una norma para medir nuestro progreso. Y no de menos importancia es que nos ayudan a sentirnos más responsables delante del Señor por la obra que emprendemos para él.

2. *Niveles de una buena planificación de estrategias.* La planificación de estrategias para el evangelismo intercultural no tiene por qué ser una tarea complicada. No obstante, es útil obtener una vista panorámica estructural del método de delinear una estrategia. En la figura 8.c se puede ver la estructura total con cinco diferentes niveles de planificación. Cada nivel sucesivo requiere una más detallada y específica serie de objetivos.

a. *Nivel Uno: propósito primario.* Este es el nivel inicial de la planificación de estrategias. En este nivel se requiere simplemente una definición específica, mensurable, del propósito total de la obra de evangelismo intercultural en medio de un pueblo que se propone alcanzar. Es la meta primaria total de la obra. Debe estar definida en forma específica y ser mensurable en términos de cantidades y de tiempo.

El propósito primario debe ser establecido oportunamente hacia el comienzo de las etapas del modelo de planificación. Se puede establecer inmediatamente después que se complete la investigación inicial del pueblo objetivo. Se puede definir después que se haya escogido el equipo de evangelismo intercultural. Los miembros del equipo pueden ser una parte importante de la planificación para ayudar a fijar esta meta. Cuando se establezca la meta primaria, ella deberá pasar a ser la meta fundamental sobre la cual se habrán de basar todas las demás metas y métodos.

Al comienzo del Capítulo 7 se analizaron los métodos de fijar buenas metas. El ejemplo que se usó para demostrar cómo hacer que una meta sea específica y mensurable, en realidad fue un ejemplo de establecer el propósito primario de una estrategia de evangelismo. La

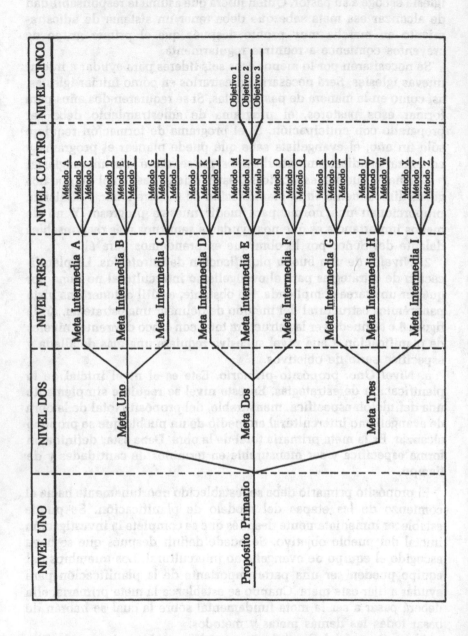

Figura 8.c: Los cinco niveles de la planificación de estrategias

meta final que citamos fue: "Nuestra meta es persuadir al veinte por ciento del pueblo Kekchí a que acepte a Cristo como su Salvador y Señor, y lo sirva en iglesias autóctonas en un plazo de nueve años." Este es un buen ejemplo de cómo hacer la definición de un *propósito primario*. Llena todos los requisitos de las buenas metas y es suficientemente amplio como para describir la meta total que nos proponemos alcanzar.

b. *Nivel Dos: metas secundarias*. El segundo nivel de metas deriva de la meta primaria. Es preciso dividir la meta primaria en las principales clases de actividades necesarias para cumplir con buen éxito el propósito. En la figura 8.c, las metas secundarias son las representadas como "Meta Uno, Meta Dos, Meta Tres". Igual que todas las metas, las metas secundarias deben ser específicas y mensurables en términos de cantidad y tiempo. Cuando en la primera parte del capítulo siete analizamos los métodos de establecer metas, analizamos las metas secundarias. Si revisa esa sección, usted verá seis metas secundarias vinculadas al propósito primario que acabamos de analizar.

Observe cómo esas metas secundarias casi proporcionan un esbozo de las principales clases de actividades necesarias para cumplir el propósito primario. Si se completa exitosamente cada una de esas seis actividades principales, deberá ser posible llenar los requisitos del propósito primario. Las metas secundarias proporcionan un amplio esbozo de la labor necesaria en cada estrategia para el evangelismo intercultural. Son planes más detallados que la meta del nivel uno. Pero, al propio tiempo, son menos detallados que las metas y métodos de los niveles tres, cuatro y cinco. Las metas secundarias proporcionan una amplia definición estratégica de lo que es necesario llevar a cabo.

c. *Nivel Tres: metas intermedias*. Con las metas intermedias se pormenorizan las metas secundarias para proporcionar metas más específicas y manejables. Definen qué metas menores específicas se tienen que lograr a fin de alcanzar la meta secundaria que es mayor. Como en el nivel dos, estas metas del tercer nivel proceden de las metas del nivel superior y definen las actividades necesarias para alcanzar esas metas de segundo nivel.

Continuando con el ejemplo, redactemos algunas metas intermedias para la meta secundaria ya mencionada:

> *Meta intermedia A*: Inspirar, seleccionar y designar a seis evangelistas interculturales para evangelizar al pueblo Kekchí en un plazo de seis meses.

Meta intermedia B: Proporcionar a los evangelistas nueve meses de adiestramiento obligatorio en teología bíblica de evangelismo intercultural, comunicaciones interculturales, el aprendizaje de la lengua y la cultura, relaciones y estructura organizacionales en el evangelismo intercultural, y en la investigación del pueblo Kekchí.

Meta secundaria número Uno: Adiestrar, equipar (y promover el sostenimiento de) seis evangelistas interculturales que serán enviados a evangelizar el pueblo Kekchí dentro de dos años.

Meta intermedia C: Hacer un presupuesto para cada familia del equipo evangelístico. Establecer un sistema de recorrido siguiendo un itinerario en el cual los evangelistas predican en iglesias locales, estimulándolas a sostenerlos con ofrendas en efectivo y mediante una contribución mensual. Los presupuestos han de estar completamente provistos en el espacio de 18 meses a contar de la designación del evangelista.

Resulta fácil ver en el ejemplo expuesto cómo en las metas intermedias se definen más todavía las actividades necesarias para alcanzar las metas secundarias. Siguiendo este sistema, las metas del tercer nivel llegan a ser muy útiles. Orientan a los involucrados hacia los tipos específicos de actividades necesarias para hacer que la estrategia tenga buen éxito.

Por regla general, es mejor planificar las estrategias en forma completa en este tercer nivel antes de comenzar a poner en práctica la estrategia. Esto les proporcionará a los participantes una dirección específica en llegar a involucrarse en el proyecto evangelístico. Los que se han ofrecido como voluntarios para el equipo de evangelismo intercultural podrán comprender la índole exacta de su labor y las metas que van a procurar alcanzar. Los responsables de continuar la planificación tendrán la estructura firmemente asentada en su lugar para terminar su tarea. Resulta útil si al menos un miembro del equipo de evangelismo intercultural puede tomar parte en estos primeros tres niveles de planificación. Por lo menos el que habrá de ser el líder del equipo debe participar en estos primeros niveles.

d. *Nivel Cuatro: métodos*. Los primeros tres niveles de la estrategia sirven para definir con precisión las metas del plan de estrategia. En este cuarto nivel es necesario determinar cuáles métodos serán los más eficaces para alcanzar esas metas. Recuerde que los métodos se derivan de las metas en que se basan así como de las necesidades y la cultura del pueblo que se pretende alcanzar. Usando nuestro continuado ejemplo de evangelizar al pueblo Kekchí, es probable que algunos métodos basados en la meta intermedia C pudieran aparecer así:

Método G: Desígnese a uno de los planificadores de estrategia como responsable de recopilar la necesaria información para hacer los presupuestos y supervisar los viajes de recorrido itinerante de los evangelistas.

Meta intermedia C: Hacer un presupuesto para cada familia del equipo evangelístico. Establecer un sistema de recorrido siguiendo un itinerario, en el cual los evangelistas predican en iglesias locales, estimulándolas a sostenerlos con ofrendas en efectivo y mediante una contribución mensual. Los presupuestos han de estar completamente provistos en el espacio de 18 meses, a contar de la designación del evangelista.

Método H: El planificador designado se llamará Secretario de diputación. Mantendrá correspondencia sistemática con pastores y líderes de iglesias para tenerlos informados con relación al progreso de la estrategia, y para alentarlos a programar reuniones en las cuales los evangelistas compartan su visión con las iglesias y con sus líderes.

Método I: Los evangelistas presentarán informes regulares al Secretario de diputación. Todos los fondos recaudados serán enviados en forma regular al Secretario para su custodia, menos los gastos. El Secretario de diputación supervisará el apropiado acuse de recibo y la contabilidad de todos los fondos recaudados.

Método J: Además de coadyuvar a los evangelistas en su labor de diputación, el secretario planeará e ideará maneras de estimular a agrupaciones de iglesias, tales como consejos (o conferencias) distritales, a que se comprometan a suscribir los costos de uno o más evangelistas y sus familias.

d. *Nivel Cinco: objetivos.* El quinto nivel de la planificación de estrategias deriva tanto del tercer nivel como del cuarto. Los métodos y las metas intermedias requieren un nivel más de planificación. Los objetivos son definiciones precisas de tareas específicas que se tienen que completar. En ellos se combinan los propósitos de las metas intermedias y los métodos en tareas pequeñas, específicas y claramente definidas. Esto se puede comprender mejor ilustrando un paso más en nuestro ejemplo anterior.

Usando la meta intermedia E y el método G, podríamos redactar objetivos como los siguientes:

Objetivo 1: Los planificadores de estrategia designarán un comité de presupuestos integrado por cuatro personas que habrá de reunirse con el Secretario de diputación al menos una vez al mes para aprobar presupuestos, alterar presupuestos y proyectar necesidades económicas del equipo de evangelismo intercultural en el futuro.

Objetivo 2: El secretario de diputación junto con el líder del equipo de evangelismo intercultural recopilarán toda la información necesaria para establecer el costo mensual de subsistencia, los costos de viajes y los gastos de adiestramiento. de cada evangelista y su familia. Presentarán al Comité de presupuestos esa información, junto con los presupuestos recomendados para cada familia, para su aprobación antes de que los miembros del equipo hayan completado cuatro meses de su programa de adiestramiento de nueve meses.

Objetivo 3: Antes de que el equipo de evangelismo intercultural haya completado un mes de adiestramiento, el Secretario de diputación habrá preparado ejemplares de cada uno de los siguientes modelos, para usarlos al supervisar el ministerio itinerante de los evangelistas, mientras ellos promueven fondos para cubrir sus presupuestos:

a. *Informe mensual de diputación.* En él se registran todos los gastos de viaje, de correos, de imprenta y otros, relativos a la promoción de fondos. Se confrontarán tales gastos con las ofrendas recibidas, y se enviarán los fondos no usados al Secretario para que él los deposite en una cuenta indicada a futuros gastos de los evangelistas.

b. *Manual de reglas de diputación.* El Secretario de diputación preparará un manual en que se definan las reglas normativas que rijan la conducta y la labor de los evangelistas durante su adiestramiento y diputación mientras estén en su país y no en la misión de su llamado. Los deberes y obligaciones de los evangelistas estarán claramente consignados en lo que concierne a las finanzas, los viajes de diputación, las asignaciones de subsistencia, las formalidades de adiestramiento y la relación con las iglesias centrales y con los líderes del esfuerzo evangelístico. Después que este manual sea aprobado por los planificadores de estrategia, se dará un ejemplar a cada evangelista y a cada planificador.

Obsérvese que estos objetivos describen tareas específicas que son necesarias para cumplir las partes de la meta intermedia C que están relacionadas con el método G. De cada método derivan varios objetivos que sirven de ayuda para alcanzar la meta intermedia. Pueden haber sólo unos pocos objetivos, o un gran número de ellos, por cada método enumerado. Obsérvese también que, en realidad, estos objetivos son metas menores cuidadosamente definidas. Son medidas precisas que se han de tomar. Son mensurables en términos de tiempo y cantidad.

En este quinto nivel de la planificación de estrategia se estipulan tareas específicas que se tienen que completar a fin de cumplir las metas mayores de la estrategia. Este nivel es una ayuda muy grande para los planificadores y para los responsables de alcanzar metas y objetivos específicos. Asimismo, mantiene informados a todos en lo que respecta a cómo encaja la labor de cada uno en la estrategia total y en la labor de otros.

Es en los niveles cuarto y quinto de la planificación donde se necesita tomar una gran parte de las determinaciones diarias. Estos son los niveles de la práctica. Estos niveles deben incluir, tanto como sea posible, la participación del equipo de evangelismo intercultural, que será el que realizará la obra. Debe formar también parte del proceso de planificación en este nivel. Esto es especialmente importante después que el equipo entra en la nueva cultura.

C. Estudio de un caso de planificación de estrategia

La mejor manera de aprender a planificar estrategias para el evangelismo intercultural es hacerlo cuando haya un caso real. En esta sección el estudiante va a observar por un verdadero caso de planificación de estrategia para evangelizar un auténtico grupo étnico no alcanzado. Debido a que se dispone de un limitado espacio, no se puede mostrar el desarrollo de la estrategia total. Se ilustrarán aquí, por lo tanto, los primeros tres niveles de la planificación de estrategias: propósitos primarios, metas secundarias y metas intermedias. Asimismo, se limitará la planificación de estrategias a las primeras cuatro etapas del modelo de planificación: 1) El pueblo seleccionado; 2) el personal de evangelismo; 3) la determinación de métodos; 4) la delineación de la estrategia. Las etapas de la ejecución y de evaluación de resultados se analizarán en detalle en el Capítulo 9.

Será útil referirse a la figura **8.c** a medida que se lee este estudio de un caso real. A fin de mostrar todo lo que sea posible de la estrategia, se explicarán sólo las partes que parezcan ser más necesarias.

Partiendo de los análisis anteriores, deberá ser fácil el desarrollo de la estrategia.

1. *El pueblo que se ha de alcanzar.* Supongamos que usted ha sido designado para formar parte de un Comité de planificación de estrategias de cinco personas, que abreviaremos así: "CPE". El comité fue nombrado por los líderes de las iglesias de su grupo a nivel nacional. La tarea asignada a ustedes es planear, organizar, preparar y enviar un equipo de evangelistas interculturales a evangelizar un grupo étnico no alcanzado de fuera de su país. Ustedes han de seleccionar el grupo que se va a evangelizar, pero sus líderes les han pedido que escojan un grupo musulmán no alcanzado, en vista de la gran necesidad que hay en el mundo del Islam.

La primera tarea que tienen que emprender es seleccionar el grupo no alcanzado. Un miembro de su equipo es un evangelista experimentado que siente que Dios lo ha llamado a realizar evangelismo intercultural. Se llama Pablo. En la primera reunión del CPE, Pablo queda seleccionado para investigar los pueblos musulmanes que probablemente sean más receptivos al mensaje del evangelio y que aún no hayan sido alcanzados.* Puesto que en Indonesia numerosos grupos musulmanes no han sido alcanzados, se le pide al evangelista que concentre sus esfuerzos en grupos de ese país.

El hermano Pablo investiga muchos de los grupos étnicos de Indonesia y presenta al comité los nombres de dos de esos grupos que le parecen ser los más receptivos al evangelio. El primero son los sondaneses, un grupo étnico numeroso que vive en el extremo occidental de la isla de Java. Este grupo musulmán, cuyo número alcanza alrededor de 22 millones, se encuentra no lejos de Yakarta, la capital del país. Es el segundo grupo étnico más grande de Indonesia. Sin embargo, no más de un cuarto del uno por ciento (0,25) de la población son cristianos creyentes. Sólo alrededor del diez por ciento ha oído el evangelio en alguna forma. Comparada con otros grupos musulmanes del mundo, la gente parece ser algo receptiva al evangelio, si bien se los considera como uno de los grupos musulmanes más fuertes de Indonesia.

El otro grupo étnico son los Sasak. Viven en la isla de Lombok, al este de Java, y quedan separados de Java por la isla de Bali. Son alrededor de 1.800.000. Esta gente ha sido menos afectada por las influencias occidentales de las grandes ciudades. No son tan firmes en su práctica diaria del islam como los sondaneses y tienen muchas más prácticas animistas en su vida cotidiana. Se sabe poco acerca de cuán receptiva al evangelio es esa gente, dado que no se conoce que haya cristianos entre los Sasak.

Tanto los sondaneses como los Sasak han seguido algunas formas de arte tradicionales que fueron trasmitidas por sus antepasados. La más importante y extendida es el "Wayang Kulit", una forma desarrollada de teatro de títeres altamente dramática. Esas representaciones de títeres comenzaron hace siglos durante la influencia del hinduismo y del budismo sobre los pueblos de Indonesia. Pero han llegado a ser una forma de comunicación muy importante para los indonesios.

Están acostumbrados a narrar literalmente cientos de historias. Se enseña toda situación moral y ética concebible mediante el uso de esos aplastados títeres hechos de piel. Es muy evidente la cosmovisión de la gente en esas representaciones. El Wayang Kulit va acompañado de un pequeño grupo de músicos, llamados los "gamelan" en muchas partes del país. Virtualmente todo acontecimiento importante de la vida de la gente, como el nacimiento, el matrimonio, la circuncisión y las crisis sociales incluyen una representación del Wayang Kulit. Ambos grupos étnicos poseen un sentido artístico altamente desarrollado.

El comité acepta el informe de Pablo, pero no puede percibir una dirección específica del Señor en cuanto a cuál de los dos grupos evangelizar. Entonces deciden usar la investigación e informe de Pablo acerca de esos dos grupos para calcular el índice de receptividad de cada grupo (véase el Capítulo 7). Las puntuaciones en que concuerdan se parecen a estas:

	Sondaneses	Sasak
ADC	2,14	1,85
AGC	2	2
AVR	2	3
Promedio	2,05	2,29
Indice de receptividad:	41,00	45,80

Aun cuando se les da la puntuación más alta a los Sasak, el CPE se da cuenta de que falta información para hacer un juicio exacto de los Sasak. Por lo tanto, puesto que las puntuaciones son tan aproximadas, deciden orar y volver a reunirse dos días más tarde.

Reunidos de nuevo, llegan a un acuerdo al fin. Deciden evangelizar a los Sasak. Si bien han analizado muchas cosas, sienten carga en su corazón, debido a que hasta donde se sabe, no hay cristianos entre los Sasak. Puesto que la receptividad de ambos grupos es aproximadamente la misma, y dado que otros están procurando realizar una pequeña obra cristiana entre los sondaneses, los Sasak vienen a ser la opción unánime del comité.

En esa misma reunión se escoge al hermano Pablo como líder del equipo en ese esfuerzo evangelístico. Se le pide que trabaje a tiempo completo en el proyecto tan pronto como sea posible. También se le sugiere que continúe su investigación de los Sasak.

Luego de un estudio subsiguiente, el evangelista llega a saber que los Sasak están divididos en dos subgrupos. Los "Waktu Telu" son la minoría que vive en las zonas rurales de las tierras más malas. Mayormente son musulmanes tan sólo de nombre. Si bien esperan que sus sacerdotes sigan algunos de los rituales del Islam, el hombre común no practica el Islam en forma regular, salvo en lo que concierne a algunas costumbres que rodean a los principales acontecimientos de la vida de la gente (matrimonio, ceremonias de comienzo de la pubertad y otras). Creen que los "Waktu Lima", que son mucho más numerosos que los "Telu", han abandonado sus costumbres ancestrales haciéndose más abiertamente musulmanes. Ambos grupos hablan la lengua Sasak.

Los Waktu Lima están subdivididos en dos clases. El grupo terrateniente es la clase más alta. Los artesanos y campesinos sin tierra forman la segunda clase. Muchos de los Watku Lima viajan grandes distancias para encontrar trabajo. Están más acostumbrados a encontrarse con extraños y tienen más conocimiento del mundo fuera de la isla. Toman parte en las normas externas del Islam más que los Waktu Telu. Consideran la realización del "Hajj" (peregrinación a la Meca) como una meta importante, para la cual acumulan sus ahorros. Miran a los Waktu Telu más rurales como paganos atrasados.

Después de tres semanas más de investigación y oración, el CPE se reúne para establecer algunas metas y tratar sobre el personal de evangelismo. Convienen en lo siguiente como una definición de su propósito primario:

> "Dios mediante, nos proponemos persuadir en estos próximos veinte años por lo menos a un 20% del pueblo Sasak de la isla de Lombok, Indonesia, a que acepten a Jesucristo como su Señor y Salvador, y lo sirvan en una confraternidad de iglesias autóctonas."

2. *El personal de evangelismo.* El CPE le ha pedido también al hermano Pablo que investigue las necesidades básicas de los Sasak. La siguiente es una lista preliminar de las necesidades que el evangelista ha podido averiguar:

Necesidades de supervivencia. Al parecer, solamente un muy pequeño porcentaje de la población experimenta necesidades de supervivencia perentorias, estando la mayor parte entre los Waktu Telu. Eso se debe, por lo general, al malogro de las cosechas o a una mala salud. La mayor parte de la población es capaz de subsistir gracias a un amplio sistema de horticultura casera. Se cultivan varios tubérculos tropicales comestibles. A diferencia de la mayoría de los indonesios, los Sasak usan el maíz como su principal alimento amiláceo. Aproximadamente en sólo un dos por ciento del suelo de la isla se cultiva arroz.

El exceso de población no es tan problemático como en la isla de Java, y en general la gente puede proveerse de sustento para vivir. Una gran parte de la tierra es cultivada por agricultores arrendatarios, pero nadie sabe en forma exacta la extensión. Los terratenientes fuerzan a los arrendatarios a alegar que la tierra en que viven es propia, para que los dueños no tengan que pagar impuestos. La falta de una adecuada atención médica es probablemente la mayor necesidad de supervivencia, pero mayormente entre los Waktu Telu más rurales. Los hospitales estatales alivian algo de esta necesidad en las ciudades y poblaciones mayores.

Necesidades intelectuales. Existe cierta curiosidad entre los jóvenes y entre algunas personas mayores de los Waktu Lima con respecto del mundo exterior. La mezcla de islamismo y animismo ha ido dejando una serie de interrogantes en la mente de algunos de los jóvenes más preparados. Es indeterminado el porcentaje de la población que sabe leer su propia lengua, pero las escuelas ejercen cierta presión para que los alumnos aprendan el indonesio bahasal, que es el idioma nacional.

Los Sasak experimentan una relativa presión que ejerce la política estatal de "indonesización", cuyo objetivo es extender la lengua nacional y restarle énfasis a la importancia de la identidad étnica entre los 300 grupos étnicos del país. Están resentidos por esa presión. La ven menos en términos de identidad nacional y más en términos de que el grupo étnico mayor, los javaneses, procura imponer sus costumbres sobre los demás grupos.

Se dispone sólo de algunas porciones de la Biblia en lengua Sasak, lo que revela una gran necesidad de traducir el resto de la Biblia. El ciento por ciento del pueblo habla en lengua Sasak, pero mayormente sólo la clase alta preparada y los profesionales hablan el indonesio con fluidez.

Necesidades sociales. Abundan las injusticias en la sociedad Sasak. La clase alta de los Waktu Lima tiene el control de la política y de las instituciones de la sociedad. Evidentemente no desean alterar el *statu quo*, porque un cambio amenazaría su posición dominante. La mayor parte de los Waktu Lima quisieran poseer tierras propias. Los funcionarios de las instituciones estatales están acostumbrados a exigir pagos extraoficiales de la población siempre que tienen la oportunidad. Con frecuencia los propietarios de tierras pagan elevados intereses a los ricos para poder financiar sus sembrados. No es poco común que pierdan la tierra debido a su incapacidad de pagar los préstamos. Los caminos y el sistema de transporte son deficientes en la isla. El servicio aéreo es fácilmente disponible, mayormente a otras islas.

Necesidades espirituales. Una marcada creencia en las fuerzas del mundo espiritual domina la vida diaria de la mayoría de la gente. Al mezclar las enseñanzas del islam con antiguas prácticas animistas, la gente siente a diario el peso de su temor a las fuerzas espirituales. La enseñanza musulmana relativa al destino (casi todo lo que ocurre está predeterminado) hace poco menos que embotar las inquietudes de la creencia animista. La adivinación, la brujería y la hechicería son de práctica común, pero de ordinario están mezcladas con enseñanzas musulmanes.

La adaptación de los Waktu Lima al islamismo es suficientemente fuerte como para alejarlos de sus hermanos Waktu Telu. Pero no es lo bastante fuerte como para invadir totalmente su cosmovisión ni para cambiar completamente su sistema de valores. Probablemente sería importante realizar una exploración, para averiguar más acerca de los aspectos en que el islamismo ha fallado en penetrar la cosmovisión de los Sasak. Una predicación y enseñanza bíblicas en esos aspectos pudieran producir buenos resultados si se respetan las formas culturales locales.

A la luz del análisis preliminar de las necesidades, el CPE decide designar a cuatro evangelistas interculturales para trabajar entre los Sasak. Todos ellos deben tener experiencia en el evangelismo y estar dedicados a una misión intercultural. Además, uno de ellos debe tener una preparación lingüística especial, y otro, un conocimiento especial de música y arte dramático. Esto debe resultar útil para satisfacer las necesidades básicas de los Sasak y para comunicarse en las formas culturales locales.

Cada uno de los cuatro miembros del equipo debe proponerse pasar parte de su tiempo durante el adiestramiento realizando una investigación en su esfera de conocimiento especial. Deben esforzarse por llegar a conocer cómo Dios pudiera desear usar sus talentos para establecer relaciones de confianza entre la gente y para satisfacer sus necesidades básicas.

El CPE decide reunirse de nuevo al cabo de dos semanas para planear las *metas secundarias.* Cada miembro del comité redacta, en espíritu de oración, antes de que el comité se reúna otra vez, las metas secundarias que crea que deben ser incluidas. En la reunión, después de comparar sus metas, registran primero aquellas en que todos concuerdan. Luego consideran individualmente cada una de las restantes metas propuestas. Por último, convienen en el número de metas y en su redacción. La siguiente es la lista de sus metas secundarias:

1. En el espacio de dos años, seleccionar, adiestrar (y promover el sostenimiento de) cuatro evangelistas interculturales, para evangelizar el grupo étnico Sasak. Enviar más evangelistas en años subsecuentes según surjan las necesidades y oportunidades.

2. Cada miembro del equipo ha de enculturarse. Debe llegar a hablar y escribir con fluidez en lengua Sasak en el término de dos años, a contar desde su llegada a ese pueblo. El equipo ha de presentar, además, durante ese período de dos años, una lista de métodos y objetivos puestos al día, que describan futuras metas y tareas para cada miembro del equipo en la esfera de su especialización.

3. El equipo se esforzará en hacer discípulos a niveles clave de la sociedad entre los Waktu Lima primero. Trabajarán con miras a tener 6.000 creyentes sirviendo a Dios en por lo menos 20 iglesias autóctonas, en el término de cinco años más de trabajo (nueve años en total).

4. Durante los seis años subsiguientes, trabajarán para lograr que al menos un 50% del pueblo Sasak alcance el nivel "-3", un 15% el nivel "-2", y un 10% el nivel "+2", en la escala de "La conversión como un proceso" (ECCP). Esto requiere un gran movimiento popular hacia el cristianismo, y que alrededor de 180.000 personas se hagan discípulos en el espacio de 15 años, a contar del comienzo de la planificación de la estrategia.

5. Durante cinco años más (veinte años en total), trabajar para tratar de que un 40% del pueblo Sasak esté en el nivel "-3", un 25% en el nivel "-2", y un 20% en el nivel "+2", en la escala de "La conversión como un proceso" (ECCP). Esto quiere decir que habrá por lo menos unos 360.000 creyentes sirviendo a Dios en iglesias autóctonas en toda la isla. Durante este período de tiempo se establecerán escuelas de adiestramiento bíblico según las necesidades en los niveles local, regional y avanzado, para preparar líderes y obreros evangelísticos.

Para algunos pudiera parecer impracticable, si no casi imposible, esperar semejantes resultados en la evangelización de musulmanes. En lo que concierne a algunos países del Cercano Oriente, tal parecer puede ser correcto. Pero en Indonesia la creencia islámica es sólo una delgada capa que cubre la cosmovisión mayormente animista de sus grupos étnicos tribales. No es un sueño esperar un gran movimiento popular hacia Cristo entre los Sasak. Esto ya ha sucedido en otras partes islámicas de Indonesia, donde cientos de miles de musulmanes han pasado a ser creyentes cristianos en los últimos quince años. Pero para que ocurra un movimiento semejante, se requerirá un equipo de evangelistas bien adiestrados, espiritualmente poderosos, que sean intrépidos, y que en su testimonio cristiano usen métodos culturalmente apropiados.

3. *La determinación de métodos*. Antes de determinar qué métodos habrá de usar el equipo de evangelistas, es necesario comprender mejor las metas secundarias, dividiéndolas en *metas intermedias*. Estas metas del tercer nivel conducirán a una lista de métodos preliminar a la cual el equipo debe poner énfasis.

El CPE decide reunirse dos semanas después de fijar las metas secundarias. Como antes, cada miembro del comité ha de redactar metas intermedias para cada una de las metas secundarias adoptadas. Ya en la reunión, usan el mismo sistema de antes para convenir en las metas intermedias.

A continuación se presentan las metas adoptadas, salvo las que corresponden a la meta secundaria número uno, las cuales son aproximadamente las mismas que las que se enumeran en el ejemplo de la sección previa. De modo que sólo las metas intermedias correspondientes a las metas secundarias número dos a número cinco se presentan aquí. Cifraremos cada meta intermedia a fin de que corresponda con la meta secundaria para la cual se ha redactado. Así, las cifras de las metas intermedias correspondientes a la primera meta secundaria serán: 1A, 1B, 1C, etc. A continuación está la lista de las metas intermedias convenidas por el CPE, comenzando con las que corresponden a la meta secundaria número dos:

2A. Cada evangelista y su familia pasarán un mínimo de ocho meses viviendo en un hogar Sasak o en una unidad familiar conjunta Sasak. Seguirán los principios del sistema de *Aprendizaje del lenguaje de la vida* para aprender el idioma Sasak. Vivirán como mínimo a una distancia de dos horas de camino de otros miembros del equipo, y no se reunirán con miembros del equipo más de una vez a la semana durante los primeros cuatro meses.

2B. Al cabo de ocho meses, los miembros del equipo decidirán la mejor ubicación de cada familia para comenzar su ministerio. Se reubicarán, de ser necesario. Durante los dieciocho meses subsiguientes, llevarán a cabo un programa de perfeccionamiento de su habilidad en leer y escribir en lengua Sasak. A menos que el equipo reciba una aprobación por escrito en otro sentido, tres parejas se ubicarán en poblaciones o ciudades en medio de los Taktu Lima, y una pareja trabajará en el ambiente rural.

2C. Durante los últimos dieciséis meses de los primeros dos años, cada miembro del equipo pasará alrededor de un 25% de su tiempo realizando investigación en la esfera de su adiestramiento o ministerio especial. Al final de ese tiempo presentarán al CPE de su país, para su aprobación, un conjunto de métodos y objetivos puestos al día y revisados a cabalidad. Los planes revisados han de incluir asignaciones de esferas de responsabilidad específicas para cada miembro del equipo.

3A. Al principio el equipo polarizará sus ministerios mayormente hacia la clase media-baja y la clase media entre los Waktu Lima. Esas personas son miembros influyentes de la comunidad, pero por lo común no forman parte de la clase gobernante y oficial. Son los comerciantes al por menor, los trabajadores viandantes y los artesanos de entre los Waktu Lima, y constituyen un amplio segmento de la población. Sobre todo, los miembros del equipo han de presentar el evangelio en formas autóctonas de modo que aquellos que se hacen creyentes sean considerados como buenos ejemplos y miembros leales de la cultura Sasak. Al final del cuarto año pasado en la obra, ha de haber al menos cinco iglesias en medio de ese pueblo con por lo menos 1.000 creyentes.

3B. Los miembros del equipo trabajarán con miras a realizar la traducción e impresión de cuando menos uno de los evangelios en lengua Sasak, en el término de cuatro años a contar después de su llegada.

3C. Al llevar el equipo cuatro años en la obra, se habrá seleccionado, adiestrado y designado por lo menos a otras cuatro parejas dedicadas al evangelismo intercultural, para que se unan a la obra en Lombok, relevando al primer equipo para un descanso y una labor de diputación de por lo menos nueve meses, para visitar las iglesias de su país que los sostienen. El primer equipo no regresará a su país, sin embargo, hasta que el personal de relevo no esté en la isla.

3D. Se comenzarán clases bíblicas sistemáticas para formar líderes no más tarde de cuando la primera iglesia escoja a su pastor. Ese adiestramiento será incrementado y su calidad mejorada hasta que haya un sólido programa de preparación bíblica para las distintas edades y sexos de los miembros de la iglesia.

El adiestramiento será orientado hacia el evangelismo y la reproductibilidad. Para fines del noveno año del proyecto (siete años en la isla), la preparación bíblica habrá de estar lo suficientemente disponible como para que cualquier líder de la iglesia que desee hacerlo pueda estudiar por extensión el equivalente de un año de curso de instituto bíblico, sin vivir fuera de su localidad. Ha de haber al menos un curso de evangelismo intercultural disponible como parte del adiestramiento.

3E. Para finales del octavo año del proyecto, por lo menos 4.000 creyentes estarán reuniéndose en por lo menos diez diferentes iglesias. Cada iglesia tendrá su propio pastor, sostenido con fondos locales. Cada iglesia tendrá una forma autóctona de organización y de gobierno. Cada iglesia estará activamente empeñada en la evangelización de otros. Habrá entonces al menos tres evangelistas Waktu Lima trabajando por hacer discípulos entre los Waktu Telu. Otros deberán al menos estar preparándose para evangelizar otras tribus en otras islas.

3F. Trabajar con miras a asegurar que habrá una traducción del Nuevo Testamento en la lengua Sasak común, hacia el final del séptimo año de la obra. Será impresa y distribuida en forma amplia y a bajo precio en toda la isla.

4A. Idear y producir programas de radio y televisión, con una combinación de temas tanto espirituales como de desarrollo de la comunidad. Poner énfasis en la forma de comunicación Wayang Kulit como la base de cualquier programación televisiva. Procurar obtener espacios en las emisoras estatales como un ministerio de la organización de las iglesias locales. Habrá un programa semanal en el aire comenzando a más tardar al final del undécimo año del proyecto.

4B. Al terminar el undécimo año de la estrategia, habrá por lo menos 25.000 creyentes en la isla. Para entonces los líderes de la organización de las iglesias deberán tener una estrategia específica para establecer iglesias en cada población y aldea de la isla. La estrategia no deberá depender de los recursos extranjeros, salvo en los niveles más avanzados del adiestramiento de líderes, o en lo que respecta a proyectos técnicos tales como la radio y la televisión.

La estrategia deberá incluir también formas para que las iglesias tengan una participación aun mayor en satisfacer las necesidades de la comunidad. Para entonces habrá también disponible un adiestramiento avanzado que será equivalente, por lo menos, a un certificado de dos años de instituto bíblico.

4C. Para fines del decimocuarto año de la estrategia, habrá

cuando menos 120.000 creyentes participando activamente en los ministerios de las iglesias. Toda ciudad grande y la mayor parte de las ciudades y poblaciones pequeñas, así como muchas aldeas también, tendrán su propia iglesia y su liderazgo local.

4D. Al terminar el decimoquinto año de la estrategia, los líderes principales de las iglesias habrán llevado a cabo un reconocimiento de la isla para determinar cuántas aldeas y poblaciones no tienen todavía por lo menos una iglesia. Ese reconocimiento habrá de determinar también qué porcentaje de los habitantes de la isla no han oído o comprendido aún el evangelio, y cuál es la actitud de la gente hacia el evangelio. Los resultados deberán concordar con las apreciaciones de la ECCP, enumeradas en la meta secundaria número cuatro, o exceder a estas.

5A. Para fines del decimoctavo año del proyecto, deberá haber como mínimo 225.000 creyentes en la iglesia Sasak. Deberá haber una iglesia en cada ciudad, población y aldea de 2.000 o más habitantes. El tamaño del equipo de evangelismo intercultural deberá haber llegado al máximo y comenzado a declinar a más tardar en el decimoquinto año. Los que aún sigan trabajando en medio de los Sasak, serán los especialistas en adiestramiento, o los que proporcionan asistencia técnica en la trasmisión radial y televisiva, en la traducción del Antiguo Testamento y en cosas similares. La iglesia será totalmente autóctona en su liderazgo, en su estructura, en el evangelismo y en todo lo demás, excepto en los niveles más altos del adiestramiento de líderes.

5B. Al terminar el vigésimo año del proyecto, todo el Antiguo Testamento se habrá traducido. Deberá estar disponible, a bajo costo, la primera edición de la Biblia entera en la lengua Sasak común del pueblo.

5C. Al término del vigésimo año, la mayor parte de los evangelistas interculturales deben haberse trasladado a otros campos de labor. Sólo deben quedar especialistas en adiestramiento o en ayuda técnica cuya colaboración sea realmente necesaria para trabajar en medio de la iglesia Sasak.

5D. Para fines del vigésimo año, la iglesia habrá efectuado otro reconocimiento de la isla para comparar los resultados con los del primer reconocimiento realizado cinco años antes. Estos resultados habrán de concordar con las metas enumeradas en la meta secundaria número cinco, o exceder estas. Deberá haber no menos de 360.000 creyentes en las iglesias

Sasak, habiendo una iglesia en cada aldea, población o ciudad de más de mil habitantes.

Después de terminar la lista preliminar de metas intermedias, el CPE comprende la importancia de incluir en la planificación de los niveles cuarto y quinto del modelo a los miembros del equipo de evangelismo intercultural. Los integrantes del CPE tienen en mente muchos posibles métodos de cumplir estas metas intermedias, pero no quieren aprobar ningún método hasta que los evangelistas no hayan tenido la oportunidad de unirse al equipo de planificación de estrategias. Deciden que eso no debe tener lugar hasta después que el equipo de evangelistas haya sido seleccionado y haya completado sus primeros seis meses de adiestramiento.

4. *La delineación de la estrategia.* Es hora de empezar las primeras partes de la estrategia. Esto incluye el reclutamiento y selección de los miembros del equipo, el comienzo del adiestramiento en evangelismo intercultural — como lo esbozamos en la sección anterior — y el inicio de las actividades de diputación y de promoción de fondos. Se designa un secretario de diputación. Se obtienen compromisos de parte de los maestros para las clases de adiestramiento. Se matricula tanto a los esposos como a las esposas en los cursos de adiestramiento. Se ha empezado bien la estrategia.

Después de seis meses de adiestramiento, el CPE comienza a incluir a los evangelistas y a sus instructores en las sesiones de planificación. Se consideran seriamente los métodos y objetivos específicos para alcanzar las metas de los primeros tres niveles del plan de estrategia. Esta planificación se beneficiará de la investigación que cada miembro del equipo esté realizando como parte regular de sus tareas o deberes del curso de adiestramiento.

Cada meta secundaria, junto con sus metas intermedias, quedan asignadas a grupos específicos del comité de planificación de estrategias y miembros del equipo. A cada grupo se le asigna la tarea de traer de vuelta propuestas de métodos y objetivos de su propio sector. Se los estimula, asimismo, a que redacten métodos y objetivos para otros sectores en que estén interesados. Para cuando los cursos de adiestramiento de nueve meses terminen, se habrá adoptado una serie completa de metas primarias, metas secundarias, metas intermedias, métodos y objetivos.

Los evangelistas continúan su investigación durante el resto de su labor de diputación. Se efectúa una reunión final dos meses antes de que el equipo de evangelistas parta para Indonesia, y en ella se hace cualquier ajuste necesario de los planes. Se publican las metas principales de la estrategia en las iglesias que sostienen la obra, para asegurar un respaldo de oración de parte de esas iglesias.

No enumeramos aquí todos los métodos y objetivos que adopta el comité. Pero observando las secciones anteriores que muestran el proceso de seleccionar los métodos y de redactar los objetivos, resulta fácil imaginar qué clases de actividades incluirán. Serán similares a los ejemplos que se han dado en la sección anterior. Cada una de las metas intermedias lleva a métodos específicos que, a su vez, llevan a objetivos específicos. Los métodos y objetivos se planean para completar las metas intermedias.

Cuando el equipo de evangelismo intercultural parta para Indonesia, un numeroso grupo de amigos y seres queridos en el aeropuerto los despedirá. Los líderes de las iglesias, los restantes miembros del comité de planificación de estrategias, los parientes y los amigos experimentarán gozo y fe al comenzar un nuevo capítulo de la obra de Dios. La determinación de los miembros del equipo y de sus familias de hacer los sacrificios que sean necesarios para poner en práctica el plan de estrategia igualará la emoción que sienten al partir.

Los viajeros están conscientes de que vendrán tiempos de desaliento y de soledad al estar lejos de todo aquello con que están familiarizados en su tierra. Saben que en ocasiones tendrán que reajustar la estrategia, modificar sus métodos y objetivos. No se sorprenderán si, a medida que el proyecto progrese, la visión que tienen de la obra sufra contrariedades y algunas de las limitaciones de tiempo de las metas necesiten reajustes. Pero saben también que tienen una buena estrategia establecida en consorcio con Dios y mediante la dirección del Espíritu Santo. Confían en un Dios grande que no quiere que ninguno perezca. Están preparados para el desafío y la dedicación, las frustraciones y las victorias de hacer lo que nadie antes ha hecho: ¡evangelizar para Dios al pueblo Sasak no alcanzado!

Bosquejo del capítulo

La formación de la trasmisión del mensaje a otras culturas

I. Cómo escoger el modo de trasmisión
   A. La necesidad de los buenos métodos
   B. Cómo describir los modos de trasmisión del mensaje
   C. Lo que hay que tener en cuenta al seleccionar los métodos
II. La formulación del proyecto de la presentación del mensaje
   A. Descripción de un adecuado proyecto de trasmisión
   B. Las etapas de una formación eficaz de la estrategia
III. El análisis de un caso específico en la formación de un proyecto para la trasmisión del mensaje a otras culturas
   A. La selección del pueblo que recibirá el mensaje
   B. La selección de ministros interculturales

   C. La formación de modos de trasmisión del mensaje
   D. La planificación del proyecto de trasmisión

Un encuentro con las verdades

1.1 Escriba una definición de métodos.

1.2 ¿Qué pregunta contestan los métodos en las estrategias de evangelismo intercultural?

1.3 ¿Qué relación existe entre métodos y metas?

2.1 ¿Qué clases de métodos no se deben usar al planificar estrategias para el evangelismo intercultural?

2.2 Dé por lo menos tres ejemplos de métodos que pudieran usarse en el evangelismo intercultural.

3.1 Describa el procedimiento de hallar el "Indice de selección de métodos".

3.2 Describa dos maneras en que un comité de planificación de estrategias puede usar la escala de selección de métodos.

4.1 ¿Qué peligros entraña usar métodos evangelísticos que no sean culturalmente apropiados?

4.2 Enumere tres preguntas a las que los planificadores deben encontrar respuestas cuando buscan buenos métodos para una estrategia de evangelismo intercultural.

5.1 Enumere cinco características de una buena planificación de estrategias.

5.2 Defina brevemente cada una.

6.1 ¿De qué manera introducen las necesidades de supervivencia que quedan insatisfechas un alto grado de "ruido" en la comunicación intercultural del evangelio?

6.2 ¿Cómo se deben equilibrar las necesidades espirituales entre otras necesidades humanas?

6.3 ¿Cuáles deben quedar como primarias?

6.4 ¿Por qué?

6.5 ¿Existen circunstancias en que se debe poner énfasis en las necesidades de supervivencia por encima de las necesidades espirituales?

6.6 ¿Por qué?

7.1 Explique las razones de hacer que una estrategia esté "orientada hacia el proceso".

7.2 Explique cómo usar la gráfica "La conversión como un proceso" (figura **6.d**) para hacer que las estrategias estén orientadas hacia el proceso.

8.1 Enumere algunas ventajas de hacer que una estrategia sea de orientación hacia las metas.

8.2 Mencione al menos dos características principales de las buenas metas.

9.1 Describa la relación entre las metas primarias, secundarias e intermedias.

9.2 ¿Cuáles metas son las más detalladas, las secundarias o las intermedias?

9.3 ¿Cuáles niveles de metas deben completarse antes de poner en práctica siquiera la primera parte de la planificación de la estrategia?

10.1 ¿Qué diferencia hay entre métodos y objetivos?

10.2 ¿Cómo se relacionan éstos con las metas intermedias?

10.3 ¿Por qué son útiles y necesarios los objetivos?

11.1 ¿Quiénes deben tomar parte en la planificación de los métodos y objetivos?

11.2 En un plan de estrategia normal, ¿cuáles serán más numerosos, los métodos o los objetivos?

11.3 ¿Cuándo podemos estar seguros de que se han alcanzado las metas intermedias?

12. Usando la descripción del grupo étnico Sasak que aparece en el estudio de un caso real, redacte algunos métodos posibles que pudieran ser incluidos en la estrategia de evangelismo. Use su propio análisis de las necesidades y la cultura de acuerdo a la información que se le ha dado en este capítulo.

13. Usando la descripción del pueblo Sasak, diga por qué se decidió nombrar a un lingüista, a un experto en agricultura y a una persona versada en drama y música para que figuraran en el equipo de evangelismo intercultural.

14.1 Según su opinión, ¿por qué tiene la estrategia en el estudio del caso presentado a los Waktu Lima de clase media-baja y de clase media como blanco?

14.2 ¿Por qué no comenzó el CPE con todas las clases?

14.3 ¿Por qué no empezaron con la clase alta?

15.1 ¿Por qué deben ser flexibles las metas, los métodos y los objetivos en un plan de estrategia?

15.2 ¿Cuáles son algunas de las ventajas de revisar los métodos y objetivos después que el equipo de evangelismo intercultural haya estado trabajando durante dos años en medio del pueblo objetivo?

De la teoría a la práctica

A.1 Analice la prioridad del evangelismo en la planificación de estrategias para el evangelismo intercultural.

A.2 ¿Qué peligros entraña una estrategia no equilibrada?

A.3 Analice las situaciones en que se pudiera poner las necesidades espirituales temporalmente en un segundo lugar, frente a otras clases de necesidades humanas.

A.4 ¿Estamos siempre justificados por tratar de satisfacer las necesidades espirituales, sin tratar de satisfacer también las necesidades de supervivencia, las sociales y las intelectuales? Relacione su análisis con la gráfica "La conversión como un proceso".

B.1 Analice el valor de medir la receptividad de los grupos étnicos.

B.2 Analice algunas de las razones de por qué el índice de receptividad puede ser muy exacto o puede no serlo.

B.3 ¿En qué factores se basa el índice?

B.4 ¿Bajo qué circunstancias podría usted creer que el índice pudiera ser inexacto?

B.5 ¿Bajo qué circunstancias se sentiría usted confiado en que el índice es muy exacto?

C.1 Usando las metas intermedias de la meta secundaria número dos del estudio del caso presentado, analice algunos posibles métodos y objetivos que pudieran incluirse en la planificación de la estrategia en los niveles cuatro y cinco.

C.2 Redacte por lo menos tres métodos y seis objetivos que usted crea que ayudarían a cumplir las metas intermedias 2A, 2B y 2C.

C.3 Use la Escala de Selección de Métodos para hallar el Indice de Selección de Métodos de cada método que haya escogido.

D.1 Analice los distintos niveles de tecnología de las diferentes culturas.

D.2 ¿Qué clases de errores ha notado usted que con frecuencia los evangelistas interculturales cometen en el uso de la tecnología en otras culturas?

D.3 Según su opinión, ¿cómo hace esto que el pueblo que se desea alcanzar se sienta respecto de los evangelistas?

E.1 ¿Qué opina usted acerca de los métodos de planificar y delinear estrategias que incluye este estudio?

E.2 ¿Cuánto se diferencian de lo que usted tal vez había esperado?

E.3 ¿Cuánto encajan en su propia cosmovisión y en su sistema de valores?

E.4 ¿Cree usted que Dios puede usar este sistema para ayudarnos a evangelizar pueblos no alcanzados?

E.5 Si usted pudiese modificar el sistema para superarlo, ¿cómo lo haría?

---

[1] Chua; p. 968.
Ver el Apéndice J, "Instrucciones para la evangelización de los musulmanes".

Capítulo 9

LA PLANIFICACION DE ESTRATEGIAS PARA EL EVANGELISMO INTERCULTURAL

(Tercera Parte)

Puntos clave de este capítulo

1. La puesta en práctica de una buena estrategia y su evaluación constituyen un proceso cíclico que se repite una y otra vez durante el empleo de la estrategia.
2. El propósito principal de la implementación de una estrategia es emplear los mejores medios que sea posible para revelar a Jesucristo al pueblo que se pretende alcanzar.
3. El método de trabajar en equipo en otras culturas tiene el máximo potencial para poner en práctica con buen éxito la estrategia.
4. Las iglesias crecen con más rapidez multiplicándose en nuevas unidades, que simplemente tratando de hacer crecer las unidades ya existentes.
5. Es parte importante de una buena planificación y ejecución de la estrategia ayudar a los líderes locales de entre el pueblo que se evangeliza a que adopten su propia estrategia para el crecimiento.
6. Es importante evaluar el crecimiento del pueblo por alcanzar como un todo, conforme se van acercando más hacia la aceptación de Cristo como Salvador.
7. Los instrumentos de evaluación del crecimiento numérico resultan muy útiles en la planificación y evaluación de las estrategias del evangelismo intercultural.
8. Al medir el crecimiento numérico, las tasas de crecimiento son, cuando menos, tan importantes como las cifras de crecimiento de nuevos miembros.
9. La evaluación del crecimiento numérico puede servir

como una evaluación tanto del crecimiento cuantitativo como del cualitativo.

10. La naturaleza de una buena planificación e implementación de la estrategia requiere una periódica evaluación y ajuste de la estrategia para hacerla más eficaz.

A. La ejecución del plan

Hace más de cuatro mil años, antes de que el confucianismo, el taoísmo o el budismo aparecieran en la China, muchos orientales ¡ la gente nunca se olvidó de *Shang Ti Hanamim* — el gran Dios Señor del Cielo". En Corea lo llamaban *Hananim*: "el Grande". Con el paso de los siglos Dios llegó a ser tan exaltado en la mente del pueblo, que tan sólo al Emperador le era permitido adorarlo ¡una sola vez al año! Al pueblo no se le permitía adorarlo. Al transcurrir el tiempo, la gente seguía recordando su nombre, pero sólo hablaban de ese gran Dios en términos de "Aquel que los había abandonado". Llegó a ser incognoscible para ellos, hasta para sus reyes y emperadores.

Luego vinieron las grandes religiones de la China, pero en realidad la gente nunca se olvidó de *Shang n.k.Hananim* — el gran Dios incognoscible de su pasado. Cuando llegaron los sacerdotes católicos para fundar misiones en la China, adoptaron las frases chinas *Tien Yu* o *Tien Laoye* — "Señor del Cielo" — para referirse al verdadero Dios viviente. Cuando fueron a Corea, usaron allí también los nombres *Tien*, ya que los coreanos los entendían fácilmente. Pero cuando en 1880 fueron misioneros interculturales protestantes a Corea, al principio indagaron un poco para averiguar el mejor nombre con que debían llamar a Dios. Después de algún tiempo, convinieron en que *Hananim* era el mejor término.

Entonces comenzaron a predicar acerca de *Hananim* al pueblo coreano. Aquel anhelo milenario rebulló nuevamente en el corazón de los coreanos. Una leyenda decía que *Hananim* tenía un hijo que quiso vivir entre los hombres, y los misioneros protestantes predicaron acerca del hijo de *Hananim*. ¡Aquellos extranjeros sabían más respecto de *Hananim* que incluso su propio Emperador!

Aquel mensaje comenzó a sacudir a Corea. En breve la gente empezó a afluir a las iglesias protestantes, y las conversiones se multiplicaban. Fue también por aquella época que John L. Nevius (véase el Capítulo 3) empezó a convencer a otros de la importancia del método de los tres principios en el evangelismo intercultural. Habló acerca de proporcionarles a los convertidos una máxima libertad y responsabilidad de realizar la obra de Dios. Ellos siguieron

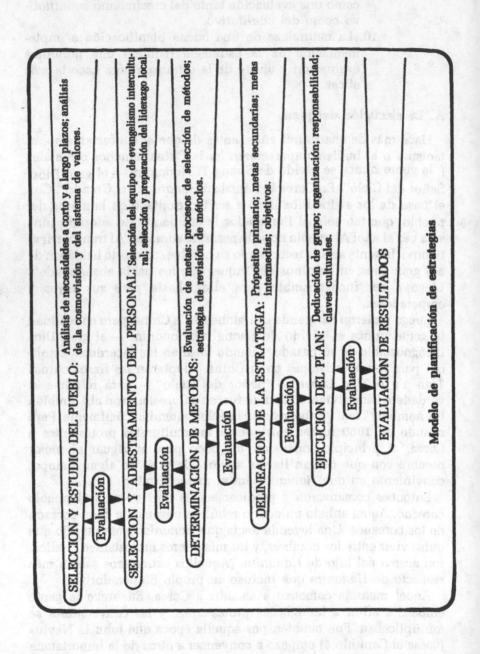

SELECCION Y ESTUDIO DEL PUEBLO: Análisis de necesidades a corto y a largo plazos; análisis de la cosmovisión y del sistema de valores.

Evaluación

SELECCION Y ADIESTRAMIENTO DEL PERSONAL: Selección del equipo de evangelismo intercultural; selección y preparación del liderazgo local.

Evaluación

DETERMINACION DE METODOS: Evaluación de metas: procesos de selección de métodos; estrategia de revisión de métodos.

Evaluación

DELINEACION DE LA ESTRATEGIA: Propósito primario; metas secundarias; metas intermedias; objetivos.

Evaluación

EJECUCION DEL PLAN: Dedicación de grupo; organización; responsabilidad; claves culturales.

Evaluación

EVALUACION DE RESULTADOS

Modelo de planificación de estrategias

el plan de Nevius. Como consecuencia, muchos miles de coreanos empezaron a descubrir que el Dios incognoscible se había hecho conocible por medio de Jesucristo.

Pero al mismo tiempo, los misioneros católicos sólo alcanzaban a congregar un número muy escaso de conversos, comparado con el de los protestantes. Habían optado por usar las formas "Tien" para referirse a Dios, que los coreanos identificaban con los chinos. Debido a la influencia dominante de los chinos sobre la cultura coreana a lo largo de los siglos — la cual causaba mucho resentimiento — los coreanos identificaban el mensaje católico con el resentimiento que tenían contra los chinos.

Con el tiempo los misioneros católicos se dieron cuenta de su error y comenzaron a usar la palabra *Hananim*. Después de eso, empezaron a tener más conversiones, pero eso no ocurrió sino después que ya estaba bien en marcha un genuino movimiento del pueblo coreano hacia Dios, bajo el ministerio de los misioneros protestantes. Hoy alrededor de un 25% de la población de Corea profesa el cristianismo, y esto en un país que a comienzos de este siglo era abrumadoramente budista. Se calcula que para el año 2000 más del 50% de la población será cristiana evangélica.[1]

Aquellos evangelistas protestantes supieron llenar en forma eficaz dos requisitos básicos para un exitoso ministerio intercultural. Siguiendo la dirección de Dios, adaptaron correctamente su mensaje a la cultura. Podrían haber usado diversos títulos con que llamar a Dios, incluso un nombre extranjero, como querían algunos. Pero todos ellos convinieron en usar el mismo nombre, Hananim, porque era el más adecuado para esa cultura. Vertieron un significado bíblico en ese nombre, y como consecuencia muchos coreanos conocieron al Señor. Aún en la actualidad, la devoción de los creyentes coreanos y su dedicación al Señor son de inspiración a los cristianos del mundo entero.

La segunda cosa que aquellos evangelistas hicieron fue convenir en un plan de estrategia y luego en seguir ese plan. Al ponerlo en práctica, le hicieron reajustes. A veces disintieron, pero siguieron buenos principios y se mantuvieron fieles a su plan cuando lo revisaban. Los principios en que convinieron fueron los inicios de lo que ahora llamamos principios autóctonos. La iglesia resultante que el Espíritu Santo ha levantado asombra al mundo entero. Nosotros, con la ayuda del mismo Espíritu Santo, podemos hallar las mejores estrategias para cada grupo étnico. Y con su ayuda también podemos obtener los mismos resultados al poner en práctica las estrategias dadas por Dios, dondequiera que El nos envíe.

1. *La índole de la ejecución de la estrategia.* La implementación

de una buena estrategia comienza mucho antes de que los evangelistas interculturales entren en la cultura que desean alcanzar. En realidad empieza cuando se conviene en las metas principales y se escoge a los evangelistas para su adiestramiento y su labor de diputación (véase el Capítulo 8). Cuando el equipo de evangelismo intercultural entra en la cultura escogida, comienza una importante fase de la ejecución de la estrategia. Es muy posible tener una estrategia excelente dada por Dios, y con todo, fallar en la implementación de esa estrategia.

Debemos recordar algunos puntos clave relativos al carácter del evangelismo intercultural. En primer lugar, *nuestros esfuerzos sólo tienen buen éxito en la medida que revelamos a Jesucristo al pueblo que pretendemos alcanzar.* "Para que la multiforme sabiduría de Dios sea ahora dada a conocer por medio de la iglesia . . . conforme al propósito eterno que hizo en Cristo Jesús nuestro Señor" (Efesios 3:10, 11). Pablo comprendió bien este principio. Conocía la esencia de lo que Dios realizaba en su vida. En su carta a los gálatas les dijo: "Agradó a Dios, que . . . me llamó por su gracia, revelar a su Hijo en mí, para que yo le predicase entre los gentiles. . ." (Gálatas 1:15, 16). Nuestra vida en medio de una cultura diferente debe ser literalmente una revelación de Jesucristo. Nosotros somos el único Jesús que ellos pueden ver. Sí, tenemos que seguir estrategias bien planeadas a fin de lograr el máximo número de conversiones y establecer el máximo número de iglesias, pero no debemos olvidar nunca que nuestros planes sólo pueden ser tan eficaces como el grado en que vivimos una vida dedicada, semejante a la de Cristo, delante de la gente.

Debemos reconocer también que *tenemos sólo parte de la responsabilidad* de nuestro éxito en el evangelismo intercultural. Jesús dijo: *"Edificaré mi iglesia"* (Mateo 16:18). El Señor está muchísimo más interesado en edificar su Iglesia, que lo que nosotros pudiéramos estarlo jamás. Debemos trabajar como si todo dependiese de nosotros y debemos orar como si todo dependiese de Dios. Pero cualquiera que sea el éxito que resulte de nuestra planificación y labor, hemos de reconocer humildemente que es el Señor quien edifica su iglesia por medio de nosotros.

Nuestra meta es la edificación de la Iglesia. La razón principal de que el juicio de Dios no se ha derramado aún sobre la tierra, es su gracia. En su amor y paciencia, El todavía quiere redimir a más personas en todo el mundo antes de que venga el fin (Mateo 24:14). Y las iglesias locales son el principal instrumento de Dios para extender el evangelio. Cada objetivo y cada método deben ser una ayuda directa para formar y establecer grupos locales de creyentes que estén dedicados a servir a Jesucristo como Señor. Cada iglesia es un faro en un mundo entenebrecido por el pecado. Cada nuevo cuerpo de creyentes es una invasión del reino de Dios en el territorio ocupado por Satanás. Cada acto ·de dedicación y de sacrificio realizado por un grupo local de creyentes es el más elocuente testimonio de la verdad del evangelio que la gente puede jamás ver entre los pueblos alcanzados por el evangelismo intercultural.

La iglesia local es tanto la meta como el medio para evangelizar a todos en la tierra. Nuestras estrategias y su implementación deben tener como objeto el bienestar y la eficiencia de las iglesias locales. A medida que el número de creyentes y de iglesias se multiplica, su influencia debe aumentar por encima de la nuestra propia. Conforme se van estableciendo iglesias en la cultura escogida, hemos de canalizar en forma creciente nuestro amor y fortaleza a través de ellas hacia los inconversos de su sociedad.

El establecimiento de nuevas iglesias ha de llegar a ser también una meta fundamental de los creyentes y no sólo de los evangelistas interculturales. Debemos trabajar para ayudar a los creyentes de la cultura escogida a establecer sus propias estrategias y planes para alcanzar a su propio pueblo. Nuestro éxito en alcanzar las metas de nuestras estrategias dependerá directamente de la medida en que los conversos que Dios nos da adopten metas similares propias. Por eso son tan importantes los principios del establecimiento de iglesias autóctonas. Nuestro éxito en el evangelismo intercultural depende totalmente del éxito de cada iglesia local establecida entre el nuevo pueblo.

2. *Principios para la ejecución de la estrategia.* Así como no existe ninguna estrategia específica que dé buenos resultados entre todos los pueblos, tampoco hay ninguna fórmula establecida para poner en práctica las estrategias seleccionadas. No podemos prescribir un conjunto de reglas a seguir para poner en práctica las estrategias, pero sí podemos destacar algunos principios que guíen a los evangelistas interculturales en hacer sus estrategias tan provechosas como sea posible entre cualquier grupo étnico.

Cuanto mejor sea un plan de estrategia, tanto más fácil será ponerlo en práctica. Cuando se siguen buenos principios de establecimiento de metas y métodos, ellos sirven de guía para la actividad práctica en medio del grupo escogido. Por ejemplo, si la meta de un evangelista es alcanzar en dos años el nivel tres en la *Lista de autoevaluación de la facilidad de expresión* (ver Apéndice C), ese evangelista sabe que tiene que seguir todos los principios del buen aprendizaje de la lengua y la cultura, expuestos en el Capítulo 5. Tendrá que usar los métodos del *Sistema de aprendizaje del lenguaje de la vida* para guiar sus actividades diarias. Asimismo, tendrá que usar la lista de autoevaluación para medir y evaluar su progreso.

La implementación de una estrategia cualquiera es semejante al aprendizaje de un idioma. La estrategia entera es como el *Sistema de aprendizaje del lenguaje de la vida*. Nos ayuda a ver qué métodos y objetivos son necesarios en nuestra actividad diaria. Es posible evaluar nuestro progreso porque hacemos mensurables y específicas nuestras metas.

De modo que el principio básico para poner en práctica una estrategia es dejar que la estrategia misma guíe las actividades cotidianas. La estrategia debe determinar los objetivos de cada día. Igualmente debe guiar la evaluación del progreso. Las evaluaciones serán de ayuda al tomar decisiones respecto de aquellas partes de la estrategia que puedan ser mejoradas. A continuación presentamos algunos importantes principios más de la ejecución de la estrategia, que pueden servir de guía al comenzar a seguir una estrategia con el deseo de producir resultados para Dios.

a. *La dedicación del grupo*. Cuando se adiestra a los soldados a entrar en combate, se los prepara de todas las maneras posibles a enfrentar al enemigo. Se los fortalece y endurece física y mentalmente. Se les proporciona el mejor equipo de combate posible. Se los ejercita y entrena hasta que ellos mismos pueden determinarse a alcanzar límites de resistencia aun más altos. Esto se hace para que estén preparados para avanzar y penetrar en territorio ocupado por el enemigo, sufriendo todo lo que sea necesario para cumplir la misión que se les haya asignado.

Pero todos los jefes militares saben que ni la preparación física ni el mejor equipo del mundo pueden hacer un buen soldado sin un importante factor más. ¡El soldado debe tener espíritu de dedicación! Debe tener la convicción de que vale la pena luchar por lo que hace. Si va a afrontar la batalla con la disposición de dar su vida si fuera necesario, debe estar consagrado al propósito por el cual está luchando.

Cabría decir lo mismo, y aun más, de un evangelista intercultural. Tal evangelista es un soldado de la cruz en territorio del enemigo en medio de los pueblos no alcanzados. El también debe estar mental y físicamente preparado para sufrir si es necesario. El también debe estar enteramente dedicado al supremo propósito al cual ha sido llamado. No bastará estar parcialmente dedicado a las metas de la estrategia. De la misma manera en que los soldados combatientes dependen de sus compañeros en armas para su propia protección y seguridad, él también debe estar consagrado al bienestar de todo el equipo de evangelismo intercultural.

El evangelismo intercultural no es una oportunidad de viajar o de procurar promoción para una posición más alta. Tampoco es un ejercicio para hacer hombres grandes de hombres pequeños, ni para convertir hombres buenos en hombres excelentes. ¡Es una invasión del territorio de Satanás! Esto requiere la dedicación de *todos* los miembros del equipo a las metas de la estrategia y de unos a otros. No basta una buena preparación espiritual, física y mental del evangelista. También debe estar dispuesto a poner las necesidades del equipo de evangelismo y del pueblo que se evangeliza por encima de sus propias necesidades y ambiciones.

Es necesario que los miembros del equipo de evangelismo intercultural desarrollen entre sí una relación especial de trabajo. Sus asociaciones interpersonales deben estar basadas en la mutua confianza y el mutuo respeto. Si quieren desarrollar una buena comunicación con el pueblo que se desea alcanzar, tendrán que hacer otro tanto entre ellos mismos también.

Cada miembro del equipo debe desarrollar los ministerios de que es responsable. Los demás miembros habrán de actuar como apoyo en esa función. Cada miembro debe conocer claramente los límites de su propia responsabilidad, así como los de los demás. Cada uno deberá respetar el ministerio de los demás. Cada uno deberá estar personal y emocionalmente dedicado al buen éxito de cada uno de los demás miembros del equipo.

En algunas culturas latinoamericanas hay cierta tendencia a desarrollar competencia e individualismo. También existe cierta propensión a fomentar el espíritu de "hombre orquesta". Debido a ello, algunos de estos principios de dedicación de grupo y de apoyo al equipo pueden parecer un poco irreales o ingenuos. Es probable que en Latinoamérica tengamos que aprender más en cuanto a trabajar juntos o en equipo en un espíritu de cooperación. Pero la obra de evangelismo intercultural requiere precisamente este tipo de compromiso y dedicación hacia otros para tener buen éxito. El individualismo y el espíritu de competencia son lujos culturales que no tienen cabida en un equipo de evangelismo intercultural. Además, se oponen a la obra del Espíritu Santo en nuestra vida (Gálatas 5:16-26).

En vez de espíritu de competencia e individualismo, debe haber una mutua expresión de sinceridad entre los miembros del equipo de evangelismo intercultural. Con frecuencia, los individuos que aman la competencia no ofrecen sugerencias para ayudar a otros o para alcanzar la meta común, a menos que estén seguros de obtener ellos mismos el reconocimiento de los demás. Igualmente, es menos probable que las personas individualistas compartan sus frustraciones y planes con otros, por temor a que las consideren débiles o indignas.

Es necesario que los miembros del equipo desarrollen una gran lealtad. En vez de tratar de ocultar sus debilidades o ineptitudes (todos tenemos algunas), los miembros del equipo necesitan saber que pueden contar con la ayuda de los demás para superar esas cosas. Deben desarrollar entre sí una relación en la que puedan compartir unos con otros, abierta y francamente, sus verdaderos sentimientos en un común lazo de confianza y amor. Los miembros del equipo deben estar firmemente convencidos de que su buen éxito depende de la fortaleza espiritual, emocional, física y mental de todo el equipo. Deben estar dispuestos a poner todo su esfuerzo en funcionar como un cuerpo eficiente — el "Cuerpo de Cristo" — que el pueblo escogido para evangelizar podrá ver (1 Corintios 12:12-31).

b. *Organización para tener éxito.* Toda tarea requiere organización para que pueda ser cumplida con buen éxito. Si una sola persona realiza la obra, ésa debe determinar los pasos necesarios para alcanzar la meta. Si varias personas son responsables de realizar una tarea, como es el caso de un equipo de evangelismo intercultural, entonces se ha de dividir la tarea entre los responsables de su realización.

División de las tareas. Cada miembro del equipo de evangelismo intercultural debe estar siempre consciente de cuáles son sus responsabilidades y cuáles pertenecen a otros. La mejor manera de dividir las responsabilidades es hacerlo con arreglo a las metas y objetivos de la estrategia de evangelismo. Por lo general, las responsabilidades se dividen mejor al nivel de los "Objetivos" (nivel cinco) del plan de estrategia. Cada miembro del equipo debe ser responsable de uno o más de tales objetivos hasta que los mismos sean alcanzados. Asimismo, debe ser responsable de poner en práctica los métodos que se hayan acordado para alcanzar esos objetivos. Sería una buena idea ponerlos por escrito así como se hace con la descripción de un trabajo en los buenos procedimientos de administración. Los objetivos son pequeñas metas que definen tipos específicos de tareas. Son de gran importancia para alcanzar las metas de la estrategia. Si la experiencia o la percepción espiritual llevan al miembro del equipo a creer que esas metas deben ser alteradas o modificadas, es su responsabilidad definir qué cambios se necesitan y por qué. Entonces todo el equipo debe determinar si esos cambios son efectivamente necesarios.

Para alcanzar numerosos objetivos se requerirá la intervención de más de una persona. Pueden quedar involucrados en ello varios miembros del equipo, así como diversas personas de la cultura que se desea evangelizar. Cuando distintos miembros del equipo estén ayudando a alcanzar un objetivo, deberán trabajar bajo la dirección del miembro que hayan escogido para encargarse de ese objetivo. Ellos, a su vez, necesitarán su cooperación para ayudarles a alcanzar aquellos objetivos de los cuales son responsables.

Cuando diversos miembros de la cultura escogida también participan en llevar a su término un objetivo, se deben seguir buenos principios de establecimiento de iglesias autóctonas. Las metas y los objetivos de la estrategia han de tener su equivalente en las metas y los objetivos de las iglesias locales de entre el grupo étnico escogido. Los principios autóctonos requieren que el evangelista responsable de alcanzar un objetivo de la estrategia del equipo, trabaje con vistas a que esos objetivos sean alcanzados a través del ministerio de las iglesias locales, tanto como sea posible. Esto quiere decir que él no habrá de asumir nunca ninguna autoridad ni posición sobre objetivo alguno que las iglesias locales hayan adoptado como propio. En tales casos, él simplemente dirigirá el esfuerzo del equipo evangelístico a que sirva de ayuda a las iglesias locales a alcanzar sus metas relativas al objetivo del cual él sea responsable.

Esta división de responsabilidades ayuda de varias maneras a la labor del equipo. En primer lugar, define claramente las esferas de responsabilidad para que los miembros del equipo no se confundan en cuanto a lo que deben hacer. Establece el mérito de cada miembro del equipo, poniendo a cada uno de ellos a cargo de aquel objetivo u objetivos que mejor correspondan a sus capacidades, a la carga que sienta y a la visión que tenga. Asimismo le proporciona a cada miembro del equipo la oportunidad de crecer espiritualmente. Les proporciona a todos una máxima libertad para desarrollar los dones que Dios les ha dado, a la vez que les permite retener los beneficios de un sistema de equipo en el ministerio.

c. *Liderazgo y responsabilidad.* Todo esfuerzo evangelístico requiere la ayuda de un liderazgo directo. Si esto es cierto en nuestras propias culturas, es doblemente cierto en otras culturas. Con el sistema de equipo, la mayor parte de la dirección viene a través de las decisiones tomadas en grupo. Pero aun así, se le debe dar al menos a una persona la supervisión general de todo el equipo y de su obra evangelística. Se lo puede llamar "director del equipo", "líder del equipo", "director o superintendente de la misión", o "pastor de la misión". El nombre que se escoja como título no es tan importante como la labor y las funciones que desempeña. Igual que hay líderes en el equipo de evangelismo que asumen la responsabilidad de las distintas partes de la obra, así un dirigente asume la responsabilidad de todo el proyecto.

Los líderes eficientes se ganan el respeto de aquellos a quienes dirigen con amor y dedicación. La vida de Jesucristo es el modelo para ser buenos dirigentes. El líder del equipo ha de tener esa misma actitud y dedicación que tuvo el Señor, a fin de unir el equipo en forma eficaz y sólida como un grupo. No debe usar nunca su cargo como un medio para dominar a otros (1 Pedro 5:3).

Si el equipo de evangelismo intercultural tiene diez o más miembros, será conveniente delegar parte de su responsabilidad de tomar decisiones en grupo a un grupo más pequeño de tres a cinco personas. Con frecuencia a tal grupo se le llama "Comité ejecutivo de la misión", o algo semejante. Dicho grupo se reunirá más a menudo que el equipo entero, y tomará decisiones menores que no requieren la presencia de todos sus miembros. La dirección de todas las reuniones oficiales efectuadas entre miembros del equipo debe ser responsabilidad del director o coordinador del equipo.

El director del equipo ha de tener una autoridad específica, la cual debe ser determinada por los planificadores de la estrategia o por los encargados del proyecto evangelístico en el país de origen. Esto debe quedar establecido antes de la partida del equipo a la misión. Cada miembro del equipo debe saber sus responsabilidades de trabajar bajo esa autoridad. Cada uno debe saber de qué aspecto es responsable como miembro del equipo y qué clases de decisiones han de tomar los miembros en cada nivel de liderazgo. Cada miembro del equipo debe ser directamente responsable ante el director del equipo, así como ante los que lo sostienen en su país.

El director del equipo ha de ser responsable ante los líderes de la sede de la obra en su país que estén a cargo de la supervisión del proyecto evangelístico con respecto a las iglesias que sostienen la obra. Ha de representar las necesidades del equipo ante esos líderes, y ha de representar la autoridad de esos líderes ante los miembros del equipo. Es bueno definir esas relaciones de autoridad y responsabilidad como parte de la planificación de estrategias. Enseñar acerca de esas relaciones debe ser también parte del adiestramiento de los miembros del equipo. Cuanto más claramente se entiendan las líneas de autoridad y responsabilidad, tanto más eficaz será el funcionamiento del equipo de evangelismo intercultural.

d. Crecimiento por nuevas unidades. Otro importante principio que se ha de tener en cuenta al poner en práctica una estrategia es que el crecimiento ocurre más rápidamente multiplicando las unidades de crecimiento, que simplemente tratando de hacer crecer más y más esas unidades. Una unidad de crecimiento puede ser una iglesia local o un grupo en una iglesia local. Así, una unidad de crecimiento puede ser un grupo de estudio bíblico, un equipo de evangelismo, un grupo de oración, un grupo de acción social o todo el grupo local de creyentes que constituye una iglesia.

En este principio se reconoce que las iglesias deben seguir creciendo como parte de su naturaleza. Pero también se reconoce que el crecimiento total ocurre en forma más rápida multiplicando las unidades de crecimiento, en vez de estar tan sólo tratando de incrementar las unidades ya existentes.

Resulta fácil demostrar este principio en el crecimiento de las iglesias latinoamericanas. Por lo regular, en toda Latinoamérica las nuevas iglesias se inician por el concepto de iglesia madre. Una iglesia establecida envía equipos de evangelismo para iniciar una escuela dominical filial o una misión. Al agregarse así un nuevo grupo de creyentes a la iglesia en esos contornos, el número total de creyentes aumenta más que si los evangelistas hubiesen llevado a algunos a la iglesia madre.

A veces se inician iglesias mediante otros métodos, tales como campañas de evangelismo o testimonio evangelístico de puerta en puerta. Pero cualquiera que sea el método que se use para iniciar nuevas iglesias, es un hecho que el crecimiento total de las iglesias es más rápido cuando son más las iglesias (unidades de crecimiento) las que logran conversiones.

Este principio se basa en un hecho sociológico y en el sentido común. Como ilustración, digamos que dos ciudades tienen sesenta mil habitantes cada una y en ambas hay un número igual de creyentes espirituales firmes. Una de las ciudades tiene cuatro iglesias, y la otra ocho. Aquella que tiene el mayor número de iglesias (unidades de crecimiento) será, por lo regular, la ciudad en que más personas vendrán a Cristo. El número total de conversiones aumentará más rápidamente en la ciudad que tenga el mayor número de unidades de crecimiento.

Al poner en práctica la estrategia planificada, el principio de la reproductibilidad infinita requiere que encontremos las formas más eficaces de reproducir todo lo que hagamos en la vida de los demás. Si le enseñamos algo a un nuevo creyente, tenemos que enseñarlo en forma tal que él a su vez enseñe a algún otro cómo hacer lo mismo. Practicar el principio del crecimiento por nuevas unidades es un concepto valioso para ayudar a mantener la reproductibilidad al nivel más alto posible. Mucho de lo que hacemos con respecto a un grupo de personas llegará a un punto en que será más difícil el crecimiento ulterior en ese grupo. Se ganarán personas con más lentitud o se detendrá del todo cuando el espacio para acomodar a la gente esté lleno, o cuando el número de personas se torne demasiado grande como para que funcionen conjuntamente con eficiencia en el ministerio.

Una demora en el crecimiento puede hacer que muchos se desanimen. Con frecuencia la gente razona diciéndose que ya no son tan espirituales como eran antes. O piensan que si fueran mejores, Dios ayudaría a su grupo a seguir creciendo en la misma forma que antes. Pero no tienen por qué culparse necesariamente. Incluso pueden ser más espirituales que antes, pero crecer menos. Las razones son sociológicas, no espirituales. La solución está en incrementar su crecimiento multiplicando el número de grupos de crecimiento. Los grupos deben dividirse y multiplicarse antes de que las presiones sociológicas hagan que el crecimiento se torne más lento. Esto origina un constante potencial de crecimiento.

Un buen ejemplo de crecimiento por nuevas unidades es la Iglesia Central del Evangelio Completo de Seúl, Corea del Sur. Pastoreada por el doctor Paul Yonggi Cho, esta iglesia pentecostal es la mayor iglesia en la historia. ¡En 1983 tenía alrededor de 340.000 miembros! Había crecido de unos dos mil miembros a este número en sólo 20 años.

A primera vista una iglesia tan grande parece ser una excepción al principio de las nuevas unidades. ¿Cómo ha podido una iglesia seguir creciendo tan rápido y llegar a ser tan grande? La respuesta es que esta pujante iglesia ha multiplicado su feligresía gracias al crecimiento por nuevas unidades en los grupos familiares o "celulares".

Esas reuniones de grupos familiares son realmente como iglesias en miniatura. Por lo regular, de 12 a 30 personas se reúnen en hogares, fábricas, edificios de apartamentos u oficinas profesionales una hora cada semana. Invitan a sus amigos y parientes inconversos. Entonces celebran un pequeño culto cuyo eje central es la Biblia, la oración y la confraternización. Oran fervorosamente, y Dios contesta sus oraciones. Cuando el grupo familiar crece hasta un determinado tamaño, se divide para formar dos nuevos grupos que continúan creciendo y dividiéndose. Se los llama grupos "celulares" porque se dividen como las células de los organismos vivos. ¡De esta manera miles de personas aceptan a Cristo como su Salvador cada mes! Cada grupo tiene un dirigente y un vicedirigente bien preparados. De 450.000 a 500.000 personas asisten a esas reuniones cada semana, en más de 20 mil unidades o grupos familiares.

Esos creyentes se reúnen los domingos en los cultos de adoración. Pueden asistir a uno de siete cultos que se celebran cada domingo en el edificio principal de la iglesia. Hay tres cultos más los lunes, martes y miércoles de cada semana. El crecimiento de esta iglesia individual como unidad de crecimiento se habría vuelto mucho más lento si se lo hubiese limitado al edificio de la iglesia central. Pero al encontrar los esfuerzos de crecimiento en las "unidades o grupos familiares" más pequeñas y reproductibles, la iglesia experimenta un crecimiento por nuevas unidades infinitamente reproductible. Se logran múltiples conversiones multiplicando las unidades de crecimiento. Es un importante método para alcanzar los objetivos de la estrategia.

e. *La transferencia de metas.* Transferir a los creyentes de la cultura que se desea evangelizar las metas del equipo de evangelismo intercultural, es un objetivo sumamente importante de toda buena estrategia. No es suficiente que el equipo de evangelismo esté dedicado a las metas de la estrategia. Los nuevos creyentes de la cultura escogida también tienen que llegar a valorar esas metas y luego fijar sus propias metas. Esto resulta más difícil de realizar que simplemente mostrarles la estrategia a los creyentes y esperar que la adopten como suya propia.

La experiencia enseña que la gente no valorará nunca a cabalidad las metas ni la tarea de alcanzarlas a menos que ellos mismos formulen esas metas. En vista de que los nuevos creyentes no pueden ser parte de la planificación original de la estrategia, resulta imposible que se apropien completamente de esos métodos y metas. Más tarde pueden ayudar a modificar la estrategia original, mostrándoles a los evangelistas de qué manera se puede mejorar la estrategia. Pero, de inicio, los creyentes deben tener una oportunidad de oír de Dios al planificar sus propias estrategias para alcanzar sus propias metas. Sólo entonces habrán de valorar esas metas de un modo suficientemente elevado como para dedicar su vida a alcanzarlas.

Esto no quiere decir que, automáticamente, los creyentes escogerán metas totalmente distintas de las que los evangelistas hayan escogido. Es probable que sean muy similares. Pero probablemente variarán al menos en la forma en que se las selecciona y en la forma en que se las formula y comprende.

Una actitud no directiva de parte de los evangelistas les proporcionará a los creyentes la libertad que necesitan para formular sus propias metas. Esas metas pueden ser formuladas y redactadas formalmente, o pueden ser adoptadas simplemente por consenso general. Los evangelistas deben hacer su mejor esfuerzo para enseñar los principios de establecer buenas metas. Deben desafiar la fe de los creyentes, pero los creyentes han de tener libertad para establecer sus propias metas, sin demasiada influencia externa. Al ser establecidas esas metas, los evangelistas pueden ayudar hábilmente a hacerlas específicas y mensurables, tanto como la cultura lo permita.

Pueden hacer preguntas que ayuden a los creyentes a decidir cómo van a evaluar su progreso y con qué frecuencia deberá hacerse eso. En caso de que las metas de los creyentes no correspondan con las de la estrategia del equipo de evangelismo intercultural, el equipo deberá decidir qué habrá de hacer. Podrán hacer una de dos cosas: esperar que, andando el tiempo, los creyentes modifiquen sus metas de modo que se asemejen más a las de la estrategia, o decidir que las metas de los creyentes son mejores y más factibles, y modificar su estrategia para que corresponda con las metas de la gente del lugar. Por lo regular, cualquiera de las dos formas tomará cierto tiempo para que las metas de ambos grupo correspondan recíprocamente.

Los miembros del equipo no deben coaccionar a los creyentes locales a encajar en las metas de la estrategia. Deben hacer todo lo contrario. Si las metas locales están encaminadas en una dirección correcta, los evangelistas deberán hacer su mejor esfuerzo para encajar en ellas.

Los principios autóctonos requieren que para alcanzar las metas de los creyentes locales, haya líderes locales que dirijan su cumplimiento. Desde el principio mismo esos líderes locales deben disponer de toda la libertad que sea posible para seguir sus metas. Los evangelistas pueden adiestrarlos, animarlos y trabajar con ellos, pero no deben dirigirlos nunca. Se los debe respetar en alto grado y vigorizar en su fe y en su potencial de liderazgo. Esto incrementará grandemente el valor dado a las metas y a los métodos de crecimiento adoptados por las iglesias locales. La habilidad de escoger y seguir su propia estrategia de crecimiento es la clave para el crecimiento en medio de cualquier pueblo escogido.

f. *La búsqueda de claves culturales.* Hace muchos años los antropólogos creían que la adoración de un solo Dios (monoteísmo) era una característica de sólo las sociedades más altamente desarrolladas. Creyendo en la evolución, teorizaban que las sociedades que adoraban a muchos dioses eran simplemente más jóvenes en su desarrollo evolutivo. Después que esas sociedades evolucionaban durante un tiempo suficientemente largo, razonaban ellos, también ideaban un sistema de monoteísmo. Por lo tanto, los antropólogos se dispusieron a demostrar esa teoría investigando diversas sociedades tribales politeístas "primitivas". ¡Lo que hallaron los sorprendió en gran manera!

Muy al contrario de su teoría, descubrieron que un grupo étnico tras otro tenía algún tipo de concepto de monoteísmo. La gente podía adorar y aplacar a dioses y espíritus menores que les eran familiares. No obstante, conservaban por lo menos una vaga reminiscencia del Dios mayor en alguna parte de su cosmovisión. Con frecuencia creían que ese Dios supremo había abandonado a su pueblo por alguna razón, o que de alguna manera se había roto la relación entre ese Dios grande y el pueblo. Esto deshizo la teoría de los antropólogos, pero al mismo tiempo abrió una estimulante puerta para los que hacen evangelismo intercultural.

Un evangelista intercultural, el apóstol Pablo, se encontró con un difícil problema de comunicación al estar predicando en Atenas. Predicaba a un pueblo que vivía en medio de centenares de imágenes de dioses falsos. Anunciaba a Jesucristo a un pueblo que creía que sabía todo lo que había que saber acerca de "los dioses". Su respuesta a la predicación de Pablo fue: "¿Qué querrá decir este palabrero?. . . Parece que es predicador de nuevos dioses" (Hechos 17:18). Su actitud era de "Ya tenemos bastantes dioses propios. Los hemos probado a todos. ¿Por qué tenemos que oír hablar acerca de otro Dios extraño? ¡Si hubiese un dios mayor que nuestros dioses, ciertamente sabríamos de él!"

Pero seis siglos antes ocurrió una serie de acontecimientos que les proporcionaron una clave cultural especial a los atenienses. La ciudad sufría el azote de una peste y muchas personas morían. La gente aplacaba en vano a sus dioses. Por último, desesperados, enviaron a buscar al famoso Epimenedes para que viniese desde Creta a fin de aconsejarles qué debían hacer. Cuando vino, les dijo que dejaran suelto un rebaño de ovejas negras y blancas en la Colina de Marte, cerca de Atenas. Si algunas de ellas se echaban en vez de pastar en la colina, sería señal de que un Dios desconocido las aceptaría como sacrificio y detendría la peste. Varias de ellas se echaron para descansar. Entonces los atenienses sacrificaron las ovejas al "dios desconocido" con la esperanza de que él detendría la peste, aun cuando ni siquiera sabían su nombre. La plaga cesó en la ciudad. Luego el pueblo dedicó un monumento conmemorativo a ese dios no conocido, que era más grande que todos los dioses propios de ellos.[2]

Los atenienses de los días del apóstol Pablo no querían oír hablar acerca de otro dios extraño, pero sintieron una curiosidad natural con respecto al dios no conocido, cuyo monumento habían visto durante toda su vida. A todos ellos les era familiar la historia de por qué ese monumento estaba allí. Entonces, por inspiración divina, Pablo declaró que iba a anunciarles el conocimiento de ese Dios no conocido. A continuación proclamó el evangelio abiertamente, declarando la necesidad que tenían de arrepentirse y creer en este Dios que finalmente se daba a conocer para ellos. Y algunos de aquellos endurecidos filósofos intelectuales aceptaron a Jesucristo como Salvador aquel mismo día. Otros le dijeron que querían oír más en otra ocasión. Aquel monumento conmemorativo al dios no conocido vino a ser para Pablo una perfecta clave cultural para la predicación del evangelio (Hechos 17:21-34).

Las experiencias de muchos evangelistas interculturales parecen demostrar que Dios ha permitido que se establecieran claves culturales en la historia de muchos pueblos, a fin de prepararlos para recibir el evangelio. Pablo halló la inscripción al Dios no conocido y no vaciló en usarla. Aquél era el más aproximado símbolo del Dios Todopoderoso con el cual la gente podía identificarse. Entonces Pablo vertió significado bíblico en ese símbolo, enseñándoles lo relativo al verdadero Dios vivo. Así el evangelio cobró vida en la mente de aquellos endurecidos intelectuales atenienses.

Ocurrió algo similar cuando los evangelistas interculturales que fueron a Corea descubrieron que la palabra *Hananim* era el mejor símbolo del Dios verdadero. También ocurrió algo similar cuando el evangelista que estaba entre los Motilones de Colombia descubrió que ese pueblo tenía una leyenda según la cual Dios había desaparecido a través de un tallo de bananero. De acuerdo a su cosmovisión, aquel gran dios los dejó debido a la maldad de ellos. De modo que para los centenares de Motilones que se han hecho cristianos, el Dios verdadero y viviente es conocido como el Dios del tallo de bananero. Numerosos otros relatos ilustran este punto.

Esta es una buena razón para investigar bien la cosmovisión de cada pueblo que se desea evangelizar. Tal investigación puede proporcionar exactamente la clase de conocimiento antropológico que llegue a ser una clave para presentar el evangelio al pueblo escogido. Cuando va respaldada por una ferviente oración, esa investigación puede revelar la clave cultural adecuada que haya de abrir los corazones al mensaje del evangelio. Semejantes claves son instrumentos poderosos para evangelizar a los grupos étnicos. ¡Vale la pena investigarlas!

Las buenas estrategias guían a los evangelistas en la mejor manera de implementarlas. Pero el buen éxito en la ejecución de la estrategia depende también de la actitud que el equipo evangelístico tiene hacia los creyentes locales. Los evangelistas deben confiar en el Espíritu Santo que mora en esos creyentes. Deben ayudar a los creyentes locales a conocer los planes de Dios para su propia estrategia de evangelismo. No deben asumir una actitud directiva en su enfoque. Asimismo, la estrategia debe ser puesta en práctica mediante el uso de principios y métodos que estén en armonía con el establecimiento de iglesias autóctonas. La dedicación de grupo, una bien organizada división de tareas, la transferencia de metas a los creyentes locales y la búsqueda de claves culturales son buenos

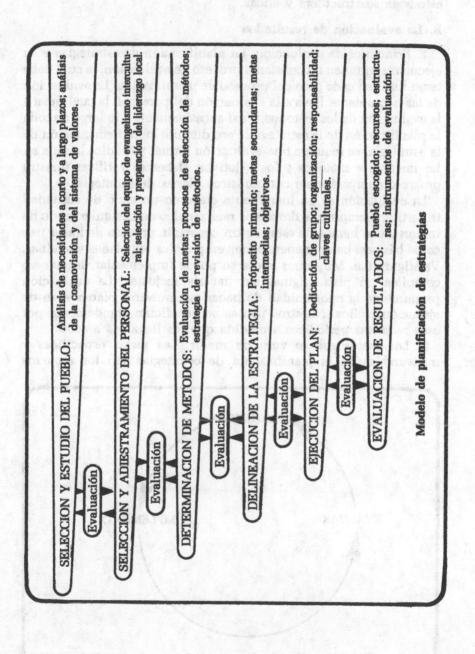

SELECCION Y ESTUDIO DEL PUEBLO: Análisis de necesidades a corto y a largo plazos; análisis de la cosmovisión y del sistema de valores.

Evaluación

SELECCION Y ADIESTRAMIENTO DEL PERSONAL: Selección del equipo de evangelismo intercultural; selección y preparación del liderazgo local.

Evaluación

DETERMINACION DE METODOS: Evaluación de metas: procesos de selección de métodos; estrategia de revisión de métodos.

Evaluación

DELINEACION DE LA ESTRATEGIA: Propósito primario; metas secundarias; metas intermedias; objetivos.

Evaluación

EJECUCION DEL PLAN: Dedicación de grupo; organización; responsabilidad; claves culturales.

Evaluación

EVALUACION DE RESULTADOS: Pueblo escogido; recursos; estructuras; instrumentos de evaluación.

Modelo de planificación de estrategias

principios que se han de seguir para hacer que la ejecución de la estrategia sea fructífera y eficaz.

B. La evaluación de resultados

1. *Principios de evaluación.* La planificación de estrategias y su ejecución entrañan un constante proceso de evaluación, la cual debe tener lugar en cada paso del proceso de planificación. La evaluación de las necesidades lleva a la evaluación del personal, la cual lleva a la evaluación de los métodos, y así sucesivamente a lo largo de toda la planificación de la estrategia. Pero durante la implementación de la estrategia, se requiere una evaluación formal periódica basada en las metas, los métodos y los objetivos. Debemos verificar nuestro progreso comparándolo con nuestros planes de estrategia.

La evaluación es un ingrediente clave en un ciclo de actividad tripartito. Siempre que deseemos realizar algo de cualquier grado de importancia, hemos de estar en un constante proceso de hacer tres cosas básicas: hacer planes, poner en práctica los planes y evaluar. Ver figura **9.a.** Muy raras veces se puede implementar de manera completa un plan original sin hacerle reajustes. La evaluación proporciona la oportunidad de hacer que nuestros planes sean de ejecución cíclica. Nuestros planes se benefician grandemente por esos reajustes periódicos a medida que los llevamos a cabo.

a. *Las metas son la vara de medir.* Las metas específicas y mensurables de la planificación de estrategias son los recursos

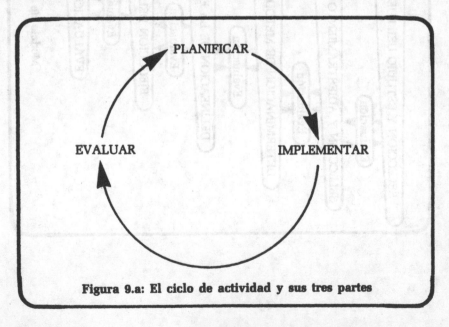

Figura 9.a: El ciclo de actividad y sus tres partes

principales para medir nuestro progreso en la ejecución de la estrategia. Cuando en una meta u objetivo se establece que debe realizarse una tarea específica en un determinado espacio de tiempo, los miembros del equipo tienen una buena guía para planificar sus actividades. Por ejemplo, si uno de los objetivos es traducir el Evangelio según San Juan a cierto idioma en el espacio de seis meses, se hace fácil programar la cantidad de traducción que se debe completar al término de tres meses, un mes o una semana. El traductor divide el objetivo en partes más pequeñas y luego compara su progreso con esas metas más pequeñas. Se debe seguir este mismo procedimiento con cada meta y objetivo de la estrategia.

Se deben establecer tiempos sistemáticos de evaluación para toda la estrategia. Tales evaluaciones deben efectuarse cuando todos los miembros del equipo de evangelismo intercultural puedan sentarse juntos, para medir el progreso alcanzado en lo que respecta a cada meta y objetivo. Pueden tener lugar cada mes, cada seis meses o cada año. O también un grupo especial de evaluación puede reunirse con mayor frecuencia que el equipo entero.

Debe evaluarse cada meta u objetivo en dos aspectos: (1) forma y (2) cronología. *En la forma:* ¿Lleva la obra realmente al cumplimiento de metas y objetivos específicos? ¿Revela una sincera evaluación que los esfuerzos actuales permitirán completar la obra exactamente como fue planificada? *En la cronología:* Si la obra continúa como al presente, ¿se logrará el objetivo dentro de los límites de tiempo que se planificaron?

Si la respuesta a cualquiera de las preguntas es dudosa en lo que respecta a cualquier meta u objetivo, el equipo debe determinar exactamente qué se necesita modificar. Puede haber necesidad de más personal o recursos para ayudar a alcanzar esa meta a tiempo. O bien, puede llegar a ser evidente que la meta u el objetivo mismo debe ser modificado. Tal vez el estimado del tiempo requerido no ha sido muy realista. Tal vez ahora sea evidente que habrá de tomar más tiempo. O quizá esa meta tenga que ser alcanzada más tarde de lo que se pensaba, a fin de trabajar en forma coordinada con otras metas que también hayan de ser completadas más tarde de lo esperado.

Se puede llegar a muchas y diferentes conclusiones posibles en las reuniones de evaluación de la estrategia. Pero dichas reuniones son tan importantes como las sesiones de planificación de la estrategia, realizadas en el país de procedencia. Durante esas reuniones se reajusta la estrategia para que cuadre con las nuevas comprensiones, conforme se progresa en la implementación de la estrategia. El Espíritu Santo puede darles discernimiento a los miembros del equipo mientras realizan su trabajo. Las reuniones de evaluación de la estrategia deben ser las ocasiones en que esos discernimientos y ayudas, provenientes del Espíritu Santo, puedan ser incorporados a los planes de trabajo.

b. *La evaluación del pueblo que se evangeliza.* Una parte importante del proceso de evaluación incluye el progreso del pueblo escogido hacia la aceptación de Jesucristo como su Salvador. El mejor instrumento que se puede usar al evaluar al grupo étnico como un todo, es la gráfica *La conversión como un proceso* (Capítulo 6, figura **6.d**). Tal vez en las primeras etapas de la ejecución de la estrategia no haya ni siquiera una conversión. Pero si al hacer un análisis de ese pueblo se ve que un gran porcentaje de la gente ha pasado de -4 a -3 en la gráfica, entonces se está haciendo un verdadero progreso. Puede ser que no se tenga que modificar la estrategia para nada. Si el grupo étnico sigue acercándose al punto de aceptar al Señor como Salvador, con el tiempo muchos de ellos llegarán a tomar esa decisión. Si la actitud, la comprensión y el nivel de creencia del pueblo escogido lo van llevando en forma continua hacia la cruz, en el futuro un gran número de creyentes provendrá del grueso de esa sociedad. Evaluar el movimiento del pueblo que se evangeliza como un solo cuerpo que se acerca a Cristo es un importante elemento de la periódica evaluación de la estrategia.

c. *La evaluación del personal y de los recursos.* En la evaluación de la estrategia también se debe examinar la combinación de personas y recursos que están dedicados a cada objetivo y meta. Si algunas de las metas resultan fáciles de alcanzar con la cantidad de personas y recursos disponibles, pudiera ser conveniente desviar algunos de ellos para ayudar a alcanzar otras metas que no estén marchando parejas con el plan. Esta flexibilidad de parte de los miembros del equipo puede llevar en forma considerable hasta el máximo los resultados, así como el sentido de la dedicación común entre los miembros del equipo.

d. *La evaluación de las estructuras del ministerio.* Las buenas prácticas de evaluación incluyen una estrecha supervisión de las clases de ministerio en que estén comprometidos los creyentes locales y el equipo de evangelismo intercultural. Se deben buscar respuestas a las siguientes clases de preguntas: Si la(s) iglesia(s) local(es) continúan desarrollando los ministerios que ahora realizan, ¿podrán alcanzar las debidas metas? ¿Enseñamos a las iglesias locales a establecer los ministerios que mantienen un buen equilibrio entre hacer discípulos y enseñarlos? ¿Debe el equipo de evangelismo modificar el énfasis de su propia labor para ayudar a levantar una obra más equilibrada entre las iglesias locales? ¿Qué tipos de estructuras de ministerios deben establecer las iglesias locales, a fin de ministrar de modo más eficaz a las necesidades de su sociedad? ¿Qué clases de ministerios pueden cooperar con las iglesias locales para ayudarlas a alcanzar mejor sus metas de evangelismo y a reforzar la fe de los creyentes? Encontrar respuestas a preguntas como éstas debe ser también parte de la evaluación de la estrategia.

Uno de los mayores obstáculos específicos para el evangelismo intercultural es la falta de una dirección eficaz para alcanzar las metas deseadas. La evaluación es un ingrediente clave para dirigir la obra del evangelismo intercultural. En la comunicación oral, cuando la gente habla, se fija mucho en las reacciones de los demás. Esas "respuestas" mismas les sirven de ayuda a los que hablan para ajustar sus mensajes de acuerdo a las reacciones de los oyentes. De la misma manera, la evaluación les proporciona un canal a los evangelistas y planificadores para ajustar sus estrategias de acuerdo a las cambiantes reacciones de aquellos a quienes están dedicados a evangelizar. La evaluación no es una reconsideración. Es un ingrediente clave para el buen éxito de la obra de Dios en otras culturas.

2. *Los instrumentos de evaluación.* En la gran comisión se nos demanda que la iglesia crezca en calidad y en número. Hacer discípulos es un crecimiento cuantitativo. Se refiere a una eficaz adición de nuevos creyentes al cuerpo de Cristo y a las iglesias locales. Enseñarles que guarden los mandamientos del Señor es un crecimiento cualitativo. Se refiere a las formas en que la iglesia enseña a los creyentes a reforzar su fe y a usar esa mejor calidad de vida para ayudar a otros. Cuando evaluamos las estrategias, tenemos que medir el crecimiento tanto en la calidad como en la cantidad.

Antes de convertirse la gente, podemos medir la calidad de su crecimiento midiendo su comprensión del evangelio y su actitud hacia Cristo. Después que ya son creyentes, podemos medir la calidad de su crecimiento considerando cuán bien se reproducen ministrando a los creyentes así como a los inconversos. La gráfica *La conversión como un proceso* puede ser útil como guía para medir el crecimiento cualitativo antes y después de la conversión.

Una forma segura de medir tanto la calidad como la cantidad de crecimiento es sencillamente medir cuán eficazmente se reproducen numéricamente las iglesias. Los creyentes no pueden crecer en la fe y la obediencia al Señor sin ayudar consecuentemente a otros. Esto significa ayudar a los inconversos a encontrar a Dios, así como ayudar a los creyentes a crecer en la fe. Si los ministerios de las iglesias están equilibrados como deben estar, éstas crecerán en número.

Algunos reaccionan negativamente a la idea de incluir análisis numéricos al medir actividades espirituales. Un texto bíblico que se esgrime comúnmente como evidencia para apoyar esa reacción es 2 Samuel 24:1-10, donde a Dios le desagradó que el rey David censara al pueblo de Israel. Pero Dios tuvo un propósito especial para su mandato en esa ocasión. Muchas veces Dios mandó específicamente a los líderes israelitas que hicieran un censo de su pueblo. (Números 1:2, 3.) Lucas, el autor del libro de los Hechos, tuvo el cuidado de llevar una relación numérica de los incrementos en el número de creyentes.

El análisis estadístico no salvará a nadie. Pero tampoco una placa de rayos X ni un manómetro de presión sanguínea sanarán a nadie. Son instrumentos que ayudan al médico a saber cómo proporcionar una cura. La comprensión numérica del crecimiento de las iglesias hace lo mismo. El comprender las formas y proporciones en que la iglesia de Cristo crece, sencillamente nos ayudará a ver qué cosas ayudan a las iglesias a crecer con más rapidez y qué cosas hacen que su crecimiento se haga más lento o se detenga. Si ponemos énfasis en aquellas cosas que ayudan a las iglesias a crecer y les restamos énfasis a las cosas que impiden su crecimiento, el resultado será ayudar a más personas a venir a Cristo mediante nuestras iglesias. Este es el mismo propósito por el cual usamos principios de establecimiento de iglesias autóctonas. Los mismos llevan hasta el máximo el crecimiento del reino de Dios.

Los métodos para comprender las normas de crecimiento son importantes instrumentos de evaluación que nos ayudan en la evaluación y planificación de estrategias. Si se los usa con sabiduría, estos instrumentos pueden ayudarnos a traer más almas a Cristo. Consideremos algunos de ellos:

a. *La medición de las cosas debidas.* Para usar los instrumentos de análisis de crecimiento, se requiere tener la información adecuada. Tenemos que saber qué es necesario medir y cómo hemos de hacerlo. Para medir el crecimiento se requiere llevar registros adecuados. Sea que estemos midiendo el crecimiento de un grupo pequeño, el de una iglesia en particular, el de un grupo de iglesias o el de todas las iglesias de un país o de una región, necesitamos por igual las mismas clases básicas de información. En la figura **9.b** se muestra un ejemplo de los tipos de información que se necesitan para un buen análisis de crecimiento a largo plazo.

Uno puede decidir que va a llevar registros de muchas y diversas categorías de acuerdo a las necesidades de información que las metas de su plan de estrategia indiquen. Cualesquiera que sean las categorías que se decida que son mejores, hay que llevar un cuidadoso registro de ellas. Es importante asegurarse de que los responsables usen los métodos más esmerados para obtener la información y que los sigan consecuentemente.

Se puede medir el crecimiento de mes en mes o incluso de semana en semana. Para hacer un análisis a largo plazo, las mediciones de año en año son las mejores. Cualesquiera que sean los períodos de tiempo que se prefiera, deben ser anotados encima de cada columna, como en el cuadro de la figura **9.b**, el cual muestra cifras de años. Algunos de esos números deben representar cantidades de fin de año. Otros deben ser un promedio de todo ese año. Por regla general, se debe calcular el promedio de la asistencia a los cultos de todo el

	Período del diagnóstico										Año pasado-
	19	19	19	19	19	19	19	19	19	19	19
1. Miembros activos											
2. Asistencia a cultos											
3. Asist. a Escuela Dominical											
4. Iglesias organizadas											
5. Sitios de predicación											
6. Pastores ordenados											
7. Pastores laicos											
8.											
9.											

Figura 9.b: Tipos de información para un análisis de crecimiento

año (números 2 y 3), y las cifras que representan a miembros, iglesias y pastores (números 1, 4, 5, 6 y 7) deben ser expresadas como el número total al fin de ese año.

Cualesquiera que sean las unidades de tiempo que se estén midiendo, es necesario tener las cifras de una unidad adicional a fin de obtener un análisis correcto. Por ejemplo, si se va a medir el crecimiento logrado en el curso de diez años, se necesitará tener las cifras correspondientes a los últimos once años. Si se va a medir el crecimiento alcanzado durante doce meses, se necesitará disponer de los números correspondientes a trece meses

Cuando uno prepara sus propios informes, lo mejor es comenzar con el último período de tiempo y seguir en orden retrospectivo. Si se usará el ejemplo de la figura **9.b**, se anotarían las cifras correspondientes a 1988 en la columna del "año pasado". Luego se pondrían las cifras correspondientes a 1987 en la siguiente columna hacia la izquierda y así, sucesivamente, en todo el cuadro hasta el año 1978. Si hubiera años en que no apareciesen las cifras correspondientes, pero estuviese disponible la mayor parte de todas las demás cifras, todavía se pueden anotar los números correspondientes a los años que los tengan, y aun así el informe resultará útil.

b. *El uso de gráficas.* Una vez que se ha reunido toda la información necesaria para el período de tiempo que se va a medir, y luego que se ha anotado toda esa información en diversos cuadros, se deben usar gráficas para mostrar visualmente los resultados.

En las figuras **9.c** y **9.d** se muestran dos gráficas distintas. La de la figura **9.c** es una gráfica lineal que muestra la cuantía de crecimiento o disminución con una sola línea. Para hacer una gráfica lineal, en primer lugar divídase la gráfica en secciones iguales. Los espacios verticales (de abajo hacia arriba) representan el número de personas. Los espacios horizontales (de izquierda a derecha) representan los períodos de tiempo. Rotúlense tanto las secciones del eje vertical como las del eje horizontal en la forma que se muestra en la figura **9.c**. A continuación, márquese un punto que represente el valor correcto en cada período de tiempo, usando la información que ya esté en el cuadro. (Esa información debe anotarse también al pie de las gráficas de barras como la de la figura **9.d**, en los espacios que se muestran en ella.) Por último, simplemente trácese una línea recta de cada punto al siguiente. Esto mostrará gráficamente la relación de crecimiento de lo que se mide. En las unidades de tiempo en que el crecimiento haya menguado, la línea descenderá. En las unidades en que haya aumentado, la línea ascenderá.

Las gráficas de barras (figura **9.d**) son similares, excepto que muestran la información mediante unas barras que se trazan en cada

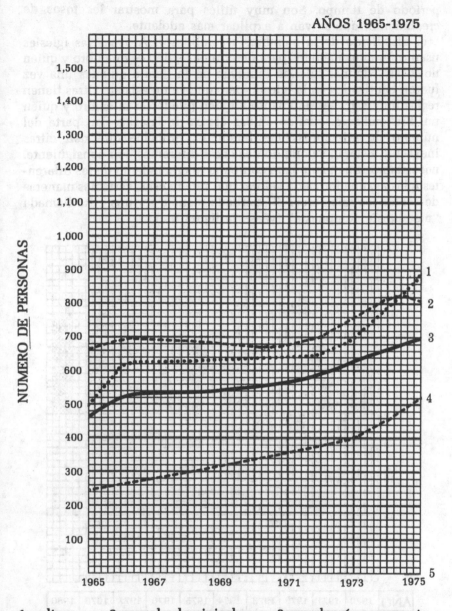

AÑOS 1965-1975

1 cultos   2 escuela dominical   3 membresía compuesta
4 miembros activos   5 año

TCAM = Tasa de crecimiento anual media

Figura 9.c: Grafica lineal

período de tiempo. Son muy útiles para mostrar las *tasas de crecimiento*, que se van a explicar más adelante.

c. *El cálculo de la membresía compuesta*. A veces las iglesias usan diferentes métodos para determinar quién es miembro y quién no lo es. Algunas iglesias incluyen en la lista a quienes una vez fueron bautizados en la iglesia, pero que ya no asisten. Otras tienen reglas muy estrictas en cuanto a quién puede ser miembro y quién no. Sin embargo, cuando ambas clases de iglesias dan parte del número de miembros que tienen, es probable que den cifras inexactas. Estarán valorando dos cosas diferentes. Por consiguiente, necesitamos una pauta para comparar el crecimiento de las diferentes iglesias, una forma de valorar que supere estas variables maneras de contar los miembros. El resultado viene a ser una cifra llamada "membresía compuesta" (véase la figura **9.c**).

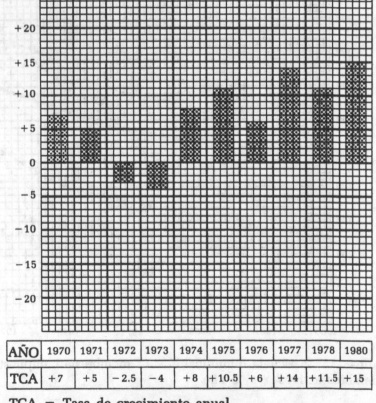

AÑO	1970	1971	1972	1973	1974	1975	1976	1977	1978	1980
TCA	+7	+5	-2.5	-4	+8	+10.5	+6	+14	+11.5	+15

TCA = Tasa de crecimiento anual

Figura 9.d: Gráfica de barras

La membresía compuesta es el promedio de al menos dos — quizá tres — registros anotados regularmente. Por lo general, es el promedio de asistencias al culto dominical, a la escuela dominical y de la lista de miembros activos al final de cada año. Se define como miembros activos al número total de personas que frecuentan en forma regular una iglesia específica y la consideran su propio lugar de adoración. Si las normas de membresía son estrictas, el número de la membresía compuesta probablemente será mayor que el número oficial de miembros de la iglesia. Si los requisitos de membresía son amplios e inclusivos, el número probablemente será menor que el de la lista total de miembros. Si la iglesia patrocina algún tipo de servicios de avanzada o de extensión, la gente que asiste regularmente puede ser incluida también. Sólo que no se deje de contar los mismos grupos de personas cada vez que se calculan los totales.

Algunas iglesias de ciertas culturas no tienen un sistema de enseñanza bíblica de escuela dominical. Tal vez tengan estudios bíblicos otro día durante la semana. La asistencia a esas clases puede ser usada en lugar de las cifras correspondientes a la escuela dominical. El elemento clave necesario es que debe haber una reunión en que es de esperar que todos los que asisten a la iglesia, de cualquier edad que sean, reciban algún tipo de estudio bíblico.

En la figura 9.c se muestran líneas que representan la membresía activa, la asistencia a los cultos y a la escuela dominical. El número correspondiente a la membresía compuesta de cada año se halla calculando el promedio de esos tres tipos de números. Ese número promedio se toma entonces como el valor de la membresía compuesta correspondiente a ese año, para marcarlo en la gráfica como se ha explicado antes. Esta cifra de membresía compuesta presenta un cuadro más exacto de la forma en que la iglesia crece a lo largo de un período de tiempo. Esto viene a ser muy importante cuando se calcula la tasa de crecimiento, como se explica más adelante.

d. *Clases de crecimiento y de disminución.* Con frecuencia resulta útil que los planificadores de estrategia sepan qué clases de personas constituyen las cifras de crecimiento en una iglesia local o en un grupo de iglesias. Por ejemplo, quizá desean saber cuántos se incorporan a la iglesia como resultado de las conversiones. Hay tres categorías básicas de clasificación de las cifras de crecimiento o de disminución de una iglesia:

1) *El crecimiento por conversiones.* Esta es la porción de crecimiento de la gente que acepta a Cristo como su Salvador y se incorpora a la iglesia. Es el resultado directo del ministerio de "hacer discípulos" como función de la iglesia.

2) *El crecimiento por transferencias.* Este es un crecimiento que no ocurre como resultado de conversiones, sino como resultado de que algunos transfieren su membresía al venir de otra iglesia. Estos ya son creyentes cristianos, pero simplemente se cambian de una iglesia a otra.

3) *El crecimiento biológico.* Este es un crecimiento que resulta del crecimiento de la población dentro de la congregación. Tiene lugar cuando a los creyentes locales les nacen hijos. La cuantía de este tipo de crecimiento puede calcularse contando los recién nacidos que tienen los miembros de la iglesia. Si no se han llevado registros de esta clase de crecimiento en alguna iglesia, se puede hallar una cifra

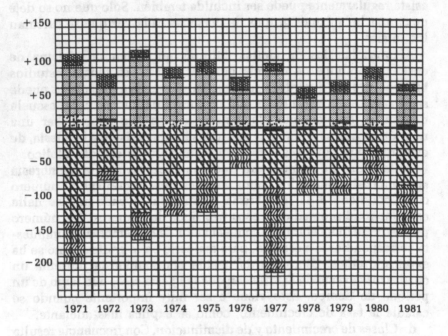

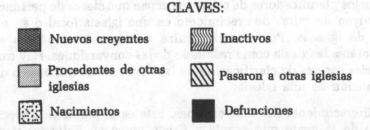

CLAVES:

Nuevos creyentes

Inactivos

Procedentes de otras iglesias

Pasaron a otras iglesias

Nacimientos

Defunciones

Figura 9.e: Aumentos y disminuciones anuales

aproximada aplicando la tasa de crecimiento de la población nacional al número de miembros de la iglesia.

Se puede aplicar una clasificación similar a los que se van de la iglesia. Estas categorías son básicamente lo opuesto de las causas de crecimiento:

4) *La disminución por reversión.* Esta se refiere a los que se vuelven atrás y dejan la iglesia para retornar a su antigua vida de pecado.

5) *La disminución por transferencias.* Esta se refiere a los que se van de la iglesia que se evalúa para incorporarse a otra. La mayoría de las veces esto ocurre cuando la gente se muda a otra ciudad.

6) *La disminución biológica.* Esta se produce como resultado de la muerte de creyentes miembros de la iglesia.

En la figura 9.e tenemos un ejemplo de las cifras correspondientes al crecimiento y la disminución expuestas en una gráfica de barras. Los números de encima de la línea media representan cifras de crecimiento. Los de debajo de la línea, las cifras de disminución. Obsérvese cómo todas las cifras de las tres categorías de crecimiento y de las tres categorías de disminución se suman juntas, poniéndose las unas sobre otras para formar la gráfica de barras.

Obviamente, el tipo de información que este análisis adicional de estadísticas de crecimiento proporciona puede ser de mucha utilidad. Nos ayuda a ver con exactitud los tipos de crecimiento o de disminución que una iglesia o grupo de iglesias experimenta. Algunas iglesias se precian mucho del hecho de que crecen rápidamente. Pero un análisis de las clases de crecimiento, como el de la figura 9.e, podría revelar que la mayor parte del crecimiento es por transferencia desde otras iglesias. Aun cuando tal crecimiento no es necesariamente malo, ciertamente no cumple la gran comisión de Jesús de "hacer discípulos". Nótese que en la figura 9.e se muestra una iglesia que experimentó una gran disminución en el número de miembros de 1971 a 1981. Sumando los valores de esta gráfica de barras, podemos ver que en ese período de tiempo un total de 1.410 personas dejaron la iglesia, en tanto que sólo 925 se incorporaron a ella. Esa es una pérdida de 485 miembros en diez años. Obsérvese también que hubo tan sólo dos años en los cuales el crecimiento fue mayor que la disminución: en 1976 hubo 76 logros y 58 bajas, y en 1980 hubo 92 logros y 80 bajas. En el curso de todos los demás años las bajas excedieron a los incrementos.

Es importante también observar que hubo un constante número de bajas por reversión que fueron mucho más numerosas que los nuevos logros por conversión. Una gráfica como ésta automáticamente hace que uno quiera hacer preguntas respecto a los motivos de eso. ¿Por qué hubo pérdidas extremadamente grandes en 1971 y 1977? ¿Por qué fueron más los que constantemente —y con más rapidez— se pasaban a otras iglesias, que los que venían de otras iglesias? ¿Por qué ocurrían tan pocas conversiones?

Un buen análisis de crecimiento les sirve de ayuda a los dirigentes a hacerse las preguntas correctas. Hallando las respuestas a esas preguntas, los dirigentes pueden incrementar los métodos y ministerios que mejoran el crecimiento, y evitar los que disminuyen el crecimiento.

En vista de que la naturaleza de la obra de Jesucristo en la tierra demanda iglesias crecientes, tenemos que hacer el mejor uso posible de los instrumentos de análisis de crecimiento para encontrar respuestas a las preguntas relativas al crecimiento.

e. *La medición de las tasas de crecimiento.* Con la ayuda de algunos instrumentos bastante sencillos, los planificadores pueden medir en forma eficaz el crecimiento de cualquier iglesia. Es posible hacerlo usando la información que hemos analizado en las páginas anteriores. Para ello sólo se requiere que se hayan llevado cuidadosos registros en las categorías definidas anteriormente. Aun si no se dispone de semejantes registros, con frecuencia se pueden hacer cálculos bastante aproximados que todavía proporcionarán una valiosa información y conocimiento de las causas del crecimiento.

Resulta muy útil conocer no solamente las cifras de crecimiento de una iglesia o de un grupo de iglesias, sino también la tasa de crecimiento. El hecho de conocer esas tasas de crecimiento nos proporciona una más clara imagen de la salud y vitalidad del ministerio de una iglesia. Nos lleva a formular preguntas adicionales acerca de cómo podemos mejorar el crecimiento cualitativo y cuantitativo de esa iglesia. En el evangelismo intercutural, las respuestas a esas preguntas pueden resultar muy importantes para la planificación y ejecución de las estrategias que ayudan a las iglesias a crecer.

f. *La tasa de crecimiento anual.* Es provechoso saber cuánto ha crecido una iglesia de un año al siguiente. Podemos ver ese crecimiento en forma parcial simplemente comparando las cifras de membresía compuesta correspondientes a ambos años. Pero eso no nos dice todo lo que necesitamos saber.

Puesto que todos los creyentes de la iglesia debieran realizar "la obra del ministerio" (Efesios 4:12), las iglesias deben crecer en número más rápidamente a medida que se incorporan más personas a ellas. Dado que los creyentes deben reproducirse ganando más almas para Cristo, la **tasa** de crecimiento no debe disminuir. Sin embargo, con frecuencia éste es el caso, hasta en iglesias de rápido

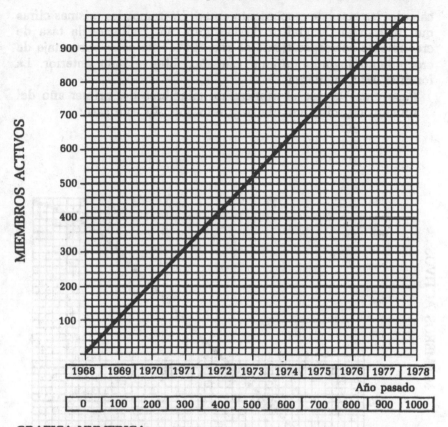

GRAFICA NUMERICA

Cuando se mira una gráfica numérica (o absoluta), se obtiene una imagen numérica exacta y proporcional de la iglesia o iglesias. En esta gráfica una línea recta indica un constante aumento o disminución numéricos.

Figura 9.f: Gráfica numérica o absoluta

crecimiento. Por ejemplo, en las figuras 9.f y 9.g se muestra el crecimiento de una misma iglesia en dos distintas gráficas. En la "gráfica numérica" se muestra el crecimiento como un incremento de 100 miembros cada año. Este es un excelente crecimiento, pero esta gráfica no muestra que en realidad la **tasa de crecimiento** está disminuyendo cada año.

En la figura 9.g se usa una gráfica semilogarítmica para mostrar la tasa de crecimiento. Estas gráficas se hacen especialmente para mostrar tasas de crecimiento de año en año. Podemos ilustrar por qué esto es de importancia, mostrando primeramente el modo de

354 *Misionología*

calcular las tasas de crecimiento anual. Usaremos las mismas cifras que figuran en la gráfica de la figura 9.f. Hallemos la tasa de crecimiento correspondiente al año 1971. Este es el porcentaje de crecimiento logrado durante ese año sobre el año anterior. La fórmula es la siguiente:

Paso uno: Réstese el número de miembros del primer año del número de miembros del segundo año. En este caso:

$$300$$
$$-200$$
$$100$$

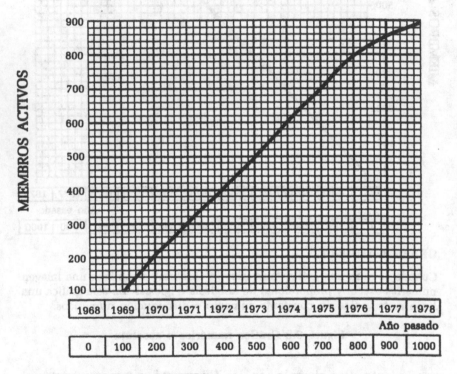

GRAFICA SEMILOGARITMICA

Además de indicar el crecimiento numérico, la gráfica semilogarítmica proporciona una comparación "corriente" de la tasa del crecimiento, o sea, nos dice si la tasa de crecimiento es más rápida, más lenta o constante.

La gráfica semilogarítmica de la derecha muestra cómo se ve el trazo de la gráfica numérica anterior trazado en un papel de gráfica semilogarítmica. Una línea recta en una gráfica semilogarítmica indica que la tasa de crecimiento es constante.

Figura 9.g: Gráfica semilogarítmica

Paso dos: Divídase el resultado del paso uno entre el número de miembros del primer año:

$$100 / 200 = 0,50$$

Paso tres: Multiplíquese el resultado por 100. El resultado será la tasa de aumento expresada como un porcentaje de incremento sobre el año anterior:

$$0,50 \times 100 = 50\%$$

Usando esta fórmula, es fácil ver que la tasa de crecimiento en realidad disminuyó, aun cuando el número de nuevos miembros aumentó en la misma cantidad cada año. A continuación están las tasas de crecimiento para cada año subsiguiente:

1970: 100%	1973: 25%	1976: 14,29%
1971: 50%	1974: 20%	1977: 12,5%
1972: 33,3%	1975: 16,6%	1978: 11,11%

Esto demuestra la importancia de conocer las tasas de crecimiento, no tan sólo el aumento numérico de creyentes. El hecho de conocer las tasas de crecimiento será de ayuda para predecir el progreso hacia el logro de las metas en un plan de estrategia de evangelismo intercultural.

g. *Las tasas de crecimiento decenal.* Conocer las tasas de crecimiento anual es útil, pero conocer las tasas de crecimiento decenal proporciona un cuadro más claro de cuánto ha crecido una iglesia, o cuánto crecerá, en un período más largo. Con la tasa de crecimiento decenal (TCD) se mide el crecimiento logrado durante un período de diez años. Se puede usar esa información para ayudar a corregir errores pasados o para ayudar a hacer planos para el futuro crecimiento. El hecho de ver el crecimiento o la disminución pasados, ocurridos en un período más largo, nos ayuda a ver dónde hemos estado y luego a hacer correcciones que nos ayuden a alcanzar nuestras metas de crecimiento para el futuro.

TCD: Cálculo simple. Si se tienen las cifras de membresía de 11 años, resulta fácil calcular la tasa de crecimiento decenal por medio de la fórmula que damos a continuación. Para ilustrar la fórmula, usemos una iglesia que tenía 250 miembros al final de 1973, y 525 miembros al final de 1983.

Paso uno: Réstese el número de miembros que había al final del primer año del número de miembros al final del onceno año. En este caso:

$$525$$
$$-250$$
$$\overline{275}$$

Paso dos: Divídase el resultado entre el número de miembros al final del primer año:

275 / 250 = 1,1

Paso tres: Multiplíquese por 100 el resultado del paso dos para obtener la TCD expresada como una tasa de crecimiento en tanto por ciento:

1,1 X 100 = 110% de Tasa de Crecimiento Decenal.

Cálculo de la TCD usando una gráfica. Sucederá con frecuencia que no se tienen las cifras totales del número de miembros de un período completo de 11 años. Por tanto, en tales casos no se podrá calcular la TCD usando la sencilla fórmula anterior. Para resolver ese problema hay un sistema simplificado que viene en los apéndices de este libro. Si se tiene una calculadora electrónica como la que usan los ingenieros, se puede resolver el problema usando la fórmula del Apéndice G. Pero la mayoría de la gente no tiene una calculadora así, ni tampoco sabe matemáticas superiores. Es por esto que se han incluido los Apéndices F, H e I al final de este libro. Se los puede usar para encontrar la TCD, sin necesidad de matemáticas superiores.

Usemos las cifras de la figura 9.f como ejemplo para aprender a usar estos instrumentos. Digamos que sólo conocemos las cifras del número de miembros de la iglesia de la figura 9.f desde 1973 hasta 1978. Hallando la TCD de esos años, se puede averiguar cuántos miembros deberá haber en la iglesia en cualquier año en el futuro, si la iglesia sigue creciendo a esa proporción. Tomando la iglesia de la figura 9.f como ejemplo, tenemos la siguiente fórmula para hallar la TCD cuando se usan cifras de un período que no sea de diez años:

Paso uno: Divídase la cifra del último año entre la cifra del primer año (U / P en el Apéndice):

1000 / 500 = 2,0

Paso dos: Búsquese la cifra del resultado (2,0) bajo el encabezamiento de columna "U / P" en el Apéndice H. (Si no se encuentra allí el número exacto, tómese el más inmediato a ese número.)

Paso tres: Moviéndose a través del cuadro en la misma línea, localícese la cifra del porcentaje que representa la Tasa de Crecimiento Anual Media (TCAM) en la columna que indica el número correcto de años entre el último año y el primero. En nuestro ejemplo la TCAM es 14,87%. Esta se halla restando 1973 de 1978 (5 años), y luego buscando la TCAM en la columna encabezada "5".

Paso cuatro: Pásese al Apéndice I, que muestra las TCAM y las TCD. Búsquese en las columnas encabezadas "TCAM" hasta encontrar la respuesta al paso tres (14,87% en nuestro ejemplo).

Paso cinco: En el mismo cuadro del Apéndice I, hállese la TCD en la misma línea y la siguiente columna a la derecha. Esta estará al lado de donde se halla la TCAM en el paso cuatro. Esa cifra es la Tasa de Crecimiento Decenal. Para nuestro ejemplo, en esa columna aparece una tasa de 300%.

La TCD puede usarse para hacer proyectos futuros. Por ejemplo, podemos usar nuestro modelo para calcular cuántos miembros habrá de tener la iglesia para fines de 1986. Simplemente multiplicamos el número de miembros de 1976 por la TCD que hemos hallado en el paso cinco (800 X 300% = 800 X 3,00 = 2400). Podemos decir que esa iglesia llegará a tener unos 2.400 miembros para 1986, si continúa creciendo a la misma proporción. Si queremos saber cuántos miembros tendrá en 1988, multiplicaremos 1.000 X 300% para tener 3.000 como número de miembros. Si queremos saber cuántos habrá en 1993, podemos usar la fórmula: número de miembros de 1973 X 300% X 300%. Así encontraremos que deberá haber 4.500 miembros para 1993, si la tasa de crecimiento permanece igual. Este tipo de información resulta valioso cuando se evalúa el progreso en la ejecución de las estrategias del evangelismo intercultural.

h. *La tasa de crecimiento anual media.* Nótese que hemos mencionado la Tasa de Crecimiento Anual Media (TCAM) en el paso tres del acápite anterior. La TCAM es el promedio de crecimiento de año por año de una iglesia, o de un grupo de iglesias, cuando se conocen las cifras de un período de tiempo que cubra más de un solo año. Conocer esta cifra nos sirve de ayuda de dos maneras. En primer lugar, como se demuestra anteriormente, nos lleva a la Tasa de Crecimiento Decenal. Cuando se usan los Apéndices H e I, se debe hallar primero la TCAM antes de poder obtener la TCD. Los primeros tres pasos de los cinco antes enumerados constituyen el método de calcular la TCAM.

La segunda manera en que la TCAM nos sirve de ayuda, es indicándonos cuánto hemos de crecer cada año a fin de alcanzar una meta de crecimiento. Por ejemplo, digamos que un grupo de iglesias quiere crecer a un promedio de crecimiento decenal de un 450%. Buscando la columna de TCD del Apéndice I al nivel de 450%, los planificadores pueden mirar una columna a la izquierda y ver que esas iglesias tendrán que crecer a una TCAM de un 18,59%. Eso ayudará a esas iglesias a fijar metas de crecimiento anuales. Si una de esas iglesias tiene una membresía de 400 personas al final de un año, tendrán que añadir 74 personas a su número de miembros para fines del año siguiente. La TCAM nos sirve de ayuda para descomponer nuestras metas de largo alcance en metas de plazos más cortos. Esto es de importancia al planificar y evaluar las estrategias de crecimiento.

3. *El uso de los instrumentos de evaluación en la evaluación de estrategias.* El hecho de familiarizarse con el uso de los instrumentos de evaluación antes descritos servirá de ayuda en la planificación de estrategias, así como en la evaluación de ellas. Al planificar, algunos vacilan en hacer planes específicos y mensurables. Una de las razones de esa vacilación es que se sienten cohibidos por tales metas porque no están seguros de cómo medir su progreso. Estos instrumentos de evaluación nos ayudan a verificar fácilmente nuestro progreso, y nos proporcionan una mayor comprensión de cómo proyectar nuestras metas hacia el futuro. A continuación usaremos algunos de estos instrumentos en un ejemplo, a fin de familiarizarnos más con su uso.

Usemos el ejemplo de estrategia que describimos en la última parte del capítulo ocho. El propósito primario era evangelizar un 20% del pueblo Sasak de la isla de Lompok, Indonesia, en un plazo de 20 años. Digamos ahora que formamos parte del equipo de evangelismo intercultural y que ya llevamos tres años en la isla de Lompok. Si bien seguimos puliendo nuestra destreza lingüística, el período de dos años de nuestro aprendizaje intensivo de la lengua y la cultura ya concluyó. Nos hemos esforzado, con buenos resultados, para establecer relaciones de confianza con los Waktu Lima de clase media y media baja de la sociedad. Durante el tercer año que pasamos en la isla, hemos logrado iniciar 14 iglesias en hogares, con un número total de 545 miembros. Estas iglesias se encuentran en las tres ciudades más grandes de la isla, y por lo menos un miembro del equipo de evangelismo intercultural vive en cada una de esas ciudades.

Está terminando el tercer año pasado en la isla y es tiempo de celebrar nuestra reunión anual de "planificación y evaluación de la estrategia". A fin de servirnos de ayuda en las reuniones, se ha preparado una lista de obstáculos que es necesario superar y una lista de logros por los cuales podemos alabar a Dios. A continuación presentamos algunas de las cosas enumeradas en dichas listas.

Logros que estimulan nuestra fe

1. El crecimiento de nuestras iglesias ha ocurrido mayormente a través de relaciones normales de parentesco. Personas emparentadas con otras les hablan acerca de la obra que el Señor realiza en su vida, siendo éste el vehículo mediante el cual la mayor parte

de la gente en estas tres ciudades hallan al Señor.

2. Todas las iglesias han sido establecidas con reuniones en hogares. Al presente un total de 14 de estas congregaciones caseras se reúnen regularmente.

3. Un total de 30 creyentes reciben preparación bíblica y de liderazgo tres noches por semana en las tres distintas ciudades.

4. Conforme se decidió en la reunión de "planificación y evaluación de la estrategia" del año pasado, los creyentes mantienen poca visibilidad pública. No llaman la atención sobre sus reuniones y dan a conocer el evangelio tan sólo en forma individual, según el Señor los dirige. No invitan a las reuniones a ningún extraño sino sólo después que éste ha expresado un gran interés en asistir a ellas.

5. Los dirigentes de las congregaciones hogareñas dan evidencia de ser muy atinados al usar formas culturales locales y normas de conducta locales para expresar su fe.

Obstáculos que es necesario superar

1. Hay una gran necesidad y un intenso deseo de que los creyentes se puedan reunir todos juntos a la vez. Hasta ahora, sólo se han estado reuniendo en servicios en casas particulares. Entraña un considerable riesgo celebrar reuniones públicas suficientemente grandes como para que asista todo el grupo de creyentes de cada ciudad.

2. Al principio los de afuera consideraban estas reuniones hogareñas simplemente como concurrencias de grupos de devotos musulmanes en que se reunían regularmente para orar. Ahora parece haber evidencia de cierta sospecha latente en la comunidad en cuanto a la verdadera naturaleza de las reuniones. Hay una gran curiosidad, pero los creyentes son prudentes en lo que comparten. Si bien no se ha usado el término "cristiano", se empieza a conocer a los creyentes como "seguidores de Isa" (*Isa* quiere decir "Jesús"). Esto no dejará de causar inquietud entre los dirigentes musulmanes, si ya no la está causando.

3. En tanto que sólo una parte de los Waktu Lima frecuentan la mezquita (edificio de adoración de los musulmanes), algunos de los creyentes proceden de esa sección más devota de la sociedad musulmana. Aun cuando esto se considera bueno para el crecimiento de la iglesia, la ausencia de esas personas de las oraciones y reuniones de la mezquita se llega a notar. Hasta aquí, esto sólo ha causado muy poca inquietud, pero sin duda alguna habrá de causar problemas con los dirigentes musulmanes cuando más y más personas acepten a Cristo.

La reunión de "Planificación y evaluación de la estrategia" comenzó con una gran acción de gracias a Dios por la abundante cosecha de almas habida durante el primer año. Hubo una gran expresión de alabanza porque tantas pesonas habían aceptado a Jesucristo como su Salvador, y porque ya estaban en función diversos programas sistemáticos de preparación bíblica para líderes y creyentes. Se establecía un sistema de preparación de líderes y de multiplicación de reuniones caseras infinitamente reproductible. Los líderes locales de los grupos habían sido atinados en su selección de cuáles formas culturales mantener y cuáles descartar en su adoración al Señor.

A cada miembro del equipo se le había dado ya, antes de la reunión, una lista de los logros y obstáculos. De modo que tuvo lugar un amplio debate en cuanto a la necesidad de hallar lugares apropiados para la adoración, donde todo el grupo de creyentes de cada ciudad pudiera reunirse con regularidad. También hubo mucha preocupación por la creciente notoriedad de los grupos de hogar. Todos convinieron en que llegaría el día en que se conocería la verdadera naturaleza de dichos grupos. Y probablemente seguiría un período de persecución.

El líder del equipo exhortó a los miembros del grupo a que no pensaran en los problemas de corto alcance tanto que dejaran de tener en cuenta la visión de las metas a largo plazo y dijo:

— El informe de los logros y obstáculos es una cuidadosa descripción de nuestro progreso hasta ahora. Pero también debemos comparar nuestro progreso con nuestras metas de estrategia futuras antes de tomar cualquier decisión de planificar para los meses y años venideros. No dejemos que los obstáculos que vemos venir hagan decaer nuestra fe en alcanzar las metas de nuestra estrategia. Dios nos ha ayudado hasta aquí. Seguramente El nos ayudará a hacer nuestros planes de estrategia aun mejores, si se lo pedimos. No creo que Dios quiera que disminuyamos nuestras metas, sino que las hagamos todavía más elevadas, si fuese necesario. Estoy seguro de que El puede tornar estos obstáculos que vemos venir en oportunidades para una gran victoria, si planificamos bien y si creemos que Dios nos ayudará.

En ese punto de la reunión se decidió hacer una evaluación de la cuantía de crecimiento necesaria para alcanzar las futuras metas del plan de estrategia. Determinaron que la primera información que necesitaban era averiguar con qué rapidez debían seguir creciendo a fin de alcanzar su "Meta secundaria tres". En esa meta estaba estipulado que deberían tener un total de cuando menos 6.000 creyentes al cabo de cuatro años más. Usando cuadros como los que se ven en los Apéndices H e I, rápidamente calcularon la Tasa de Crecimiento Anual Media (TCAM) de la manera siguiente:

Paso uno: Número de miembros del último año dividido entre el número de miembros de este año:

$$6.000 / 545 = 11,0 \; (U / P)$$

Paso dos: Búsquese el 11,0 en la columna de "U / P" del Apéndice H.

Paso tres: Moviéndose hacia la derecha en la línea del 11,0, búsquese la TCAM en la columna "4" (cuatro años) del Apéndice H:

$$TCAM = 82,12\%$$

Conclusión: Una Tasa de Crecimiento Medio de un 82,12% al año durante los cuatro años próximos nos permitirá alcanzar nuestra meta. Esto quiere decir que deberemos tener los totales siguientes, correspondientes al final de cada uno de los cuatro años próximos:

$$\text{Primer año: } 545 + 448 = 993$$
$$\text{Segundo año: } 993 + 816 = 1809$$
$$\text{Tercer año: } 1809 + 1486 = 3295$$
$$\text{Cuarto año: } 3295 + 2706 = 6001$$

Después de hacer los cálculos, todos experimentaron cierto regocijo al ver que las cifras mostraban que ya en el primer año habían crecido más de lo requerido en el segundo año para alcanzar su meta. Pero también comprendieron que sería cada vez más difícil mantener ese crecimiento a medida que más y más personas aceptaban al Señor como Salvador. Esto sería especialmente cierto si surgía una fuerte persecución de parte de la comunidad que ejerciera presión sobre las reuniones hogareñas de los grupos. Entonces determinaron que la clave estaba en hallar medios para mantener a los creyentes reproduciéndose y para tornar cualquier persecución en una oportunidad de dar testimonio.

Durante la discusión, uno de los miembros del equipo dijo:
" "Sé que el Señor puede ayudarnos a mantener nuestro crecimiento por cuatro años más a un promedio de un 82% anual, pero francamente no veo cómo después podremos crecer de 6.000 a 180.000 en el curso de los seis años siguientes. ¡Eso requeriría una tasa de crecimiento fenomenal!"

Varios de los otros miembros del equipo movieron la cabeza en señal de avenencia. Aquello sonaba a irreal. Parecía una meta imposible.

— Tal vez se debiera modificar, o cambiar por algo más práctico — dijeron.

Pero el líder del equipo dijo:

— Antes de sacar conclusiones precipitadas, tal vez debiéramos averiguar exactamente con qué rapidez tendríamos que crecer durante esos seis años. Podremos hacer cualesquiera modificaciones después de calcular la TCAM para esos seis años. Dios nos ha proporcionado un tremendo crecimiento este año. Por fe debemos aspirar a tener el más alto nivel de crecimiento posible.

Algunos miembros del equipo parecían un poco renuentes, pero convinieron en proseguir con la evaluación del crecimiento para ese período de seis años (véase el Capítulo 8, Meta secundaria cuatro). Sus cálculos fueron parecidos a éstos:

Paso uno: U / P = 180.000, dividido entre 6.000 = 30

Paso dos: Como 30 no aparece en el Apéndice H, usaron el 31, que es el número más aproximado. Pero al usar el método de interpolación indicado en la parte inferior del Apéndice I, notan que 30 es el 80% de la diferencia que hay entre 26 y 31, que son los que aparecen en el cuadro.

Paso tres: Siguiendo la línea del 31 a través del cuadro, encuentran 77,24 en la columna del "6" (seis años). La cifra de la línea del 26 en la columna "6" es 72,12. Saben que la tasa para 30 es el 80% de la diferencia que hay entre estas dos cifras. De modo que calculan la TCAM en la forma siguiente:

77,24 − 72,12 = 5,12
5,12 × 0,80 = 4,1
72,12 + 4,1 = 76,22 = TCAM

El resultado de estos cálculos fue tanto asombroso como alentador para varios de los miembros del equipo. Los que habían formado parte del Comité de planificación de estrategias original en su país ya sabían cuáles serían las cifras. En sus sesiones de estrategia ya las habían calculado y considerado. Pero los que se habían incorporado al equipo más tarde no habían tomado parte en aquellas sesiones de planificación, y esto realmente los alentó.

— ¡Vaya! No me daba cuenta de que podíamos crecer tanto tan rápidamente — dijo el miembro del equipo que había hecho la observación un poco antes —. ¡La tasa de crecimiento que tenemos que mantener durante los años noveno al decimoquinto de nuestro plan de estrategia es más baja que la que necesitamos para los próximos cuatro años!

Al sentirse alentados, los miembros del equipo decidieron mantener sus metas secundarias como eran. Asimismo comenzaron a hacer planes para el año siguiente con una esperanza y una fe más grandes. Empezaron a comprender, gracias a los cálculos de las TCAM, hasta qué punto era importantísimo mantener reproducibles todos sus esfuerzos en la vida de los creyentes locales.

El siguiente paso que el equipo de evangelismo intercultural consideró importante fue incluir a los líderes de las iglesias locales en una sesión de planificación conjunta. Una semana después se reunieron todos ellos. El dirigente del equipo de evangelismo intercultural compartió los pensamientos, cálculos y sentimientos que los miembros del equipo habían expresado en sus reuniones. Los dirigentes de las "células" de los Waktu Lima y el equipo de evangelismo intercultural comenzaron a hacer planes a largo plazo juntos por primera vez. Entre las metas, los métodos y los objetivos que adoptaron para el próximo año, estaban los siguientes:

1. Continuar las reuniones de células en hogares y seguir desarrollando la preparación bíblica subsiguiente de líderes y creyentes. Mantener el adiestramiento lo suficientemente sencillo como para que sea fácilmente reproducible por los creyentes locales.

2. No celebrar reuniones combinadas para todos los creyentes de una ciudad hasta que por lo menos 2.000 creyentes se incorporen a la confraternidad en esa ciudad. Cuando se alcance este número, celebrar la reunión tan sólo después de convenir todos en que el momento es adecuado y que la reacción de la comunidad como un todo no habrá de ser negativa.

3. Empezar de inmediato a animar a las iglesias locales a que hagan planes definidos y se fijen metas específicas para ayudar a los creyentes a empezar a asumir funciones de dirección en los servicios sociales y en los esfuerzos de mejoras. Esto se hará a fin de ayudar a las comunidades y demostrarle a la gente que los creyentes siguen identificados firmemente con su cultura y con las necesidades de su pueblo. No es necesario que los creyentes realicen su servicio social en el nombre de los grupos que se reúnen en hogares. Simplemente deben dar la gloria a Dios, conforme se presenten las oportunidades de dar testimonio personal.

4. Cuando el número de creyentes en cada ciudad alcance los 2.000, se deberá invitar a los creyentes de las otras ciudades a que se unan a ellos para tener una gran campaña de "Celebración de Isa". Se arrendará el estadio de fútbol para este acontecimiento. Por primera vez los creyentes se reunirán colectivamente y adorarán todos juntos. Un evangelista predicará en varias reuniones nocturnas. Habrá oración por los enfermos. Habrá una gran publicidad. Los creyentes que se han ganado el respeto por su

servicio a la comunidad y a la gente, darán su testimonio en las reuniones de la campaña.

5. A este punto, se supone que se produzca alguna persecución. Pero los creyentes, que ya son muchos, deberán saber resistir la persecución. Asimismo, deberán saber sacarle partido a esa persecución, ya que se habrá despertado el interés de la ciudad. Han de estar totalmente preparados de antemano para cualquier clase de persecución que venga. Deberán estar preparados a sostenerse unos a otros. Cuando sobrevenga la persecución, también se presentarán oportunidades para dar testimonio, así como para un más rápido crecimiento.

Es de gran valor aprender a evaluar en forma sistemática nuestra labor en la obra de Dios. Cabe decir esto de la labor que realizamos entre nuestro propio pueblo, así como en medio de pueblos de otras culturas. Los instrumentos y principios de evaluación que se han presentado en este capítulo pueden serles de ayuda a los líderes y planificadores en muchas clases de ministerios. No sólo nos servirán de ayuda para verificar nuestro progreso a medida que ponemos en práctica nuestros planes, sino que aumentarán nuestra fe al darnos un claro conocimiento de la naturaleza y poder de usar buenos planes de estrategia.

Una buena planificación de estrategia es de mucha importancia para un evangelismo intercultural eficaz. Nuestro Padre celestial mismo planificó una buena estrategia a largo plazo para traer redención al género humano. "[Cristo] ya destinado desde antes de la fundación del mundo. . ." (1 Pedro 1:20). "Pero cuando vino el cumplimiento del tiempo, Dios envió a su Hijo. . ." (Gálatas 4:4). Jesús nació en el momento apropiado de la historia. Ministró al pueblo apropiado, en la forma apropiada. Les enseñó a multiplicar las buenas nuevas de salvación, exactamente como el Padre le había enseñado a hacerlo. Pero El no hizo nada según su propio plan, sino que siguió el plan que el Padre había hecho desde el principio (Juan 5:19). ¡La más grande estrategia que se haya planificado jamás fue la que Dios mismo planeó! Esa estrategia, según Jesús, ¡vencerá la estrategia de las puertas del infierno! (Mateo 16:18).

Una parte importante de la estrategia de Dios es el evangelismo intercultural. Vivimos en una hora clave de la historia. Ha llegado el "cumplimiento del tiempo" para que la iglesia de Dios marche adelante evangelizando a todo pueblo no alcanzado. Esto puede hacerse. Dios se complace en ayudarnos a planear estrategias para hacerlo. Cuando hacemos nuestro mejor esfuerzo para planificar y poner en práctica estrategias de evangelismo intercultural eficaces, ¡nos asociamos con el ritmo de los latidos del corazón de Dios!

Bosquejo del capítulo

La formación de la manera de trasmitir el mensaje a otras culturas

I. Cómo se pone en práctica la estrategia
  A. Lo que es poner en práctica un plan
  B. Lo que se debe tener en cuenta al proceder con la estrategia
    1. El deseo de trabajar en equipo
    2. Una administración eficiente
    3. Los deberes de los encargados de diferentes tareas
    4. El crecimiento por grupos nuevos
    5. Que los ministros locales tengan las mismas metas
    6. Hallar características de la cultura que ayuden a entenderla mejor
II. El análisis de los resultados
  A. Lo que se debe tener en cuenta al analizar los resultados
    1. Medir los resultados de acuerdo a las metas
    2. El análisis del grupo que se desea alcanzar
    3. El análisis del equipo de evangelización
    4. El análisis de la organización de la obra
  B. Lo que se usa para hacer el análisis
    1. Escoger lo que es apropiado para analizar
    2. Cómo usar gráficas en el análisis
    3. Medir la membresía
    4. Tipos de crecimiento y de disminución
    5. Cómo calcular el crecimiento
    6. La tasa de crecimiento en cada año
    7. Tasas de crecimiento decenal
    8. La tasa de crecimiento medida cada seis meses
  C. El uso de los instrumentos de evaluación en el análisis de estrategias

Un encuentro con las verdades

1.1 Explique por qué no hay reglas para la ejecución de la estrategia, sino sólo principios.

1.2 ¿De qué manera les sirven de ayuda las buenas estrategias a los evangelistas interculturales en una buena implementación de la estrategia?

2.1 Describa la actitud que deben tener los miembros de un equipo de evangelismo intercultural para que su labor sea eficaz al trabajar juntos como equipo.

2.2 ¿Qué actitudes deben evitarse?

3.1 ¿Por qué es de importancia dividir entre distintos miembros del equipo de evangelismo intercultural las responsabilidades de la implementación de la estrategia?

3.2 De acuerdo con lo expuesto en este capítulo, ¿cómo se logra esto mejor?

4.1 Explique con sus propias palabras el principio de "crecimiento por nuevas unidades".

4.2 ¿A qué punto podría una iglesia llegar a ser demasiado grande? ¿Por qué?

4.3 ¿Cuál es la relación entre este principio y el principio de la reproductibilidad infinita?

5.1 Explique de qué manera el equipo de evangelismo intercultural debe tratar de ayudar a los creyentes de la cultura que se piensa evangelizar a adoptar metas que "encajen" con las metas del plan de estrategia.

5.2 ¿Por qué no se debe pedir a los creyentes locales que simplemente adopten las metas del plan de estrategia del evangelista?

6.1 Describa con sus propias palabras el significado de "clave cultural".

6.2 Diga de qué manera el apóstol Pablo encontró una clave cultural para predicar en Atenas.

7.1 Explique por qué la evaluación es importante a lo largo de la planificación y ejecución de la estrategia.

7.2 Explique las distintas formas en que se debe usar la evaluación.

8.1 Explique de qué manera la gráfica "La conversión como un proceso" resulta útil para evaluar a todo el grupo étnico escogido.

8.2 ¿Qué conocimientos se pueden lograr usando la gráfica?

9.1 ¿Por qué debemos seguir evaluando en las iglesias locales el equilibrio entre "hacer discípulos" y "enseñarles que guarden los mandamientos de Cristo"?

9.2 ¿Por qué es tan importante esta clase de equilibrio?

9.3 ¿Cómo se relaciona este equilibrio con las estructuras del ministerio de las iglesias locales?

10.1 Explique por qué un análisis del crecimiento numérico es una medida del crecimiento tanto cualitativo como cuantitativo de la iglesia.

10.2 ¿Cómo puede una evaluación numérica del crecimiento servir como un instrumento valioso en la planificación de estrategias?

11.1 Explique cómo se calcula un total de membresía compuesta.

11.2 Si durante un año una iglesia tuvo un promedio de 320

asistentes en la Escuela Dominical, 480 en los cultos dominicales y un total de 560 miembros activos al final del año, ¿cuál sería su membresía compuesta?

12.1 Explique el crecimiento por conversiones, el crecimiento por transferencias y el crecimiento biológico.

12.2 Enumere sus opuestos: las tres clases de disminución del crecimiento. Explique también su significado.

12.3 Usando una sola gráfica, trace un diagrama de muestra en que se comparen las tres clases de crecimiento y las tres clases de disminución.

13.1 ¿Qué significa TCD?

13.2 ¿Por qué es importante?

13.3 ¿Cómo se la puede usar?

13.4 Si una iglesia tuvo una membresía compuesta de 345 personas en 1978 y una de 525 en 1984, ¿cuál es su TCD para ese período?

14.1 ¿Qué significa TCAM?

14.2 ¿Cómo puede resultar útil?

14.3 Digamos que usted es un estratega de crecimiento de un grupo de iglesias que tienen 4.038 miembros en 1984. En su plan de estrategia requiere que para 1990 el número de miembros de esas iglesias aumente a 10.500. ¿Qué TCAM sería necesario para que esas iglesias alcanzaran su meta?

15.1 Supongamos que una iglesia tiene una meta de crecimiento a una TCD de 550 durante el siguiente período de diez años. Al presente la iglesia tiene 1.100 miembros. ¿Cuántos habrá de tener de aquí a diez años?

15.2 ¿Cuál es la TCAM necesaria para alcanzar esa meta? (Use el Apéndice I.)

15.3 Si esta TCAM continúa durante los próximos diez años, ¿cuántos miembros habrá en total de aquí a cuatro años?

De la teoría a la práctica

A.1 Describa al típico líder de iglesia latinoamericano según usted considera que es.

A.2 ¿Cuáles cambios de actitud serían necesarios para hacer de esa persona un excelente evangelista intercultural?

B.1 Analice algunos principios para encontrar una buena traducción de la palabra "Dios" en un grupo étnico no alcanzado.

B.2 ¿Se debe usar siempre la palabra que significa Dios, que otros cristianos han venido usando en la región donde ese pueblo vive? ¿Por qué?

B.3   ¿De dónde procede la palabra que significa Dios en su propio idioma? Realice alguna investigación para averiguarlo.

C.1   ¿Qué opina usted en cuanto a usar estadísticas en la evaluación de una labor espiritual?

C.2   ¿Está acostumbrada la gente de su cultura a usar análisis numéricos para propósitos espirituales?

C.3   ¿Cómo podrían beneficiarse usando tales instrumentos para analizar sus propias iglesias?

D.1   Analice el concepto de hallar claves culturales para poder comunicar con el corazón del pueblo objetivo.

D.2   ¿De qué manera ayudaría una investigación de la cosmovisión de un pueblo a hallar tales claves?

E.1   ¿Qué opina usted con respecto al sistema de planificación y ejecución de estrategias para el evangelismo intercultural presentado en este libro?

E.2   ¿Cree usted que trataría de usarlo, si fuera a obedecer un llamado al evangelismo intercultural?

E.3   ¿Cómo cree usted que podría ser mejorado?

---

[1] Richardson: Eternity. . .", pp. 67, 68.
[2] Laertius, Diógenes: *Lives of Eminent Philosophers* (La vida de filósofos eminentes). Londres, Harvard University Press, Vol. I, 1925, p. 110.

Capítulo 10

LA ORGANIZACION EFICAZ PARA EL EVANGELISMO INTERCULTURAL

Puntos clave de este capítulo

1. Se necesita una buena organización para realizar un programa eficaz de evangelismo intercultural. Las organizaciones deficientes desalientan a las personas que tratan de operar por medio de ellas. Una organización eficaz aumenta la eficiencia del evangelismo intercultural.

2. Las relaciones entre el equipo de evangelismo intercultural y las iglesias existentes en la zona de trabajo deberán adaptarse al nivel de organización de dichas iglesias.

3. Cuando las iglesias establecen organizaciones para supervisar el evangelismo intercultural, aquéllas deben dar a éstas plena libertad para planificar e implementar sus estrategias.

4. Ninguna organización puede ser eficaz si no está basada en la confianza mutua y el consentimiento de todos los que participan en ella.

5. Es importante respetar los principios autóctonos al establecer y operar nuevas organizaciones para promover el evangelismo intercultural.

6. Las organizaciones del evangelismo intercultural no deben establecerse para ejercer dominio sobre otras organizaciones con las cuales trabajan. Aquellas deben formarse de acuerdo con principios de sociedad con éstas.

7. Dentro de las estrategias del evangelismo intercultural deben incluirse planes para ayudar a las iglesias

participantes a adiestrar y enviar a sus propios evangelistas interculturales.

8. La tarea de evangelizar a todos los pueblos no alcanzados es una
responsabilidad que pesa sobre toda iglesia en todo lugar.

Los tres capítulos anteriores sobre la planificación de estrategias
demuestran la necesidad de una buena organización para la tarea del
evangelismo intercultural. Un plan mal hecho conduce a un evangelismo deficiente. Lo mismo se puede decir de las estructuras
organizacionales que emergen para llevar a cabo la misión del
evangelismo intercultural. Siempre que un grupo de seres humanos
se propone unirse en busca de los mismos objetivos es necesario que
organicen sus esfuerzos. La experiencia ha demostrado que una
organización deficiente puede servir de obstáculo para un programa
evangelístico, especialmente cuando hay que atravesar barreras
interculturales. En cambio, una organización adecuada puede fomentar un evangelismo eficaz.

Algunos han pasado por experiencias tan frustrantes al tratar de
operar bajo distintas clases de organización, que han llegado a creer
que toda organización es mala. Pero hay que reconocer que muchas
veces el problema no consiste en la organización en sí. La falla puede
estar en la implementación de malos métodos o estructuras inapro-
piadas dentro de dicha organización. El personal puede ser bueno,
pero si los métodos de organización son defectuosos los resultados
tienen que ser malos. Si deseamos cosechar buenos resultados,
tenemos que aplicar buenos principios básicos para establecer una
organización eficiente en el evangelismo intercultural.

Al hablar de estructuras organizacionales, nos referimos a categorías de organizaciones. Estas deben distinguirse, sin embargo, de las
organizaciones específicas en sí. Por ejemplo, podemos decir que las
Asambleas de Dios de El Salvador constituyen una organización
específica. Pero ésta se acomoda dentro de una estructura organizacional llamada "denominación" o "iglesia nacional". En este capítulo hay cuatro estructuras organizacionales básicas a las cuales nos
referiremos con bastante frecuencia:

> **La iglesia misionera (IM):** Es la iglesia o el grupo de
> iglesias que asume la responsabilidad de enviar evangelis-
> tas interculturales a otros grupos étnicos. Con este nombre
> también se designa específicamente a la organización que
> gobierna dicha iglesia o grupo de iglesias. Por ejemplo, si
> las Asambleas de Dios de El Salvador envían evangelistas
> interculturales a otros grupos étnicos (dentro o fuera del
> país), es una "iglesia misionera".

La agencia misionera (AM): Esta es una organización específica que se establece para organizar y administrar el programa de evangelismo intercultural. Esta agencia opera bajo la responsabilidad de la(s) organización(es) que la han establecido, casi siempre una o más iglesias misioneras (IM). La agencia misionera es la que se ocupa de la planeación detallada de las estrategias evangelísticas, la organización de equipos de evangelistas interculturales, la recaudación de fondos para este plan y la administración y el uso de ellos. Es muy común que una agencia misionera (AM) sea establecida como parte integral del marco organizacional de una iglesia misionera (IM).

La iglesia receptora (IR): Con este nombre se designa a las iglesias que quedan establecidas en otras culturas como resultado de los esfuerzos del evangelismo intercultural. La iglesia receptora específicamente es la estructura organizacional que dirige a las iglesias. Esta estructura normalmente no existe hasta cuando el programa evangelístico ha logrado establecer cierto número de iglesias. Algunas personas han dado en referirse a esta estructura organizacional como la "iglesia nacional". Pero viéndolo bien, las iglesias nacionales solamente representan una parte de los grupos étnicos de un país. En este capítulo optaremos por referirnos a ellas como iglesias receptoras porque constituyen las estructuras a través de las cuales operan los evangelistas interculturales. En este sentido, ellas "reciben" a los evangelistas en su medio para realizar con ellos la obra de la evangelización.

La agencia misionera hija (AMH): Esta es una organización establecida por las iglesias receptoras (IR) para enviar evangelistas interculturales de su propia cultura a otros grupos étnicos. Esas son organizaciones iniciadas por las iglesias que han sido establecidas en otras culturas por programas dirigidos por las agencias misioneras que a su vez fueron creadas por iglesias misioneras. En este sentido éstas vienen a ser "agencias misioneras hijas" (AMH) que se responsabilizan para enviar evangelistas interculturales a otros grupos étnicos dentro de su propio país. Esto es lo que muchas veces se designa con el nombre de "misiones nacionales". A veces estas AMH también se esfuerzan en enviar obreros a evangelizar grupos étnicos fuera de su propio país. A esto se le da el nombre de "misiones en el extranjero".

Existen algunos principios de importancia para el establecimiento de las estructuras organizacionales enumeradas arriba. En vista de que éstas emergen en diferentes culturas, es imposible delinear un conjunto de normas para especificar cómo deben ser. Estas deben ser organizaciones autóctonas, por lo que tienen que seguir patrones organizacionales acordes con las culturas en las cuales emergen. Sin embargo, sí se pueden exponer algunos principios generales que ofrezcan alguna orientación a los líderes que las han de organizar. En este capítulo se da esta orientación analizando las diferentes maneras en que estas estructuras deben relacionarse entre sí.

El elemento clave en las relaciones entre las distintas estructuras organizacionales es el concepto de sociedad.

"Porque de la manera que en un cuerpo tenemos muchos miembros, pero no todos los miembros tienen la misma función, así nosotros, siendo muchos, somos un cuerpo en Cristo, y todos miembros los unos de los otros."

Romanos 12:4, 5.

Esta es una descripción perfecta de una sociedad. Cada estructura organizacional es como un brazo o una pierna en el cuerpo de Cristo. Cada una puede tener distintas capacidades, funciones o propósitos; pero "pertenece" o es parte vital de los propósitos y actividades de las demás. Dos socios pueden desempeñar distintas funciones, pero trabajan juntos porque tienen los mismos objetivos. La base de una verdadera sociedad en el evangelismo intercultural es un deseo común de obedecer los propósitos de Cristo y un vínculo de confianza y amor mutuos.

A. Nexo entre la iglesia misionera y la agencia misionera

Cuando una o varias iglesias empiezan a reconocer la necesidad de enviar obreros para evangelizar a otros pueblos, también reconocen la necesidad de formar una estructura organizacional para la realización de esos propósitos. Las iglesias misioneras (IM) pueden organizarse a nivel de la iglesia local, a nivel regional o a nivel nacional. En cada uno de estos niveles se pueden detectar ventajas y desventajas. Sea cual fuere el nivel al cual se organicen estas iglesias, ciertos principios pueden ayudar a determinar la relación entre la iglesia misionera y la agencia misionera.

1. *Agencias misioneras de varios niveles.*

a. *La iglesia local como agencia misionera.* Veamos algunas ventajas en enviar evangelistas interculturales por parte de las iglesias locales. Los miembros de la iglesia oran por ellos con más regularidad y los sostienen económicamente con más responsabilidad. Los evangelistas se sienten parte de su iglesia local aun cuando se encuentran trabajando con otra cultura. La organización de una agencia misionera a nivel de la iglesia local no es tan complicada y costosa como lo es cuando se trata de un plan de varias iglesias. Además, es más fácil mantener el control de la obra. Se logra más contacto directo con los evangelistas.

Cuando el plan consiste en enviar evangelistas interculturales a trabajar entre grupos étnicos dentro del mismo país, quizá no sea necesario proporcionar constantemente una contribución a las familias de los evangelistas cada mes. Es posible que sólo se tengan que asumir los gastos de traslado e instalación en el campo de trabajo. Si el grupo étnico al cual es enviado un evangelista habla un idioma diferente del suyo, quizá sea necesario subsidiarlo para el aprendizaje de dicho idioma hasta que él y su familia se adapten al pueblo en el cual trabajan. En este sentido el enviar evangelistas desde la iglesia local puede resultar muy positivo. A través de la historia ha sido bastante eficaz.

Pero, por otra parte, las condiciones del mundo actual hacen cada vez más difícil la formación de agencias misioneras a nivel de la iglesia local. Esto es verdad especialmente en el caso de que el evangelista y su familia tengan que viajar a una distancia considerablemente larga para llegar al pueblo al que son enviados. Los gastos de viaje pueden ser muy elevados. Además, las normas gubernamentales pueden requerir garantía legal para poder extender las visas de ingreso. El costo de vida en otros países puede ser más elevado que el del país del evangelista. Si los gastos son cuantiosos, tal vez la iglesia local sea incapaz de cubrirlos. Los requisitos legales para el envío de familias misioneras a otros países pueden resultar muy complicados y de tramitación lenta si los manejan voluntarios de las iglesias locales. Por estas y muchas otras razones, las iglesias que desean enviar evangelistas interculturales a otras culturas se unen a otras para formar agencias misioneras a nivel regional o nacional.

b. *La agencia misionera a nivel regional.* Una manera práctica de rebasar los problemas que surgen al formar agencias misioneras a nivel de la iglesia local es combinando los esfuerzos de varias iglesias de la misma zona geográfica para establecer una agencia regional o distrital. Cuantas más iglesias participen en el proyecto, tantos más evangelistas podrán ser enviados al campo misionero. Se puede dar lugar a que una iglesia aporte parte del sostenimiento de un evangelista si no le es posible asumir la responsabilidad total de sus gastos. Esto puede dar la oportunidad a las iglesias pequeñas para que participen y cumplan sus responsabilidades aun cuando no sean competentes para sostener totalmente a un evangelista. Este plan también permite garantizar una ayuda más estable para los evangelistas mientras se encuentran en el campo de acción. Si la ayuda viene solamente de una iglesia local, y si ésta atraviesa por momentos apremiantes en su presupuesto, puede ser que suspendan parcial o totalmente el sostenimiento del evangelista. Si el evangelista no puede obtener permiso para trabajar en el país donde se encuentra (como sucede en muchos países), si deja de recibir la ayuda con la que sostenía a su familia, y quizá sin los medios para regresar a su país, esta suspensión puede ser trágica en extremo. Por eso muchas iglesias misioneras han optado por compartir el financiamiento de los evangelistas entre varias iglesias.

Pero un presupuesto más sólido no es la única razón para establecer una (AM) regional. Casi siempre es más factible proporcionar un adiestramiento intercultural de mayor alcance para los evangelistas cuando el plan es financiado por varias iglesias. Además de eso, una (AM) regional actúa con sabiduría y certidumbre en algunas situaciones difíciles debido a la estructura de las distintas iglesias que la integran. Si se ve que las iglesias misioneras tienen su punto de organización más sólido a nivel regional o distrital, ese puede ser el mejor nivel para la formación de la AM. Por ejemplo, puede haber una iglesia cuya organización nacional sea débil o informal, integrada por organizaciones fuertes a nivel regional o a nivel de los distintos grupos étnicos que la componen. En casos así lo normal sería encontrarse con una organización fuerte a nivel de cada grupo étnico o cada región por separado. Estas organizaciones grupales o regionales cooperan a nivel nacional con las estructuras organizacionales de otros grupos o regiones. Esta unión fuerte de las iglesias dentro de su propia región o grupo étnico se presta para establecer a ese nivel buenas agencias misioneras regionales.

A pesar de todas estas ventajas, algunas de las desventajas de las que adolecen las agencias misioneras también existen en las regionales. A nivel regional una agencia misionera puede estar integrada con tan pocas iglesias locales como para no tener la capacidad económica de sostener eficiente y consistentemente el presupuesto requerido para todo un equipo de evangelistas interculturales. Si para la realización de un buen proyecto se hace necesario enviar a cuatro familias al campo misionero, pero la AM regional sólo puede sostener a dos, tiene que haber algún tipo de cooperación entre otras agencias regionales para ello. Esto es menos práctico que si se forman agencias misioneras a nivel nacional. Eso significa que sólo cuando las estructuras regionales son lo suficientemente grandes pueden constituirse en agencias eficientes. Es difícil que las agencias pequeñas puedan hacer mucho más que evangelizar a otros grupos étnicos dentro de sus propios países o en zonas vecinas. Esto puede causar desaliento a las iglesias misioneras pequeñas de una región. Deben existir estructuras organizacionales apropiadas para ofrecer oportunidad aun a las iglesias más nuevas y pequeñas para que participen en el evangelismo mundial.

Otra desventaja de la AM regional es que muchas veces le es muy difícil manejar los aspectos legales y comerciales que tienen que ver con otros gobiernos y aun con su propio gobierno. Las leyes que rigen la economía de los distintos países se ponen cada vez más estrictas en cuanto a lo que se puede y lo que no se puede hacer. Esto puede hacer que una AM regional no esté en la capacidad humana y económica o no cuente con la influencia necesaria para resolver todos los problemas que surgen en un programa de evangelismo intercultural.

El adiestramiento del personal que va a realizar la obra del evangelismo intercultural también requiere una gran cantidad de recursos, edificios y maestros para que su preparación sea eficiente. Los candidatos para el ministerio del evangelismo intercultural necesitan el mejor adiestramiento que se les pueda dar. Se hace más difícil proporcionar esta clase de adiestramiento cuando todo se maneja a nivel regional que si se hace a nivel nacional. Además, estos evangelistas en perspectiva necesitan tener contacto con otras culturas a medida que se preparan para este trabajo. Un adiestramiento regional proporciona menos oportunidades para esto.

Otro problema con las agencias misioneras es que tienden a duplicar muchos aspectos del mismo trabajo. Por ejemplo, cada una necesita líderes, departamento de personal, departamento de finanzas y departamento de adiestramiento. A veces resulta muy costoso e impráctico mantener esta organización administrativa a nivel regional, cuando todo puede manejarse más fácilmente a través de una agencia nacional.

c. *La agencia misionera a nivel de iglesia nacional*. El mejor procedimiento es establecer una AM nacional, combinando los recursos y el liderazgo de todas las iglesias locales de una denominación dentro de un país. Aunque se requiera de medidas y acciones más fuertes para establecer una sociedad nacional compuesta por todas las organizaciones regionales, ésta puede ser una opción necesaria debido a las limitaciones de la AM regional como se señaló arriba.

La AM nacional dentro de una denominación es una práctica común casi en todo el mundo. A continuación presentamos algunos ejemplos de agencias misioneras denominacionales de diferentes partes del mundo:

Iglesia de Melanesia, Comité de Misiones, Islas Salomón:
evangelistas interculturales: 120 (1980)
Misión Cristiana Elim, Ciudad de Guatemala, Guatemala:
evangelistas interculturales: 6 (1980)[1]
Misiones nacionales de las Asambleas de Dios de Brasil,
Río de Janeiro: evangelistas interculturales: 82 (1980)[2]

Las agencias misioneras nacionales proporcionan mayores recursos y liderazgo dentro de una denominación en un país para organizar, administrar y llevar a cabo un buen programa de evangelismo intercultural. Es cierto que habrá casos aislados en los que resulte más práctico el desarrollo de un programa de evangelismo intercultural a nivel local o regional. Sin embargo, lo más eficaz por lo general es formar una AM a nivel nacional. El adiestramiento de los candidatos, los quehaceres administrativos, la representación de las iglesias, el planeamiento de las estrategias y las relaciones con otros gobiernos son cosas que se realizan más eficientemente a nivel nacional. Para esto, por supuesto, se demanda un gran espíritu de amor y cooperación entre la AM nacional y las iglesias de todas las categorías. Esta oficina está obligada a rendir cuentas a las iglesias locales. Se requiere una comunicación constante para que todas las iglesias que integran la AM nacional estén siempre inspiradas en la labor. Con la debida comunicación y participación, las agencias misioneras nacionales pueden ser estructuras eficaces para la evangelización de los grupos étnicos no alcanzados en el mundo.

d. *Agencias misioneras interdenominacionales.* A veces varias denominaciones nacionales se unen para formar una agencia misionera. Esto acontece a veces porque las denominaciones nacionales son muy pequeñas como para organizar y sostener un programa de evangelismo intercultural por sí solas. Estas denominaciones deciden formar una agencia de esta clase para el envío de evangelistas interculturales porque desean unir sus esfuerzos a los de otras iglesias cuyas doctrinas son similares a las de ellas, fomentando así la unidad cristiana. Algunas veces surge una AM interdenominacional de un solo grupo, pero se va expandiendo hasta incluir en ella personal y finanzas de otras denominaciones. Estos grupos interdenominacionales son muy comunes por todo el mundo. Los que siguen son algunos ejemplos:[3]

Sociedad Evangelística de Asia, Singapur: evangelistas
interculturales: 80 (1980)
Misión Evangelística Mundial, Nagalad, India:
evangelistas interculturales: 73 (1980)
Sociedad Misionera Avivamiento Mundial Omega, Seúl,
Corea: evangelistas interculturales: 35 (1980)[4]

Una agencia misionera interdenominacional puede disponer de
mayores recursos cuando iglesias nacionales pequeñas se asocian
con otras para organizar, adiestrar y enviar evangelistas interculturales, y a la vez ejercer control sobre los resultados de las operaciones.
La ventaja de una agencia de este tipo es relativa. Así como una AM
nacional es de mayor alcance y capacidad que una regional, de la
misma manera una AM interdenominacional es de gran beneficio
para el financiamiento, adiestramiento y administración de un plan
evangelístico.

No obstante, hay algunas desventajas en las agencias misioneras
interdenominacionales. La mayor de dichas desventajas es que estas
agencias *casi nunca establecen nuevas iglesias*. Si se proponen
enviar evangelistas para fundar iglesias en una cultura, ¿qué afiliación denominacional o doctrinal tendrán dichas iglesias? Si a éstas
se les da un nombre denominacional, eso ofenderá a los patrocinadores de otras denominaciones. Incluso los mismos miembros de los
equipos de evangelismo intercultural se enfrentan a ciertas dificultades al desear ponerse de acuerdo entre sí en asuntos doctrinales
cuando son enviados por iglesias de diferentes denominaciones a
través de la misma agencia misionera (AM). Siendo que el corazón
de un evangelismo intercultural eficaz lo constituyen el crecimiento
de las nuevas unidades y el establecimiento de iglesias autóctonas,
puede argumentarse que la AM interdenominacional adolece de una
debilidad o falla interna.

Esta incapacidad de las agencias misioneras interdenominacionales las obliga a trabajar con iglesias ya existentes en el campo
misionero. En este sentido pueden ser de gran beneficio para tales
iglesias si hacen uso de buenas estrategias y principios adecuados.
Pero a la vez esto mismo las descalifica para alcanzar a los millares
de grupos étnicos no evangelizados en aquellas regiones del mundo
donde no se han establecido iglesias. Pueden ser de mucha ayuda
para que las iglesias ya existentes crezcan y se expandan, lo cual es
un ministerio importante. Muchas de estas agencias se organizan
para proporcionar ayuda física, como servicios médicos y ayudas de
emergencia. Estos pueden considerarse como ministerios cristianos
muy valiosos, pero nunca pueden mitigar la necesidad de establecer

iglesias autóctonas en cada grupo étnico no evangelizado.

2. *La autonomía de las agencias misioneras.* En Hechos 15 se registró un acontecimiento que amenazaba el impacto que el cristianismo había hecho en el mundo de aquel tiempo. La iglesia de Antioquía ya había comisionado a Pablo y a Bernabé para que fueran a establecer iglesias entre los gentiles del sur de Galacia (Hechos 13:1-3). Las noticias acerca de estas iglesias gentiles llegaron a Jerusalén e hicieron que algunos grupos de creyentes judíos, conocidos como "judaizantes", salieran a convencer a los creyentes gentiles de esa iglesia a que se sometieran al rito de la circuncisión. Pablo y Bernabé arguyeron contra esta falsa enseñanza. La disputa tuvo que ser referida a los "apóstoles y ancianos" en Jerusalén (Hechos 15:1, 2).

En la sesión del "concilio de Jerusalén" los apóstoles deliberaron bastante tiempo sobre la pregunta de si los creyentes gentiles deberían someterse a la ley y las costumbres del judaísmo (v. 7). Pero los argumentos y testimonios de Pedro, Pablo y Bernabé fueron suficientes para convencer al concilio a que escribieran una carta a todas las iglesias gentiles. En esta se indicaba que los gentiles convertidos al cristianismo solamente tendrían que observar cuatro costumbres que siempre se demandaban de cualquier gentil que estuviera bajo control de los judíos. "Que os abstengáis de lo sacrificado a los ídolos, de sangre, de ahogado y de fornicación". (v. 29). El envío de estas cartas a las iglesias gentiles representó una gran victoria para la perpetuación del cristianismo. La decisión del concilio significaba que las iglesias de los gentiles quedarían en libertad de crecer y multiplicarse sin tener que observar la ley y los ritos judaicos.

En cada época de la historia ha surgido una tensión natural entre las estructuras administrativas de las iglesias y las agencias misioneras organizadas por ellas. Los líderes de las iglesias tienden a manifestar un deseo natural de ejercer control directo sobre la obra que realizan las agencias misioneras. Esto se ha podido observar a lo largo de la historia de la iglesia. Los administradores oficiales de la iglesia del Nuevo Testamento eran los apóstoles y ancianos de la iglesia de Jerusalén. La primera AM en formarse en la Iglesia primitiva fue el grupo de líderes de la iglesia de Antioquía (Hechos 13:1-3). Estos enviaron al campo misionero a Pablo y a Bernabé en respuesta al llamamiento del Espíritu Santo. También sufragaron los gastos de viaje de estos evangelistas con ofrendas especiales. Cuando volvieron de la gira, rindieron un informe de lo realizado a sus patrocinadores de Antioquía (Hechos 14:26, 27). Pero en estos días los líderes de la administración de la iglesia central empezaron a desafiar la autonomía del equipo evangelístico y sus derechos de decidir cómo realizar el evangelismo intercultural.

Si la decisión del concilio de Jerusalén hubiera tomado otra dirección, la autonomía de los equipos que realizaban el evangelismo intercultural habría sido severamente restringida. Esto quizá hubiera obligado a los evangelistas a hacer una de dos cosas. Podían separarse de la iglesia de Jerusalén, dando lugar así al inicio de muchos cismas y divisiones en el cristianismo. Por otro lado, hubieran cedido a las exigencias del concilio, aceptando sus condiciones para una evangelización inoperante y culturalmente inapropiada. Si hubieran optado por lo primero, el cristianismo jamás hubiera podido llegar a ser una fuerza dominante en el mundo. Si hubieran tomado la segunda alternativa, el cristianismo posiblemente hubiera quedado relegado al arsenal de la historia antigua como una secta minoritaria del judaísmo. De cualquier manera, el dominio de la estructura administrativa sobre la estructura de la AM hubiera asestado un fuerte golpe contra el desarrollo del cristianismo.

Las presiones organizacionales que amenazaban al evangelismo entre los gentiles de los tiempos del Nuevo Testamento han seguido siendo una amenaza para el evangelismo intercultural en cada generación. No contamos con el espacio necesario aquí para presentar detalladamente los centenares de casos en que se ha repetido esta misma clase de dominio estructural a lo largo de la historia. Pero sí pueden describirse los factores generales de este proceso.

Normalmente las denominaciones se organizan a nivel nacional antes de la formación de las agencias misioneras. Esto significa que cuando surgen las agencias misioneras, las iglesias misioneras ya cuentan con una estructura administrativa. Los oficiales de esas estructuras administrativas ven a dichas agencias misioneras como parte integral de sus respectivas iglesias. Eso les hace suponer que estas organizaciones deben estar bajo su control directo. A menudo insisten en ser ellos quienes hagan la selección del personal de la AM. También tienden a ejercer control directo sobre los fondos que se recaudan en las iglesias para la realización del evangelismo intercultural. Además, estos líderes quieren imponer su autoridad aprobando o dictando las normas y procedimientos para las agencias misioneras.

Es cierto que esto da la impresión de ser una administración uniforme, pero conduce inevitablemente a una decadencia en la eficiencia de la AM. Eso consiste en diferencias importantes en la naturaleza de las dos estructuras. Debemos aclarar que al hablar de "estructuras administrativas" no nos referimos al liderazgo de las iglesias locales. La referencia aquí es a los líderes escogidos para representar a las iglesias a nivel regional o nacional. La naturaleza de estas organizaciones es diferente de la de las agencias misioneras. Las estructuras administrativas casi siempre se interesan más en mantener la vitalidad y el crecimiento de las iglesias que representan. Tratan de ganarse el consentimiento general de las iglesias para poder gobernar el avance de las iglesias entre su propia gente. Su principal preocupación es propiciar los medios para el fomento del bienestar de las iglesias que las integran. Sus quehaceres diarios los obligan a poner toda su atención en esas cosas.

En cambio, las agencias misioneras se dedican específicamente a la tarea de evangelizar a grupos no alcanzados. Desde el último de los principiantes entre los equipos evangelísticos hasta el líder más alto de la agencia misionera, todos están consagrados a la misión del evangelismo mundial. La atención de estos no está puesta primordialmente en las necesidades de su propio pueblo sino en las de otros grupos étnicos no evangelizados todavía. Ese es su propósito principal. El aceptar a Cristo como su Salvador le permite a una persona formar parte de la iglesia entre los de su mismo pueblo. Pero para formar parte de la obra de una agencia misionera se requiere la aceptación de una misión especial hacia otras personas. Por esa razón difieren tanto en su naturaleza las agencias misioneras de las estructuras administrativas de una denominación.

Una agencia misionera es más eficiente cuando dispone de suficiente autonomía para llevar a cabo sus operaciones satisfactoriamente, aunque siempre tenga que rendir cuentas a las iglesias que la patrocinan. La AM necesita libertad para planificar sus propios métodos y estrategias, seleccionar y equipar a su personal, así como supervisar las normas y regulaciones relacionadas con la estrategia que se propone. También necesita autonomía para recaudar los fondos necesarios para el cumplimiento de su proyecto.

La estructura administrativa de la denominación siempre tiende a "absorber" a la agencia misionera a fin de hacerla parte de su jurisdicción y ponerla bajo su control directo. En algunos casos la AM se organiza bajo el control directo de la estructura administrativa. Otras veces las agencias misioneras se inician como estructuras con bastante autonomía, pero las estructuras administrativas las van absorbiendo poco a poco. Cuando esto acontece, su eficiencia inmediatamente empieza a disminuir como resultado de la tensión natural entre los propósitos de las dos organizaciones. La estructura administrativa se toma la responsabilidad de emitir o aprobar más y más reglas y disposiciones y a nombrar a los oficiales de la AM en lugar de dejar que las iglesias patrocinadoras los elijan directamente.

Por último, hasta los fondos son manejados por la estructura administrativa en lugar de que éstos vayan directamente desde las iglesias misioneras a las oficinas de finanzas de las agencias misioneras. Esto acaba de someter a la AM bajo la autoridad de los líderes generales. Si estos líderes tienen una visión amplia sobre la evangelización intercultural, la AM puede tener algún éxito. Pero en vista de que los propósitos y la naturaleza de estas dos estructuras son tan diferentes, la agencia misionera decaerá tarde o temprano al ser sometida al control de la administración. Esto estuvo a punto de suceder en el Nuevo Testamento y sigue siendo una amenaza para toda agencia misionera.

Como norma general, las agencias misioneras pierden el interés por el avance del evangelismo mundial cuando son sometidas al control autoritativo de los líderes generales de sus denominaciones. Sus propósitos vienen a ocupar un segundo lugar ante las necesidades existentes dentro de las iglesias que las patrocinan. Los fondos para el evangelismo intercultural se reducen para incrementar otros presupuestos. Esto conduce a una disminución o pérdida de recursos, personal y visión. Esa situación incluso puede llegar a originar cierto egoísmo en las iglesias locales en cuanto al cumplimiento de la gran comisión, consumiendo todas las bendiciones para su propio beneficio sin interesarse en compartirlas con otros pueblos necesitados en distintas partes del mundo. Para evitar todos los peligros a los que se exponen las agencias misioneras cuando se las somete al control directo de las estructuras administrativas, se ofrecen las siguientes sugerencias para contribuir a la organización de una AM:

1. La AM debe ser organizada bajo la autoridad general del conjunto de las iglesias misioneras, pero no debe quedar bajo el control directo de sus líderes administrativos.

2. Los líderes clave de la AM deben ser electos por una amplia representación de la IM, no por sus oficiales generales.

3. La AM debe ser dotada de plena libertad para seleccionar y adiestrar a sus evangelistas, planificar e implementar sus propias estrategias dentro de las normas generales aprobadas por todas las iglesias locales y ocuparse en la recaudación y desembolso de sus propios fondos.

4. La AM debe tener libertad para comunicar sus planes y sus necesidades directamente a las iglesias misioneras, a las cuales rendirá cuentas en primer lugar.

5. Las comisiones encargadas de elaborar los estatutos o los comités que se forman para supervisar las reglas generales para las agencias misioneras deberán ser elegidos por la mayor representación posible de las iglesias locales, no por los líderes de las estructuras administrativas.

A la luz de la historia de la iglesia, estas instrucciones pueden ser de ayuda para el establecimiento de agencias misioneras fuertes y eficientes. Ninguna AM debe ser totalmente independiente de la iglesia misionera, pero tampoco debe permitirse que la primera sea absorbida por la estructura administrativa de la segunda. Las agencias misioneras deben ser semiautónomas. Deben tener libertad para planificar sus estrategias de trabajo, seleccionar su personal y recaudar sus propios fondos con suficiente independencia para realizar con eficiencia su tarea especial del evangelismo intercultural. Deben rendir informes de sus actividades a todas las iglesias misioneras en general. La agencia misionera está en la obligación de demostrar una administración eficiente de sus finanzas e informar con exactitud los resultados de sus ministerios a las iglesias que la patrocinan. Si se establecen agencias misioneras con un fuerte fundamento semiautónomo, libres de las presiones de arriba, lo más probable es que se llegue a desarrollar un ministerio intercultural fuerte y saludable por mucho tiempo.

B. Nexo entre la agencia misionera y la iglesia receptora

Las relaciones entre los evangelistas interculturales y las iglesias que establecen en otras culturas es un asunto muy importante, como lo hicimos ver en capítulos anteriores. Los evangelistas deben asumir una actitud correcta hacia el pueblo que se proponen ganar y hacia los recién convertidos. El mejor fundamento para fomentar la confianza y el respeto mutuo entre los integrantes de las nuevas iglesias es un espíritu de amor práctico y servicio personal.

Una actitud apropiada ayudará para que los evangelistas interculturales infundan confianza entre los nuevos creyentes hacia los propósitos y proyectos del plan. Por otra parte, los integrantes de los equipos evangelísticos son representantes de la agencia misionera que los ha enviado. Los creyentes locales se formarán una imagen de la AM basados en lo que vean en la vida de los evangelistas interculturales. La confianza, el respeto mutuo, una actitud de servicio y un amor genuino son pilares fundamentales para fomentar la comunión y el compañerismo con organizaciones de un pueblo recién evangelizado. Los miembros de los equipos de evangelismo deben esforzarse diligentemente por consolidar siempre este fundamento para sus relaciones con los creyentes locales. Cuando estos se dan cuenta de que pueden tener confianza en los evangelistas y que existe un respeto mutuo entre ellos, aportarán lo mejor para resolver los problemas y hallar soluciones para alcanzar las metas que se han propuesto.

El desarrollo organizacional de las iglesias de las áreas de trabajo puede describirse como un proceso de tres etapas: la etapa formativa, la etapa organizacional y la etapa misionera. La actitud del equipo evangelístico hacia los creyentes locales no debe cambiar durante estas etapas de desarrollo. Esta debe tener siempre las características descritas anteriormente. Lo que sí debe ir cambiando a medida que estas iglesias se vayan desarrollando son las relaciones organizacionales. En esta sección nos dedicaremos a examinar las primeras dos de estas etapas y la relación de la agencia misionera con la iglesia local en cada fase. La última etapa será considerada en la próxima sección.

1. *Una sociedad en el proceso de formación.* Desde el momento en que la primera persona se convierte a Jesucristo en la cultura que se desea alcanzar, el equipo de evangelismo intercultural está llamado a entablar una sociedad con la iglesia en formación. El proceso formativo empieza con las primeras conversiones y continúa hasta que las iglesias locales cuentan con una organización de liderazgo a nivel regional o nacional. (Vea la figura **10.a.**)

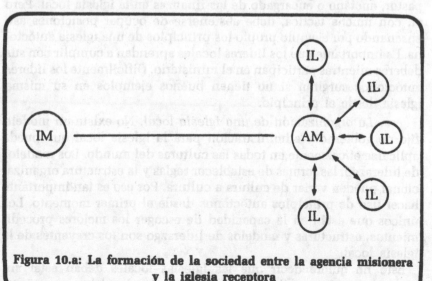

Figura 10.a: La formación de la sociedad entre la agencia misionera y la iglesia receptora

Durante el período de formación, la agencia misionera (o el equipo evangelístico) tiene un papel de importancia en el desarrollo de las iglesias locales. Entre sus planes y estrategias debe incluirse el establecimiento de iglesias fuertes con buena organización y liderazgo a nivel local. La enseñanza y el adiestramiento que impartan a los recién convertidos deben estar en armonía con los principios autóctonos. Una de las cosas que se debe recalcar siempre es que los creyentes aprendan a reproducirse espiritualmente. Hay que tener cuidado de hacer uso de las formas culturales de la localidad, emplear modelos locales de liderazgo y ayudar a la gente de esas iglesias con una actitud de servicio.

El hecho de asumir un papel de importancia en el desarrollo de las iglesias de la zona evangelizada no significa que el equipo evangelístico asuma una posición de dominio. Como lo planteamos en capítulos anteriores, un liderazgo no dominante demanda una enseñanza sólida sobre los principios bíblicos. Los evangelistas deben tener mucho cuidado de no proyectar la imagen que ellos tienen de la iglesia local en la mente de los nuevos creyentes. Simplemente deben mostrarles a los líderes locales los principios bíblicos para el establecimiento de una iglesia y dejar que ellos decidan sobre la mejor forma en que su iglesia podría ser organizada.

Los evangelistas interculturales deben abstenerse de asumir una posición oficial en las iglesias en formación. Es probable que al principio los líderes locales le pidan al evangelista que sirva como pastor, anciano o encargado de las finanzas en la iglesia local. Pero él, con mucha táctica, debe abstenerse de ocupar posiciones así, enseñando por ejemplo propio los principios de una iglesia autóctona. Es importante que los líderes locales aprendan a cumplir con sus deberes mientras participan en el ministerio. Difícilmente los líderes autóctonos surgirán si no tienen buenos ejemplos en su misma iglesia desde el principio.

a. *La organización de una iglesia local*. No existe un modelo fijo de gobierno y administración para la iglesia local que pueda aplicarse eficazmente en todas las culturas del mundo. Los modelos de liderazgo, las formas de establecer reglas y la estructura organizacional pueden variar de cultura a cultura. Por eso es tan importante hacer uso de principios autóctonos desde el primer momento. Los únicos que están en la capacidad de escoger los mejores procedimientos, estructuras y modelos de liderazgo son los creyentes de la iglesia local.

Esto no quiere decir que las iglesias locales deban estar sin estructura y sin organización. Los líderes locales deben empeñarss en buscar la mejor manera de organizar su iglesia en cuanto a los aspectos siguientes:

Principios básicos de la fe. Una iglesia no está preparada para su organización hasta que los creyentes hayan llegado a un acuerdo general en cuanto a las doctrinas básicas que todos consideren como esenciales para la fe cristiana. Dios, la humanidad, la persona y obra de Jesucristo, la persona y obra del Espíritu Santo, la separación del hombre de Dios por el pecado, la vida eterna, la resurrección de los muertos, el cielo y el infierno, y la segunda venida de Cristo son aspectos doctrinales que deben ser explorados por los líderes locales en consulta con los evangelistas interculturales.

El trabajo de los evangelistas en este proceso debe consistir en orientar a los creyentes sobre estas doctrinas para que no incurran en errores. Pero deben dejar que los creyentes expresen sus opiniones y creencias en sus propias palabras. Aunque estas declaraciones básicas tengan que ser modificadas posteriormente, es mejor que sean expresadas y aprobadas por los creyentes locales. En el conjunto de declaraciones doctrinales deben incluirse aquellas que los creyentes locales juzguen de importancia para su propia gente.

Requisitos para ser aceptados como miembros. Los mismos integrantes de las iglesias locales deben establecer los requisitos en cuanto a fe y conducta para los que quieran ser miembros de sus iglesias. Además, deben ser ellos quienes formen los comités que han de examinar a los candidatos o disciplinar a miembros que hayan fallado. Las reglas y los procedimientos deben ser establecidos por ellos. Los miembros de los equipos evangelísticos podrían darles cierta orientación en caso de que se les pida ayuda, pero deberán abstenerse de sugerir soluciones. Como regla general, es aceptable que un evangelista o miembro del equipo tome parte como uno de los integrantes de un comité examinador si se le pide que lo haga, pero nunca debe tomar la directiva de dicho comité. Otra cosa muy importante es que ningún miembro de un comité evangelístico debe tomar parte en comités de disciplina. Esta carga la deben llevar los creyentes locales.

La selección y los deberes de los líderes. Los líderes deben ser electos por los miembros de la iglesia local, no por los evangelistas interculturales. Los evangelistas pueden trabajar para el adiestramiento de los creyentes para el liderazgo, pero la elección de los que han de ocupar las diferentes posiciones oficiales debe quedar totalmente a cargo del cuerpo local. Es más, se recomienda que, hasta donde sea posible, los evangelistas consulten a los creyentes o dejen que ellos decidan sobre cuáles de los miembros de la iglesia deberán recibir el adiestramiento para el liderazgo. Los creyentes locales hacen mejor selección de líderes que los evangelistas porque conocen mejor a su gente. Las categorías del liderazgo también deben ser establecidas a medida que los creyentes locales estudian el liderazgo en el Nuevo Testamento y los principios autóctonos. No sólo deben decidir qué puestos oficiales tendrá la iglesia local, sino también deberán determinar cuáles han de ser los deberes específicos de cada líder. Otra cosa que deben establecer es un mecanismo culturalmente adecuado para que los líderes de la iglesia informen a ésta respecto a todo el trabajo que estén realizando. No es suficiente que los oficiales de la iglesia sean responsables delante de Dios por su trabajo. También deben rendir cuenta de una manera muy significativa a los miembros del cuerpo local con quienes sirven a Dios.

Reglas para las operaciones locales. Otra cosa que los miembros de la iglesia local deben hacer es ponerse de acuerdo sobre las normas y estatutos que determinen cómo han de llevarse a cabo las funciones ministeriales de la congregación. Deben establecerse normas para la recaudación así como para el desembolso de las ofrendas para la obra del Señor. Deben existir acuerdos concernientes al bautismo en agua y la cena del Señor. Deben tomarse medidas para la participación de los miembros en los distintos ministerios de la iglesia. Incluso en los casos en que la cultura exige que las decisiones concernientes a las operaciones ministeriales sean hechas por los oficiales, éstos deben explicar cada cosa al cuerpo de creyentes. Las reglas para las operaciones locales deben ser flexibles, prácticas y claras para que todos las entiendan.

Acuerdos constitucionales. Ya es una costumbre en la mayoría de los pueblos establecer una constitución escrita que describa claramente los principios doctrinales, los requisitos para ser aceptados como miembros, la selección y los deberes de los líderes, y las reglas para las operaciones locales de la iglesia. Las constituciones pueden ser instrumentos muy importantes para ayudar a las iglesias nacientes a crecer y reproducirse. Ellas proporcionan los medios para mantener por escrito un conjunto de reglas y estipulaciones sobre las distintas cuestiones. Pero su validez y utilidad dependen únicamente de que sean aplicadas consecuentemente y sin favoritismos. Si la constitución está bien delineada, los líderes no hallarán lugar para abusar de sus derechos, y a la vez se constituye en una norma oficial para el servicio cristiano y el cultivo del amor práctico en el corazón de los creyentes.

Pero no todas las culturas reciben el mismo beneficio con la existencia de constituciones escritas. Por ejemplo, si el idioma que se habla en determinado pueblo todavía no se encuentra en forma escrita, sería imposible tener una constitución escrita. En tales sociedades existen algunos mecanismos de aceptación más o menos general para ponerse de acuerdo en asuntos de importancia y también para hacer que tales disposiciones sean obedecidas. Esto también puede suceder en culturas en que ya cuentan con una escritura de su idioma. Para determinar si la constitución habrá de ser de utilidad para las iglesias locales, los evangelistas deberán investigar otras instituciones que funcionan en la misma sociedad en la que se establece la obra. Si se ve que todas las demás instituciones se manejan por medio de una constitución, eso le puede servir de base al evangelista para sugerir que los creyentes locales piensen en escribir la suya. Pero debe tenerse mucho cuidado de no usar otras constituciones como modelo para hacer la de las iglesias locales. Son los creyentes locales quienes deben darse a la tarea de decidir cómo se va a organizar la constitución y qué cosas deben incluirse en ella.

b. *El reconocimiento de la iglesia local.* Cuando un grupo de creyentes ha alcanzado el tamaño y la madurez necesarios para hacer todos los arreglos indicados arriba y ya lo dirigen sus propios líderes en un trabajo autóctono y eficiente en la obra del Señor, se puede decir que ha llegado al punto de ser reconocido oficialmente como una iglesia local. Cuando ese momento llega, es recomendable tener alguna clase de ceremonia y realizar un acto de celebración para destacar la ocasión del reconocimiento de la organización oficial de la iglesia. Pero siempre se debe tener en mente el principio de reproducción. Como quiera que sea la ceremonia de reconocimiento o la celebración por la organización de la iglesia local, es mejor que el líder del equipo de evangelismo sólo oficie la primera ceremonia. Aun cuando él participe en futuras ceremonias de organización de iglesias, debe instruir al pastor de la primera iglesia para que sea él quien se encargue de oficiar en ellas.

2. *Una sociedad en el proceso de organización.* A medida que las iglesias locales van creciendo y multiplicándose en una zona evangelizada, puede surgir la idea entre los líderes locales de que podrían realizar una obra más eficiente en la comarca si unen sus esfuerzos a los de otros grupos. Es probable que uno de sus proyectos sea llevar el evangelio a nuevas zonas. O quizá deseen producir literatura evangelística o establecer un programa evangelístico radial. Otro de los proyectos que pueden surgir es el establecimiento de un instituto bíblico avanzado a nivel regional o nacional. Para

esta clase de proyectos se hace necesario algún tipo de organización con mayor amplitud que la local para poder desarrollar y supervisar el programa. A partir del momento en que las iglesias receptoras se organizan a nivel regional o nacional, la agencia misionera deberá relacionarse con las iglesias locales a través de dicha organización, tal como se ilustra en la figura 10.b.

Es importante tomar en cuenta que a veces las organizaciones a nivel regional o nacional se hacen muy temprano. Las organizaciones no deben formarse solamente porque esa es la modalidad en otras culturas. La formación de organizaciones más amplias debe surgir cuando las iglesias locales de la zona lo creen necesario, no por presiones por parte de los miembros de los equipos de evangelismo intercultural. Y tales acciones jamás deben tomarse solamente para proporcionar los medios para incrementar el prestigio del liderazgo, sino con el propósito de realizar algunas tareas específicas que sólo sean posibles por medio de la cooperación regional o nacional.

La actitud de las iglesias que se organizan a niveles superiores es de primordial importancia. En algunos países existen muchos grupos étnicos o muchas culturas. Cuando un grupo de iglesias locales decide organizarse a un nivel superior, deben evitar actitudes de superioridad hacia iglesias de otros grupos étnicos que pudieran

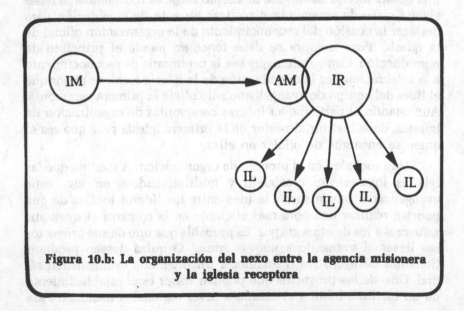

Figura 10.b: La organización del nexo entre la agencia misionera y la iglesia receptora

surgir posteriormente. Lo que deben hacer es cooperar para la evangelización de esos grupos étnicos.

Cuando las iglesias de otros grupos étnicos se multiplican, se les debe dar la oportunidad de unirse a la organización nacional para trabajar como socios y hermanos en la obra del Señor. Por supuesto, cada grupo deberá desarrollar su propia organización grupal o regional. Pero cuando se unen a otros grupos en la organización nacional para trabajar unidos a ese nivel, todos deben ser considerados con igualdad para la realización de la obra evangelística en el mundo. Así como los evangelistas interculturales no deben ejercer dominio sobre las iglesias que establecen en el campo, tampoco estas organizaciones deben dominar las iglesias que ellos establecen en la misma zona. De manera que cuando hablamos de iglesias nacionales, podemos referirnos a la organización nacional de un grupo étnico, o la organización nacional compuesta por todos los grupos o culturas que operan en unidad en el mismo país.

a. *La organización de la iglesia nacional.* Los mismos principios básicos que se usan para la organización de la iglesia local se aplican proporcionalmente cuando se establece la organización a nivel nacional. Los conceptos clave son la concordia y la cooperación para llevar a cabo la obra de Dios. Además de las reglas y disposiciones aplicadas a la iglesia local, hay un número de acuerdos adicionales a los que se debe llegar en la organización de la iglesia nacional.

Acuerdo constitucional. A nivel nacional es necesario contar con alguna clase de acuerdos constitucionales que gobiernen los principios y métodos para que las iglesias locales trabajen unidas a niveles superiores. Una constitución en forma escrita es el método usado más frecuentemente para establecer esa clase de acuerdos. Aquí también hay que advertir que en otras culturas quizá haya otros métodos para esto. Pero sea cual fuere el instrumento que se utilice, debe proporcionar la clase apropiada de acuerdos y convenios y debe brindar una base sólida de gobierno a nivel nacional.

Requisitos para ser aceptados como miembros. Tal como sucede en la iglesia local, a nivel nacional también deben establecerse las bases para poder contar con el privilegio de ser considerados como miembros. A niveles superiores las iglesias enteras son aceptadas como miembros. Lo que se acostumbra en estos casos es pedir que cada iglesia miembro envíe representantes a las conferencias o sesiones nacionales. Casi siempre se tienen como miembros de las organizaciones nacionales a ciertos líderes de los niveles superiores de las iglesias. Si ese es el caso, la membresía de líderes quizá esté restringida a los oficiales más altos de las iglesias, como los ministros ordenados. Es importante que sean las iglesias locales las que establezcan sus propias normas para la aceptación de miembros a nivel nacional. Estas no tienen necesariamente que copiar las normas establecidas en constituciones de otras iglesias nacionales. Quizá sea necesario establecer especificaciones y clasificaciones para diferentes rangos de la membresía de iglesias e individuos. Pero es indispensable que toda organización nacional llegue a un acuerdo claro y fijo sobre los requisitos y estipulaciones para formar parte de ésta.

Niveles del liderazgo. Debe existir un plan claro y definido para establecer una jerarquía de niveles oficiales dentro de la organización nacional. Es necesario que todas las iglesias lleguen a un acuerdo oficial sobre un modelo de estructura para el liderazgo, desde el oficial más elevado hasta el último evangelista local. Deben quedar claramente establecidos los grados jerárquicos así como los deberes y privilegios de cada oficial dentro de la organización nacional. Esta organización de la estructura del liderazgo promueve la eficacia de la obra que las iglesias pueden realizar en conjunto. Esto también permite establecer líneas de autoridad y responsabilidad.

Acuerdo financiero. Los medios para el financiamiento de la organización nacional y su programa de actividades tienen que ser debidamente planificados. Las iglesias locales deben ponerse de acuerdo en cuanto al método en que será sostenida económicamente la obra de la organización nacional. Aquí debe incluirse los gastos de las oficinas nacionales. Si se va a emplear líderes a tiempo completo en algunos puestos oficiales, hay que establecer algún plan para proporcionar los fondos necesarios para su sostenimiento. Es importante que los fondos para el financiamiento de la obra a nivel nacional sean recaudados por las mismas iglesias locales. La agencia misionera también puede patrocinar ciertas zonas cuando surge la necesidad de establecer ministerios a nivel nacional, los cuales no pueden ser patrocinados totalmente con los recursos con que cuenta la iglesia nacional. Entre estos pueden mencionarse algunos proyectos como el establecimiento de centros de adiestramiento superior, programas de literatura y ministerios de radio y televisión. Sin embargo, por regla general, la AM no debe patrocinar totalmente una obra de la iglesia nacional. El financiamiento de todos estos programas debe hacerse en sociedad.

Estructura organizacional. Las iglesias locales y sus líderes también deben establecer oficialmente el modelo para la organización de los distintos puestos y ministerios a nivel nacional. Quizá sea necesario establecer organizaciones a niveles distritales o regionales dentro de la organización nacional como escalas intermedias entre las iglesias locales y la oficina general. Las iglesias locales deben determinar las normas a aplicarse en cada nivel de la estructura de liderazgo. También deben quedar establecidos algunos mecanismos que faciliten cualquier cambio en la estructura cuando se considere necesario y beneficioso para las iglesias locales y sus respectivos líderes. Los patrones para la estructura organizacional deben ser autóctonos lo más que se pueda, tomando como ejemplos algunas organizaciones ya existentes en cada zona de trabajo. Es indeseable la adopción de patrones extranjeros para dicha organización.

b. *Modelos de asociaciones.* Cuando las iglesias locales se organizan a nivel nacional hay mucho lugar para que se asocien la agencia misionera (AM) con la iglesia receptora (IR). La asociación de estas dos estructuras puede echar a andar programas a nivel nacional, tales como la evangelización del resto de la nación o grupos étnicos existentes en el país. La AM tiene oportunidades de unirse con la IR para planificar e implementar estrategias en conjunto. También el presupuesto para la realización de esos programas nacionales puede ser provisto en forma conjunta, siempre y cuando los fondos de la AM no le quiten a la IR el sentido de responsabilidad de ganar a su pueblo para el Señor. Cuando se patrocine algún proyecto en conjunto, es necesario establecer algunas estructuras de asociación para la implementación apropiada del programa.

Cuando la iglesia receptora se reúne para hacer los planes necesarios para patrocinar con sus propios fondos algún proyecto en su región, no está obligada a incluir en su estructura a los miembros de los equipos de evangelismo intercultural para la supervisión de dicho programa. Hay algunas actividades que pueden ser administradas totalmente por la IR, como las que realizan los departamentos de jóvenes, de damas y de evangelismo local. Por otra parte, los miembros del equipo general de la AM necesitarán reunirse por separado para tratar los asuntos que les incumben solamente a ellos. Entre otras cosas están las juntas de negocios de la AM y las reuniones para la planificación y evaluación de estrategias ministeriales.

Siempre que la agencia misionera se asocia con la iglesia receptora para la realización de algún proyecto, se hace indispensable establecer algún tipo de estructura de asociación. Los intereses de ambos socios tienen que ser protegidos. Por eso es necesario que ambas

organizaciones se unan para tener juntas deliberativas. La figura **10.c**
indica la mejor estructura que se puede sugerir para esta administración combinada. Tanto el equipo evangelístico de la IR como el de la
AM seleccionará a algunos de sus miembros para que formen un
comité al cual se le otorgará autoridad para planear y administrar el
proyecto unido. Este podría ser reconocido como el "comité de la
asociación". Las decisiones de dicho comité serán bilaterales y su
estructura deberá organizarse de tal manera que tenga que rendir
cuentas tanto a la AM como a la IR. Es importante recalcar aquí que
esta asociación solamente deberá realizar aquellos proyectos que no
puedan ser desarrollados por la iglesia receptora. La AM no debe
tratar de poner ningún proyecto de la IR bajo el control de la
asociación con la encubierta intención de intervenir en su administración. Tampoco es correcto que la IR trate de poner algunos de sus
proyectos bajo el control del mencionado comité solamente con el
propósito de conseguir ayuda financiera de la AM para su realización. Ambas organizaciones deben ponerse de acuerdo en cuanto a
los proyectos que se realizarán bajo la administración de esta
estructura de la asociación.

La clave para la realización de proyectos unidos es el consenso. A
veces es mejor no seguir un procedimiento estrictamente democráti-
co en las juntas de la asociación, confiriendo a cada miembro el

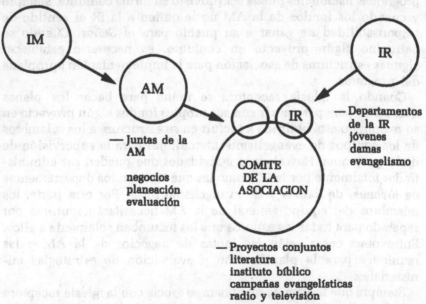

**Figura 10.c: La estructura del nexo entre la agencia misionera y
la iglesia receptora**

derecho de voto. Es mejor dar el derecho de un voto a cada grupo. Esto significa que los miembros del comité que representan a la AM tienen un solo voto como grupo, y lo mismo sucedería con los miembros de la IR. En esta forma no podrá tomarse acuerdos sobre ningún asunto, a menos que haya consenso general. Este acuerdo mutuo constituye la base para una dedicación decidida a la realización de los proyectos conjuntos. Los miembros de la agencia misionera no deben presionar a la iglesia receptora a que se haga cargo de algún proyecto. Tampoco debe suceder lo contrario. El operar a base de consenso evita que un grupo ejerza presión sobre el otro. Esto también contribuirá para proporcionar la unidad necesaria para realizar proyectos conjuntos.

Las decisiones que se tomen en las juntas de la asociación deben satisfacer las necesidades de ambas estructuras. Por ejemplo, cuando se requiere un financiamiento combinado, la AM podría responder a exigencias distintas de las impuestas sobre la IR con relación a los informes financieros. También podrían tener distintas reglas para decidir los proyectos en que habrán de participar. Debe reinar una actitud de respeto mutuo en cuanto a la planeación e implementación de las actividades para que ambos cuerpos se sientan satisfechos.

Una posibilidad de disfrutar de relaciones más agradables en las operaciones conjuntas de dos o más agencias son las juntas no legislativas. El propósito de estas sesiones es solamente proporcionar una plataforma deliberativa en la que se consideran los planes de acción. Dichos planes no son decididos definitivamente por el comité de la asociación, sino que cada grupo queda pendiente de la consulta y aprobación de su estructura organizacional. En tales reuniones del comité todo lo que se hace es intercambiar ideas y sugerencias sobre planes que han de someterse a aprobación. La buena comunicación es la clave para fomentar y mantener la confianza y el respeto mutuo. Aunque no se puedan tomar acciones oficiales sobre aspectos que solamente pueden ser decididos por un solo socio, siempre es necesaria la comunicación y el intercambio de sugerencias. A medida que las estructuras de la IR crecen y se hacen más complejas, este tipo de relaciones, puede ser de bendición para todos.

Cuando se ha acordado mutuamente que un proyecto puede ser patrocinado y administrado solamente por la iglesia receptora, el comité de la asociación debe dejar dicho programa totalmente bajo el control directo de la IR. Lo ideal sería que cada vez vayan surgiendo más proyectos que no necesiten ser realizados por la asociación, a medida que la IR crece y aumentan sus capacidades. Por ejemplo, digamos que de acuerdo mutuo se reconoce la necesidad de iniciar un programa de producción de literatura para adiestramiento bíblico y evangelismo. Entonces se establece un programa para el desarrollo y producción de la literatura necesaria, el cual queda bajo el control del comité de la asociación. Inicialmente casi todo el financiamiento viene de la agencia misionera, debido a la falta de recursos de la iglesia receptora. Pero a medida que pasa el tiempo, se va recuperando más y más del dinero invertido en la producción de los materiales a través de un incremento en las ventas. Igual que con todos los proyectos que se vayan a realizar en sociedad, el planeamiento debe hacerse pensando en que llegará el momento en que el programa de literatura se financiará por sí solo. Cuando llegue ese momento, el comité de la asociación tendrá que decidir cuándo y cómo se transferirá el control total de dicho programa a la administración unilateral de la IR, lo cual viene a contribuir más a la aplicación de los principios autóctonos de la obra en general. Estos proyectos conjuntos pueden estar bajo la jurisdicción del comité de la asociación por algunos meses o por muchos años, dependiendo del tipo de programa y de las capacidades y necesidades vigentes. Pero lo ideal es que todo proyecto ministerial sea transferido a su debido tiempo al control y a la administración directa de la IR.

C. Nexos entre la agencia misionera y las agencias misioneras hijas

Existe otro nivel de asociación de extrema importancia en el evangelismo intercultural que está cobrando más renombre cada día a medida que se establecen agencias misioneras en los distintos países del mundo. No es suficiente establecer agencias misioneras bajo los auspicios de las iglesias misioneras originales. También se debe aprender a entrar en sociedad con otras agencias misioneras fundadas en otras partes del mundo para poder alcanzar con el evangelio a grupos étnicos específicos. Hay muchos grupos étnicos y culturas que esperan oír y recibir el evangelio si es presentado como debe ser. Esos pueblos que desean oír el mensaje necesitan sentir el impacto que causan los equipos del evangelismo intercultural cuando entran a una región de trabajo con una estrategia coordinada y con un espíritu cristiano de cooperación. Es probable que no se pueda entrar en sociedad con cuanta agencia misionera se forme, pero por lo menos hay que estar familiarizados con las distintas maneras de asociarse con otros grupos de "la misma fe".

Consideremos tres modelos de sociedad al nivel de AM a AM. El primer modelo demuestra cómo se puede establecer una sociedad con las iglesias fundadas entre los pueblos evangelizados en el plan intercultural. El segundo describe la sociedad que se puede formar con otras agencias misioneras interesadas en unir esfuerzos para alcanzar a ciertos grupos étnicos. Finalmente se presenta un modelo que muestra cómo se forma una sociedad entre iglesias misioneras a fin de contar con una estructura que permita la evangelización de muchos grupos étnicos.

1. *La sociedad entre la agencia misionera y la "agencia misionera hija".* Cuando se establecen iglesias entre los grupos de otras culturas, parte de la estrategia debe consistir en la creación de un plan para que éstas formen sus propias agencias misioneras. Es imperativo enseñarles a los creyentes nuevos, desde el principio, la necesidad de que participen en el evangelismo mundial. Su visión para la evangelización de su propio pueblo puede servir de base para captar una visión más amplia para alcanzar al mundo. Después que las iglesias crecen y se multiplican lo suficiente, empieza a surgir en ellas el deseo de participar en la tarea del evangelismo intercultural. El adiestramiento que ha de darse a los líderes debe estar saturado de esta visión evangelizadora. Cuando llegue el momento en que una iglesia se siente motivada y capacitada para esta tarea, los líderes deben seleccionar uno de los grupos étnicos no evangelizados o en el que puedan participar en esta misión. Ese pueblo o grupo bien puede estar dentro de su propio país o fuera de él. Cuando una iglesia llega a tal etapa, sus líderes así como todos sus miembros deben enterarse de los principios que se exponen en este libro. Hay que orientarlos y animarlos a que establezcan su propia agencia misionera.

En varios países de América Latina es muy conocido el principio de establecer iglesias hijas. La iglesia madre envía obreros para conducir servicios o celebrar la escuela dominical todos los domingos. El lugar donde se realiza esto pronto llega a convertirse en cuna de una nueva "iglesia hija". De la misma manera, cuando la AM original empieza a establecer iglesias a través de un programa intercultural y éstas forman su propia agencia misionera, bien puede dársele a esta estructura el nombre de "agencia misionera hija" (AMH). Si bien esta agencia ha sido formada por su propia iglesia misionera, puede considerarse como una agencia hija por su relación con la AM que inició la fundación de su iglesia o grupo de iglesias.

La figura **10.d** ilustra la manera en que puede formarse una AMH y cómo puede iniciar nuevas iglesias en otras culturas. Para entender este diagrama digamos que la iglesia misionera nuestra puede identificarse como la IM-1, la cual establece su AM para fundar las iglesias receptoras (IR-1) entre otras culturas. Al alcanzar cierto grado de crecimiento y madurez, estas iglesias se organizan a nivel nacional. Es entonces cuando puede darse la posibilidad de querer organizar su propia AMH por medio de la cual realizarán su plan de evangelismo intercultural para establecer nuevas iglesias (IR-2). Si este mismo plan se verifica a un nuevo nivel, entonces las iglesias que se fundan se podrían reconocer como iglesias receptoras de tercer nivel (IR-3).

Uno de los grupos étnicos que quieren evangelizar se encuentra en el mismo país. Planifican sus estrategias de trabajo, reclutan y adiestran gente para formar sus equipos de evangelismo y patrocinan su programa sin ayuda exterior. Este puede ser designado como el equipo uno de la agencia misionera hija (E1-AMH). La iglesia que establezcan en el pueblo que se evangeliza será reconocida como IR2, como se ve en la figura 10.d.

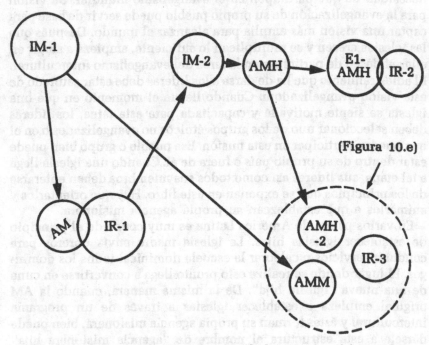

Figura 10.d: La formación y función de la agencia misionera hija

Pero la AMH decide que también debe enviar evangelistas interculturales a un pueblo que está en otro país. La iglesia que fundan en este proyecto se designa como IR-3. Ver figura 10.e. En vista de que ellos nunca han llevado a cabo un plan evangelístico fuera de su país, tendrán que pedir a la agencia misionera madre (AMM) que les preste ayuda. En este caso la AMM y la AMH forman una sociedad para evangelizar a un nuevo grupo. El equipo de evangelismo intercultural que hará este trabajo se señala como E2-AMH, y la iglesia que se establece se llamará IR-3.

Nótese que a este nivel también hay un "comité de la asociación", semejante al que se describió en la sección anterior. Inicialmente la sociedad se forma entre la AMM y la AMH-2 para planificar una estrategia de operaciones a fin de alcanzar al grupo étnico en el cual se habrán de establecer iglesias receptoras. Cuando estas iglesias receptoras (IR) empiezan a alcanzar madurez, la AMM, la AMH y la IR se reunirán para conducir juntas individuales para deliberar sobre lo que le concierne a cada una en particular. Pero la mayor parte de la estrategia será planificada e implementada por la estructura unida de la asociación. Cada una de las estructuras mencionadas tendrá a sus respectivos oficiales representándola en las juntas de la asociación. Igual que como se indicó en la sección anterior, llega el momento en que se va descargando más y más responsabilidad, y también más autoridad, en los proyectos sobre la iglesia receptora por parte del comité de la asociación.

Las finanzas. Es importante mencionar las finanzas cuando se habla de la sociedad entre las agencias misioneras. Algunas iglesias receptoras se muestran un tanto negativas en cuanto a la formación de sus propias agencias misioneras porque tienen que enfrentarse a

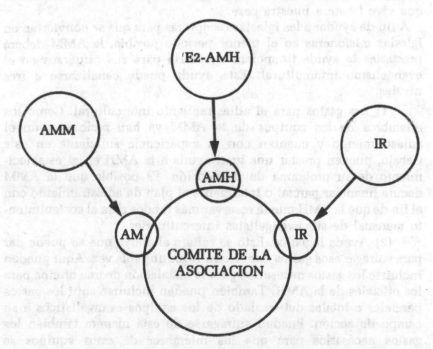

Figura 10.e: La relación entre la agencia misionera madre y la agencia misionera hija

muchas presiones con relación a los fondos para sostener programas para la evangelización de sus propios grupos étnicos. Los líderes de estos grupos se ven tentados a pensar que no podrán hacer ningún esfuerzo en esta dirección hasta que tengan lo suficiente para sus propias necesidades. Pero Jesucristo nos da los principios bíblicos que demuestran que esta manera de pensar no es la mejor. El dijo: "De gracia recibisteis, dad de gracia" (Mateo 10:8). También dijo: "Dad, y se os dará; medida buena, apretada, remecida y rebosando darán en vuestro regazo" (Lucas 6:38). Como líderes de las iglesias, esperamos que el pueblo de Dios coopere para el inanciamiento de la obra. Se espera que las iglesias locales hagan lo mismo. El principio bíblico es dar de lo que hemos recibido, esperando que Dios multiplique los efectos de lo que damos para saciar las necesidades de otros y las nuestras. Si tomamos todos los recursos que Dios nos da y los usamos egoístamente sólo para saciar nuestras necesidades, estaremos fallando en el plan de Dios así como falló tantas veces el pueblo de Israel. Todos debemos estar dispuestos a dar para la evangelización del mundo, ya sea de nuestra abundancia o de nuestra escasez. El alcanzar con el evangelio a nuestro prójimo que vive al otro lado del mundo no es menos importante que alcanzar al que vive frente a nuestra casa.

A fin de ayudar a las iglesias receptoras para que se conviertan en iglesias misioneras en el menor período posible, la AMM deberá prestarles la ayuda financiera necesaria para sus esfuerzos en el evangelismo intercultural. Esta ayuda puede canalizarse a tres niveles:

(1) Los gastos para el adiestramiento intercultural. Como los miembros de los equipos de la AMM ya han recibido todo el adiestramiento y cuentan con la experiencia suficiente en este trabajo, pueden prestar una gran ayuda a la AMH en el establecimiento de su programa de instrucción. Es posible que la AMM decida financiar parcial o totalmente el plan de adiestramiento con el fin de que la AMH pueda reservar más fondos para el sostenimiento mensual de sus evangelistas interculturales.

(2) Ayuda logística. Esto se refiere al apoyo que se puede dar para sufragar esos gastos que tienen lugar una sola vez. Aquí pueden incluirse los gastos necesarios para la instalación de una oficina para los oficiales de la AMH. También pueden incluirse aquí los gastos parciales o totales del traslado de los equipos evangelísticos a su campo de acción. Pueden sufragarse de esta manera también los gastos necesarios para que los miembros de estos equipos se establezcan y se adapten al trabajo que están emprendiendo. Esto es algo que la AMH tiene que hacer una sola vez.

(3) Subsidio para el presupuesto de gastos generales. Algunas veces la AMM decide hacerse cargo hasta de la mitad del presupuesto mensual de los salarios de los miembros de la AMH mientras éstos estén adiestrándose o desempeñando sus labores. Esto también podría incluir una parte de los salarios de otros miembros de la AMH en su propio país.

Como regla general, resulta peligroso darle a la AMH ayuda financiera al tercer nivel. El dar un presupuesto mensual o anual para pagar todos los salarios causa que la AMH se haga muy dependiente de la AMM. Esto viola las normas de la reproductibilidad infinita y los principios autóctonos en general. Digamos que la AMH estuviera en la capacidad de sostener a diez miembros del equipo si éstos pueden recibir la mitad de su sostenimiento de la AMM. ¿Pero qué sucedería si la AMH quiere expandir su trabajo? En este caso tendrían que solicitar más ayuda de parte de la agencia misionera madre o aumentar el nivel de ayuda para financiar totalmente a los diez miembros ya existentes antes de hacerse cargo de nuevas responsabilidades. Si la AMM concede más ayuda para esta expansión, eso significa que se estaría tomando para esta zona la ayuda que podría financiar un programa de evangelismo intercultural en otra región. De cualquier manera, toda la obra de Dios sufre hasta que la AMH llega a la capacidad de sobrepasar su compromiso de patrocinar a los diez miembros iniciales de su movimiento. Por lo tanto, sería más recomendable que cada agencia interesada asumiera la responsabilidad de sostener a cinco miembros al principio, con la esperanza de ir ofreciendo más ayuda a medida que vayan incrementando sus recursos económicos. Esto no sólo conduce a la implementación de los principios autóctonos de cada obra sino que también permite que el crecimiento de la AMH sea constante.

Si la AMM quiere ayudar y motivar más a la AMH dándole más financiamiento, deberá hacerlo en los niveles uno y dos. Si la AMM quiere hacerse cargo de los gastos que requiere el establecimiento de las diferentes partes del ministerio de la AMH, lo cual sucede solamente una vez, esto no hará ningún efecto negativo en cuanto al sentido de responsabilidad de ésta. Por el contrario, esta ayuda puede servir de aliento y motivación para dicha estructura. Otra manera de ayudar a la AMH a desarrollar con éxito un programa de evangelismo intercultural es proporcionando los medios para la preparación de sus evangelistas. Sin embargo, aquí debemos dar un aviso de precaución en lo que respecta al adiestramiento de los miembros de equipos de la AMH. El adiestramiento y la experiencia de los miembros de la AMM son de un valor bastante elevado como para dedicarse a toda la capacitación de los elementos de la AMH. Lo recomendable es que esta última se prepare lo más pronto posible para desarrollar su propio programa de capacitación. Lo ideal sería que pronto la AMH contara con personas capacitadas y de suficiente experiencia dentro de su misma estructura para que se hicieran cargo de adiestrar a miembros de futuros equipos de evangelización. Este es un paso de gran importancia para el plan a largo plazo de su reproductibilidad. La agencia misionera madre puede y debe proporcionar mucha de su valiosa ayuda a la agencia misionera hija, especialmente durante las primeras etapas de su desarrollo. Pero hay que tener mucho cuidado de no dar demasiada ayuda como para estorbar el desarrollo de la nueva estructura, quitándole las oportunidades de realizar esfuerzos y fomentar así su propio crecimiento y multiplicación.

2. *Nexos entre agencias misioneras del mismo nivel.* Es muy común que varias iglesias misioneras se sientan impulsadas por el Señor para desarrollar programas de evangelización en pueblos entre los cuales ya trabajan otras agencias misioneras. ¿Cuál debe ser la actitud de unas agencias misioneras hacia las otras? ¿Qué relaciones deben observarse entre las agencias misioneras y las iglesias receptoras que están ya establecidas en la zona de trabajo cuando aquéllas llegan? La importancia de estas preguntas se va incrementando a medida que más y más iglesias nacionales se van convirtiendo en iglesias misioneras.

En una sección anterior de este libro se hizo referencia al hecho de que en una ciudad de América Latina se encuentran establecidos cinco evangelistas del mismo país, del mismo tipo de iglesia, pero no trabajan juntos. En esa misma ciudad se encuentran otros dos evangelistas de países distintos quienes tampoco se han unido a ninguno de los demás evangelistas interculturales que allí operan. Como lo indicamos ya, todos éstos pertenecen a la misma clase de iglesias, tratan de evangelizar al mismo tipo de gente y creen en el mismo evangelio y en la misma doctrina. La mayor razón por la que no trabajan unidos es que casi todos luchan por establecer iglesias parecidas a las de su propio país. Todos están empeñados en utilizar fórmulas y métodos que se ajustan fielmente a los de las iglesias que los enviaron a esa cultura, pero pasan por alto las formas y costumbres del pueblo que quieren evangelizar.

¿Qué debieran hacer todos estos evangelistas? En primer lugar, debieran dedicar tiempo para estudiar principios como los que se presentan en este libro a fin de dejar a un lado la "funda cultural" de los métodos y fórmulas que llevaron de su país. Acto seguido, deberían juntarse para establecer una estructura de asociación que les permitiera planear una estrategia unida para evangelizar a la gente entre la cual se encuentran. Las iglesias producidas a través de esta clase de trabajo no serán una copia de las que ellos conocen en su país. Estas se regirán por medio de un liderazgo local, formado de acuerdo con los modelos, las costumbres y las necesidades del lugar. Si todos estos evangelistas utilizan buenos principios para la realización de su programa de evangelismo intercultural, aunque no trabajen unidos, las iglesias fundadas por ellos tendrán más semejanzas con las demás que con las del país de sus fundadores. ¿Por qué no pueden trabajar estos evangelistas en sociedad unos con otros, así como trabajan en sociedad con Dios?

En la figura 10.f se indica cómo deben funcionar los nexos entre agencias misioneras. La relación es muy parecida a las que se han descrito ya. Pero en esta clase de sociedades los representantes de las distintas agencias misioneras se reúnen con representantes de las iglesias receptoras para establecer una estructura de asociación. El comité de la asociación desempeña las mismas funciones que realizan los que se han descrito anteriormente. Aquellos ministerios y responsabilidades que deban estar bajo el control total de la iglesia receptora no deben someterse a la estructura de la asociación. Pero todas aquellas actividades que exijan mayor respaldo económico y más liderazgo que lo que puede proporcionar la iglesia receptora, deberán ponerse a cargo de la estructura combinada, la cual deberá desempeñarse como un cuerpo autorizado para la toma de decisiones.

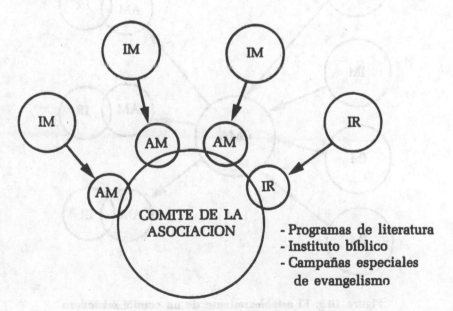

Figura 10.f: Nexo entre agencias misioneras

Las relaciones de estas estructuras deben estar fundadas sobre la confianza mutua. Los participantes deben tenerse confianza entre sí y a la vez deben confiar en la dirección provista por el Espíritu Santo. Como en todo lo demás, nunca debe aprobarse en nada hasta que todos los integrantes estén plenamente de acuerdo.

Los nexos entre las distintas agencias misioneras son la estructura de mayor demanda en el mundo del evangelismo intercultural de hoy. Estas constituyen un instrumento que proporciona una gran cantidad de recursos y personal que pueden concentrarse en un plan unido para alcanzar a una cultura o grupo étnico no evangelizado. La formación de esta clase de sociedades requiere un fuerte deseo de hacer lo mejor para alcanzar a un pueblo no evangelizado. Tal como sucede en el fomento de otras relaciones, para establecer y mantener esta clase de nexo entre varias agencias misioneras se requiere mucho esfuerzo y profunda dedicación a las necesidades de otros pueblos.

El no hacer nada para establecer la unidad necesaria conduce inevitablemente a la misma situación en que se encontraban los

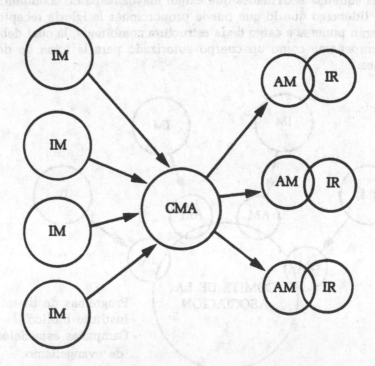

Figura 10.g: El establecimiento de un comité misionero compuesto por varias iglesias misioneras

evangelistas que citamos anteriormente. Si no nos interesamos en hacer algo para establecer tales sociedades, trazaremos la ruta hacia la formación de muchas iglesias que crean la misma doctrina y que incluso lleven la misma clase de nombre, pero jamás llegarán a trabajar unidas para la gloria de Dios como se demanda en las Escrituras (Juan 17:21). Sin un nexo es muy fácil caer en la tendencia de establecer nuestro propio reino en lugar de esforzarnos para el establecimiento del reino de Dios.

Pero si luchamos por unir nuestros recursos y nuestro amor a Dios en la formación de sociedades de esta clase, lograremos ser más eficientes en la evangelización de grupos y culturas a los cuales no ha llegado el evangelio. Ya sea bajo la sombra de los árboles en la selva o en las oficinas de un rascacielos, nuestra meta debe ser la formación de centenares de nexos entre múltiples agencias misioneras si queremos participar eficientemente en la evangelización de los pueblos que no han recibido el evangelio.

3. *Agencias formadas por varias iglesias misioneras.* Otro modelo importante en cuanto a la cooperación entre organizaciones evangelísticas es lo opuesto, estructuralmente hablando, al modelo mencionado arriba. Esta asociación no se forma a nivel de agencia misionera sino que las mismas iglesias misioneras se asocian para combinar sus esfuerzos a fin de establecer agencias para la evangelización de pueblos no alcanzados. Esto se ilustra con el diagrama de la figura 10.g.

Algunas veces resulta mucho más fácil enviar evangelistas interculturales al campo misionero cuando varias iglesias nacionales forman una sociedad para tales efectos. En casos así, cada una de las iglesias envía sus representantes para celebrar juntas en las que se establecen normas para la realización de programas unidos de evangelismo entre pueblos no alcanzados. Los integrantes de los equipos de evangelismo intercultural son reclutados, adiestrados y enviados bajo los auspicios y la autoridad de un comité misionero asociado (CMA). Esta es una clase de asociación que delega la mayor parte de la responsabilidad de planear estrategias y enviar evangelistas al comité misionero asociado para su implementación.

Este CMA puede ser patrocinado por varias iglesias nacionales de la misma denominación representando a diferentes países. También puede funcionar bajo el patrocinio de varias iglesias nacionales de distintas denominaciones dentro del mismo país o de distintos países. Un ejemplo de esta clase de comités misioneros es el "Departamento de Misiones y Evangelismo del Comité Cristiano Unido" de Karbi, Anglong, el cual está empeñado en la evangelización de la parte nordeste de la India. Este comité unido representa a tres distintas iglesias nacionales: el sínodo presbiteriano de Mizoram, las iglesias bautistas del nordeste de la India y el sínodo presbiteriano de Khasi Jaintia. Para el año de 1982 este comité misionero interdenominacional había enviado 52 evangelistas, muchos de los cuales trabajaban en programas interculturales. Dicho comité fue establecido en 1975. Ellos habían registrado hasta ese año unas 2.651 conversiones y habían fundado iglesias entre varios grupos étnicos de la India.[3]

Otra variación muy común de asociaciones entre distintas agencias misioneras es la que se ilustra con la figura **10.h.** Un grupo de iglesias que envían o desean enviar evangelistas interculturales a ciertas zonas se unen como una asociación regional, o *Sociedad Intereclesial Adjunta* (SIA). En este modelo de sociedad las iglesias misioneras siguen patrocinando sus propias agencias misioneras, pero trabajan de manera adjunta con las agencias de otras iglesias misioneras. Cada agencia misionera dirige y sostiene a los equipos evangelísticos, pero la sociedad adjunta brinda distintas clases de ayuda para la coordinación, planeamiento e implementación del programa cooperativo.

La ayuda provista a los distintos equipos de evangelismo intercultural varía en esta estructura, de acuerdo con la manera en que esta se haya establecido. La SIA puede proporcionar solamente planificación y ayuda logística (o estratégica). Si ese es el acuerdo hecho, entonces la SIA operará sólo como una oficina para proporcionar la orientación necesaria y las estrategias para la evangelización de grupos étnicos específicos o zonas geográficas en particular. Esta oficina también podría encargarse de tramitar las transferencias de fondos de un país a otro. A un nivel más profundo de cooperación, la SIA podría establecer los requisitos impuestos a los candidatos para integrar los equipos de evangelismo intercultural. Otra contribución muy valiosa que esta sociedad intereclesial adjunta puede ofrecer a este nivel de cooperación es la capacitación de los evangelistas interculturales. En lugar de que cada iglesia miembro establezca en cada país un centro de capacitación, todas pueden optar por patrocinar una institución unida a través de la SIA. Todas las iglesias participantes se ponen de acuerdo en cuanto a las normas y el programa de estudios, para luego entregar la supervisión organizacional de dicho centro educativo a la SIA. Esto permite ofrecer al personal evangelístico adiestramiento de primera calidad a un costo relativamente bajo, dejando más fondos disponibles para el sostenimiento de los equipos de evangelismo intercultural.

Un ejemplo de este tipo de sociedad intereclesial adjunta se vio en Asia. En 1979 las iglesias de nueve países de Asia formaron la estructura conocida como la "Asociación de Misiones Asiáticas de las Asambleas de Dios". Cada iglesia misionera nacional sostiene a sus propios evangelistas interculturales, pero la mayor parte de la planificación y el financiamiento se canaliza a través de las juntas de esta asociación. El primer objetivo operacional de esta estructura fue un esfuerzo unificado que realizó la evangelización de algunos grupos étnicos de Tailandia. Para el año de 1980 esta organización coordinaba el programa de actividades de unos 82 evangelistas interculturales.

En otras partes del mundo también se han dado ejemplos de este tipo de estructura SIA. La Asociación de Iglesias Evangélicas del Occidente de Africa es una excelente muestra en ese continente. Se puede citar también un ejemplo en América Latina, como lo es la "Comunidad Latinoamericana de Ministerios Evangélicos" (CLA-ME), ubicada en Costa Rica.

Las sociedades cooperativas regionales, tanto del tipo de la SIA como del CMA, constituyen una señal alentadora en el horizonte del evangelismo intercultural. Sin embargo, en la formación de agencias cooperativas como éstas hay que evitar dos extremos. En primer lugar, la organización no debe hacerse descuidadamente. No debe quedar muy escasa de autoridad al grado de no tener la capacidad de responder a las necesidades de las agencias asociadas. No debe verse la organización como un fin en sí misma.

Una estructura cooperativa debe establecerse con el propósito de satisfacer necesidades específicas de las agencias miembros. Debe ser más que una excusa para tener reuniones (aunque eso es algo en lo que vale la pena invertir tiempo). Una estructura de ese nivel debe establecerse para brindar servicios que a las agencias miembros se les haría difícil o imposible conseguir por sí solas.

El segundo extremo que debe evitarse es la demasiada organización. Las sociedades no deben quitar a las agencias misioneras su sentido de responsabilidad por la obra del evangelismo intercultural. Si la estructura de la sociedad se toma toda autoridad y ejerce demasiado control sobre las actividades que son propias de las organizaciones miembros, éstas pueden verse tentadas a considerar a la asociación como la única estructura legítima para el desarrollo del evangelismo intercultural. Tal centralización puede acabar con la visión y el sentido de responsabilidad de las iglesias miembros. Las agencias misioneras intereclesiales deben fortalecer los esfuerzos de cada una de las iglesias que las integran en lugar de hacer menguar su influencia y motivación.

D. De todo pueblo a todo pueblo

La tarea de la evangelización del mundo no es cosa que pueda dejarse en manos de un solo grupo de seguidores de Cristo. Cuando Jesús pronuncia el mandato de ir a hacer discípulos "a todas las naciones" o *ethnos* del mundo, no les dice a los creyentes que esperen hasta que sean fuertes en su economía. Las iglesias de América Latina, Africa y Asia empiezan a movilizarse ante el desafío del evangelismo intercultural. De esos tres continentes trabajaban no menos de 16.000 evangelistas interculturales en distintos campos de acción, bajo los auspicios de más de 400 agencias misioneras para el año 1982, mientras que en 1972 cerca de 3.400 evangelistas habían sido enviados a los distintos pueblos por unas 210 agencias misioneras de los mismos continentes.[4] Vemos una rápida expansión de las agencias evangelísticas en las regiones llamadas "en desarrollo" del mundo actual. El poder de Dios para la realización del evangelismo intercultural no es algo que esté limitado solamente a los países ricos de la tierra.

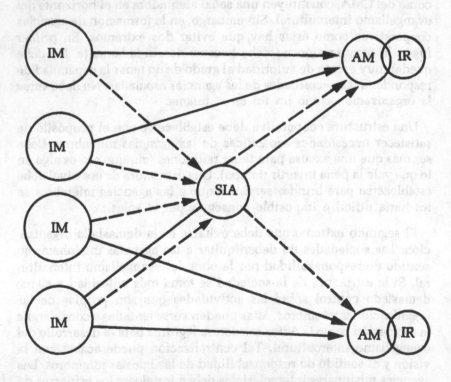

Figura 10.h: La formación y función de la Sociedad Intereclesial Adjunta (SIA)

La mies entre los pueblos no alcanzados con el mensaje del evangelio todavía es mucha (Mateo 9:37). Más de 2.400 millones de personas están todavía muy lejos de la oportunidad de oír y recibir el evangelio. Estos se encuentran aislados por sus propias culturas: unas 16.750 comunidades étnicas en las cuales todavía no se ha establecido la Iglesia de Jesucristo. Persiste aún el hecho de que el 95% de los evangelistas interculturales se encuentran trabajando solamente entre un 45% de la población del mundo, mientras que sólo el 9% de ellos luchan por evangelizar al 55% de la humanidad.

No cabe duda de que la mayor necesidad del mundo evangélico de hoy es rogar al Señor de la mies que levante más y más evangelistas interculturales de todo pueblo en el cual ya se ha establecido el evangelio para que vayan a todo pueblo no evangelizado y hagan discípulos para Cristo. Toda iglesia local que crea en Jesucristo en cualquier país del mundo debe tener el mismo propósito. Debemos tomar la decisión de hacer discípulos entre nuestra propia gente, pero también entre los pueblos que todavía no han recibido el evangelio. La evangelización intercultural no es una tarea opcional; es una misión tan importante como el evangelismo en sí.

El apóstol Pablo cita al profeta Isaías: "¡Cuán hermosos son los pies de los que anuncian la paz, de los que anuncian buenas nuevas!" (Romanos 10:15). En tiempos de la Biblia, como hasta la fecha, en muchas culturas orientales los pies eran considerados como la parte más deshonrosa del cuerpo humano. La mayor parte de los viajes se hacía a pie, usando sandalias. En los quehaceres de la vida diaria los pies estaban siempre sucios, eran la parte menos atractiva del cuerpo. Sin embargo, el profeta veía que aun los pies de los que proclaman el evangelio son hermosos delante de los ojos de Dios. ¡Cuánto más hermosas son para el Señor la vida de todos los que van por el mundo predicando su evangelio!

Abriguemos una nueva visión acerca de los que se han de dedicar a la proclamación del evangelio de aquí en adelante. Imaginémonos un bello ejército integrado por multitudes de evangelistas interculturales llevando el mensaje del evangelio a través de barreras raciales, lingüísticas, culturales y geográficas en el mundo para alcanzar a todo pueblo no evangelizado. Ya no permitamos que el mundo vea la bandera del evangelio como la religión de las naciones ricas. Veamos con júbilo el desfile de muchísimos pies "hermosos" procedentes de todas partes, decididos a marchar al mando del Maestro. ¡Que esos pies caminen incesantemente hasta alcanzar a todos los pueblos de la tierra!

Bosquejo del capítulo

*Una buena estructura para la coordinación
de un esfuerzo evangelístico*

I. El nexo formado por la iglesia que envía evangelistas interculturales y la agencia encargada del establecimiento del programa de evangelismo intercultural
   A. Las agencias a niveles diferentes que establecen programas de evangelismo intercultural
      1. La agencia formada por una iglesia local
      2. La agencia formada por varias iglesias de una determinada región
      3. La agencia formada por una organización nacional de iglesias
      4. La agencia formada por varias organizaciones nacionales de iglesias de un mismo país
   B. Cómo funcionan las agencias que establecen programas de evangelismo intercultural

II. El nexo formado por una agencia encargada del programa de evangelismo intercultural y la iglesia establecida como resultado del esfuerzo evangelístico
   A. Una sociedad que se sigue estableciendo
      1. El establecimiento y desarrollo de las funciones de una iglesia local
         a. La enseñanza de doctrina bíblica
         b. Decidir lo que se requiere para ser miembro de la iglesia
         c. Cómo escoger líderes y delegarles responsabilidades
         d. Reglas básicas para la función de la iglesia en la comunidad
         e. La formación de constituciones
      2. El reconocimiento formal de la congregación autónoma
   B. Una sociedad que necesita seguir organizando sus actividades y misiones
      1. La formación de la iglesia nacional
         a. La formación de una constitución
         b. La determinación de lo que se requiere para ser miembro de la iglesia nacional
         c. Los niveles de administración
         d. La administración de las finanzas
         e. Cómo se debe organizar la iglesia nacional
      2. Diferentes tipos de asociaciones

III. El nexo entre la agencia encargada del evangelismo intercultural y otras agencias que ellas establecen
   A. El nexo entre la agencia madre y la agencia hija
   B. Asociaciones entre agencias del mismo nivel, encargadas del evangelismo intercultural
   C. Agencias establecidas por varias iglesias que envían evangelistas interculturales
IV. La trasmisión del mensaje intercultural de cada pueblo a todos los pueblos

Un encuentro con las verdades

1.1 Mencione tres clases de estructuras misioneras y explique el significado de cada una.

1.2 Indique cómo se relacionan estas organizaciones entre sí.

2.1 Enumere algunas de las ventajas derivadas de la formación de una agencia misionera por una sola iglesia local.

2.2 Mencione también algunas de las desventajas de este plan.

3. Señale las ventajas que hay en establecer una agencia misionera a nivel de iglesia nacional.

4.1 Destaque las ventajas y las desventajas de la formación de agencias misioneras interdenominacionales.

4.2 ¿Cuáles son las mayores desventajas?

4.3 ¿Cuál es la importancia de ellas?

5.1 Explique por qué las agencias misioneras deben ser semiautónomas y no estar bajo el control de los líderes administrativos de la iglesia misionera.

5.2 ¿Cuáles son las diferencias entre la naturaleza de la estructura administrativa de la agencia misionera y la iglesia misionera?

5.3 Cite un ejemplo del libro de los Hechos en cuanto a las fricciones que pueden haber entre estas dos estructuras.

6. Enumere y describa las tres etapas del proceso de desarrollo organizacional de las iglesias fundadas entre pueblos recién evangelizados.

7.1 Enumere y describa las cinco categorías de acuerdos necesarios para la organización de una iglesia local en una nueva cultura.

7.2 ¿Quién debe realizar las ceremonias por medio de las cuales se declaren organizadas las nuevas iglesias?

7.3 ¿Por qué?

8.1 ¿Quiénes deben decidir cuándo las iglesias locales de un pueblo recién evangelizado deben organizarse a nivel regional o nacional?

8.2   ¿Qué cambios se espera que ocurran en las relaciones entre la agencia misionera y las iglesias locales después que se establece la organización a nivel regional o nacional?

9.   Enumere y describa los cinco tipos de acuerdos necesarios para que un grupo de iglesias locales formen una estructura organizacional a nivel regional o nacional.

10.1   Describa el nexo de la agencia misionera y la iglesia receptora.

10.2   ¿En qué consiste el comité de la asociación?

10.3   ¿Cómo debe funcionar dicho comité?

11.1   ¿Qué es una AMH?

11.2   ¿Cómo demuestra esta estructura los principios de la infinita reproductibilidad?

11.3   ¿Cómo pueden entrar en sociedad la AMH y la AMM?

12.1   Explique cuáles son los tres niveles en los que la AMM puede suministrar ayuda financiera a la AMH.

12.2   ¿Qué nivel de ayuda debe evitarse?

12.3   ¿Por qué?

13.1   Describa los propósitos de las sociedades entre distintas agencias misioneras.

13.2   Explique cómo operan estas estructuras organizacionales.

13.3   ¿Por qué se necesitan más estructuras de este tipo en el evangelismo intercultural?

14.1   Describa dos clases distintas de agencias intereclesiales adjuntas.

14.2   ¿Qué diferencia hay entre las dos?

14.3   ¿Cuál de estas dos clases es más común en América Latina, Africa y Asia?

15.   Explique cuáles son los dos extremos que deben evitarse al establecer y operar agencias misioneras intereclesiales.

De la teoría a la práctica

A.1   Exprese la necesidad de que las agencias misioneras cuenten con suficiente autonomía para llevar a cabo sus actividades.

A.2   Mencione algunos casos que usted conozca que demuestren la necesidad de respetar este principio.

A.3   ¿Qué ejemplos podría usted citar sobre la implementación de este principio de la autonomía en organizaciones seculares?

B.1   ¿Qué iglesias u organizaciones eclesiásticas nacionales han establecido sus propias agencias misioneras para la realización de programas de evangelismo intercultural?

B.2 Según lo que haya aprendido en este capítulo, explique en qué categorías podrían ubicarse estas agencias.

C.1 Presente los puntos fuertes, así como también los débiles, con relación a las agencias misioneras interdenominacionales.

C.2 ¿Qué clase de programas pueden desarrollarse mejor a través de estas estructuras?

C.3 ¿Sabe usted algo sobre una agencia misionera de esta clase? Explique.

C.4 ¿Cuáles son las mayores desventajas o problemas de este tipo de organización?

D.1 Exponga el concepto de sociedad o asociación en el evangelismo intercultural.

D.2 ¿Por qué no se debe permitir que la AM ejerza dominio sobre la IR?

D.3 ¿Por qué no es recomendable que la IR ejerza control sobre las actividades de la AM?

E.1 Explique qué clase de agencia misionera usted quisiera tener en el caso de que estuviera preparándose para ir a un pueblo distinto al suyo como evangelista intercultural.

E.2 ¿Cómo organizaría usted la estructura entre las iglesias de su propio país?

---

[1] Lawrence E. Keyes, *The Last Age of Missions* (La última era de misiones), datos estadísticos tomados a partir de la página 131.

[2] Ibid.

[3] Keyes. Notas tomadas de un documento inédito, presentado por el autor mencionado en la junta anual de la Interdenominational Foreign Missions Association (Asociación interdenominacional de misiones en el extranjero), EE. UU. de América; p. 10.

[4] Keyes, *The Last Age of Missions* (La última era de misiones), p. 48.

APENDICE A

PRINCIPIOS Y PERSPECTIVAS QUE OBSERVAN LOS BUENOS ESTUDIANTES DE IDIOMAS

- Opinan que el aprendizaje de un idioma no es una actividad académica sino *social*.
- El propósito final no es simplemente aprender el idioma sino familiarizarse con la gente.
- Aprenden un *poco* y lo usan *mucho*.
- Desarrollan un núcleo sólido en torno al cual se apega el crecimiento explosivo.
- Aseguran que un idioma *se aprende*, no se enseña.
- Aprenden como lo hacen los niños (lo cual no los hace infantiles).
- Utilizan *instrumentos verbales* que, en la práctica con la gente, les dan una capacidad generadora (la habilidad de aprender más).
- Forman su contexto socio-cultural de tal manera que puedan obtener toda la ayuda y práctica que necesiten.
- Hacen uso del hecho de que la gente se presta para ayudar cuando alguien lo necesita.
- Escuchan bastante, observan la mímica, y luego imitan.
- Aprenden a través de descubrimientos, es decir, formulan hipótesis, las someten a prueba y luego las confirman, las modifican o las rechazan.
- Aprenden de sus *errores*.
- Están dispuestos a ser *corregidos*.
- Forman parte de la comunidad, hasta en el nombre.
- Toman como recursos a *personas*, no solamente libros.
- Aprenden a través de un *proceso*.
- ¡Se divierten!
- Los motiva una espontánea *dedicación a la gente* que habla ese idioma.
- Recuerdan las cosas en lugar de memorizarlas.
  (Tomado de: Brewster y Brewster, 1981, con autorización.)

APENDICE B

GUIA DE EVALUACION DEL CICLO DE APRENDIZAJE

Idioma _____   Nombre _____

Fecha _____

OBTENER Las frases del **Guión # 1** deben proporcionar la capacidad de: conocer a diferentes personas, expresar un deseo de aprender, expresar limitaciones, dar gracias y despedirse. Tarjeta de Guión

_____.

APRENDER Actividades de imitación para lograr fluidez que empecé con el ayudante _____.

Logré realizar las siguientes actividades (Indique con una X las que pudo hacer):

_____ las frases grabadas en la cinta en circuito de cinco segundos

_____ el guión completo grabado en una cinta en circuito de 30 segundos

_____ el guión completo grabado en cassette

EMPLEAR Número de personas con quienes me comuniqué hoy: _____

Número de horas pasadas con la gente: _____

Podría aumentar el tiempo pasado en las conversaciones de la manera siguiente: _____.

_____

EVALUAR Mis reflexiones acerca del día de hoy: _____

_____

_____

Tema para pasado mañana: _____

Tema para mañana: _____

El plan que tengo para mejorar el ciclo de aprendizaje para mañana: _____

_____

Una experiencia que tuve hoy: _____

_____

Lo que he aprendido de mí mismo: _____

_____

Observaciones sobre la comunidad y la cultura: .

_____

_____

Ideas para implementar mi meta de vinculación o ligadura (impresión): _____

_____

_____

(Fuente: Brewster y Brewster, 1976; usado con autorización)

APENDICE C
Guía de evaluación del estudio de idiomas

FIJESE UNA META Y EVALUE SU DESARROLLO

¿A dónde quiero llegar? .... Meta
¿Cómo me va? .... Desarrollo

Es importante hacerse estas preguntas para alcanzar un desarrollo satisfactorio en el aprendizaje de un idioma.

En primer lugar, usted debe decidir a qué nivel quiere llegar en su capacidad de comunicación verbal. El estar consciente de su propósito en el aprendizaje de un idioma le servirá para no perder de vista sus objetivos. Lo mejor es que establezca sus metas firmemente desde el principio del estudio de dicho idioma.

Si lo que quiere es solamente pasar unos días con la gente que habla ese idioma, fíjese una meta al nivel uno. La capacidad comunicativa con que cuentan los que están en ese nivel les es suficiente para llevar a cabo actividades mínimas de la vida cotidiana entre los que hablan dicha lengua.

Si tiene planes de aprovechar las oportunidades que surjan y someterse a las demandas culturales de ese pueblo por un período de más de tres meses, establézcase una meta al nivel dos. La capacidad de comunicación a este nivel le permitirá relacionarse con la gente en situaciones sociales de rutina y satisfacer los requerimientos mínimos de trabajo.

Si su propósito es llenar satisfactoriamente los requisitos sociales y laborales con una eficiencia profesional, fíjese una meta al nivel tres. La capacidad de comunicación verbal de los que se encuentran en ese nivel les permite hacer uso de una correcta construcción gramatical y cuentan con una facilidad de palabra como para responder a las demandas esenciales.

¿O, pretende usted hacer uso del idioma con fluidez y dominio y con un vocabulario extenso y preciso como para poder expresar con exactitud todo lo que desea? Si es así, establezca su meta al nivel cuatro, con lo que cumplirá su propósito de fungir como un agente modificador en la comunidad y satisfacer su responsabilidad de comunicarse con toda eficiencia.

Si quiere llegar al grado de considerarse como un nativo en el idioma, y que los de ese pueblo le respondan como si usted fuera uno de ellos, fíjese una meta al nivel cinco. La capacidad comunicativa al nivel cinco es equivalente en todo sentido a la de una persona nacida en esa comunidad y de un nivel académico elevado.

Pero antes de que usted establezca sus metas para los fines que se ha propuesto, describamos más detalladamente cada uno de estos niveles en el dominio del idioma.

Nivel cero: A este nivel no existe ningún conocimiento del idioma. Se calcula que hay más de 5.000 idiomas en el mundo. Casi todos los nativos angloparlantes se encuentran en el nivel cero en todos esos idiomas, con excepción de su lengua natal.

Nivel cero más: Este es el nivel en que se encuentra el que apenas principia a aprender. A este nivel uno puede conversar usando por lo menos unas 50 palabras en su debido contexto.

Nivel uno: En este nivel están todos los que cuentan con una *capacidad elemental de expresión.* Ya con esta capacidad de hablar uno puede resolver las necesidades esenciales en un viaje y satisfacer los requisitos mínimos de cortesía. Puede hacer y responder preguntas sobre asuntos muy familiares dentro del ámbito de su limitada experiencia en el idioma. Su vocabulario práctico solamente le sirve para expresar las necesidades más elementales para subsistir.

Es de esperarse que cometa errores frecuentemente en su pronunciación y en la construcción de sus oraciones. También confunde a veces el significado de algunas palabras. La exactitud en la pronunciación y la construcción gramatical se limita casi exclusivamente al material que ha estudiado y practicado.

La fluidez en el nivel uno es suficiente para recitar textos memorizados y material ensayado. Las expresiones que no ha usado antes exigen cierto esfuerzo. La capacidad general de captación y comprensión se limita a frases y oraciones cortas, simples y familiares. Se puede entender preguntas y declaraciones sencillas, pero se las tienen que repetir a una velocidad menor que lo normal.

Al nivel uno se está en capacidad de pedir una comida sencilla en un restaurante, solicitar una habitación en un hotel, pedir y dar direcciones, resolver problemas relacionados con un viaje, decir la hora, ser cortés, dar charlas sencillas y cortas, saludar y presentarse a quien no lo conoce. Puede iniciar y concluir conversaciones con personas desconocidas, de la manera más correcta.

Nivel uno más: A este nivel uno es capaz de satisfacer requisitos más complejos en la realización de viajes y en actos de cortesía, y su vocabulario sigue aumentando de manera considerable. Normalmente se puede sostener conversaciones sociales, aunque a veces se dicen algunas cosas que no se había pensado decir o que están fuera del contexto de la conversación. A medida que participa de las actividades de práctica, la pronunciación va mejorando. Sin embargo, todavía faltan fluidez y comprensión en asuntos no conocidos.

Nivel dos: En este nivel uno dispone de una *capacidad limitada* para *trabajar* en el idioma. A este nivel se puede participar en discusiones superficiales sobre acontecimientos de actualidad, hablar de su propia persona, su familia y su trabajo. También uno puede satisfacer requisitos laborales limitados, como dar instrucciones sencillas, explicaciones y descripciones simples. Pero habrá momentos en que se necesite ayuda de alguien para salir de algunas dificultades.

La pronunciación es inteligible, pero uno necesita seguir practicando para que desaparezca su acento extranjero. Puede entender y usar oraciones de construcción sencilla, pero se enreda y se confunde cuando se enfrenta a expresiones de construcción gramatical más compleja. A veces se hace uso de circunlocuciones y rodeos para no tener que salirse de su léxico usual.

Cuando el alumno estaba en el nivel uno, casi todo lo que podía decir era lo que había estudiado y practicado específicamente. Pero ahora en el nivel dos puede hablar de manera improvisada (aunque dentro de sus límites) sobre casi cualquier asunto, usando modelos y estructuras ya conocidos. Su fluidez en estas situaciones imprevistas es un tanto vacilante y su velocidad de locución bastante lenta. Su nivel de comprensión va mejorando y puede entender casi toda conversación que se le dirija sobre temas de la vida diaria, aunque a veces malentiende algunas palabras o necesita que se las repitan. Casi nunca puede entender conversaciones sostenidas por personas para quienes ese es su idioma natal.

Nivel dos más: A este nivel la facilidad de palabra y fluidez siguen aumentando. Este progreso depende de la aplicación al estudio y práctica de construcciones gramaticales, combinados con el uso de asuntos nuevos en conversaciones corrientes.

Nivel tres: Las personas que están en el tercer nivel cuentan con una *capacidad profesional limitada* en el uso del idioma. Al nivel tres uno puede expresarse con una correcta construcción gramatical y suficiente facilidad de palabra como para satisfacer todos los requerimientos sociales y laborales. Puede sostener conversaciones profesionales dentro de un campo especializado. Puede participar con eficiencia en toda conversación general y discutir asuntos de interés con considerable facilidad. Su vocabulario es tan extenso que casi no hace pausa para pensar cuál sería la palabra adecuada.

A estas alturas la pronunciación ha llegado a un altiplano. Es casi inconsciente y siempre inteligible. Si no se ha dedicado tenazmente a la práctica para una mejor pronunciación, puede ser que su acento extranjero siga siendo muy notable y desagrade al que oye. Uno ejerce control sobre la estructura gramatical de todo lo que dice, al grado de que los errores nunca interfieren con la comprensión de los que oyen ni molestan a los nativos en ese idioma.

La fluidez verbal raras veces vacila y puede sostener cualquier conversación sin rodeos. La comprensión es casi total cuando escucha hablar a una velocidad normal.

Uno puede relacionarse muy bien con la gente y hacer uso del idioma al grado de establecer amistades íntimas. Ya se siente libre en el desarrollo de sus actividades culturales y se está adaptando muy bien a la cultura, aunque siempre existen algunas presiones de tipo social.

Nivel tres más: A este nivel el léxico sigue incrementándose cada vez más. La capacidad comunicativa sigue mejorando y casi siempre uno entiende las expresiones idiomáticas que usan los nacionales en sus conversaciones. Todavía se le pasa uno que otro error gramatical en algunas oraciones. Cuando ya se dominen todos los modelos de estructura gramatical con exactitud y espontaneidad se llega al cuarto nivel.

Nivel cuatro: En el cuarto nivel el individuo cuenta con *plena capacidad profesional* en el uso del idioma. En esta etapa uno está capacitado para usar el idioma con mucha facilidad de palabra y exactitud en todos los niveles pertinentes a las demandas profesionales. Se puede entender cualquier conversación y hablar con cualquier persona con un alto grado de fluidez y precisión en el vocabulario. En las conversaciones no se nota ni el menor esfuerzo, como si uno estuviera hablando en su idioma original y se le entiende fácilmente cualquier cosa que se diga. Es muy raro que se cometan errores gramaticales o de pronunciación y se nota la tendencia de corregirse automáticamente casi sin pensarlo. Además tiene la capacidad de interpretar informalmente de un idioma al otro con precisión.

Nivel cuatro más: Todo lo que le falta a uno en este nivel es la perfección de un nativo en el idioma. La gente nota que el individuo ejerce tanto dominio de su idioma y de su caudal de conocimientos que está en plena capacidad de defender sus creencias y valores. Unicamente por la existencia de alguna dificultad específica, ya sea de tipo cultural o de la lengua, no puede ser considerado como un estudiante de quinto nivel.

Nivel cinco: En este último nivel están todos los que cuentan con la *capacidad de expresión de un nativo.* La perfección con que domina el idioma en el quinto nivel es equivalente a la de una persona educada, nacida en ese idioma. El individuo posee completa fluidez y dominio absoluto en el uso de expresiones idiomáticas. Si no le rinde al máximo en su trabajo, no será en ninguna manera por el idioma. En este nivel uno puede echar mano automáticamente de cualquier palabra o expresión que necesite y adaptar su estilo inconscientemente a cualquier situación. (Por lo regular, es necesario contar con una educación universitaria en el segundo idioma y vivir algunos años inmerso en el segundo ambiente cultural para poder alcanzar este nivel en el idioma.)

INVENTARIO PARA AUTOEVALUARSE EN LA CAPACIDAD DE EXPRESION

Nivel Cero Más

( ) Puedo usar más de 50 palabras de mi nuevo idioma en su debido contexto.

Nivel Uno

(Si puede marcar con toda confianza cada una de las actividades siguientes, usted se encuentra al nivel uno.)

( ) Puedo iniciar conversaciones y hacer uso de la forma adecuada para concluirlas.

( ) Puedo usar la carta en un restaurante para pedir una comida sencilla.

( ) Puedo dar y pedir la hora, y decir cuál es el día y la fecha.

( ) Puedo ir al mercado o a la carnicería y comprar legumbres, frutas, leche, pan y carne, y cuando es oportuno, puedo regatear.

( ) Puedo decirle a cualquier persona cómo llegar al correo, a un restaurante o a un hotel.

( ) Puedo regatear una carrera de taxi o una habitación en un hotel para lograr un mejor precio.

( ) Puedo presentar a otra persona ante un grupo o reunión social y también presentarme a mí mismo.

( ) Entiendo y puedo responder correctamente cuando me preguntan acerca de mi estado civil, nacionalidad, ocupación, edad y lugar de nacimiento.

( ) Puedo tomar el autobús o el tren que quiero, comprar un boleto y bajar en el lugar al que me dirijo.

( ) Tengo suficiente dominio del idioma como para ayudar en todas las situaciones de este nivel a una persona nueva.

Nivel uno más

( ) Poseo la capacidad de expresión del nivel uno más porque puedo realizar todas las actividades enumeradas en el nivel uno y no menos de tres de las del nivel dos.

Nivel dos

(Si puede marcar positivamente cada una de las actividades siguientes, usted se encuentra en el nivel dos.)

( ) Puedo dar información detallada sobre el tiempo, mi familia, mi casa y los pormenores de mi vida.

( ) Puedo tomar y dar mensajes sencillos por teléfono.

( ) Puedo dar una breve autobiografía y hablar acerca de mis planes y esperanzas.

( ) Puedo describir el último trabajo o actividad que desempeñé y hablar de mi papel como estudiante de un segundo idioma.

( ) Puedo describir la estructura básica tanto del gobierno de mi país de origen como la del gobierno del país en que me encuentro.

( ) Puedo describir la geografía tanto de mi país como del país en el que me encuentro.

( ) Puedo describir los propósitos y las funciones de la organización que represento.

( ) Hablo lo suficiente como para emplear a una persona e indicarle los requisitos, el sueldo, las horas de trabajo y sus obligaciones especiales.

( ) Estoy seguro de que mi pronunciación es suficientemente clara como para que todos me entiendan.

( ) Estoy seguro de que cuando hablo, la gente me entiende por lo menos un 80%. También puedo asegurar que entiendo lo que me dicen los nativos en el idioma sobre todos los asuntos pertinentes al nivel dos.

( ) Tengo suficiente dominio del idioma como para ayudar en todas las situaciones del nivel dos a una persona nueva.

Nivel dos más

( ) Poseo la capacidad de expresión del nivel dos más porque puedo realizar por lo menos tres de las actividades requeridas al nivel tres.

Nivel tres
(Si puede marcar positivamente cada una de las actividades siguientes, usted ha alcanzado el nivel tres.)

( ) Jamás trato de evadir ninguno de los aspectos gramaticales del idioma.

( ) Ya cuento con suficiente vocabulario y ejerzo bastante dominio en la construcción gramatical como para formular cualquier oración que necesite usar.

( ) Hablo a una velocidad normal, con pocas dificultades.

( ) Puedo participar y contribuir en una conversación sostenida por nativos, cuando ellos tratan de incluirme.

( ) Puedo entender perfectamente cualquier información que se me dé por teléfono.

( ) Puedo escuchar una charla o discusión sobre un tema que me interese, y tomar apuntes claros y exactos.

( ) Puedo hablar a un grupo de nativos en el idioma sobre un tema profesional y estoy seguro de poder comunicar lo que quiero.

( ) Entiendo muy bien los puntos de vista opuestos al mío, y con toda cortesía puedo describir y defender una posición u objetivo organizacional a los que se oponen.

( ) Puedo enfrentarme a una equivocación, a una inmerecida multa de tránsito o a una emergencia de plomería.

( ) Entiendo a dos o más nativos que se estén describiendo sucesos de actualidad.

( ) Si apareciera una persona del nivel cero en el idioma, yo podría servirle de intérprete en todas las situaciones pertinentes al nivel tres.

( ) Creo que puedo llevar a cabo las responsabilidades profesionales de mi empleo en el nuevo idioma.

Nivel tres más
( ) Estoy en el nivel tres más porque puedo satisfacer por lo menos cuatro de los requisitos del nivel cuatro.

Nivel cuatro
(Si puede marcar positivamente todas las características siguientes, usted está en el cuarto nivel.)

( ) Prácticamente nunca cometo errores gramaticales.

( ) No tengo ninguna dificultad en entender las conversaciones de los nativos.

( ) Entiendo cualquier dicho humorístico o juego de palabras y puedo participar de situaciones humorísticas y bromas.

( ) Mi léxico es extenso y suficientemente preciso para darme a entender en discusiones profesionales.

( ) Creo que ya comprendo bastante del caudal de conocimientos y tradiciones culturales de la gente.

( ) Puedo cambiar mi estilo cuando doy una charla a una concurrencia o cuando me dirijo a un profesor, a un empleado o a un amigo íntimo.

( ) Creo que podría servir muy bien como intérprete informal de un personaje famoso en una función social o profesional.

( ) Estoy seguro de poder llevar a cabo cualquier trabajo o misión en mi segundo idioma tan bien como lo hago en mi idioma natal.

Nivel cuatro más

( ) El vocabulario y la comprensión cultural que poseo son lo suficientemente extensos como para comunicar exactamente lo que deseo.

( ) La gente cree que comparto su caudal de conocimientos y su cultura como para hablar y defender sus creencias y sus valores.

Nivel cinco

( ) Los que hablan este idioma desde su nacimiento me responden y reaccionan como ellos se tratan entre sí. Casi siempre me consideran como uno de ellos.

( ) A veces me siento más cómodo hablando mi segundo idioma que cuando hablo mi idioma natal.

( ) Normalmente puedo hacer mentalmente operaciones de aritmética en el segundo idioma sin reducir la velocidad.

( ) Me considero completamente bilingüe y bicultural, con una capacidad equivalente en mi segundo idioma a la que poseo en mi idioma natural.

( ) Me considero como un nativo en el uso del idioma.

NOTA: Agradecemos al Instituto de Servicios Exteriores de los Estados Unidos por el concepto de la escala de evaluación de cero a cinco, y por el inventario de autoevaluación en la capacidad de expresión.

APENDICE D

GRAFICA DE MUESTRA

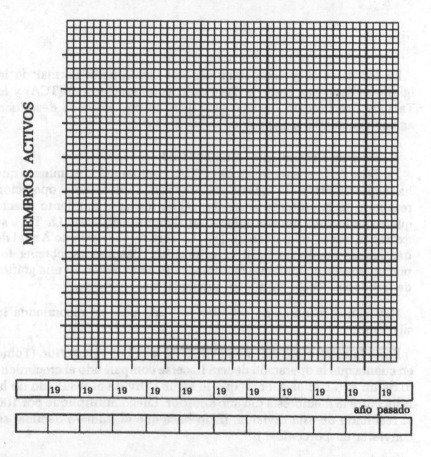

Nota: Los apéndices de "D" a "I" fueron tomados con autorización y adaptados del libro *The Church Growth Survey Handbook* (El manual de encuesta de iglecrecimiento), editado por The Global Church Growth Bulletin (Boletín de iglecrecimiento global).

APENDICE E

COMO CALCULAR LA TASA DE CRECIMIENTO

En los cálculos y comparaciones del crecimiento normal de la iglesia se usan dos tasas: la Tasa de Crecimiento Anual (TCA) y la Tasa de Crecimiento Decadal (TCD). A continuación se describen ambos sistemas por separado.

1. *Tasa de Crecimiento Anual (TCA)*
La Tasa de Crecimiento Anual (TCA) compara el crecimiento que ha experimentado la iglesia de un año a otro. Esta operación responde la importante pregunta: ¿Cuál fue el crecimiento exacto que experimentó nuestra iglesia en determinado año? La TCA se expresa a través del porcentaje (%). La Tasa de Crecimiento Anual de una iglesia puede ser positiva o negativa. Después de obtener los porcentajes de crecimiento de varios años se exponen en una gráfica de columnas, como la que se presenta más adelante.

Hay varias maneras de calcular la TCA, pero se recomienda la siguiente:

Reste la membresía del año anterior de la del año posterior. (Tome en cuenta que la operación deberá hacerse comparando el crecimiento de un año con el del año que le sigue.) Divida el resultado de la resta entre la membresía del año anterior. Luego multiplique por 100 el resultado de esta división. (Esto hace que el número decimal se convierta en *porcentaje*.)

> Ejemplo: Una iglesia tenía: 350 miembros en 1984
>   475 miembros en 1985
> ¿Cuál fue la tasa de crecimiento anual?
> Primer paso: 475 − 350 = 125
> Segundo paso: 125 / 350 = 0,357
> Tercer paso: 0,357 × 100 = 35,7% TCA

En la siguiente gráfica de columnas se describe la TCA de una iglesia en el transcurso de diez años:

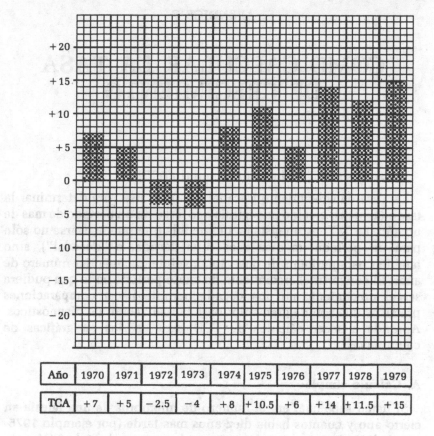

Año	1970	1971	1972	1973	1974	1975	1976	1977	1978	1979
TCA	+7	+5	−2.5	−4	+8	+10.5	+6	+14	+11.5	+15

APENDICE F

COMO CALCULAR LA TASA DE CRECIMIENTO

2. *La Tasa de Crecimiento Decadal (TCD)*

La Tasa de Crecimiento Decadal (TCD) se usa para determinar la tasa a la que ha crecido una iglesia a lo largo de un período de más de un año. La TCD es un sistema de medida que puede usarse no sólo para un período de diez años (una década, o "decadal"), sino también para períodos de dos, cinco, veinte, o cualquier número de años. El convertir el crecimiento de cierto período en lo que pudiera ser el crecimiento en una década permite hacer comparaciones prácticas que son de gran valor para la realización de diagnósticos. Aprenda a sacar cálculos de TCD para usarlos en gráficas de columnas.

A. Cálculo simple

Si usted sabe cuál era el número de miembros de una iglesia en cierto año y cuántos había diez años más tarde (por ejemplo 1975-1985), haga la misma operación con la que averiguó la TCA.

Ejemplo: Una iglesia tenía:	180 miembros en 1975
	640 miembros en 1985
Primer paso:	640 − 180 = 460
Segundo paso:	460 / 180 = 2,56
Tercer paso:	2,56 × 100 = 256% (TCD)

B. Cálculo para un período distinto

Cuando los datos que se tienen no corresponden a un período de diez años, hay dos maneras de obtener la TCD que puede convertir la tasa de crecimiento del período que usted tiene en la tasa decadal. Esto le permitirá hacer comparaciones con otras iglesias o con otros períodos en la misma iglesia. Se puede hacer usando una calculadora, como se indica en la sección C, o utilizando las tablas de los apéndices H, I.

Gráficas de tasa de crecimiento
(Vea los apéndices H, I)

Divida la membresía del último año entre la del primero. Esto le dará la proporción de la "última" a la "primera" (U / P) de ese número de años. Consulte la tabla A del apéndice H y busque su número (el resultado de la división anterior, o el más cercano a él) en la columna del lado izquierdo "U / P". Luego, en la columna bajo el número de años, busque el TPCA (Tasa Promedio de Crecimiento Anual). Seguidamente consulte la tabla B y busque la TPCA más cercana al suyo. Lea la TCD correspondiente a dicho año.

Ejemplo: Una iglesia tenía: 500 miembros en 1979

700 miembros en 1985 (seis años)

Primer paso:	700 / 500 = 1,4
Segundo paso:	1,4 en la tabla A para 6 años. TCA 5,77%
Tercer paso:	Busque 5,77% en la tabla B
	entre 5,70% y 5,82%.
Cuarto paso:	Lea la TCD más cercana, 76%.

Nota: En este caso se puede ver que la TCD más aproximada es 75%. Si se desea la TCD exacta, siga las instrucciones que se dan bajo la tabla B.

PRACTICA EN CALCULOS DE TCD:

1. Simple (10 años): 350 miembros en 1975

850 miembros en 1985

(Respuesta: 142%)

2. Con las tablas: 500 miembros en 1980

850 miembros en 1985 (5 años)

(Respuesta: 189%)

3. Con calculadora: El mismo resultado

(Respuesta: 189%)

Nota: El número más cercano en la tabla B es 189% TCD, pero si sigue las instrucciones dadas obtendrá la TCD exacta.

APENDICE G

COMO CALCULAR LA TASA DE CRECIMIENTO

C. Cálculo electrónico para períodos distintos del decadal

Para poder obtener este cálculo, que es más preciso que los anteriores, se necesita una calculadora electrónica que tenga las funciones y / x y 1 / x. Una TI-30 (que puede costar unos $15.00 en los Estados Unidos) serviría muy bien para estas operaciones. (Por supuesto que hay muchas otras marcas igualmente útiles.)

A continuación se detallan los pasos que hay que seguir. (Tenga cuidado de oprimir solamente las teclas que se indican.)

Ejemplo: (idéntico al de la operación manual anterior)
Una iglesia tenía: 500 miembros en 1982
700 miembros en 1985 (tres años)
en su pantalla:

Primer paso:	Cancele	0
Segundo paso:	700 (última membresía)	700
Tercer paso:	– (oprima esta tecla)	700
Cuarto paso:	500 (primera membresía)	500
Quinto paso:	= (oprima esta tecla)	1.4
Sexto paso:	y / x	1.4
Séptimo paso:	3 (número de años)	3
Octavo paso:	1 / x	0.333
Noveno paso:	= (espere la respuesta)	1.118
Décimo paso:	y / x	1.118
Undécimo:	10 (diez años)	10
Duodécimo:	= (espere la respuesta)	3.069
Décimo tercero:	x	3.069
Décimo cuarto:	100	100
Décimo quinto:	–	306.9
Décimo sexto:	100	100
Décimo séptimo:	= (la TCD)	7206.9 ó 207% (TCD)

Nota: Si lo desea, compruebe esta operación consultando las tablas de los apéndices H, I. Ese es un buen ejercicio y lo familiarizará con las tablas.

APENDICE H

TASA DE CRECIMIENTO ANUAL MEDIO (TCAM)

Cómo hallar la TCAM y la TCD

Paso 1. Divídase el número de miembros (o iglesias) del último año que está registrado por el número del primer año en el registro. Esta cifra corresponde a la primera columna de la izquierda indicada con el símbolo "U/P". Busque la cifra en dicha columna "U/P" que más se aproxima al resultado. Pasando en línea horizontal se puede hallar la TCAM para cualquier año dentro del período en cuestión.

Paso 2. Se puede convertir la TCAM a la TCD buscando en la columna "10" (diez años) la cifra que más se aproxima a la TCAM que se acaba de hallar, pasando en forma horizontal hacia la izquierda hasta la columna que se identifica con la abreviatura "INCR" (Porcentaje de incremento). Esa cifra corresponde a la TCD.

Nota: Si la cifra exacta no se halla en la columna de 10 años se puede buscar en el apéndice I la tabla que da una expansión de la columna de 10 años. Si se halla la cifra precisa, se puede proceder para buscar la TCD correspondiente. Si no, habrá que seguir los pasos que se detallan debajo de la tabla en el apéndice I.

TABLA A
TASA DE CRECIMIENTO ANUAL MEDIO (TCAM)

U/P	%INCR	1	2	3	4	5	6	7	8	9	10	15	20	25	50	75
1,01	1%	1,00%	0,50%	0,33%	0,25%	0,20%	0,17%	0,14%	0,12%	0,11%	0,10%	0,07%	0,05%	0,04%	0,02%	0,01%
1,02	2%	2,00%	1,00%	0,66%	0,50%	0,40%	0,33%	0,28%	0,25%	0,22%	0,20%	0,13%	0,10%	0,08%	0,04%	0,03%
1,04	4%	4,00%	1,98%	1,32%	0,99%	0,79%	0,66%	0,56%	0,49%	0,44%	0,39%	0,26%	0,20%	0,16%	0,08%	0,05%
1,05	5%	5,00%	2,47%	1,64%	1,23%	0,98%	0,82%	0,70%	0,61%	0,54%	0,49%	0,33%	0,24%	0,20%	0,10%	0,07%
1,06	6%	6,00%	2,96%	1,96%	1,47%	1,17%	0,98%	0,84%	0,73%	0,65%	0,58%	0,39%	0,29%	0,23%	0,12%	0,08%
1,08	8%	8,00%	3,92%	2,60%	1,94%	1,55%	1,29%	1,11%	0,97%	0,86%	0,77%	0,51%	0,39%	0,31%	0,15%	0,10%
1,10	10%	10,00%	4,88%	3,23%	2,41%	1,92%	1,60%	1,37%	1,20%	1,06%	0,96%	0,64%	0,48%	0,38%	0,19%	0,13%
1,12	12%	12,00%	5,83%	3,85%	2,87%	2,29%	1,91%	1,63%	1,43%	1,27%	1,14%	0,76%	0,57%	0,45%	0,23%	0,15%
1,14	14%	14,00%	6,77%	4,46%	3,33%	2,66%	2,21%	1,89%	1,63%	1,47%	1,32%	0,88%	0,66%	0,53%	0,25%	0,17%
1,16	16%	16,00%	7,70%	5,07%	3,78%	3,01%	2,50%	2,14%	1,87%	1,66%	1,50%	0,99%	0,74%	0,60%	0,30%	0,20%
1,18	18%	18,00%	8,63%	5,67%	4,22%	3,37%	2,80%	2,39%	2,09%	1,86%	1,67%	1,11%	0,83%	0,66%	0,33%	0,22%
1,20	20%	20,00%	9,54%	6,27%	4,66%	3,71%	3,09%	2,64%	2,31%	2,05%	1,84%	1,22%	0,92%	0,73%	0,37%	0,24%
1,25	25%	25,00%	11,30%	7,72%	5,40%	4,56%	3,79%	3,24%	2,83%	2,51%	2,26%	1,50%	1,12%	0,90%	0,45%	0,30%
1,30	30%	30,00%	14,02%	9,14%	6,78%	5,39%	4,47%	3,82%	3,33%	2,96%	2,70%	1,76%	1,32%	1,05%	0,53%	0,35%
1,35	35%	35,00%	16,19%	10,52%	7,79%	6,19%	5,13%	4,38%	3,82%	3,39%	3,05%	2,02%	1,51%	1,21%	0,60%	0,40%
1,40	40%	40,00%	18,32%	11,87%	8,78%	6,96%	5,77%	4,92%	4,30%	3,81%	3,42%	2,27%	1,70%	1,35%	0,68%	0,45%
1,45	45%	45,00%	20,42%	13,19%	9,73%	7,71%	6,39%	5,45%	4,75%	4,21%	3,79%	2,51%	1,88%	1,50%	0,75%	0,50%
1,50	50%	50,00%	22,47%	14,47%	10,67%	8,45%	6,99%	5,96%	5,20%	4,61%	4,14%	2,74%	2,05%	1,64%	0,81%	0,54%
1,55	55%	55,00%	24,50%	15,73%	11,58%	9,16%	7,58%	6,46%	5,63%	4,99%	4,48%	2,96%	2,22%	1,77%	0,88%	0,59%
1,60	60%	60,00%	26,49%	16,96%	12,47%	9,86%	8,15%	6,94%	6,05%	5,36%	4,81%	3,18%	2,38%	1,90%	0,96%	0,63%
1,65	65%	65,00%	28,45%	18,17%	13,33%	10,53%	8,70%	7,42%	6,46%	5,72%	5,14%	3,39%	2,54%	2,02%	1,01%	0,67%
1,70	70%	70,00%	30,38%	19,35%	14,19%	11,20%	9,25%	7,88%	6,86%	6,07%	5,45%	3,60%	2,69%	2,15%	1,07%	0,71%
1,75	75%	75,00%	32,29%	20,51%	15,02%	11,84%	9,78%	8,32%	7,25%	6,42%	5,76%	3,80%	2,84%	2,26%	1,13%	0,75%
1,80	80%	80,00%	34,16%	21,64%	15,83%	12,47%	10,29%	8,76%	7,62%	6,75%	6,05%	4,00%	2,98%	2,38%	1,18%	0,79%
1,85	85%	85,00%	36,01%	22,76%	16,63%	13,09%	10,80%	9,19%	8,00%	7,07%	6,35%	4,19%	3,12%	2,49%	1,24%	0,82%
1,90	90%	90,00%	37,84%	23,86%	17,41%	13,70%	11,29%	9,60%	8,35%	7,39%	6,63%	4,37%	3,26%	2,60%	1,29%	0,86%
1,95	95%	95,00%	39,64%	24,93%	18,17%	14,29%	11,77%	10,01%	8,71%	7,70%	6,91%	4,55%	3,40%	2,57%	1,34%	0,89%
2,00	100%	100,00%	41,42%	25,99%	18,92%	14,87%	12,25%	10,41%	9,05%	8,01%	7,18%	4,73%	3,53%	2,81%	1,40%	0,93%
2,05	105%	105,00%	43,18%	27,03%	19,66%	15,44%	12,71%	10,80%	9,39%	8,30%	7,44%	4,90%	3,65%	2,91%	1,45%	0,96%
2,10	110%	110,00%	44,91%	28,05%	20,38%	16,00%	13,16%	11,18%	9,72%	8,59%	7,70%	5,07%	3,78%	3,01%	1,49%	0,99%
2,15	115%	115,00%	46,63%	29,07%	21,06%	16,54%	13,61%	11,56%	10,04%	8,88%	7,96%	5,24%	3,90%	3,11%	1,54%	1,03%
2,20	120%	120,00%	48,32%	30,06%	21,79%	17,08%	14,04%	11,92%	10,36%	9,16%	8,20%	5,40%	4,02%	3,20%	1,59%	1,06%
2,25	125%	125,00%	50,00%	31,04%	22,47%	17,61%	14,47%	12,28%	10,67%	9,43%	8,45%	5,56%	4,14%	3,30%	1,64%	1,09%
2,30	130%	130,00%	51,66%	32,00%	23,15%	18,13%	14,89%	12,64%	10,97%	9,70%	8,69%	5,71%	4,25%	3,39%	1,68%	1,12%
2,35	135%	135,00%	53,30%	32,95%	23,81%	18,64%	15,30%	12,98%	11,27%	9,96%	8,92%	5,86%	4,36%	3,48%	1,72%	1,15%
2,40	140%	140,00%	54,92%	33,89%	24,47%	19,14%	15,71%	13,32%	11,56%	10,22%	9,15%	6,01%	4,47%	3,56%	1,77%	1,17%
2,45	145%	145,00%	56,52%	34,81%	25,11%	19,63%	16,11%	13,66%	11,85%	10,47%	9,37%	6,16%	4,58%	3,65%	1,81%	1,20%
2,50	150%	150,00%	58,11%	35,72%	25,74%	20,11%	16,30%	13,99%	12,14%	10,72%	9,60%	6,30%	4,69%	3,73%	1,85%	1,23%
2,55	155%	155,00%	59,69%	36,62%	26,37%	20,59%	16,88%	14,31%	12,41%	10,96%	9,81%	6,44%	4,79%	3,82%	1,89%	1,26%
2,60	160%	160,00%	61,25%	37,51%	26,98%	21,06%	17,26%	14,63%	12,69%	11,20%	10,03%	6,58%	4,89%	3,90%	1,93%	1,28%
2,65	165%	165,00%	62,79%	38,38%	27,59%	21,52%	17,64%	14,94%	12,96%	11,44%	10,24%	6,71%	4,99%	3,98%	1,97%	1,31%
2,70	170%	170,00%	64,32%	39,25%	28,19%	21,98%	18,00%	15,25%	13,22%	11,67%	10,44%	6,85%	5,09%	4,05%	2,01%	1,33%
2,75	175%	175,00%	65,83%	40,10%	28,78%	22,42%	18,36%	15,55%	13,48%	11,90%	10,65%	6,98%	5,12%	4,13%	2,04%	1,36%
2,80	180%	180,00%	67,33%	40,95%	29,36%	22,87%	18,72%	15,85%	13,74%	12,12%	10,84%	7,11%	5,28%	4,20%	2,08%	1,38%
2,85	185%	185,00%	68,82%	41,78%	29,93%	23,30%	19,07%	16,14%	13,99%	12,34%	11,04%	7,23%	5,38%	4,28%	2,12%	1,41%
2,90	190%	190,00%	70,29%	42,60%	30,50%	23,73%	19,42%	16,43%	14,24%	12,56%	11,23%	7,36%	5,47%	4,35%	2,15%	1,43%
2,95	195%	195,00%	71,76%	43,42%	31,06%	24,16%	19,76%	16,71%	14,48%	12,77%	11,42%	7,48%	5,56%	4,42%	2,19%	1,45%
3,00	200%	200,00%	73,21%	44,22%	31,61%	24,57%	20,09%	16,99%	14,72%	12,98%	11,61%	7,60%	5,65%	4,49%	2,22%	1,48%
3,20	220%	220,00%	78,89%	47,36%	33,75%	26,19%	21,39%	18,08%	15,65%	13,80%	12,33%	8,06%	5,99%	4,75%	2,33%	1,56%
3,40	240%	240,00%	84,39%	50,37%	35,79%	27,73%	22,63%	19,10%	16,53%	14,57%	13,02%	8,50%	6,31%	5,02%	2,43%	1,65%
3,60	260%	260,00%	89,74%	53,26%	37,70%	29,20%	23,80%	20,08%	17,36%	15,30%	13,67%	8,91%	6,61%	5,26%	2,54%	1,72%
3,80	280%	280,00%	94,94%	56,05%	39,52%	30,60%	24,92%	21,01%	18,16%	15,99%	14,28%	9,31%	6,90%	5,48%	2,71%	1,80%
4,00	300%	300,00%	100,00%	58,74%	41,42%	31,95%	25,99%	21,90%	18,92%	16,65%	14,87%	9,68%	7,18%	5,70%	2,81%	1,85%
4,20	320%	320,00%	104,94%	61,34%	43,16%	33,24%	27,02%	22,75%	19,63%	17,29%	15,43%	10,04%	7,44%	5,91%	2,91%	1,93%
4,40	340%	340,00%	109,76%	63,86%	44,83%	34,49%	28,01%	23,57%	20,33%	17,89%	15,97%	10,32%	7,69%	6,11%	3,01%	2,00%
4,60	360%	360,00%	114,49%	66,31%	46,45%	35,69%	28,96%	24,36%	21,02%	18,46%	16,49%	10,71%	7,93%	6,29%	3,10%	2,06%
4,80	380%	380,00%	119,00%	68,69%	48,02%	36,85%	29,85%	25,12%	21,66%	19,04%	16,98%	11,02%	8,16%	6,48%	3,19%	2,11%
5,00	400%	400,00%	123,61%	71,00%	49,53%	37,97%	30,77%	25,85%	22,28%	19,56%	17,46%	11,33%	8,38%	6,65%	3,27%	2,17%
5,50	450%	450,00%	134,52%	76,52%	53,14%	40,65%	32,26%	27,36%	23,75%	20,85%	18,39%	12,04%	8,90%	7,06%	3,47%	2,30%
6,00	500%	500,00%	144,95%	81,71%	56,51%	43,10%	34,80%	29,17%	25,10%	22,03%	19,62%	12,80%	9,37%	7,43%	3,63%	2,42%
7,00	600%	600,00%	164,58%	91,29%	62,66%	47,58%	38,31%	32,05%	27,54%	24,14%	21,48%	13,85%	10,22%	8,09%	3,97%	2,63%
8,00	700%	700,00%	182,84%	100,00%	68,18%	51,57%	41,42%	34,39%	29,63%	25,99%	23,11%	14,87%	10,96%	8,67%	4,25%	2,81%
9,00	800%	800,00%	200,00%	108,01%	73,21%	55,18%	44,22%	36,87%	31,61%	27,65%	24,57%	15,78%	11,61%	9,19%	4,49%	2,97%
10,00	900%	900,00%	216,23%	115,44%	77,83%	58,49%	46,78%	38,95%	33,33%	29,15%	25,89%	16,60%	12,20%	9,65%	4,71%	3,12%
11,00	1000%	1000,00%	231,66%	122,40%	82,12%	61,54%	49,13%	40,85%	34,95%	30,53%	27,10%	17,33%	12,74%	10,07%	4,91%	3,25%
16,00	1500%	1500,00%	300,00%	151,98%	100,00%	74,11%	58,74%	48,60%	41,42%	36,06%	31,95%	20,30%	14,87%	11,73%	5,50%	3,77%
21,00	2000%	2000,00%	358,26%	175,89%	114,07%	83,84%	66,10%	54,49%	46,31%	40,25%	35,59%	22,50%	16,44%	12,95%	6,23%	4,14%
26,00	2500%	2500,00%	409,90%	196,25%	125,81%	91,86%	72,12%	59,27%	50,27%	43,62%	38,52%	24,26%	17,69%	13,92%	6,73%	4,44%
31,00	3000%	3000,00%	456,78%	214,14%	135,96%	98,73%	77,24%	63,32%	53,61%	46,46%	40,97%	25,73%	18,73%	14,72%	7,11%	4,69%
36,00	3500%	3500,00%	500,00%	230,19%	144,93%	104,77%	81,71%	66,85%	56,51%	48,91%	43,10%	26,99%	19,62%	15,41%	7,43%	4,89%
41,00	4000%	4000,00%	540,31%	244,82%	153,04%	110,16%	85,69%	69,98%	59,07%	51,03%	44,97%	28,09%	20,40%	16,01%	7,71%	5,08%
46,00	4500%	4500,00%	578,23%	258,30%	160,43%	115,06%	89,29%	72,80%	61,38%	53,02%	46,65%	29,08%	21,10%	16,55%	7,96%	5,24%
51,00	5000%	5000,00%	614,14%	270,84%	167,23%	119,54%	92,57%	75,36%	63,47%	54,77%	48,17%	29,97%	21,72%	17,03%	8,13%	5,38%
61,00	6000%	6000,00%	681,02%	293,65%	179,47%	127,54%	98,41%	79,91%	67,17%	57,90%	50,85%	31,53%	22,82%	17,87%	8,57%	5,63%
71,00	7000%	7000,00%	748,61%	314,08%	190,28%	134,56%	103,49%	83,85%	70,36%	60,53%	53,15%	32,87%	23,76%	18,39%	8,90%	5,85%
81,00	8000%	8000,00%	800,00%	332,67%	200,00%	140,82%	108,01%	87,34%	73,21%	62,99%	55,18%	34,04%	24,57%	19,22%	9,19%	6,03%
91,00	9000%	9000,00%	853,94%	349,79%	208,86%	146,50%	112,08%	90,40%	75,74%	63,07%	57,00%	35,08%	25,30%	19,77%	9,44%	6,20%
101,00	10000%	10000,00%	904,99%	365,70%	217,02%	151,89%	115,80%	93,34%	78,05%	66,99%	58,65%	36,03%	25,96%	20,37%	9,67%	6,35%

APENDICE I

TASA DE CRECIMIENTO DECENAL (TCD)

Cómo hallar la TCD

A. *Período de 10 años:* Divídase el número de los miembros del último año por el número de miembros del primer año. Localícese la cifra que más se aproxima al resultado de la división en la columna "U / P". Léase tanto la TCAM como la TCD.

B. *Un período que no comprenda 10 años:*

Paso 1. Localícese la TCAM en la tabla A del apéndice H.

Paso 2. En la tabla B de este apéndice I en la columna "TCAM" búsquese la cifra que se halló para la TCAM en la Tabla A del apéndice H.

Paso 3. Léase la TCD correspondiente.

Nota: Si la cifra precisa de la TCAM no se halla en la Tabla B, selecciónese la cifra más cercana, la cual estará dentro de un porcentaje (1) de la cifra precisa de la TCD (si no pasa de 500). Sin embargo, si se desea calcular la TCD exacta, habrá que hacer lo siguiente:

Paso 1: Búsquese en la columna TCAM de la Tabla B las dos cifras que más se aproximan a la TCAM que se ha calculado.

Paso 2: Réstese la cifra menor de la mayor.

Paso 3: Divídase entre 2.

Paso 4: Esa cantidad se suma a la cifra menor.

Ejemplo: Supóngase que la TCAM es 11,88%. De la Tabla B se sacan las cifras 11,83% (la cifra más cercana menor) y 11,91% (la cifra más cercana mayor).

Se resta 11,83 de 11,91 — lo que da 0,08 y resultado que se divide entre 2, lo que da 0,04. Dicho número se suma a la menor cifra más cercana, dando como resultado 11,87.

Si la cifra menor es X, y la mayor es Y, la fórmula sería como sigue: $(Y - X) / 2 - X = TCD$.

Nota: Al pasar de la cifra 500 de la columna TCD no se puede dividir entre 2, sino por el número indicado por el tamaño de los incrementos entre cada número.

TABLA B

TABLA ENSANCHADA DE LA TCAM DE 10 AÑOS

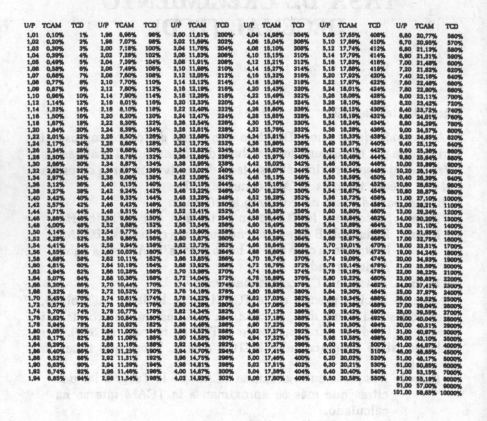

U/P	TCAM	TCD	U/P	TCAM	TCD	U/P	TCAM	TCD	U/P	TCAM	TCD	U/P	TCAM	TCD	U/P	TCAM	TCD
1,01	0,10%	1%	1,96	6,96%	96%	3,00	11,61%	200%	4,04	14,98%	304%	5,08	17,65%	408%	6,60	20,77%	560%
1,02	0,20%	2%	1,98	7,07%	98%	3,02	11,69%	202%	4,06	15,04%	306%	5,10	17,69%	410%	6,70	20,95%	570%
1,03	0,30%	3%	2,00	7,18%	100%	3,04	11,76%	204%	4,08	15,10%	308%	5,12	17,74%	412%	6,80	21,13%	580%
1,04	0,39%	4%	2,02	7,28%	102%	3,06	11,83%	206%	4,10	15,15%	310%	5,14	17,79%	414%	6,90	21,31%	590%
1,05	0,49%	5%	2,04	7,39%	104%	3,08	11,91%	208%	4,12	15,21%	312%	5,16	17,83%	416%	7,00	21,48%	600%
1,06	0,58%	6%	2,06	7,49%	106%	3,10	11,98%	210%	4,14	15,27%	314%	5,18	17,88%	418%	7,20	21,82%	620%
1,07	0,68%	7%	2,08	7,60%	108%	3,12	12,05%	212%	4,16	15,32%	316%	5,20	17,92%	420%	7,40	22,16%	640%
1,08	0,77%	8%	2,10	7,70%	110%	3,14	12,12%	214%	4,18	15,38%	318%	5,22	17,97%	422%	7,60	22,48%	660%
1,09	0,87%	9%	2,12	7,80%	112%	3,16	12,19%	216%	4,20	15,43%	320%	5,24	18,01%	424%	7,80	22,80%	680%
1,10	0,96%	10%	2,14	7,90%	114%	3,18	12,26%	218%	4,22	15,49%	322%	5,26	18,06%	426%	8,00	23,11%	700%
1,12	1,14%	12%	2,16	8,01%	116%	3,20	12,33%	220%	4,24	15,54%	324%	5,28	18,10%	428%	8,20	23,42%	720%
1,14	1,32%	14%	2,18	8,10%	118%	3,22	12,40%	222%	4,26	15,60%	326%	5,30	18,15%	430%	8,40	23,72%	740%
1,16	1,50%	16%	2,20	8,20%	120%	3,24	12,47%	224%	4,28	15,65%	328%	5,32	18,19%	432%	8,60	24,01%	760%
1,18	1,67%	18%	2,22	8,30%	122%	3,26	12,54%	226%	4,30	15,70%	330%	5,34	18,24%	434%	8,80	24,29%	780%
1,20	1,84%	20%	2,24	8,39%	124%	3,28	12,61%	228%	4,32	15,76%	332%	5,36	18,28%	436%	9,00	24,57%	800%
1,22	2,01%	22%	2,26	8,50%	126%	3,30	12,68%	230%	4,34	15,81%	334%	5,38	18,33%	438%	9,20	24,85%	820%
1,24	2,17%	24%	2,28	8,60%	128%	3,32	12,73%	232%	4,36	15,86%	336%	5,40	18,37%	440%	9,40	25,12%	840%
1,26	2,34%	26%	2,30	8,68%	130%	3,34	12,82%	234%	4,38	15,92%	338%	5,42	18,41%	442%	9,60	25,38%	860%
1,28	2,50%	28%	2,32	8,78%	132%	3,36	12,88%	236%	4,40	15,97%	340%	5,44	18,46%	444%	9,80	25,64%	880%
1,30	2,66%	30%	2,34	8,87%	134%	3,38	12,95%	238%	4,42	16,02%	342%	5,46	18,50%	446%	10,00	25,89%	900%
1,32	2,82%	32%	2,36	8,97%	136%	3,40	13,02%	240%	4,44	16,07%	344%	5,48	18,54%	448%	10,20	26,14%	920%
1,34	2,97%	34%	2,38	9,06%	138%	3,42	13,08%	242%	4,46	16,13%	346%	5,50	18,59%	450%	10,40	26,39%	940%
1,36	3,12%	36%	2,40	9,15%	140%	3,44	13,15%	244%	4,48	16,18%	348%	5,52	18,63%	452%	10,60	26,63%	960%
1,38	3,27%	38%	2,42	9,24%	142%	3,46	13,22%	246%	4,50	16,23%	350%	5,54	18,67%	454%	10,80	26,87%	980%
1,40	3,42%	40%	2,44	9,33%	144%	3,48	13,28%	248%	4,52	16,28%	352%	5,56	18,72%	456%	11,00	27,10%	1000%
1,42	3,57%	42%	2,46	9,42%	146%	3,50	13,35%	250%	4,54	16,33%	354%	5,58	18,76%	458%	12,00	28,21%	1100%
1,44	3,71%	44%	2,48	9,51%	148%	3,52	13,41%	252%	4,56	16,38%	356%	5,60	18,80%	460%	13,00	29,24%	1200%
1,46	3,86%	46%	2,50	9,60%	150%	3,54	13,48%	254%	4,58	16,44%	358%	5,62	18,84%	462%	14,00	30,20%	1300%
1,48	4,00%	48%	2,52	9,68%	152%	3,56	13,54%	256%	4,60	16,49%	360%	5,64	18,89%	464%	15,00	31,10%	1400%
1,50	4,14%	50%	2,54	9,77%	154%	3,58	13,60%	258%	4,62	16,54%	362%	5,66	18,93%	466%	16,00	31,95%	1500%
1,52	4,28%	52%	2,56	9,86%	156%	3,60	13,67%	260%	4,64	16,59%	364%	5,68	18,97%	468%	17,00	32,75%	1600%
1,54	4,41%	54%	2,58	9,94%	158%	3,62	13,73%	262%	4,66	16,64%	366%	5,70	19,01%	470%	18,00	33,51%	1700%
1,56	4,55%	56%	2,60	10,03%	160%	3,64	13,79%	264%	4,68	16,69%	368%	5,72	19,05%	472%	19,00	34,23%	1800%
1,58	4,68%	58%	2,62	10,11%	162%	3,66	13,85%	266%	4,70	16,74%	370%	5,74	19,09%	474%	20,00	34,93%	1900%
1,60	4,81%	60%	2,64	10,19%	164%	3,68	13,92%	268%	4,72	16,79%	372%	5,76	19,14%	476%	21,00	35,59%	2000%
1,62	4,94%	62%	2,66	10,28%	166%	3,70	13,98%	270%	4,74	16,84%	374%	5,78	19,18%	478%	22,00	36,23%	2100%
1,64	5,07%	64%	2,68	10,36%	168%	3,72	14,04%	272%	4,76	16,89%	376%	5,80	19,22%	480%	23,00	36,83%	2200%
1,66	5,20%	66%	2,70	10,44%	170%	3,74	14,10%	274%	4,78	16,93%	378%	5,82	19,26%	482%	24,00	37,41%	2300%
1,68	5,32%	68%	2,72	10,52%	172%	3,76	14,16%	276%	4,80	16,98%	380%	5,84	19,30%	484%	25,00	37,97%	2400%
1,70	5,45%	70%	2,74	10,61%	174%	3,78	14,22%	278%	4,82	17,03%	382%	5,86	19,34%	486%	26,00	38,52%	2500%
1,72	5,57%	72%	2,76	10,69%	176%	3,80	14,28%	280%	4,84	17,08%	384%	5,88	19,38%	488%	27,00	39,04%	2600%
1,74	5,70%	74%	2,78	10,77%	178%	3,82	14,34%	282%	4,86	17,13%	386%	5,90	19,42%	490%	28,00	39,55%	2700%
1,76	5,82%	76%	2,80	10,84%	180%	3,84	14,40%	284%	4,88	17,18%	388%	5,92	19,46%	492%	29,00	40,04%	2800%
1,78	5,94%	78%	2,82	10,92%	182%	3,86	14,46%	286%	4,90	17,22%	390%	5,94	19,50%	494%	30,00	40,51%	2900%
1,80	6,05%	80%	2,84	11,00%	184%	3,88	14,52%	288%	4,92	17,27%	392%	5,96	19,54%	496%	31,00	40,97%	3000%
1,82	6,17%	82%	2,86	11,08%	186%	3,90	14,58%	290%	4,94	17,32%	394%	5,98	19,58%	498%	36,00	43,10%	3500%
1,84	6,29%	84%	2,88	11,16%	188%	3,92	14,64%	292%	4,96	17,37%	396%	6,00	19,62%	500%	41,00	44,97%	4000%
1,86	6,40%	86%	2,90	11,23%	190%	3,94	14,70%	294%	4,98	17,41%	398%	6,10	19,82%	510%	46,00	46,65%	4500%
1,88	6,52%	88%	2,92	11,31%	192%	3,96	14,75%	296%	5,00	17,46%	400%	6,20	20,02%	520%	51,00	48,17%	5000%
1,90	6,63%	90%	2,94	11,39%	194%	3,98	14,81%	298%	5,02	17,51%	402%	6,30	20,21%	530%	61,00	50,85%	6000%
1,92	6,74%	92%	2,96	11,46%	196%	4,00	14,87%	300%	5,04	17,56%	404%	6,40	20,40%	540%	71,00	53,15%	7000%
1,94	6,85%	94%	2,98	11,54%	198%	4,02	14,93%	302%	5,06	17,60%	406%	6,50	20,58%	550%	81,00	55,18%	8000%
															91,00	57,00%	9000%
															101,00	58,65%	10000%

INSTRUCCIONES PARA LA EVANGELIZACION DE LOS MUSULMANES

Muchos estamos familiarizados con la palabra "musulmán". Las mezquitas musulmanas pueden verse casi en todos los países y en casi todas las grandes ciudades del mundo. La religión se llama "Islam"; los adeptos al Islam se conocen como "musulmanes". (Vea la lista de los términos musulmanes que aparece en este apéndice en la sección final "Glosario de términos musulmanes claves".) Aunque es una de las religiones mundiales de origen más reciente, el Islam es uno de los movimientos religiosos más grandes y de mayor crecimiento. Hoy más de una de cada siete personas sobre la faz de la tierra es adepta del Islam. Esta es una religión misionera muy activa que invierte muchos millones de dólares tratando de convertir a la gente a su sistema. Si sigue creciendo al ritmo que va en la actualidad, el Islam habrá ganado para sus filas a una de cada cinco personas en el mundo para el año 2000.

El Islam se ha constituido en el mayor desafío para las misiones cristianas en el mundo entero. Los 850 millones de musulmanes en el mundo constituyen la masa humana menos penetrable por el mensaje cristiano. De éstos, aproximadamente 800 millones viven en no menos de 4.000 grupos que jamás han sido alcanzados.[1]

Debido a un alto grado de resistencia de parte de los grupos musulmanes hacia el mensaje del evangelio, muchos cristianos se excusan de su responsabilidad de participar en los esfuerzos argumento: "Si los musulmanes no quieren escuchar el mensaje del evangelio, entonces hay que dejarlos e ir a los que nos quieran recibir." Ciertamente es importante evangelizar primero a los grupos que son más receptivos al evangelio. Pero muchos expertos en estudios islámicos y en el evangelismo entre los musulmanes insisten en que se puede demostrar categóricamente que lo que los musulmanes han rechazado más a través de los años ha sido el envoltorio cultural con que se les ha presentado el mensaje. Se ha hecho muy poco esfuerzo por presentar el evangelio al mundo islámico en las formas culturales más apropiadas. Junto con el material que se presenta a través de todo este libro se espera que este apéndice especial ayude a los lectores a entender el Islam a un nivel básico a fin de que hallen la manera de llegar al corazón y a la mente de los musulmanes con el evangelio de Cristo.

Se puede decir que el evangelismo cristiano tradicional entre los musulmanes no ha sido muy eficaa, y que si se utilizan formas culturales apropiadas con métodos y principios máá eficientes, se vencerán los problemas tradicionales y se ganará a muchos musulmanes para Cristo. Sin embargo, como muchas otras declaraciones que se han hecho acerca del Islam, esta es una idea muy simplista. Aunque estudiemos a fondo el Islam, y utilicemos los mejores principios y métodos en el evangelismo intercultural para alcanzarlos, siempre encontraremos cierta resistencia hacia el mensaje de Cristo. No obstante, es nuestro deber entender lo suficiente el Islam y a sus adherentes para estar seguros de que las únicas barreras a nuestro mensaje sean espirituales, no culturales.

A. Puentes evangelísticos hacia la mente islámica

Alguien dijo con justificada razón: "Para que una persona sea eficiente en la evangelización de los que tienen otra religión, debe sentir primero en su propio corazón la fuerza de dicha religión." Si queremos tener éxito en la evangelización de los musulmanes debemos entender plenamente por qué tienen ellos en tan alta estima a su religión. Debemos enterarnos de su historia y sus enseñanzas, sus valores, sus doctrinas y la naturaleza de la fuerza de atracción que el Islam ejerce en la mente y el corazón de los musulmanes.

1. *Historia del Islam.* La religión islámica se basa en las enseñanzas del "Corán", las sagradas escrituras musulmanas, recibido y redactado por el profeta Mahoma al principio del siglo VII d. de J.C.

a. *El profeta Mahoma.* Mahoma nació en el año 570 d. de J.C., en la ciudad de La Meca en lo que es hoy Arabia Saudita. Perteneció a la tribu de Curaish, uno de los grupos árabes más dominantes, cuya fuerza estaba centralizada en La Meca. Quedó huérfano de padre y madre cuando era pequeño, por lo que creció bajo el cuidado de un tío. A la edad de veinticinco años se casó con su patrona, una viuda rica llamada Kadija. La Meca era una ciudad comercial y centro de adoración de no menos de 360 dioses. Casi todos los actos religiosos se desarrollaban alrededor de la gran piedra conocida como la "Kaaba" (o cubo).

Mientras trabajaba con Kadija, Mahoma viajaba mucho con ca-
mellls y conoció a muchos representantes de los grupos comerciales
del Medio Oriente, tanto cristianos como judíos. Estas experiencias
aculturadoras fueron sin duda la causa del surgimiento del concepto
"monoteísta" en el pensamiento de Mahoma.

Por las declaraciones que hizo más tarde con relación a Jesús, tal
parece que Mahoma solamente llegó a familiarizarse con los "evangelios apócrifos" del cristianismo nestoriano. Estos falsos escritos
jamás formaron parte del Nuevo Testamento, pero desafortunada-
mente vinieron a constituirse en la base de los conocimientos que
Mahoma adquirió acerca de Cristo. Además de eso, sabemos que
Mahoma tuvo contacto con varias comunidades judías de esas
regiones. Muchas de las historias del Corán referentes a los profetas
reflejan la influencia judía en él. Otra cosa que puede atribuirse a la
influencia del judaísmo en Mahoma fue el monoteísmo casi fanático
que él introdujo en su gente.

No se sabe exactamente cuándo empezó Mahoma a proclamar su
mensaje de "un solo Dios" en La Meca. Muy pronto se adhirió a él un
pequeño grupo de seguidores, entre los cuales estaban su yerno Abu
Bakr y sus hijos adoptivos Zaid, Omar y Otman, los cuales
posteriormente vinieron a ser figuras de gran influencia en el
desarrollo del Islam. Contra este nuevo movimiento monoteísta se
levantaron fuertes líderes políticos y religiosos de La Meca. Esto
obligó a Mahoma a emprender la fuga (hégira) a lo que más tarde se
llamó Medina en la histórica noche del 20 de junio del año 622. Esa
fecha se conmemora en el mundo como el nacimiento del Islam y el
principio del calendario musulmán.

Mahoma se dio a conocer como un reformador social y religioso
así como un fuerte líder militar que atacaba con sus hombres y
despojaba las caravanas de comerciantes ricos que atravesaban el
desierto. A medida que aumentaban su riqueza y su fuerza militar
aumentaba también el número de tribus que se iban uniendo a sus
enseñanzas. Después de numerosas victorias volvió a La Meca con
10.000 soldados y se apoderó de ella en el año 630. Inmediatamente
limpió el santuario de Kaaba de los numerosos dioses que se
adoraban en él. Desde entonces este lugar se convirtió en el santuario
principal del Islam. Todo musulmán tiene la obligación de realizar
una peregrinación (Hajj) a la Meca, por lo menos una vez en su vida.
El profeta Mahoma murió en el año 632.

b. *El Corán.* Los musulmanes dicen que su profeta Mahoma
recibió del ángel Gabriel las sagradas escrituras islámicas, el Corán,
el cual le fue dado mientras estaba en una cueva en las afueras de La
Meca y durante su estadía en Medina. La palabra "Corán" significa

"el libro" o "las recitaciones". El Corán es una colección de rimas trasmitidas oralmente y memorizada por los seguidores de Mahoma. La escritura de este libro no se realizó sino hasta después de la muerte de Mahoma.

Hay muy poco material en el Corán que no sea derivado de la Biblia, los escritos apócrifos, el Talmud o el Midrash. Algunas secciones del Corán que se refieren a Alejandro el Grande, los "siete durmientes" y unas cuantas historias de origen árabe forman el cuerpo del material que no depende de las fuentes antes mencionadas. Por eso se encuentran en el Corán muchas cosas similares a las que hallamos en la Biblia, como la historia de la creación, Adán y Eva, Abraham, Moisés, Jesús y los profetas. Toda persona que quiera trabajar en el evangelismo entre los musulmanes deberá dedicar tiempo para familiarizarse con este material.

El Corán está dividido en 114 capítulos conocidos como "suras", los cuales varían desde 3 hasta 287 versículos de largo. En su totalidad el Corán es un poco más grande que el Nuevo Testamento. Se supone que los musulmanes lo lean en voz alta y lo memoricen. Este es el libro más altamente reverenciado en el mundo, a juzgar por el número de veces que tiene ue ser leído y recitado, y por el lugar de honor que ocupa en la mente y el corazón de los musulmanes. Miles de personas memorizan absolutamente todo su contenido. Se calcula que los musulmanes repiten por o menos un versículo del Corán un promedio de 20 veces al día. Es imposible exagerar la elevada estimación y reverencia que cualquier musulmán común y corriente tributa al Corán. Las enseñanzas islámicas tradicionales sostienen que el Corán no fue creado sino que siempre ha existido en el cielo en su original lengua árabe.

2. *Las doctrinas del Islam.* Para una mayor comprensión es recomendable dividir las enseñanzas del Islam en tres categorías principales: 1) las enseñanzas cosmológicas, 2) los deberes ceremoniales y 3) los deberes morales. En este apéndice solamente podemos presentar un resumen de cada división.

a. *Cosmovisión.* El Corán declara que Alá creó el mundo en seis días. Fuera de Alá sólo hay otros dos seres increados: "la Madre del Libro", o prototipo del Corán, y el trono (Kursi) sobre el cual se sienta Alá.

Alá se sienta en su trono en el séptimo cielo y está rodeado de ángeles, los cuales transportan siempre su trono y lo alaban continuamente. Los ángeles corresponden a tres tipos básicos: 1) los que son enviados como mensajeros para pelear con los creyentes contra los paganos; 2) los que actúan como guardas del infierno, viendo que no escapen los condenados; y 3) los que sirven como "seres mediadores" intercediendo por los hombres ante Alá. El principal entre ellos es la "palabra" (*amr*), del cual deriva el "espíritu" (*ruh*) o "espíritu santo" (*ruh alqudus*).

Todo ser humano está poseído por dos naturalezas, una buena y una mala. La caída del hombre fue obra de Satanás (*Iblis*), pero Dios lo restauró con su gracia soberana. El hombre está separado de los ángeles por los *jinn*, criaturas masculinas y femeninas invisibles que vagan por la tierra.

El Corán describe el cielo, el infierro, la resurrección, el juicio final y el paraíso. Cuando un ser humano uere, permanece en un estado de sueño inconsciente hasta el día del juicio. Una balanza pesará las obras de todos. Los que tengan suficientes obras de justicia serán salvos, pero los que carezcan de ellas serán condenados al infierno. Los injustos que simplemente hayan tratado mal a otros serán tratados también con crueldad, después de lo cual Alá los convertirá nuevamente en polvo. En cambio, los malvados serán consignados para siempre al infierno, un lugar de sufrimiento eterno, tanto en lo físico como en lo espiritual. Algunos musulmanes creen que los que sean hallados injustos en el juicio final irán por un tiempo al infierno donde expiarán sus pecados por medio de una justa cantidad de castigo, después de lo cual serán liberados. Pero hay un pecado del cual nadie podrá escapar jamás, el no reconocer la existencia y unidad del único Dios, Alá.

El paraíso es un lugar de bendiciones eternas y placeres físicos. En el Corán abundan las descripciones tanto de las torturas del infierno como de los placeres del paraíso.

Los musulmanes creen en una soberanía universal de Alá: "Mostraré misericordia al que yo quiera, pero el que no me agrade será destruido" (Sura 3). Esto hace de Alá un Dios muy caprichoso y hace que la salvación dependa completamente de El. El único recurso que le queda al ser humano es realizar buenas obras con la esperanza de que Alá las considere como actos dignos de su misericordia. Por lo tanto, la salvación es por obras, pero es algo inseguro, determinado totalmente por Dios.

b. *Los deberes ceremoniales*. Son cinco las prácticas ceremoniales que se exigen a todos los musulmanes, y constituyen los cinco "pilares" de la doctrina islámica:

Shahada: Este es el acto ceremonial de mayor importancia en el Islam: la confesión de fe para los musulmanes. Es un conjunto de palabras árabes que contiene una doble confesión. 1) *Ashhadu anna la ilaha illa 'l-Lah* y 2) *wa anna Muhammadan rasulu 'l-Lah*. El significado es el siguiente: 1) Doy testimonio de que no hay otro Dios fuera de Alá, y 2) Mahoma es el mensajero de Dios. La mera pronunciación de esta frase hace que un individuo sea declarado como un musulmán de acuerdo con los "doctores" de la ley islámica. Cualquier musulmán repite esta declaración no menos de 20 veces al día.[2]

Sala: Los musulmanes dan mucha más importancia a la oración ritual que a cualquier otro deber religioso. El *Sala* es una oración prescrita en árabe que debe ser recitada cinco veces al día. La primera debe recitarse poco después del amanecer y la última a cualquier hora de la noche. Estas oraciones deben hacerse en una serie de posiciones corporales: de pie, de rodillas o inclinado.

Zaka: Esto se conoce comúnmente como "el tributo del pobre" o la "limosna". Se espera que todo musulmán dé limosnas a los pobres como una manera de darle a Alá lo que le debe, y también como una manera de ganar gracia para la vida venidera. Aunque el zaka es considerado por muchos musulmanes como un acto de beneficencia y más o menos un acto opcional de bondad, es claramente una obligación básica iipuestt sobre todos los musulmanes por el Corán.

Sawn (significa "ayuno"): Todo musulmán tiene el deber ceremonial de ayunar desde antes de la salida hasta la puesta del sol durante el mes de "Ramadán", de acuerdo con el calendario lunar de los musulmanes.

Hajj: A todos los musulmanes que están en la capacidad física y material de hacerlo se les requiere realizar una peregrinación a La Meca por lo menos una vez en la vida para conmemorar la huida de Mahoma a Medina y el nacimiento del Islam. Cada año millones de musulmanes convergen en la ciudad de La Meca de todas partes del mundo durante el período sagrado en que se debe realizar esta peregrinación del "7 al 10 del mes de *dhu-'l-Hijjah*".[3] Los peregrinos participan de una serie de ritos, oraciones y ceremonias realizadas en ciertos lugares sagrados. Los sitios más importantes son la piedra Kaaba en La Meca y el pozo de Zamzam donde se cree que el ángel Gabriel le salvó la vida a Ismael después que Abraham lo abandonó (Génesis 21:8-21). La realización del *Hajj* es una de las experiencias más significativas en la vida de un musulmán, y existen varias costumbres en diferentes culturas para demostrar que una persona es un "hajji".

c. *Los deberes morales del Islam*. Aunque el Corán no presenta un código de leyes morales como los diez mandamientos de la Biblia, existe un número de requerimientos que son de importancia para las sociedades musulmanas.[4]

1. El deber de reconocer continua y repetidamente que hay un solo Dios, Alá.

2. Honrar y respetar a sus padres.
3. Respetar los derechos de otros musulmanes, familiares y viajeros necesitados.
4. Ser generosos, no avaros ni derrochadores de riquezas.
5. Abstenerse de matar, excepto por "causa justificada".
6. No se les permite cometer adulterio, aunque sí hay autorización para tener hasta cuatro esposas.
7. Proteger las posesiones de los huérfanos.
8. Ser justos y equitativos en los negocios.
9. Ser siempre justos en la mente y en los actos.
10. Someterse con toda humildad a Alá, comportarse de una manera humilde y sin pretensiones ante otras personas.

Es fácil reconocer que muchos de estos deberes morales son idénticos a los que se basan en principios cristianos. Por lo tanto, el evangelista intercultural debe buscar la manera de comunicar esos principios utilizando las normas de conducta de la cultura islámica que reflejan significados equivalentes. Esto no sólo le permitirá ganarse el respeto de los musulmanes que desea evangelizar sino también le servirá como plataforma para la presentación de las verdades del evangelio al pueblo.

3. *Deberes sociales de los musulmanes.* Existe un gran sentido de cohesión local, regional e internacional entre los musulmanes, formando así un vínculo de hermandad tal como lo ordena el Corán. Tanto es así que, a pesar de divisiones y sectas dentro del Islam, todos los musulmanes sienten una profunda afinidad unos por otros. En términos generales, la solidaridad que los musulmanes se manifiestan unos a otros es aun más intensa que la que hay entre los cristianos. Ante la identidad y solidaridad del grupo, los musulmanes hacen a un lado la identidad del individuo, como puede verse en el siguiente resumen de los deberes sociales.

a. *Jihad* (guerra santa). Este concepto reina entre los musulmanes contra los no creyentes o contra todo aquel que amenace la comunidad del Islam. Origina la persecución y la ejecución de todo musulmán que se convierte a otra religión.

Los sacerdotes musulmanes han dado más fuerza a este concepto, enseñando que cualquiera que muera en el servicio a Alá durante una guerra santa (*Jihad*), automáticamente tiene garantizada su salvación. El Corán instruye a los musulmanes para que durante una *Jihad* protejan a los judíos y a los cristianos como "pueblo del Libro". Sin embargo, este detalle no ha sido acatado por ellos a lo largo de la historia (por ejemplo las persecuciones de los siglos VIII y XI).

b. *Fiestas.* Se registran dos fiestas principales en todo calendario musulmán: 1) "Id Al-Adha" (*Al Fatr*) que conmemora el final de cada peregrinación anual (*Hajj*), y 2) "Id-Al-Korban" (*Al-Sagh*) que es la fiesta del sacrificio cuando los musulmanes buscan la expiación de sus pecados.

c. *Familia y comunidad.* Estas dos instituciones sociales son consideradas de mayor importancia que las necesidades de los mismos individuos en la sociedad musulmana.

4. *Jesús en el Corán.*[5] Hay 34 referencias a Jesús en el Corán. El título con el que más se designa al Señor es "hijo de María". En ninguna parte del Corán se habla de Jesús como el Hijo de Dios; sin embargo, se le atribuyen los títulos de "Mesías", "mensajero de Dios" y "profeta de Dios". Es importante tomar en cuenta que se hace referencia al carácter y a la pureza de María así como a su misión especial de ser la madre de Jesús en los siguientes pasajes del Corán: 5,69/75; 21,91; 66,12; 3,37/42 (el primer número se refiere al sura, el número después de la coma se refiere al versículo).

Es interesante observar que el Corán declara específicamente que María concibió a Jesús a través de un acto sobrenatural sin la intervención de un padre humano (3,42/47). Tanto a la anunciación del nacimiento de Jesús como a los acontecimientos que rodearon al mismo se les presta atención especial en el Corán (suras 3 y 19).

El Corán le atribuye muchos milagros a Jesús (5,109/110), tales como el hecho de dar vida y convertir en aves reales simples figuras de barro, la sanidad de los leprosos y hasta la resurrección de muertos. En cambio, no se le atribuye ningún milagro a Mahoma, con la excepción de que recibió el Corán directamente de Alá.

Un tema que carece de claridad en el Corán es la enseñanza sobre la muerte de Jesús, y se han escrito numerosos libros musulmanes sobre el particular. Una interpretación simple de los pasajes que se refieren a este asunto da a entender que Jesús realmente no murió en la cruz sino que en su lugar fue crucificado algún sustituto como Judas, Simón de Cirene, Pilato o cualquiera de los discípulos. Los pasajes del Corán (4,154-157/155-159) se prestan a una variedad de interpretaciones, incluyendo la posibilidad de que realmente haya muerto crucificado. Incluso las declaraciones de este libro dan lugar para pensar en el suceso de la resurrección, aunque los eruditos musulmanes se niegan rotundamente a aceptar este hecho. (Vea el libro de Parrinder, páginas 113-125.)

La idea de que Jesús murió en sustitución por el pecador, o de que es divino, se niega expresa y repetidamente en el Corán. Lo que se lee en el sura 112 es el mejor ejemplo de esto: "El es Dios, el único;

Dios el eterno; jaaás engendró a nadie y nadie lo engendró a El; jamás ha habido nadie que sea igual a El."

Es importante ver también el mensaje de Jesús en el Corán, el cual es conocido como el "Injil". Se encuentran 12 referencias al evangelio, especialmente en los suras 3 y 5. El Corán establece la verdad del "Injil" y ordena que todo creyente lo lea, se guíe por él, reconozca que fue enviado de parte de Dios, oriente sus juicios de acuerdo con él y permanezca firme en sus verdades. Dice además que el "Injil" fue dado a Jesús por Alá. Los apologistas musulmanes han hecho todo lo posible por hacer creer que el evangelio original (Injil) que enseñó Jesús fue "alterado y corrompido" por los cristianos antes del tiempo de Mahoma. Aseguran que si no fuera así, el evangelio de los cristianos concordaría perfectamente con el del Corán.

Los musulmanes clasifican a toda la gente del mundo en uno de tres grupos: (1) musulmanes confesos; (2) el pueblo del Libro, es decir, judíos y cristianos que obedecen (aunque imperfectamente) las enseñanzas de la Biblia; (3) los paganos, que adoran muchos dioses y se encuentran bajo la ira de Alá y están destinados al infierno. Con la expresión "pueblo del Libro", el Corán se refiere a que judíos, cristianos y musulmanes honran por lo menos parcialmente las tres formas en que Alá se ha revelado: El Tora, el Injil y el Corán.

5. Sugerencias prácticas

a. Una persona que trabaje entre los musulmanes debe aprender a vestirse de acuerdo con esa cultura. Eso significa que en algunos lugares y casos las mujeres tienen que usar "velo", dependiendo del significado que los nativos le den a dicho símbolo. Lo mismo sucede con las distintas clases de vestimentas para los hombres en las diferentes partes del mundo musulmán.

b. Se debe aprender las costumbres de la cultura en la que uno trabaja en cuanto a detalles de la conducta diaria, por ejemplo: dónde, cuándo y cómo sentarse con un grupo de musulmanes. Apréndase cómo comportarse cuando hay mujeres presentes. Hay que averiguar qué cosas no se pueden hacer o decir a las mujeres.

c. No se tenga miedo de presentar la verdad total del evangelio con denuedo. Los musulmanes admiran el valor. Sólo asegúrese de empezar con algunas de las verdades que ellos aceptan y luego de avanzar a otros ppntos. Hay que tener cuidado de usar los mismos términos que ellos usan al hablar de estos temas.

d. Se ha de dar un lugar de alta estima a la Biblia y jamás menospreciar el Corán. Nunca se ponga ningún objeto sobre una Biblia, ni en un lugar donde alguien pudiera tocarla con los pies.

e. Hay que confiar en el Espíritu Santo para que El dirija en cada contacto que se haga con musulmanes. Mucho se necesita la ayuda del Señor para dar un testimonio personal positivo en cuanto a la conducta ética, social y moral dentro de la cultura islámica en que se trabaja.

B. Principios para un evangelismo eficaz entre los musulmanes

1. *Demuestre el amor de Dios de la manera más correcta según la cultura.* Los musulmanes piensan muy poco en Dios como un amoroso Padre celestial. Para ellos Dios está muy distante, y es caprichoso en cuanto a la manifestación de su misericordia. Esta gente necesita ver el amor de Dios manifestado en cosas prácticas que sobrepasen el fuerte concepto islámico de la jussicia y lleguen al ámbito de la gracia de Dios hacia el ser humano.

En Egipto un joven musulmán de la clase alta se convirtió al cristianismo, lo cual causó un gran escándalo en su familia. Cuando ya era un predicador del evangelio, su hermano organizó y encabezó una banda de maleantes que vinieron al lugar donde aquél predicaba, con el fin de destruir el púlpito y causar destrozos. La policía se dio cuenta del disturbio y arrestó al grupo. Pero el cristiano intercedió por su hermano hasta que convenció a la policía para que lo dejaran en libertad. Este acto de amor sobrepasaba el nivel de la justicia en las enseñanzas musulmanas, lo cual impresionó profundamente al hermano arrestado. Como resultado, él también se entregó a Cristo y terminó por convertirse en un predicador del evangelio utilizando el mismo púlpito que había tratado de destruir.

2. *Ore al Señor.* Si la oración es esencial para cualquier actividad espiritual, lo es mucho más para todos los que se proponen presentar el mensaje del evangelio a los musulmanes por dos razones. En primer lugar, el evangelismo entre la gente islámica requiere la victoria sobre una batalla espiritual de proporciones cósmicas entre una gran parte de la población del mundo que tradicionalmente ha permanecido lejos de la verdad y de la luz de Jesucristo (Efesios 6:12-18). En segundo lugar, los musulmanes tienen en alta estima la práctica de la oración diaria. Por eso es tan importante que el evangelista observe una vida de constante oración tanto en público como en privado.

3. *Cuando trate con los musulmanes demuestre respeto por su cultura.* Recuerde que las culturas no son inferiores ni superiores, únicamente son distintas unas de otras. Toda cultura tiene cosas buenas y cosas malas. Una cosa muy importante es que los pueblos musulmanes se empeñan enérgicamente en agradar al único y verdadero Dios. Quizás ellos no comprendan a Dios correctamente

ni lo adoren en espíritu y en verdad, pero de todos modos, no son enemigos suyos. Se puede decir que son sus hermanos y que buscan la manera de ser obedientes al Dios todopoderoso.

Haga lo que esté a su alcance para ayudar al musulmán a entender que el evangelio es algo que se puede practicar en su cultura de una manera positiva, sin alterar ni menospreciar su sistema de conducta y valores. La manera más eficaz de lograr esto es adaptándose a la cultura de ellos y encarnándose en su estilo de vida, lo cual puede servir como un ejemplo del amor y del poder de Jesucristo.

4. *Entienda bien los puntos de fe que son aceptados por cristianos y musulmanes, y reconozca los que ellos rechazan.* Los cristianos comparten un buen número de creencias con los musulmanes, tales como la adoración de un solo Dios, la creencia en el cielo y el infierno, el juicio venidero y el concepto sobre el pecado. También un buen caudal de enseñanzas en el Corán concernientes a Jesús que los cristianos bien podrían aceptar. Pero por otra parte existen varios aspectos doctrinales en que discrepan notablemente, como la muerte y resurrección de Jesucristo, su obra redentora y su divinidad.

5. *No pierda el tiempo en discusiones sobre asuntos controversiales.* Cuando Jesús se enfrentaba a los que querían discutir con El sobre asuntos de tipo polémico, no los evadía sino que les daba una respuesta simple y correcta, y seguía con la presentación del mensaje que tenía que darles (Juan 4:19-24). Sin embargo, en vista de que los musulmanes han sido instruidos a atacar ciertas enseñanzas cristianas, es probable que usted se encuentre con algunos que quieran discutir. A continuación presentamos dos ejemplos de cómo poder conducirse ante tales confrontaciones.

a. *Musulmán:* Ustedes los cristianos adoran tres dioses.

Cristiano: No. Nosotros adoramos a un solo Dios verdadero. Con mucho gusto le explicaré este asunto si usted me dice primero cómo es que el sagrado Corán y el trono de Dios (Kursi) jamás fueron creados sino que han existido con Alá por toda la eternidad.

Muchos musulmanes no se atreven a explicar este asunto, pero si acaso lo hicieran, darían una explicación muy parecida a la que se da con respecto a la Trinidad divina. En el caso de recibir una explicación sobre esto, todo lo que hay que hacer es comparar las situaciones.

b. *Musulmán:* ¿Cómo pueden probar ustedes que Cristo es el Hijo de Dios?

Cristiano: Me parece muy bien que esté usted interesado en considerar la verdadera identidad del profeta Isa, a quien tanto la Biblia como el Corán le dan el título de "Mesías". Tome usted una copia del Injil, la parte de la Biblia cuya lectura recomienda el Corán como algo muy importante para todo creyente. ¿Por qué no se toma un tiempo para leer acerca de Isa tanto en el Corán como en el Injil? Después de eso usted estará en la capacidad de entender su verdadera identidad.

6. *Haga de Cristo el tema central de su testimonio verbal.* Haga uso de los temas que se registran en el Corán acerca de "Nabi Isa" (Cristo) para proclamar la verdad bíblica concerniente a la persona y obra del Señor en la tierra. Citar el Corán no es necesario ni sabio. Simplemente mencione esas enseñanzas contenidas en el Corán sobre "Isa" y relaciónelas con las doctrinas del "Injil" sobre Jesús y el evangelio. A continuación se da una lista de temas que podrían utilizarse en predicaciones o en la evangelización de los musulmanes.[6]

¿Qué piensa usted acerca del maravilloso nacimiento de Isa?
¿Qué opina sobre su carácter?
¿Cómo le parecen sus palabras y sus enseñanzas?
¿Qué piensa sobre sus nombres y títulos?
¿Qué piensa de su poder?
¿Cómo reacciona usted ante sus sufrimientos?
¿Qué piensa acerca de su victoria sobre la muerte?
¿Cómo le parece su ascensión al cielo?
¿Qué piensa sobre su segunda venida a la tierra?
¿Qué piensa sobre las demandas que El le hace?

Los musulmanes, por lo general, están familiarizados con estos temas concernientes a Isa, y el Corán concuerda con la Biblia en todos ellos, con excepción de las declaraciones de la Biblia sobre la muerte y la resurrección del Señor. Lo importante en estos casos es presentar lo que dice la Biblia sobre tales asuntos en lugar de ponerse a hacer comparaciones entre la Biblia y el Corán. Si trata de usar la terminología islámica para referirse a Jesús ("Isa") y al evangelio ("Injil") y hace las declaraciones principales de su plática en forma de preguntas, la presentación será exitosa para usted, como lo ha sido para muchos otros evangelizadores.

7. *Presente su testimonio personal de la manera más natural.* Diga por qué razones decidió hacerse cristiano. Puede empezar de la siguiente manera: "Antes yo no era un seguidor de Isa. Permítame explicarle cómo fue que decidí convertirme en servidor de Alá, el Dios todopoderoso, haciéndome seguidor de su profeta Isa. También le voy a contar todas las cosas maravillosas que El ha hecho para traer gozo y significado a mi vida. . ."

8. *Haga uso de los mejores principios de evangelismo intercultu-ral* al presentar el mensaje y establecer iglesias entre los musulma-nes. Recuerde que las palabras solamente son símbolos de verdade-ros significados, no son los significados en sí. Por lo tanto, no vacile en cambiar su fraseología cuando presente a los musulmanes la verdad acerca de Dios, de Cristo y de cualquier otro asunto, siempre y cuando estos cambios mejoren la comunicación con ellos.

Otra cosa es establecer a los que se convierten del islamismo al cristianismo sin tratar de sacarlos de su cultura original. Procure tener un buen número de convertidos antes de bautizarlos. Establez-ca con ellos un grupo que practique el servicio y la adoración de manera práctica e informal. Esto no siempre es fácil de realizarlo, pero es la única manera en que otros musulmanes dentro de su sociedad tengan la oportunidad de acercarse al evangelio, convertir-se en cristianos y servir a Dios sin tener que dejar a su gente. Nuestra meta en la evangelización del mundo islámico debe ser el estableci-miento de grupos reproductivos de creyentes en cada comunidad musulmana.

C. GLOSARIO DE TERMINOS CLAVE

Adat: Cuerpo de la ley que deriva de las tradiciones y las costumbres, legislación de los líderes seculares.

Allah: El nombre que dan los musulmanes al único y verdadero Dios.

Allahu-akbar: "Dios es grande"; expresión con la que empiezan las oraciones rituales, una "invocación" u oración suplicante.

Fatiha: Capítulo inicial del Corán.

Figh: El cuerpo de la ley islámica.

Ghusl: Ceremonia de ablución total; lavamiento de todo el cuerpo.

Hadith: Conjunto de los dichos de Mahoma.

Hafiz: Todo musulmán que se ha comprometido a memorizarse todo el Corán.

Hajj o Hajji: Una persona que ha realizado la peregrinación a La Meca.

Hajj: La peregrinación formal a la Meca durante los días 7 al 10 del mes de *dhu-'l-Hijjah.*

Haram: Algo prohibido por el Corán.

Id al-Adha (al-Khorban): Fiesta del sacrificio el último día de la peregrinación.

Id al-Fitr (al-Sig): Fiesta principal que anuncia el inicio del mes de ayuno (*Ramadán*).

Imam: Líder espiritual de la secta islámica chiíta.

imam: Representante de la comunidad y/o director de las oraciones congregacionales entre la mayoría de las sectas Sunni del Islam.

Injil: El Evangelio.

jihad: La lucha por causa de la fe, conocida como "guerra santa".

jinn: "Espíritus" — tanto los malos como los que ayudan.

Jizyah: El tributo o impuesto que pagan los que no son musulmanes pero que disfrutan del apoyo y protección de éstos.

khutbah,: Sermón que predica el *imam* a la congregación en una mezquita, más que todo en las reuniones de los viernes.

kursi: Trono, se refiere también al trono de Alá en el séptimo cielo.

La ilaha illa al-Lah: "No ay Dios fuera de Alá"; primera parte del shahada.

lawh mafuz: Tabletas en las que está escrito el Corán y se conserva por la eternidad en el séptimo cielo.

Madinat al-Rasul: "Ciudad del profeta" o Medina.

maslaha: Concepto del bien público o bienestar general.

Mawlid: Día del cumpleaños de Mahoma, ocasión festiva.

muslim: Uno que se somete o se consagra.

Muslim: Persona que se adhiere oficialmente a la fe islámica.

nabi: "Profeta" tanto en hebreo como en árabe.

qibla: Dirección hacia la cual se debe orar en el Islam, es decir hacia La Meca.

Quran: Las sagradas escrituras del Islam.

rasul: "Mensajero".

ruh: "Espíritu".

ruh al-qudus: "Espíritu santo".

sala: Oración ritual prescrita para hacerse cinco veces al día.

Salat al-Id: Oración formal que se hace al finalizar el mes de ayuno.

salat al-jumah: Oración del viernes al mediodía, la cual se hace congregacionalmente, casi siempre al unísono.

Sawn: Ayuno prescrito por la ley, un deber ceremonial básico del Islam.

Shahadah: El proceso de la recitación del testimonio que inicia a un individuo en el Islam.

Shariah: La ley fundamental del Islam; la "constitución" social, religiosa y judicial.

Shaytan: "Satanás".

shirk: Asociar otros dioses con Alá (totalmente prohibido).

Sufism: Título por el cual se conoce el misticismo islámico.

Sunnah: "senda"; Volumen de las "tradiciones".

Sura: Encabezamiento de cada capítulo del Corán.

Tawrat: Tora, los primeros cinco libros del Antiguo Testamento.

Yawn al-din: "Día del juicio".

Zakah: Requerimiento islámico de que todo musulmán dé una porción de sus posesiones terrenales; uno de los cinco deberes ceremoniales del Islam.

---

[1] Winter, Ralph D. & Bruce D. Graham, "Unreached Peoples of the World, 1983" [Pueblos no alcanzados del mundo]; Pasadena, U.S. Center for World Mission.

[2] Farah, Caesar E., Islam. Woodbury, New York: Barron's Educational Series, Inc., 1970, pág. 134, 135.

[3] Ibíd., pág. 145.

[4] Ibíd., págs. 112-113.

[5] El material de esta sección se ha resumido mayormente de: Parrinder, Geoffrey, Jesus in the Quran [Jesús en el Corán]. New York: Oxford University Press, 1977.

[6] Marsch, C. R: Share Your Faith With a Muslim [Comparta su fe con un musulmán]. Chicago: Moody Press, 1975, págs. 41-53.

Nos agradaría recibir noticias suyas.

Por favor, envíe sus comentarios sobre este libro
a la dirección que aparece a continuación.

Muchas gracias.

Vida@zondervan.com

www.editorialvida.com

Printed in the USA
CPSIA information can be obtained
at www.ICGtesting.com
JSHW031238190424
61514JS00008B/17

9 780829 704709